HARMONISCHE ERNÄHRUNG

Dr. Devanando Otfried Weise

HARMONISCHE ERNÄHRUNG

Wie Sie bewußter werden und Ihre persönliche, gesunde Ernährung intuitiv selbst finden

von

DR. DEVANANDO OTFRIED WEISE

unter Mitwirkung von

JENNY P. FREDERIKSEN

SMARAGDINA

Bitte beachten Sie:

Der Verfasser gibt weder direkt noch indirekt medizinische Ratschläge, noch verordnet er die Anwendung einer Diät als Behandlungsform für Krankheiten ohne medizinische Beratung. Ernährungsfachleute und andere Experten auf dem Gebiete der Gesundheit und Ernährung vertreten unterschiedliche Meinungen. Es liegt nicht in der Absicht des Verfassers, Diagnosen zu stellen oder Verordnungen zu erteilen. Seine Zielsetzung besteht lediglich darin, Informationen auf dem gesundheitlichen Sektor anzubieten. Wenn Sie die vorliegenden Informationen ohne Einschaltung eines Arztes anwenden, so verordnen Sie sich eine Selbstbehandlung - ein Recht, das Ihnen zusteht. Herausgeber und Verfasser übernehmen jedoch keine Verantwortung. Der Verfasser sagt nicht, daß bestimmte Lebensmittelgruppen generell schädlich sind, sondern daß jeder Mensch die Wirkung auf den eigenen Körper überprüfen muß.

1. AUFLAGE 1990

Zittelstraße 4, D-8000 München 40, Tel.: 089/3088952.

Titelbild und Einbandgestaltung: Mila Miltschewa.

Druck: J. Ebner Ulm (Text) und Spengler & Stulz, München (Einband)

Satz und Buchgestaltung: SMARAGDINA-Verlag auf Atari 1040ST mit CALAMUS.

ISBN 3-9802471-0-4

Printed in Germany

INHALTSVERZEICHNIS

VORWORT

von Prof. Dr. med. MICHAEL LUKAS MOELLER:

GOURMET'S GARDEN

Im Herbst 1989 war ich sehr erfreut zu hören, daß es in München einen biologisch orientierten Feinschmeckerimbiß gibt: Gourmet's Garden. Welch schöner Titel, dachte ich, und eilte mit der Gewißheit hin, in München künftig nicht mehr darben zu müssen. Ich wurde nicht enttäuscht: vor mir entbreitete sich ein Delikatessenladen mit unverfälschten Köstlichkeiten, von denen ich stets angenommen hatte, es müsse sie doch geben, obwohl ich sie nie hatte auftreiben können. In diesem kleinen Paradies, dessen einzige Begrenzung die übliche Ladenöffnungszeit zu sein schien, lagerte ich mich auf den breiten, niedrigen Fenstersimsen und ließ es mir schmecken. Ich hatte ein Jahr zuvor meine Eßweise auf jene instinktive Ernährung nach GUY CLAUDE BURGER umgestellt, die auch in diesem Buch eine Hauptrolle spielt, und ich hatte gerade meinen Erlebnisbericht unter dem Titel "Gesundheit ist eßbar" abgeschlossen. Weil ich mir zwar von Zeit zu Zeit ein Zurückgleiten in die angemachte Frischkost gönnte, üblicherweise aber Früchte, Gemüse und Nüsse so aß, wie sie gewachsen sind – also völlig ohne Zubereitung –, kam ich schnell ins Gespräch mit dem Gründer und Mitinhaber dieser kerngesunden Stätte. Er heißt DEVANANDO OTFRIED WEISE. Von ihm ließ ich mir übrigens auch die sagenumwobene Saftpresse und Raspel von Champion erläutern, die ich nun als Gegengabe für dieses Vorwort erhielt. Ich setze sie für Gelage mit meinen Freunden ein, um die von mir einst so geschätzten Weine durch exotisch anmutende Gemüse- und Fruchtsäfte zu übertreffen.

Sie werden es bemerkt haben: Hier ist die Rede von einer radikal anderen Ernährungsweise, aber keineswegs von karger, asketischer Küche. Es gibt einen geheimnisvollen seelischen Vorgang, der viele Menschen zur Überzeugung kommen läßt, eine gesunde Eßweise – ja, in diesem Falle die gesündeste – sei unweigerlich mit einer Minderung des Genusses verbunden. Nichts ist verquerer als dieser Glaube, der wie im Büßerhemd daherzukommen scheint. Warum aber setzt er sich so fest?

Um darauf eine angemessene Antwort zu finden, muß ich Sie als Psychoanalytiker ins Unbewußte begleiten. Unser tägliches Mahl hat einen großen lebensgeschichtlichen Vorläufer: die Mutter. Sie ernährte uns als erste und führte uns auf diesem Wege ins Leben ein. Was wir mehr oder weniger bewußt beim Essen erleben, ist ganz eng legiert mit unserer unbewußten Beziehung zu jener Mutter, die wir in den ersten Jahren erfahren haben – ein Mischbild aus wirklichen Eigenschaften der Mutter und unseren guten und bösen Gefühlen ihr gegenüber. Wenn Sie diesen Zusammenhang einmal wahrgenommen haben, wird Ihnen schnell einleuchten, in welches Dilemma Sie geraten, wenn Sie vorhaben, Ihr Essen künftig gesünder zu sich zu nehmen. Die Umstellung der üblichen Ernährungsart wird nämlich unbewußt als eine Ablösung von der Mutter erlebt – und diese geht heute nicht so reibungslos vonstatten, wie wir es gerne sähen: Manchmal sehr offen, manchmal nur hintergründig empfunden brauen sich Trauer, Wut, Hilflosigkeit, Ausgeliefertsein, Angst und vor allem Schuldgefühle, die Mutter im Stich zu lassen, zu einem dumpfen, intensiven Unbehagen zusammen. Die seelisch bedingten Eßstörungen wie Fettsucht, Eßbrechsucht und Magersucht – geradezu eine moderne Epidemie – sind ein beredtes Zeichen für diese wachsenden Ablösungsprobleme von der Mutter, denen wir mehr oder weniger alle ausgesetzt sind.

Wer sich nun wie DEVANANDO OTFRIED WEISE daranmacht, einen Weg zu gesünderem Essen aufzuzeigen, wird unbewußt zunächst wie einer erlebt, der zur Abtrünnigkeit von der Mutter aufruft. Sie werden es vielleicht aus Ihren eigenen Reaktionen kennen oder bei Familienmitgliedern, Freunden und Bekannten beobachtet haben: Manchmal grenzt die erste Reaktion der Ablehnung an offene Aggressivität. Das wird nun verständlich: Keiner läßt sich so ohne weiteres seine angestammte Geborgenheit entwenden, die im täglich Brot ebenso intensiv enthalten ist, wie wir sie einst bei der Mutter erfuhren. Keiner hat große Neigung, sich in so intensiver Form mit der im Essen wachenden Mutter auseinanderzusetzen. Große Anstrengungen werden unternommen, die Notwendigkeit eines besseren Essens vom Tisch zu wischen. Ganze Gedankengebäude werden errichtet, um diesem Schicksal zu entgehen.

Was ist in dieser Lage persönlich zu tun? Die Kenntnis der seelischen Zusammenhänge eröffnet einen einfachen Ausweg: Es gilt zunächst, das neue Essen mit all seinen seelischen Nebenwirkungen solange beizubehalten, bis es als die übliche Mahlzeit angesehen wird. Ab diesem Moment nun zieht das neue Essen die Mutterübertragung ebenso an sich, wie einst das alte. Dann wirkt diese unbewußte Liaison positiv und stabilisierend auf die neue Eßweise.

Aus der Grundeinsicht, daß Essensfragen unbewußt Mutterfragen sind, lassen sich nun eine Fülle von Erscheinungen enträtseln, die kritische Ernährungswissenschaftler üblicherweise schier zur Verzweiflung bringen – und die manch eine/r auch in den eigenen vier Wänden durchzustehen hat. Beispielsweise mobilisiert die Erörterung, wie angemessen zu essen sei, stets jene seelische Schicht in uns, die sich in den ersten Lebensjahren bildete, als die Ernährung im Zentrum aller Lüste stand und gleichbedeutend mit Liebe und Zuwendung durch die Mutter war. Damals – psychoanalytisch gesprochen in der oralen Zeit – erlebten wir die nur wenig ausgestaltete Welt ganz anders als heute. Wir hatten noch gar kein Ich im erwachsenen Sinne, uns fehlten vor allem alle kritischen Fähigkeiten, über das zu reflektieren, was wir vorfanden. So ist es denn kein Wunder, angesichts des täglichen Brotes eine kritiklose Unbekümmertheit beim Gros der Menschen verzeichnen zu können. Die meisten nehmen unbesorgt zu sich, was ihnen gerade vorgesetzt wird. Das entspricht eben jener kindlichen Selbstverständlichkeit, die an der Mutter nicht zu zweifeln brauchte.

Heute aber liegt die Tragik darin, daß sich ein manchmal verheerendes, schlechtes, krankmachendes Essen ohne weiteres mit einem guten, geborgenheitsspendenden Mutterbild legiert und dadurch seine ungebrochene Anziehungskraft gewinnt. Dieser Vorgang konnte in den Jahrmillionen der Menschheitsentwicklung erst auftreten, als die Nahrung gekocht und aufwendig zubereitet wurde – also etwa seit der neolithischen Revolution, dem Beginn von Seßhaftigkeit und Ackerbau vor zwölftausend Jahren–, vor allem aber seit der massiven Denaturierung menschlicher Ernährung im Zuge der industriellen Revolution vor hundertfünfzig Jahren. Sie bescherte uns Weißmehl, raffinierten Zucker, chemiereines Salz und eine Kaskade von Konserven und fabrikfertigen Mahlzeiten, nach denen wir genauso begeistert langen wie einst nach den frischen Früchten.

Mit Recht weist CLAUS LEITZMANN, der Ernährungswissenschaften an derselben Universität lehrt, an der D. O. WEISE als Professor der Geographie tätig war und ich als Lehrstuhlinhaber für seelische Gesundheit wirkte, daraufhin, daß in keiner Epoche der Menschheitsgeschichte eine so dramatische Veränderung der Ernährung zustandekam wie in dieser vergleichsweise kurzen Zeitspanne. Wer heute nur die unfaßlichen Steigerungen im täglichen offenen und versteckten Verbrauch von Eiweiß, Fett und einfachsten Kohlehydraten (vor allem Zucker und Weißmehlprodukten) seit der Jahrhundertwende zur Kenntnis nimmt, bekommt ein Gefühl für die schon selbstverständliche Schädlichkeit, die als ›gesund und unbedenklich‹ auf unsere Tische gerät. Mich begeisterten die Bücher von ALBERT von HALLER – "Gefährdete Menschheit" im HIPPOKRATES Verlag und "Küche unterm Mikroskop" im ECON Verlag–, in denen fesselnd dieser entsetzliche moderne Umbruch erzählt wird. Und mich beeindruckten ebenso die Arbeiten von CLAUS LEITZMANN und seinen Mitarbeitern, denen es gelungen ist, eine moderne Vollwerternährung auch in ihren sozialen, politischen und ökologischen Zusammenhängen aufzuzeigen. Leider kannte ich diese Ausführungen noch nicht, als ich die kommentierte Bücherliste im Anhang meines erwähnten Erlebnisberichtes fertigstellte. Leider war auch das vorliegende Buch "Harmonische Ernährung" noch nicht geschrieben.

Im wachsenden Kreis derjenigen, die eine lebendige Frischkost als die bestmögliche menschliche Ernährung ansehen, – BIRCHER-BENNER, EVERS, BRUKER, SCHNITZER, BURGER, HOVANESSIAN, KENTON, WANDMAKER, PEITER, DIAMOND (für die 1822 in den USA von Ärzten gegründete Gruppe der Natural Hygiene), CHRYSOSTOMOS (alias FRANZ KONZ) u. a. – hat DEVANANDO OTFRIED WEISE eine besondere Tonlage anklingen lassen. Lassen Sie sich den Buchtitel – weil wir nun schon bei der Oralität sind – auf der Zunge zergehen: "Harmonische Ernährung – Wie Sie bewußter werden und Ihre persönliche, gesunde Ernährung intuitiv selbst finden", und Sie werden vorschmecken können, daß hier nicht nur ein betont ganzheitlicher Zugang zum Essen gemeint ist, sondern auch ein besonderes Angebot vorliegt. Sie werden aufgefordert, nicht wieder von einem der vielen Propheten etwas zu übernehmen, sondern Ihren ganz persönlichen Weg zu entdecken. Inwieweit das gelingt, hängt von dem Einsatz ab, den Sie für diesen Bereich eines gesunden Lebens erbringen wollen.

Vielleicht stärkt Sie die Tatsache, daß erstaunlich positive Wirkungen einer frischen, naturnahen Kost wissenschaftlich nachgewiesen sind – auf einem Gebiet, das wegen seiner Verflechtungen mit seelischen Vorgängen und sozialen Bedingungen nicht einfach zu erfassen ist. Am Zentrum von GUY CLAUDE BURGER hat BRUNO COMBY bei Aidskranken verblüffenderweise ein Verschwinden der Symptome statistisch exakt erfassen können. Und gerade heute erhalte ich von JOHANN G. SCHNITZER einen Brief, in dem folgende Zeilen stehen: "Zur Bedeutung der Rohkost: Bei unserer Leprastudie in Sri Lanka waren etliche leprakranke Vegetarier; diese aßen aber ihre Kost überwiegend gekocht. Als sie dieselbe Kost roh zu sich nahmen, setzten vier Wochen später Heilreaktionen an den Leprageschwüren ein, die dann fortschreitend abheilten". Sie müssen nun nicht so krank sein, um mit besserem Essen gesund zu werden. Viel zu wenig ist die Gesundheit erforscht. Sicher ist jedoch, daß es unterschiedliche Grade von Gesundheit gibt. Sie können also auf alle Fälle Ihre Gesundheit vertiefen.

Mit erscheint es am sinnvollsten, anfangs keine großen, irritierenden Änderungen in der Küche vorzunehmen, sondern sich erstmal zu informieren und nach Lust und Laune zu lesen. Die Änderung beginnt im Kopf und nicht im Bauch. Die gelesenen Worte wirken wie eine Saat, die schließlich aufgeht – im eigenen, inneren Gourmet`s Garden.

Frankfurt, im März 1990 Michael Lukas Moeller*

*Professor Dr. med. MICHAEL LUKAS MOELLER, Arzt und Psychoanalytiker, ist Lehrstuhlinhaber für Medizinische Psychologie am Zentrum der Psychosozialen Grundlagen der Medizin des Universitätsklinikums Frankfurt. Er widmete sich vor allem der Psychoanalyse von Paarbeziehungen ("Die Wahrheit beginnt zu zweit" und "Die Liebe ist das Kind der Freiheit" – beide Bücher im ROWOHLT Verlag), der Selbsthilfegruppenbewegung ("Selbsthilfegruppen", ROWOHLT Verlag, und "Anders Helfen" KLETT-COTTA Verlag) und neuerdings der Psychodynamik des Ernährungsverhaltens ("Gesundheit ist eßbar", WALDTHAUSEN Verlag).

1
Die harmonische Ernährung erspüren Sie in sich selbst!

Lange Jahre hatte ich mich in das Studium der Naturwissenschaften versenkt und war dabei sehr erfolgreich gewesen. Ich hatte viele Jahre auf Forschungsreisen in kalte aber vor allem heiße, trockene Gebiete verbracht. So manche Nacht hatte Büchern gehört, und mein Fuß hatte buchstäblich Neuland betreten. Meine Erkenntnisse füllten einige Bände und zahlreiche Aufsätze. Titel, Amt und Würden hatte man mir verliehen. Mein Privatleben war glücklich und wohlhabend. Und doch fehlte etwas.

Ich sehnte mich nach einem väterlichen Freund, dem ich mich anvertrauen, den ich in allen Fragen des Lebens um Rat fragen konnte, nach jemandem, der mir unparteiisch den Weg weisen könnte. Ich wandte mich von der Wissenschaft ab, die mir persönlich keine Hilfe geben und auch auf ihrem ureigensten Gebiet immer nur neue Fragen liefern konnte, ohne mir je endgültige Antworten zu geben. Wie ich es gewohnt war, suchte ich natürlich außerhalb von mir und fand schließlich – wie konnte es bei meiner Vorliebe zum Orient anders sein – des Rätsels Lösung auf meinen Reisen in Indien. Ich lernte im Laufe der Jahre, daß der weise Freund, nach dem ich suchte, in mir selbst residierte. Wenn ich nun einen unparteiischen, weisen Rat benötige, brauche ich nur in mich selbst hineinzuspüren, und die Antwort steigt goldrichtig aus meinen eigenen Tiefen auf. Wenn ich dieser inneren Stimme, meiner Intuition, folge, dann bin ich auf dem richtigen Wege, ich bin in Harmonie mit mir selbst und meiner Umwelt. Vertrauen in die innere Stimme und Mut, ihr zu folgen, sind das Geheimnis meines Lebens geworden.

Auf diese Weise bringe ich auch meine Ernährung ins Lot. Ich hatte mich zwar schon als Jugendlicher für gesunde Ernährung interessiert und war durch meine Mutter (Gewerbelehrerin) und meinen Onkel (Reformhaus-Kaufmann) mit modernen Ernährungskonzepten, vor allem der Vollwert-Richtung, verbunden gewesen. Meine Ernährung war jedoch bis vor rund zehn Jahren stark von Fleisch und auf meinen Forschungsreisen auch von Konserven geprägt gewesen. Dank einer guten Erbmasse hatte ich trotzdem nur wenig unter Krankheiten zu leiden. Im Laufe der Jahre ließ meine Leistungsfähigkeit jedoch nach, und Kopf- und Gliederschmerzen plagten mich. Den letzten Anstoß, genauer hinzusehen, erhielt ich vor rund zwei Jahren, als sich mein Magen immer wieder unangenehm bemerkbar machte, auch wenn ich, wie ich glaubte, korrekt gespeist hatte.

Ich setzte mich in der Folge mit allen nur erdenklichen Ernährungskonzepten auseinander und durchlief ein ausführliches Experimentierprogramm, bis ich schließlich lernte, mit meiner Ernährung so umzugehen, wie ich es Ihnen in diesem Buch vorschlage. Wenn Sie also Rat suchen, wie Sie sich ernähren sollen, so können auch Sie zunächst in Ihrer Umgebung suchen. Sie werden an allen Ecken und Enden eine ausufernde Flut von Hinweisen, Anregungen, Konzepten und Regeln finden, alte und neue, bequeme und extreme, landläufige und exotische. Darüber hinaus versucht die unheilige Allianz von Industrie und Wissenschaft ständig, Sie zu neuen Produkten zu überreden. Leider stecken dahinter nicht das Bemühen um Ihr Wohl und Wehe, sondern handfeste finanzielle Interessen; und die "Wahrheit" der Wissenschaft von heute ist der Irrtum der Wissenschaft von morgen. Das ist Ihnen sicherlich auch nicht mehr ganz unbekannt.

Fast alle Informationen, die Sie bezüglich Ernährung erreichen, beruhen stillschweigend auf der Annahme, daß sie im großen und ganzen für alle Menschen passen. Dabei wird zu wenig beachtet, daß wir alle körperlich, geistig und seelisch sehr unterschiedliche, einmalige Wesen sind. Außerdem ändern wir uns im Laufe unseres Lebens ganz erheblich. Wir gehen in diesem Buch deshalb ganz entschieden davon aus, daß jeder Mensch seine ganz individuelle Ernährung benötigt. Dies gilt auch für verschiedene Phasen seines Lebens, und zwar selbst dann, wenn er bereits "erwachsen" ist. Dieses Buch soll Ihnen helfen, wie Sie diese Ernährung herausfinden. Dabei geht es nicht darum, Berge von Literatur zu wälzen und Regeln von anderen zu befolgen. Sie und Ihr Körper sind ausschlaggebend: Sie müssen Ihre eigenen Regeln selbst aufstellen, selbst Verantwortung übernehmen. Wenn Sie Vorschriften von anderen einfach befolgen, ist das zwar bequem und einfach. Niemand kann Ihnen aber wirklich garantieren, daß die Angaben auch auf Sie und Ihre jeweilige Situation anwendbar sind. Das können nur Sie selbst! Nur Ihre eigene Erfahrung zählt. Experimentieren Sie! Dabei geht es nicht um irgendwelche kurzfristige Diäten mit zweifelhaftem, häufig sogar schädlichem Ergebnis. Sie wollen doch auf Dauer schlank, gesund und energetisch sein. Es geht um einen neuen Lebensstil, es geht um Ihr geistiges Wachstum. Ernährung und Wachstum Ihres Bewußtseins müssen Hand in Hand gehen. Körper, Geist und Seele sind eine untrennbare Einheit. Sie können nur gemeinsam wachsen. Welche Fähigkeiten besitzen Sie, die Ihnen eine ideale Auswahl Ihrer Nahrung ermöglichen?

Als erstes möchte ich Sie auf Geschmack und Geruch aufmerksam machen. Damit eng gekoppelt ist die innere Befriedigung, die eine Speise zu vermitteln imstande ist: eine Speise befriedigt nur dann, wenn sie schmeckt. Einerseits bewahren Sie Geruch und Geschmack vor ganz groben Fehlern, die Ihnen gesundheitlich unmittelbar schaden würden, wenn Sie zum Beispiel etwas Verfaultes stehen lassen. Andererseits hindern Sie diese beiden aber auch daran, sich zu ändern, wenn Sie an Ihren Eßgewohnheiten und Lieblingsspeisen aus Gründen des Geschmackes und der Befriedigung ein Leben lang festhalten und damit in der Regel Speisen essen, die auf lange Sicht hin die Gesundheit gefährden. Diese herkömmlichen Lieblingsspeisen der gut bürgerlichen Küche sind nämlich fast alle stark denaturiert und unzweckmäßig kombiniert und deshalb für den menschlichen Organismus nur sehr wenig geeignet.

Wenn es um die individuelle Auswahl von einwandfreien Speisen geht, dann versagen Geschmack und Geruch bei fast allen Menschen, weil wir uns im Zuge unserer Zivilisation schon viel zu weit von der Natur entfernt haben. Wir leben in einer völlig unnatürlichen Umwelt, und wir essen eine Kost, die zum überwiegenden Teil nicht mehr so ist, wie sie in der Natur vorkommt. Geschmack und Geruch sind nur dann zuverlässige Ratgeber, wenn Sie völlig unbehandelte Naturprodukte für sich alleine, roh essen und außerdem nichts anderes mehr zu sich nehmen. So können Sie Ihren Nahrungsinstinkt, der auf Geschmack und Geruch fußt, durch konsequente Naturkost wieder erwecken und dann erfolgreich nutzen (vgl. Kap. 11 und 25 und BURGER, 1988). Mit anderen Worten: Sie müssen sich kompromißlos auf totale Rohkost umstellen, um von Geruch und Geschmack sowohl bezüglich Auswahl und Qualität als auch Quantität wirklich profitieren zu können.

Eine rasche, radikale Umstellung von der überwiegenden Kochkost auf totale Rohkost ist aber nur für wenige Menschen ohne weiteres zu vollziehen. Nur wenige haben den inneren Drang, der allein sie dazu beflügeln kann. Die meisten sehen dazu keine Veranlassung, für viele wäre dies unzweckmäßig oder sogar schädlich. Alle die Menschen, die ihre Ernährung allmählich nach ihren ureigensten Bedürfnissen verbessern wollen bzw. aus gesundheitlichen, emotionalen oder psychischen Gründen langsam umstellen müssen – und das trifft auf die meisten von uns zu, wie noch dargestellt werden wird – müssen sich bei der Nahrungsauswahl auf andere Fähigkeiten verlassen. Der Mensch ist weiter entwickelt als das Tier und besitzt somit Eigenschaften, die den Tieren fehlen. Überhaupt läuft die gesamte Ernährungs-Physiologie, also Nahrungsaufnahme, Verdauung und Ausscheidung im Menschen in wesentlichen Punkten anders als beim Tier (STEINER, 1989, S. 91). Der Mensch ist kein Wesen mehr, das sich im täglichen Leben in erster Linie von seinem Instinkt leiten läßt.

Sie können sich auf Verstand und Gefühl verlassen. Damit sind Sie dem Wesen des Menschen schon näher. Je mehr Sie sich beobachten, werden Sie aber merken, daß Verstand und Gefühl Sie häufig in eine Richtung leiten, die den Expertenvorstellungen von gesunder Ernährung widersprechen. Das sollte Sie nicht beunruhigen. Abgesehen davon, daß Experten häufig irren, liegt das daran, daß vieles auf der Welt, vor allem das, was menschliches Leben anbelangt, nicht logisch und rational aufgebaut ist. Ihr Verhalten wird oft nicht vernünftig und trotzdem richtig sein.

Wenn Sie auf ihren Körper und Ihre Gefühle achten und dann exakt danach handeln, werden Sie genau das essen, was Sie für Ihre Gesundheit und Ihr geistiges Wachstum benötigen. Es geht also darum, daß Sie bewußter werden, Ihre Gefühle richtig einzuschätzen und die Signale Ihres Körpers zu deuten lernen. Wenn Sie dabei Fehler machen, schadet das nicht, es sei denn, Sie würden dieselben Fehler ständig wiederholen. Sie werden deshalb zunächst Ihre Nahrung gefühlsmäßig auswählen und auf Ihren Körper hören und den Verstand vor allem bei Neuerungen benutzen. Wir machen Ihnen in diesem Buch dazu Vorschläge, damit Sie nach Lust und Laune neue Wege gehen und so allmählich Ihre alten, zumeist für Sie schädlichen Essensgewohnheiten ablegen.

Das Ziel besteht darin, daß Sie im Laufe der Zeit bewußter werden, wacher, offener, sensitiver. Wir sagen Ihnen, wie Sie das erreichen. In zunehmendem Maße werden Sie dann Ihre Nahrung intuitiv richtig auswählen. Dies erscheint uns die dem Menschen aufgrund seiner Entwicklungsstufe gemäße Methode der Nahrungsauswahl und der Lebensführung ganz allgemein. Intuition und Bewußtheit sind unser höchstes, urmenschliches Gut. Wenn wir uns richtig verhalten und ernähren wollen, bleibt uns nichts anderes übrig, als auf unsere innere Stimme, unsere Intuition zu hören. Je bewußter wir werden, um so klarer werden wir diese Stimme hören. Jedesmal, wenn wir ihr folgen, werden wir belohnt werden, und die Stimme wird erstarken. Dadurch, daß wir uns dann richtig ernähren, wird unser Körper gesunden, und unsere Bewußtheit wird weiter wachsen. Mit anderen Worten: unsere Ernährung wird mit uns in Harmonie sein.

Wir nennen die hier propagierte Form der Ernährung deshalb "Harmonische Ernährung". Es gilt, sie in uns zu erspüren. Das ist eine Kunst, die man sich aneignen kann. Sie beruht auf Inspiration und Intuition. Die Inspiration gibt dieses Buch, die Intuition ist Ihre eigene, Sie setzen sie ein. Intuition muß zwangsweise zur individuellen und hamonischen Ernährung für jeden einzelnen zu jedem Zeitpunkt seines Lebens führen. Darauf kommt es an – nicht auf das Befolgen von Regeln, und seien sie scheinbar noch so gut begründet und damit einleuchtend. Sie brauchen nur genug zu lesen und die Verwirrung wird Sie einholen. Da hilft einzig und allein, daß Sie sich auf Ihr Gefühl und Ihre innere Stimme verlassen und durch Experimente und Fehler allmählich wachsen.

Und lassen Sie sich nicht ins Bockshorn jagen: Die Experimentier-Vorschläge, die ich in diesem Buch mache, bringe ich eindringlich und überzeugend vor. Ich will Sie schließlich animieren, in Ihr Eßversuchsprogramm einzusteigen. Sie müssen dann aber selbst entscheiden, ob die jeweiligen Vorschläge und, wenn ja, in welchem Umfang sie für Sie in Ihrer jeweiligen Situation zutreffen. Das schlimmste wäre, wenn Sie die Vorschläge einfach übernehmen würden. STEINER (1989, S. 141) sagt dazu, daß von anderen übernommene Diäten bestenfalls vorübergehend helfen, dann aber zu Altersschwachsinn und Vertrottelung führen. Die Botschaft dieses Buches an Sie, lieber Leser, ist diese: Nehmen Sie die Verantwortung für sich selbst in die eigene Hand, folgen Sie Ihrer inneren Stimme, finden Sie Ihre harmonische Ernährung selbst heraus! Das Buch wird Sie darin unterstützen.

2
Gibt es eine optimale Ernährung?

Ansichten und Konzepte zur Ernährung sind so vielfältig wie Sprachen und Dialekte. Ständig kommen neue Details dazu. Können Sie den Wirrwar der verschiedenen, sich widersprechenden Richtungen noch überblicken? Fühlen Sie sich verunsichert durch Umweltgifte und gesetzlich erlaubte Fremdstoffe in der Nahrung? Regen Sie sich über Lebensmittelskandale auf? Oder macht es Ihnen keine Probleme, herauszufinden, was Sie noch gefahrlos essen können oder was Sie essen sollten, um gesund zu bleiben oder zu werden? Wir leben im Wohlstand. Wahrscheinlich könnten auch Sie sich jede beliebige Form der Ernährung finanziell leisten – wenn Sie wollten. Und doch herrscht allgemein Angst vor, Angst, verraten und verkauft zu sein, Angst, allein gelassen zu werden und Schaden zu erleiden.

Bei vielen Menschen kommen schon unbewußte Ängste hoch, wenn sie von einem fremden Ernährungskonzept nur hören! Verbindungen zu längst vergessen geglaubter Vergangenheit stellen sich ein. Abneigungen und Vorlieben, die sich rational nur schwer oder häufig gar nicht erklären lassen, kommen hoch. Ernährungsgewohnheiten sind wichtiger Bestandteil von Tradition, Brauchtum und Zivilisation. Auf diese Weise ist der einzelne mit einem Volk oder Land in einer bestimmten Zeit verbunden. Und so wie Sie sich vielleicht mit der Kultur des Landes identifizieren, in dem Sie leben, so tun Sie dies auch mit der jeweils landesüblichen Ernährung, zumindest mit ihren Grundkonzepten und einigen Spezialitäten. Mit anderen Worten: Ernährung ist für die meisten Menschen Teil ihrer Persönlichkeit. Diese aber will ständig geschützt und bestätigt werden. Deshalb rufen Angriffe auf die eigenen Ernährungsgewohnheiten oder sogar nur das Beobachten von Menschen, die anders essen, Irritation, unerwünschte Unsicherheit oder gar Aggressionen hervor. Häufig genügt es schon, über fremde Nahrungskonzepte nur beiläufig zu lesen. Selbst dann, wenn sie verstandesmäßig einleuchten, erzeugen sie eher Ablehnung als Zustimmung.

Die meisten Menschen ahnen, daß Essen in engem Zusammenhang mit Glück und Wohlbefinden wie auch mit Depressionen und Krankheiten steht. Das Problem liegt nur darin, daß eindeutige, ursächliche Verbindungen nicht immer ohne weiteres sofort zu erkennen sind. Unser Organismus kann nämlich über sehr lange Zeiträume hinweg Ernährungsfehler tolerieren. Dies funktioniert so lange, bis der Körper alle Reserven verbraucht hat. Er lebt in dieser Zeit sozusagen von der Substanz. Er profitiert von einer guten Erbanlage, von einer vorteilhaften Ernährung in der frühen Kindheit und anderem. Die Fehler werden damit so lange kaschiert, daß es dem einzelnen nicht in den Sinn kommt, daß er sich unzweckmäßig verhalten haben könnte. Die überwiegend lang zurückliegenden einzelnen Ursachen für die scheinbar plötzlich auftretenden Beschwerden sind nicht mehr ohne weiteres erkennbar.

Was noch viel schwerer wiegt: Die meisten Menschen sehen Krankheitsursachen nicht gerne, wenn es sich dabei um lieb gewordene Gewohnheiten handelt. Vielleicht gibt es auch für Sie einige Speisen und Getränke, die Sie so gerne zu sich nehmen, daß Sie einfach nicht glauben können, daß diese gesundheitsschädlich sind? Hinzu kommt noch, daß es nicht eben wenige Menschen gibt, die aus welchen Gründen auch immer, unbewußte selbstquälerische Tendenzen aufweisen. Aber selbst wenn wir einmal von der richtigen Annahme ausgehen, daß Sie sich gerne so verhalten würden, daß Sie immer gesund und beschwerdefrei sind: Sind Sie sich im klaren, daß Sie dafür auch etwas tun müssen, daß es Gesundheit nicht umsonst gibt? Oder betrachten Sie Krankheiten als unverschuldete Schicksalsschläge, die einem die unergründliche Strenge des Herrgotts zur Prüfung auferlegt? Ich denke, Sie haben inzwischen erkannt, daß dieser Ansatz nicht stimmt.

Viele Ernährungs-Konzepte und -Propheten versprechen optimale Gesundheit, doch fast alle bieten nur Stückwerk: einzelne Vorschriften bringen leicht überprüfbare Erfolge, andere Teile des gleichen Konzepts heben diese wieder auf. Die Konzepte beruhen zudem häufig auf den persönlichen Lebenssituationen der Autoren und nehmen Rücksicht auf deren spezielle Liebhabereien, ihre Abstammung und anderes. Sie sind meist auf einem bestimmten Stand der Wissenschaft gegründet, haben sich dann davon gelöst und nicht mehr mit der fortschreitenden Erkenntnis weiterentwickelt. Häufig übersehen sie auch, daß die Naturwissenschaften, vor allem wenn es sich um Forschungen am lebenden Menschen handelt, nur zu sehr beschränkten Erkenntnissen führen, da die Bedingungen im lebendigen Organismus im Labor nicht nachvollziehbar sind. Dies gilt für die moderne Ernährungswissenschaft in ganz besonderem Maße (vgl. das Nachwort).

In vielen Zeitschriften erscheinen Artikel über Ernährung, die von den Redakteuren so gestaltet werden, daß die Käufer der Blätter nicht verschreckt werden. Wichtige Tatsachen werden dabei häufig verschwiegen oder bis zur Unkenntlichkeit versteckt. Schließlich gibt es auch sehr häufig völlig schamlose Autoren, die dem Eigeninteresse folgend das empfehlen, was ihnen oder ihren Geldgebern am meisten nutzt. Dies sind nicht selten Wissenschaftler im Dienste der Industrie. Lassen Sie sich also durch vermeintliche Erfolgsmeldungen nicht bluffen! Sehen Sie sich die Vorschriften näher an, experimentieren Sie damit, seien Sie kritisch! Nur wenn Ihr Körper darauf langfristig mit wesentlichen Verbesserungen reagiert, dann könnten die Ernährungsvorschläge für Sie geeignet sein.

Häufig ist es so, daß die geschilderten Erfolge mit der angewandten Ernährungsform direkt gar nichts zu tun haben. Häufig tritt ein positiver Effekt schon dadurch ein, daß sich ein Mensch aufrafft, überhaupt etwas für sich selbst zu tun. Weiterhin kann es sein, daß ein im Grunde ungesunder Nebeneffekt vorübergehend scheinbar positive Erscheinungen, wie die Beseitigung von Symptomen, erzeugt. Schließlich sind viele Ernährungskonzepte besser als dasjenige, nach dem man vorher lebte. Selbstverständlich werden sich durch eine solche relative Verbesserung schon Erfolge erzielen lassen. Damit ist aber über die Qualität dieser Ernährung im Vergleich aller möglichen Konzepte, also über seine wirkliche Qualität noch nicht viel ausgesagt. Zum Beispiel ist der Übergang von Weißbrot zu Vollkornbrot schon ein recht großer Fortschritt. Wie Sie im Kapitel über Brot erfahren werden, ist diese Verbesserung allerdings bescheiden im Vergleich zu der Maßnahme, solche konzentrierten Kohlenhydrate stark einzuschränken oder gar ganz aus der Ernährung zu streichen.

Meine Vorschläge für Ihre eigenen Eß-Experimente habe ich über lange Zeit an mir selbst und an Freunden ausprobiert. Sie beruhen auf intensiven Literaturstudien, wobei ich im Zweifelsfall immer den Autoren den Vorzug gab, die glaubhaft nachweisen konnten, daß ihre Erkenntnisse wirklich auf Dauer praktische Erfolge in Gesundheit und Bewußtheits-Wachstum ermöglichen. Nach dem Motto "truth is that which works" - frei übersetzt: "wahr ist das, was wirkt" - zählt für mich nur die langfristige Wirksamkeit. Ein Argument kann noch so wissenschaftlich oder esoterisch verbrämt sein - wenn es die praktische Nagelprobe nicht besteht, taugt es wenig. Ich trete nur für solche Maßnahmen ein, von deren Wirksamkeit ich selbst ehrlichen Herzens überzeugt bin. Ich sage Ihnen auch klipp und klar, was Sie erwartet, wenn Sie so weiterleben, wie die überwiegende Mehrheit in den Industrieländern. Es liegt aber an Ihnen, durch eigene Experimente festzustellen, ob sich ihr Wohlbefinden verbessert oder nicht. Dieses Buch will nicht mit Argumenten zu einer bestimmten Methode überreden, sondern nur dazu, sich der eigenen Ernährungsgewohnheiten bewußt zu werden und gegebenenfalls selbstverantwortlich eine Änderung einzuleiten, um so zu der individuell optimalen, harmonischen Ernährung zu kommen.

In gewisser Hinsicht ist dieses Buch radikal, nämlich in dem Sinne, daß es an die Wurzeln (lat. radix: die Wurzel) geht und die Fakten ohne Verschleierung so präsentiert, wie sie sich zur Zeit unter Berücksichtigung der als wesentlich erachteten Literatur präsentieren. Dieses Buch wird Sie provozieren – so ist das auch gedacht. Ich war von einigen der vorgebrachten Tatsachen genauso schockiert wie Sie es sein werden. Auch ich habe anfangs ablehnend reagiert und konnte mich erst durch Selbstversuche überzeugen. Falls Sie mit diesen Experimentiervorschlägen zur Ernährung beim ersten Lesen nicht einverstanden sind, legen Sie das Buch am besten zur Seite und lassen einige Zeit vergehen. Beobachten Sie sich und Ihre Umgebung und überdenken das Gelesene. Ich bin ganz sicher: früher oder später kommen Sie nicht daran vorbei. Warum? Die hier erläuterten Ernährungs-Zusammenhänge nehmen ganz einfach Rücksicht auf unleugbare Naturgesetze, über die Sie sich nicht hinwegsetzen sollten, es sei denn, Sie wollten den Verfall der eigenen Gesundheit fahrlässig selbst verursachen. Ich kann mir nicht vorstellen, daß Sie dies beabsichtigen.

Der in Kapitel elf dargestellte Wirrwar der Ernährungskonzepte sollte Sie nicht dazu verführen, resigniert aufzugeben und in einem "es hat doch alles keinen Zweck" zu versinken. Sie gehören doch sicher nicht zu denen, die ihr Beharren im Althergebrachten wie so viele mit Toleranz verbrämen? Jeder hat natürlich irgendwie recht, und jeder kann tun und lassen, was er will. Das ist klar. Aber geht es Ihnen in jeder Hinsicht so gut, daß es Ihnen völlig egal ist, was Sie tun? Schenken Sie Ihr Vertrauen jedem x-beliebigen Konzept, das sich zufällig in Ihr Unterbewußtes eingeschlichen hat? Vergessen Sie die Angelegenheit nicht aus Verzweiflung. Es gibt einen Ausweg! Und dieser Ausweg ist so breit, daß auf ihm für alle eine harmonische Ernährung gefunden werden kann, obwohl beträchtliche persönliche Unterschiede notwendig sind. Gerade auf diese individuellen Unterschiede werde ich ausführlich eingehen.

Diesem Buch liegt folgende Grundkonzeption zugrunde:

1. Es ist unbestreitbar, daß der Mensch ein Allesesser ist. Offensichtlich kann er von der unterschiedlichsten und unmöglichsten Nahrung leben – ich brauche hier keine Beispiele zu geben, so bekannt ist diese Tatsache. Die Frage ist nur, wie ihm dieses Essen bekommt, wie er es verdauen kann und welche Folgen kurz- und langfristig für seine Gesundheit und sein Gefühlsleben zu verzeichnen sind.

Ebenso bekannt ist auch die Tatsache, daß es Lebensmittel gibt, die leichter verdaulich sind als andere – die ihn also weniger belasten und die weniger Unverdauliches zurücklassen – und solche, die dem Menschen mehr der benötigten Stoffe zuführen als andere. Aus diesem Wissen kann man aufgrund von Erfahrungen für die Spezies Mensch ungeachtet aller individuellen Unterschiede eine rein theoretisch optimale Ernährung und zusammen mit anderen Faktoren einen optimalen Lebensstil vorschlagen, die zu höchstem Wohlbefinden, zu optimaler Gesundheit führen. Wie diese Ernährung im einzelnen aussieht, wird weiter unten ausführlich dargelegt werden (Kap. 11 bis 25).

Ob ein Mensch aber tatsächlich danach lebt, hängt von seiner Lebenssituation ab: von seinem Erbe, seiner Vergangenheit, seiner Umwelt, seinem Potential und seinen ganz persönlichen Vorlieben, Aufgaben und Zielen (vgl. dazu Kap. 3 u. 6). Es klingt banal und wird Gesundheitsfanatiker und Bekehrungswütige verärgern: Die "optimale Ernährung" ist nur für solche Menschen sinnvoll und geeignet, in deren Leben optimale Gesundheit und langes Leben kompromißlos an erster Stelle stehen oder für solche, die einen Hang dazu haben, Asketen, Außenseiter oder Revolutionäre zu sein. Mit anderen Worten: den "optimalen Lebensstil" kann nur der verwirklichen und erreichen, in dessen bewußte oder unbewußte Vorstellungen vom Leben dieser hineinpaßt. Wenn dies nicht der Fall ist, wird er sich nicht oder nur teilweise danach richten können und die Konsequenzen bewußt oder unbewußt auf sich nehmen. So gesehen ist die Ansicht, daß 98% aller Krankheiten ernährungsbedingt sind (vgl. EHRET, 1988 und WANDMAKER, 1989), nur vordergründig richtig. Sie läßt die Folge-Frage außer acht, was die falsche Ernährung bedingt! In letzter Konsequenz ist jede Krankheit, ja jedes Detail des menschlichen Lebens psychisch bedingt, weil die Psyche den Körper steuert – nicht umgekehrt.

2. Die herkömmliche, landesübliche Ernährung der heutigen "zivilisierten" Menschen, den weit verbreiteten Status Quo, nenne ich die "gewohnheitsmäßige Standardernährung". Sie entspricht der gut bürgerlichen, ethnischen Küche. Sie hat sich von der Optimalernährung extrem weit entfernt. Sie paßt zum Bewußtheitsgrad derjenigen breiten Bevölkerungsschichten, die nach den Erkenntnissen der modernen Psychologie nur wenig bewußt leben, denken und handeln. Diese Menschen essen im wesentlichen das, was Tradition, Angebot und Werbung sowie Nachbarn und allgemeine Trends ihnen suggerieren. Das beinhaltet viele Drogen (Kaffee, Tee, Nikotin, Alkohol, Medikamente etc.), die unbewußt deshalb konsumiert werden, um die Empfindsamkeit und Energie niedrig zu halten. Durch die aus der Fehlernährung und Belastung mit Drogen re-

sultierende Verschleimung und Verschlackung des Organismus wird dieser Zustand weiter verstärkt (vgl. Kap. 15). Die meisten davon Betroffenen sind aus Angst und mangelndem Vertrauen wie in einem Teufelskreis gefangen. Wollen sie herauskommen, so müssen sie sich erst einmal Ihrer Angst bewußt werden. Als nächstes muß Vertrauen aufgebaut werden, was nicht einfach ist und am besten gelingt, wenn sie die Segnungen einer gesunden Lebensweise wenigstens in Ansätzen erleben könnten. Dann entsteht allmählich genügend Eigeninitiative, ohne die man auf dem Weg zu mehr Gesundheit und Wachheit nicht voranschreiten kann. Dabei ist es wichtig, daß beide Aspekte möglichst Hand in Hand gemeistert werden.

3. Zwischen diesen beiden Extremen liegt das, was ich als Umstellungs- oder Wachstumsernährung bezeichne. Diese Art von Ernährung wird von den Menschen eingenommen, die erkannt haben, daß sie sich mit der herkömmlichen Ernährung schaden. Sie haben sich deshalb entschlossen, sich umzustellen. Dabei unterscheide ich zwei verschiedene Gruppen: die eine ist diejenige, die zwar etwas für sich tun will, die aber nicht realistisch und bewußt genug ist, das zu tun, was sie wirklich braucht und was sie auch durchhalten kann. Ich bezeichne eine solche Ernährung als die unzweckmäßige, unrealistische Wachstumsernährung.

Diese Art von Ernährung zeichnet sich dadurch aus, daß der Betreffende wahllos dies und jenes versucht, was er gerade gehört hat. Er hat den eingeschlagenen Weg aber nicht überprüft – er hat weder Genaues darüber gelesen noch sich anderweitig Rat eingeholt. Er hat auch nicht nach innen geschaut, um herauszufinden, ob die Methode überhaupt zu ihm paßt. Er ist vielleicht nur einem Trend gefolgt, dem Beispiel von Kollegen oder dem Ratschlag eines Illustriertenartikels. Die Maßnahmen gehen entweder in die falsche Richtung, oder sie gehen, verglichen mit den Möglichkeiten der betreffenden Person, viel zu weit. Er kann sie nicht durchhalten und quält sich dann mit schlechtem Gewissen und Selbstanschuldigungen. Er kann den neuen Weg auch nach außen hin nicht recht vertreten, wirkt dementsprechend nicht überzeugend und wird deshalb gehänselt, verlacht etc. Diese Art von Erlebnis führt im besten Fall zu der Einsicht, nicht sorgfältig genug vorgegangen zu sein. Dies ist jedoch ein wichtiger Schritt.

4. Die letzte Art von Ernährung bezeichne ich als die "realistische Umstellungs- bzw. Wachstums-Ernährung". Dies ist die harmonische Ernährung. Hier passen die eingeschlagenen Maßnahmen mit den eigenen Fähigkeiten zusammen. Sicher wird auch nicht alles sofort klappen, was man sich vorgenommen hat. Im großen und ganzen kann der einmal ein-

geschlagene Weg aber Schritt für Schritt vorwärts gegangen werden. Die Maßnahmen werden durch Ihre innere Einsicht unterstützt. Sie werden sich Zug um Zug Ihrer Nahrung und Ihrer Essensgewohnheiten immer mehr bewußt. Sie können in zunehmendem Maße selbst sehen, welche Wirkung einzelne Lebensmittel auf Ihren Körper haben. Sie finden die weiteren Schritte durch Experimentieren selbst heraus. Ich bezeichne diese Art von Ernährung als harmonisch, weil sie ganz individuell zu Ihnen paßt. Auf diese Weise werden Sie allmählich von Ihren Essensgewohnheiten loskommen und mit der Ernährung bewußter umgehen. Ihre Nahrung wird sich sukzessive ändern, in jeder Situation werden Sie das Passende essen – Sie werden gesünder werden und gleichzeitig bewußtseinsmäßig wachsen. Ich gehe davon aus, daß das Ihre Richtung ist: Harmonie von Körper, Geist und Seele und Harmonie mit Ihrer Umwelt. Harmonie bedeutet aber nicht, daß Sie alle Ungereimtheiten, alle Probleme, alle Unstimmigkeiten und Konflikte einfach unter den Teppich kehren, nur damit Ruhe und eitel Sonnenschein herrschen. Mit Harmonie sind nicht Vertuschen, Verdrängen und äußerer Schein gemeint. So etwas funktioniert auf Dauer nicht, ist ungesund. Sie wissen das. Echte Harmonie, um die es uns hier geht, lebt davon, daß alles an die Oberfläche kommt, alles klar und stimmig ist, nichts verborgen und versteckt. Echte Harmonie entsteht dadurch, daß Körper, Geist und Seele zusammenschwingen, daß wir den ureigensten Bedürfnissen Rechnung tragen, indem wir uns nach der inneren Stimme, nach unserer Intuition richten.

Das vorliegende Buch hat demnach zwei Hauptaufgaben: Erstens stellt es Ihnen diejenige Nahrung vor, die der Spezies Mensch nach dem heutigen Erfahrungsstand theoretisch die optimale Gesundheit geben kann. Zweitens versucht es, Ihnen den Weg zu zeigen, wie Sie durch Vorschläge und Experimente die jeweils für Sie ganz persönlich für jeden Lebensabschnitt harmonische Ernährung finden. Diese wird sich in den meisten Fällen im Laufe der Zeit der optimalen Ernährung immer mehr nähern.

Dementsprechend ist dieses Buch ganz klar nur für solche Menschen gedacht, für die Selbstverantwortung, Eigeninitiative und innere Erkenntnis keine Fremdworte sind. Ich kann und will Sie nicht mit Argumenten zu einer bestimmten Diät überreden. Solche Diäten haben Sie wahrscheinlich schon vergebens versucht – sie führen langfristig zu nichts Gutem. Dieses Buch ist für Menschen, die sich nicht mit so wenig zufrieden geben wie eine Bekannte, die mir neulich erklärte: "Es ist doch ganz normal, daß ein Mensch mit 70 an Krebs stirbt. Mehr hat er doch gar nicht zu erwarten". Vor allem aber ist dieses Buch für Menschen, deren Lebensziel darin liegt, ihr Bewußtsein zu erweitern und spirituell zu wachsen. Im Gefolge davon werden Sie sich so ernähren, daß Sie auch gesünder werden. Der Ausgangspunkt kann also nicht eine sich selbst anerzwungene theoretisch optimale Ernährung sein. Das würde zu leicht zu Fanatismus, Außenseitertum und Absonderlichkeit führen. Bewußtseins-Wachstum und Ernährungsumstellung müssen Hand in Hand gehen.

Das Buch ist für Menschen mit einer gesunden Portion Zweifel daran, daß alles das für sie gut sein soll, "was man so ißt", was die Werbung als optimal anpreist und was Politiker und andere Ihnen unterschieben wollen. Es ist für Menschen, die selbständig denken (wollen), die ihren Gefühlen vertrauen und folgen, die auf ihren Körper mehr hören als auf Radio, Fernsehen und Zeitungen. Es wird diejenigen unterstützen, die bei sich selbst die Ursache für ihre Lage zu suchen sich bemühen. Es ist für diejenigen, welche Verantwortung bei sich selbst sehen und nicht nur andere, das System, die Regierung, den Staat, diese oder jene Minderheit, die Industrie, das Kapital usw. verantwortlich machen.

Meine Botschaft an Sie ist diese: Sie können sich am meisten auf sich selbst verlassen. Sie wissen selbst am besten, was Ihnen nutzt und schadet. Die Voraussetzung dazu ist, daß Sie es lernen, Ihrer eigenen Intuition, Ihrer eigenen inneren Stimme zu vertrauen. Wir geben Ihnen in diesem Buch dazu einige Tips. Lassen Sie sich auf das Wagnis ein, sich selbst gegenüber kompromißlos ehrlich zu sein. So werden Sie Ihre innere Stimme richtig bewerten und ihr folgen können. Das größte Abenteuer Ihres Lebens liegt vor Ihnen. Ihre Freiheit wird grenzenlos....

Das Buch unterschlägt auch nicht, daß Nahrung für die meisten Menschen auch eine sinnliche, soziale, psychische und ästhetische Komponente hat und daß sie nicht nährt, wenn sie dies nicht beachtet. Das Buch ist ein Plädoyer, sein Essen bewußt und ohne schlechtes Gewissen zu genießen. Es versucht, aufzuzeigen, wie dies möglich ist, ohne daß dabei Gesundheit und Idealgewicht leiden. Es fordert auf, Leben und sich Nähren als das zu sehen, was es sein kann: als Chance zu lernen und zu wachsen. Dabei sollen Sie so viel Freude und Spaß haben als irgend möglich.

3
Faszination und Chancen unserer Freiheit

Um die immensen Unterschiede zwischen den Menschen und seine Schicksale und Verhaltensweisen besser zu verstehen, hat es mir in den letzten Jahren sehr geholfen, mich von dem Konzept, daß jeder Mensch nur einmal lebe, zu lösen. Stattdessen begann ich, mit der Vorstellung der Reinkarnation, der Wiederverkörperung, zu experimentieren. Sicherlich treffen zwar beide Konzepte nicht die volle Wahrheit, die wir bei unserem derzeitigen Bewußtheitsstand nicht begreifen können. Es scheint mir aber, daß der Gedanke der Reinkarnation der Wahrheit ein Stückchen näher kommt, weil er bessere Erklärungsmöglichkeiten bietet.

Er beruht darauf, daß der Mensch unzählige Inkarnationen durchmacht, während derer er allmählich zu einer Reife des Bewußtseins gelangt, die es ihm ermöglicht, aus dem Kreislauf von Geboren-Werden und Sterben auszusteigen und in eine andere, höhere Existenz überzugehen. Das Konzept der Reinkarnation, der Wiederverkörperung, findet sich nicht nur in indischen Religionen (Hinduismus, Buddhismus etc.) sondern auch bei JESUS CHRISTUS. Seit dem Konzil von Konstantinopel (553) ist es jedoch de facto nicht mehr Bestandteil der christlichen Lehre (OUSELEY, 1988, S. 233). Ich will hier nicht Argumente für die eine oder andere Ansicht bringen. Ich fordere Sie lediglich dazu auf, einmal mit diesem Konzept zu spielen. Sie werden verblüfft sein, welch neue Perspektiven sich für Sie auftun. Mir ging es jedenfalls so.

Nach den Vorstellungen der Reinkarnationslehre hat jeder Mensch durch unzählige Wiederverkörperungen einen völlig individuellen Weg zu gehen, der sich von demjenigen anderer Menschen bis in Einzelheiten unterscheidet. Nicht einmal zwei Menschen, und seien sie noch so eng miteinander verkettet, weisen das gleiche Schicksal auf. Allerdings gibt es Gruppen von Menschen, bei denen sich gewisse Grundzüge ähneln, weil sie zur selben Zeit in bestimmten Erdengegenden sehr ähnliche Erfahrungen machen wollen.

Jedes Zeitalter, jedes Land und unterschiedliche Arten von individuellen Lebensumständen bieten für den Menschen ganz bestimmte, aber unterschiedliche Chancen, Erfahrungen zu machen, zu lernen, zu wachsen, bewußter zu werden. Nach GRISCOM (1986, S. 96f) und YO-

GANANDA (1988) sucht sich der Mensch die Umstände, unter denen er weitere Erfahrungen machen will, vor der Geburt selbst aus (vgl. auch Kap. 26). Er wählt sich seine Eltern, das Land, die soziale Stellung etc., damit er ganz bestimmte Aspekte seines individuellen Karmas aufarbeiten und damit auslöschen kann. Unter Karma versteht man das Gesetz, nach dem sich die Taten der Menschen aus früheren Leben bei der Wiederverkörperung auswirken. Deshalb hat jeder Mensch für jedes Leben etwas Besonderes vor, aus dem er lernen, durch das er wachsen kann. Er hat also das Potential zu wachsen - aber er ist nicht dazu gezwungen. Er kann es nutzen oder vergeuden.

Sein Leben ist aber auch nicht vorbestimmt in dem Sinne, daß er überhaupt nichts für sich selbst tun könnte: Das wäre falsch verstandener Kismet-Glaube. Auf diese Weise würde der Mensch seines Potentials nicht gerecht. Wenn also der unberührbare Bettler am Ende seines Lebens nichts aus seinem Dasein gelernt hat, dann hat er sein Potential, seine Talente nicht genutzt. Er kann aber nur dadurch lernen, daß er sich und sein Leben zunächst einmal so annimmt, wie es ist. Das ist der Sinn von Kismet. Durch dieses möglichst totale Annehmen und Ausleben wird er begreifen, was seine Lektion ist und über seinen Stand zumindest innerlich hinauswachsen. Allein darauf kommt es wirklich an. Sie haben also die Freiheit, Ihr Schicksal anzunehmen und Ihr Potential zu verwirklichen oder in Unbewußtheit die Zügel schleifen zu lassen. In einem sehr lesenswerten Artikel spricht HORN (1988, S. 9) in diesem Zusammenhang "von der Freiheit, zu tun, was Du mußt". Darauf kommt es an.

Ich habe den Eindruck, daß für das Wachstum des Bewußtseins in den gegenwärtigen Jahrzehnten größere Chancen bestehen als in den Jahrtausenden zuvor. In allen möglichen esoterischen und spirituellen Schriften ist die Rede von der großen Zeitenwende vom Fische- zum Wassermannzeitalter und dem damit verbundenen allgemeinen Bewußtseins-Sprung. Für eine große Anzahl Menschen bietet ein Leben in einer Industrienation in der heutigen Zeit meines Erachtens ganz besondere Möglichkeiten, Erfahrungen zu machen, die in vergangenen Jahrhunderten nur vereinzelt möglich waren: In den westlichen Industriestaaten, zum Beispiel in Europa und in den USA, ist heutezutage ein Maß an äußerer Freiheit verwirklicht, wie sie so schon lange nicht mehr anzutreffen war. Gleichzeitig gibt die Entwicklung von Wissenschaft und Technik uns Macht und Möglichkeiten in die Hände, wie sie seit Zeiten der altägyptischen Hochkulturen oder vor allem von Atlantis letztmalig vor ca. 10000 Jahren nicht mehr gegeben waren, wenn man den einschlägigen Berichten trauen darf (vgl. STEINER, 1979, CAYSEY, 1989, MUCK, 1976 und BERLITZ, o. J.).

Wir leben in einer Zeit mit wahrhaft phantastischen Chancen für viele

Menschen. Extreme Ideen und Pläne können in kurzer Zeit ausgelebt und angeschaut werden. Damit aus ihnen gelernt, sie für immer abgeschlossen werden können, ist es nötig, daß dies nicht völlig unbewußt abläuft. Jahrhundertelang waren Fortschritte in Wissenschaft und Technik zu verzeichnen, die sich in den letzten Jahrzehnten stürmisch überschlugen. Was dabei zurückblieb, war der Mensch, genauer gesagt, seine bewußtseinsmäßige Weiterentwicklung. Wissenschaftler, Techniker und Politiker sind nicht mehr in der Lage, die Tragweite der Ergebnisse abzuschätzen und die Errungenschaften auch zum Wohle der Menschen einzusetzen. Jetzt scheint sich eine Wende abzuzeichnen. Viele Menschen haben eingesehen, daß es an der Zeit ist, den Entwicklungsrückstand des menschlichen Bewußtseins einzuholen. Wenn uns das gelingt, dann brauchen wir – anders als in Atlantis (vgl. STEINER, 1979, S. 30) – Mißbrauch nicht zu fürchten. Die durchlebten Erfahrungen werden angesichts zunehmender Bewußtheit in vielen Fällen ihren Zweck erfüllen und die Menschen weiter bringen.

Welche Ideen und Pläne meine ich? Viele Menschen können heutzutage schnell sehr reich werden und diesen Traum mit all seinen Vor- und Nachteilen auskosten. Dies gilt zum Beispiel für Industrielle, Börsenspekulanten, Schlagersänger, Politiker, Kriminelle etc. Der Traum vom Reichtum verwirklicht sich für viele, und endlich können sie sehen, was es damit wirklich auf sich hat. Ich bin sicher, daß manche daraus lernen – jedenfalls kenne ich persönlich einige von ihnen. Sehr viele Menschen sind heutzutage Urheber oder zumindest Teilhaber grandioser Entwicklungen in Wissenschaft und Technik. Viele erfüllt das mit Stolz und Befriedigung – so mancher kommt aber zu dem Punkt, an dem er spürt, daß er in der Sackgasse landet, wenn er nicht gleichzeitig auch sein Bewußtsein weiterentwickelt. Erst dadurch, daß so viele Menschen ihre Träume auch verwirklichen können, sind sie in der Lage zu sehen, was sie sich da erträumt haben, zu sehen, was der Traum wirklich bringt und vor allem, was er nicht bringt. Man lernt vor allem aus Erfahrungen, und somit ist jede Erfahrung eine Chance. Selbstverständlich meine ich dabei nicht zum Beispiel das kleine Einmaleins, das jeder neu zu erfinden hätte.

Unsere heutige Zeit bietet besonders reiche und vielfältige Chancen. Ich bin fasziniert und dankbar zugleich, in dieser Zeit leben zu dürfen. Dies gilt auch direkt für die immensen Möglichkeiten individueller Lebensgestaltung. Unzählige Menschen haben heutzutage große Freizügigkeiten: wo sie leben wollen, wie sie wohnen wollen, was sie arbeiten, mit wem sie leben, wie sie sich ernähren wollen usw. Wir sind nicht mehr eingebunden in eine starre Gesellschaft mit unumstößlichen Regeln und Ritualen, bei deren Nichtbefolgen gleich das Schlimmste eintritt. Mit etwas

Mut kann man sich über sehr vieles hinwegsetzen, man kann Dinge tun und aussprechen, die einem früher Kopf und Kragen gekostet hätten. Tun wir es! Die Spielwiese unseres Lebens ist so üppig ausgestattet, die Tafel unserer Gaumenfreuden so reich gedeckt wie noch nie, der Zirkus menschlicher Begegnungen so vielfältig und groß wie selten zuvor. Überall gibt es Menschen unterschiedlichster Ansichten und Lebensstile. Anregungen und Reibungsmöglichkeiten gibt es in Hülle und Fülle. Experimentieren wir! Haben wir den Mut, in uns hineinzuschauen und herauszufinden, was an geheimen Wünschen in uns schlummert – vielleicht seit vielen Leben! Jetzt kann es verwirklicht werden, jetzt können wir die Lektionen lernen und dann abschließen, zum nächsten Abenteuer schreiten.

Diese phantastischen Möglichkeiten, die so viele Menschen auf die Erde locken, haben natürlich auch eine Kehrseite: Das ungehemmte Ausnutzen der Freiheit hat seinen Preis: Umweltverschmutzung, Wettrüsten, Armut, Krankheiten etc. Wenn man aber nur diese Kehrseite sieht und verdammt, dann vergißt man, daß man auch auf die andere Seite der Medaille verzichten muß. All die geschilderten Wachstumschancen kann man dann vergessen. Gerade das Ausleben von Exzessen scheint heutzutage angesagt und nötig. Vielleicht lassen sich damit die besten und schnellsten Ergebnisse erzielen. Wenn die Erde sich heute in dem Zustand befindet, der von vielen beklagt wird, dann haben dies das "Ganze", die "Existenz", das "Universum", "Gott" zugelassen! Es liegt nun mal in der Natur des Menschen, die Welt so zu gestalten, wie es ihm entspricht. Das ist natürlich. Wenn wir einem von wenig bewußten Menschen postulierten Idealzustand der Welt nachhängen, wie er sich uns ohne den Einfluß des Menschen präsentiert, bedeutet das, daß wir uns das eigene Wasser abgraben. Es soll nur das gut sein, was wir für richtig erachten, in Ordnung nur das, was die Natur hervorbringt, nicht auch das, was der Mensch erzeugt? Wenn wir uns mit unserem Potential selbst ausschließen, kommen wir nicht weiter. Der Mensch ist mit all seinen Möglichkeiten und Taten integrierender Bestandteil des Ganzen, der Schöpfung, der Natur.

Zu allen Zeiten – so weit wir die Geschichte überblicken – war der Mensch mit seinen Umweltbedingungen, seinen Lebensumständen unzufrieden. Wer zum Beispiel einmal etwas von Umweltverschmutzung und Lärm in früheren Zeiten erfahren möchte, der besuche eine größere indische Siedlung, in der sich die Bewohner noch weitgehend auf dem Stand von vor mehreren hundert, wenn nicht tausend Jahren befinden. Beißender Qualm der vielen Herdfeuer, Staub und Schlamm der unbefestigten Straßen und Wege, unsauberes Wasser durch unmittelbare Nähe von Trink- und Abwasser (über der Erde ebenso wie im Grundwasser), unbeschreiblicher Lärm durch die vielen Menschen, Tiere und archaischen Produktionsweisen: das war die "gute alte Zeit". Wir im Westen haben das nur allzu schnell vergessen.

Ich will die Sorge um unsere Erde und den lebenswürdigen Fortbestand der Rasse Mensch beileibe nicht bagatellisieren, aber der Satz: Wir hätten keine zweite Erde im Kofferraum, und wir sollten deshalb gefälligst pfleglich damit umgehen, ist irrelevant. Erstens ist die Behauptung nicht bewiesen. Solange wir für unsere Weiterentwicklung einen Ort benötigen, der so ausgestattet ist, wie es auf unserer Erde der Fall ist, wird es so etwas geben, egal wo. Und wir werden dann dort sein. Aber natürlich hat jeder auch die Chance, seine Ängste und Befürchtungen voll auszuleben, Ängste und Befürchtungen, die vielleicht noch niemals so berechtigt erschienen wie heute! Zweitens wissen wir recht wenig über die Selbstheilungskräfte unserer Erde und Möglichkeiten, wie wir auf bisher vielleicht völlig ungeahnte Weise hilfreich an dieser Heilung teilhaben können, wenn unser Bewußtsein erst einmal einen Sprung gemacht hat – dank der Freiheit!

Auch wissen wir, wenn wir ehrlich sind, nicht, ob nicht einige, von uns immer nur negativ eingestufte, vom Menschen erzeugte Umweltphänomene, zum Beispiel manche Umweltgifte, die künstliche Radioaktivität und durch das Ozonloch erfolgende zusätzliche Strahlung, bei der Weiterentwicklung des Bewußtseins helfen, indem sie im Menschen etwas auslösen, was wir bisher nicht beachtet haben? Bitte: das ist keine Entschuldigung – aber eine Aufforderung zu Ehrlichkeit und mehr Vertrauen. Vertrauen und Arbeit für eine gesunde, natürliche Umwelt und Ernährung schließen einander nicht aus. Wenn das Vertrauen schwindet, sinken der Lebensmut, die Lebenslust und die Lebensenergie: es wird Platz für einen Zusammenbruch des Immunsystems, für Aids und Krebs. Umweltschutzmaßnahmen, die aus blinder Angst heraus unternommen werden, sind mit Sicherheit die falschen. Nur mit Bewußtheit kann man die richtigen Maßnahmen ergreifen. Es ist schon genug an unserem Planeten herumlaboriert worden.

Ich höre jetzt schon die Naturschützer, die mir vorwerfen, mit der Industrie im Bunde zu stehen. Dies ist nicht der Fall. Ich bin auf der Seite derjenigen, die unsere Erde erhalten und menschenwürdig gestalten wollen. Ich bin ganz und gar für frische, saubere Luft, reines Wasser, biologischen Anbau, fremdstofffreie Lebensmittel. Ich betreibe ein vegetarisches Delikatessengeschäft mit Imbiß und Partyservice. Ich bin ein Pionier für reine, gesunde, vollwertige Nahrung, die zugleich hervorragend schmeckt in einer Umgebung, die von Schweinshaxen, Schweinebraten, Weißwürsten, Lüngerl und Kuddeln lebt, in einer Stadt, die fest in den Händen der Fast- und Junkfood-Industrie ist.

Aber, ich halte es für das schädlichste überhaupt, wenn die Menschen sich in Angst und Hysterie hineinsteigern. Aus dieser unbewußten Geisteshaltung heraus kann die Umwelt- und Ernährungs-Krise der Menschheit nicht überwunden werden. Angst ist auch der größte Feind Ihrer ganz persönlichen Gesundheit. Eine falsche Ernährung rangiert erst an zweiter Stelle. Das sehen Sie schon daran, daß es nur ohne Angst möglich ist, sich optimal zu ernähren.

Schadet extremes Ausleben grandioser Ideen und Pläne in Wissenschaft, Technik, Wirtschaft und Kultur wirklich dem Ganzen, ist es in jedem Einzelfall zerstörerisch für die Menschheit? Wie aber, wenn es tatsächlich dem spirituellen Wachstum, der Bewußtheits-Höherentwicklung nutzt, wovon ich überzeugt bin? Die Weiterentwicklung der Menschheit hat immer schon von der entwicklungsraffenden Verwirklichung einzelner Genies profitiert, ja sie fand dadurch überhaupt erst statt. Wir stehen kurz vor einer möglichen Katastrophe, das ist klar. Andererseits ist nicht gesagt, wie diese eintritt und was die Folgen sind. Niemand weiß das, niemand kann das wirklich vorhersehen. Weder NOSTRADAMUS noch CAYSEY etc. noch gechannelte außerirdische Wesen kennen die Zukunft. Die große Katastrophe, die für die vergangenen Jahre vorhergesagt worden war, ist nicht eingetreten. Statt dessen hat sich im Zuge der GORBATSCHOWschen Polikitik ein positiver Umbruch vor allem auch in Deutschland ergeben, den niemand jetzt und so rasch vorhergesehen hat. Dies sind für mich die Anzeichen, daß es noch nicht zu spät ist, daß die Bewußtheit der Menschheit bzw. einzelner (was auf dasselbe hinausläuft) tatsächlich zugenommen hat. Dies konnten Leute wie NOSTRADAMUS und selbst CAYSEY nicht vorhersehen. Sie gingen vom damaligen Stand des Bewußtseins der Menschen aus.

Es bleibt uns nur eines: die Augen zu öffnen, zu sehen, was ist und was nicht ist und herauszufinden, was unsere (jeweils individuelle) Aufgabe hier und jetzt ist und vertrauensvoll und risikofreudig daranzugehen, diese zu verwirklichen. Ernährung spielt dabei eine sehr wichtige Rolle, weil sie die Möglichkeit eröffnet, vieles zu sehen, was sonst verborgen bliebe.

Wenn es uns gelingt, durch bewußtseinsmäßige Höherentwicklung einzelner das Gesamtbewußtsein dieser Erde anzuheben – und das ist nach Aussage aller weiser spiritueller Meister sehr wohl möglich – dann ist das Ausleben von umweltschädlichem Verhalten – wenn es zum Ziele führt – durchaus vertretbar. Dann nutzt dies letztendlich dem Ganzen, wir können es nur vorübergehend nicht sehen. Gibt es einen Mißbrauch der Technik? Wer bestimmt, was Mißbrauch ist und nach welchen Kriterien? Es sind diejenigen, die ihren Machttrip ausleben müssen. Auch das hat seine Berechtigung. Erleuchtete Meister sagen, daß Mißbrauch unbewußtes Handeln darstellt und daß alles, was bewußt getan wird, auch erlaubt ist. Dabei handelt es sich selbstverständlich um einen Grad von Bewußtheit, den die meisten erst erlangen müssen, den sie aber nur durch Eingehen des Risikos erreichen können. Wir müssen mit diesen fürchterlichen Widersprüchen leben, solange wir nicht unser logisches Gedankengebäude verlassen können oder wollen. Durch Wachsen in unserer Bewußtheit wird dies von alleine erfolgen.

Wir bewegen uns heutzutage auf des Messers Schneide, das Leben war vielleicht noch nie so aufregend und faszinierend. Endlich kann man so intensiv leben, wie es sich der Steppenwolf immer gewünscht hat. Der derzeitige Zustand der Erde und der Menschheit gibt für jeden die Möglichkeit dazu. Jede Haltung, jede Ansicht, jeder Standpunkt ist berechtigt und richtig. Er hat ja nichts mit der wirklichen Gesamtsituation zu tun, sondern mit den Lektionen, die jeder einzelne lernen möchte. Wir können getrost davon ausgehen, daß alles planmäßig abläuft. Kein Grund zur Beunruhigung! Entweder wir sind pünktlich bei der Abfahrt im Zug oder wir verpassen ihn. Der nächste fährt planmäßig, nur vielleicht auf einem anderen Bahnsteig, in einem anderen Bahnhof, in einer anderen Zeit. Es werden uns immer wieder die gleichen Speisen vorgesetzt, bis wir kapiert haben, ob wir sie mögen oder nicht, ob sie uns schaden oder nutzen. Wir werden solange krank sein, bis wir uns entsprechend verändert haben. Darauf sollten wir es nicht mehr ankommen lassen. Jetzt ist die Zeit zum Handeln gekommen. Eine Chance wie diese kommt so schnell nicht wieder!

4
Ernährung und Bewußtheit

Was verstehen wir unter bewußt, was ist Bewußtsein? Zwei Deutungen gib es, die aus den Gegenteilen klar werden: bewußt als Gegensatz zu bewußtlos und zu unbewußt. Nur die zweite Bedeutung interessiert hier. Bewußtsein ist danach das Wissen eines Lebewesens um sich selbst, das Erleben von Gefühlen, Trieben und Handlungen. Das Bewußtsein befähigt dazu, den eigenen Zustand und das zu Erlebende zu kontrollieren. Es ist der Wachzustand, in dem uns klar ist, was wir tun und empfinden, was wir wollen und wünschen. Die moderne humanistische Psychologie und die überwiegende Mehrzahl weiser religiöser Meister gehen jedoch davon aus, daß der Grad von Bewußtsein, in dem sich die Mehrzahl der Menschen befinden, so gering ist, daß von einem bewußten Leben keine Rede sein kann: Fast alle unsere Aktivitäten sind – auch im Wachzustand – vom Unterbewußten gesteuert. Wir glauben nur zu wissen, warum wir etwas tun, wir bilden uns ein, wir würden ganz bewußt handeln, und stehen in Wirklichkeit unter inneren Zwängen, die uns keinen Spielraum, keine Freiheit für unvoreingenommene Entscheidungen lassen. Wir haben Vorlieben für manche Speisen und hassen andere, ohne in jedem Einzelfall zu wissen warum. Wir leben wie vorprogrammierte Biocomputer, wir reagieren auf Situationen aufgrund früherer Erfahrungen statt aufgrund jeweils tatsächlicher Erfordernisse. Wir tun meist nicht das, was wirklich angemessen ist.

Wenn wir in diesem Buch von Wachstum des Menschen sprechen, so meinen wir das Wachstum des Bewußtseins. Um uns von dem soeben geschilderten Bewußtsein, das man besser als Unbewußtsein bezeichnen sollte, abzugrenzen, verwenden wir statt dessen das Wort Bewußtheit. Unter Bewußtheit verstehen wir den Zustand, in dem man die Fesseln des Unbewußten nach und nach abstreift und schließlich zur völligen inneren Freiheit gelangt. Dieser Wachstumsvorgang ist Potential und Pflicht des Menschen. Nur er führt letztlich zu wirklicher Zufriedenheit, zu tiefem Glück, zu göttlicher Glückseligkeit.

Was aber hat Ernährung mit Bewußtheit zu tun? Befriedigt Nahrung denn nicht nur die körperlichen Bedürfnisse? Diese Vorstellung hat zwei Wurzeln: Erstens geht sie davon aus, daß im Menschen körperliche, geistige und seelische Bereiche mehr oder weniger beziehungslos nebeneinander existieren. Eine Beeinflussung ist dann nicht gegeben. Deshalb kann man bei der Ernährung ruhig sündigen, sich selbst strafen etc. Essen wird als verwerfliche Sinneslust und konträr zu geistigen und seelischen Bereichen gesehen. Welch verhängnisvolle Folgen das hat, ist klar: Der Mensch wird gespalten, einzelne Teile in ihm selbst kämpfen gegeneinander, er zerstört sich letztendlich selbst. Dies gehört zu den besonders schweren Lektionen, die sich ein Mensch für ein Leben zum Beispiel als Asket oder Vielfraß aussuchen kann.

Zweitens liegt dieser Idee das einseitig rational-mentale Weltbild der Naturwissenschaften (siehe im Nachwort) zugrunde, das nicht davon ausgeht, daß sich der physische Körper bei zunehmender Bewußtheit ändert und daß dementsprechend Bewußtheitszunahme durch entsprechende Ernährung auch unterstützt werden kann. Mit Zwang geht da allerdings gar nichts! Schon eher mit Disziplin. Vor allem aber muß man selbst herausfinden, was für die jeweilige Situation paßt. Wir werden das weiter unten noch ausführen.

Ernährung ist mit Bewußtheit noch in einem anderen Punkt sehr wesentlich verbunden: Zunahme der Bewußtheit erfolgt durch Loslassen alter Verhaltensmuster, durch Auflösen von Blockaden im körperlichen, gefühlsmäßigen und geistigen Bereich; sie verwirklicht sich dadurch, daß die Lebensenergie frei im Körper fließen kann. Dieses Loslassen und Auflösen ist nur in seltenen Fällen ein unmittelbarer Willensakt. Sicherlich ist der Wille zum Wachstum nötig, erzwungen werden kann dies jedoch nicht. Man muß dafür etwas tun. Das Bemühen kann aber zum Hindernis werden, wenn man vor lauter Anstrengung nur noch die Arbeit und das Ziel sieht, für das Hier und Jetzt aber blind ist.

Loslassen und Auflösen sind Produkte innerer Erfahrungen, die man nur durch Experimente machen kann. Dabei ist nicht die Frage, ob die Experimente gelingen oder nicht, man läßt sie sowieso hinter sich, hat man die Lektion erst einmal gelernt. Offensichtlich ist es so, daß der Mensch am besten aus Fehlern lernt. Es wäre deshalb grundfalsch, den Menschen daran zu hindern, zu experimentieren und diese Fehler auch tatsächlich zu machen. Jeder hat das Recht, nach seinen eigenen Bedürfnissen zu leben und Fehler zu machen. Er braucht deswegen kein schlechtes Gewissen zu haben. Die Sache mit der Sünde ist eine aus Angst, die Herrschaft über die Gläubigen zu verlieren, erfundene Angelegenheit. Es gibt keine Sünden, es gibt nur Fehler – und aus diesen kann man lernen.

Wir sollten uns deshalb auch angewöhnen, nicht mehr davon zu sprechen, daß wir sündigen, wenn wir etwas tun, das gegen unsere Vorsätze oder die Regeln anderer geht. Wenn wir etwas essen, das nicht zu unseren Zielen optimaler Ernährung paßt, dann ist das keine Sünde. Wenn wir es bewußt tun, dann befriedigen wir damit wichtige Bedürfnisse. Wir beachten unsere Emotionen und sinnlichen Empfindungen, wir helfen dem Körper bei einem Heilungsprozeß, wir kommen in Einklang mit uns selbst.

Jeder hat das Potential, selbst herauszufinden, was seine individuelle Aufgabe zu jeder gegebenen Zeit ist. Niemand ist dafür da, die (unberechtigten!) Erwartungen anderer zu erfüllen. Entscheidend dabei ist, daß man die richtigen Signale nach außen setzt, damit falsche Erwartungen erst gar nicht aufkommen, daß man keine Versprechen gibt, die man möglicherweise gar nicht einhalten kann. Auch sind Erwartungen an andere, die sich auf "normales Verhalten", auf Konventionen, religiöse, weltanschauliche oder politische Gebote stützen nicht gerechtfertigt. Jeder hat das Recht, das zu tun, was ihm sein Innerstes vorschreibt. Wenn er dabei mit anderen in Konflikt gerät, so ist das ein (eventuell kalkuliertes) Risiko.

Statt loszulassen, Auflösung zuzulassen, offen zu sein und die Realität zu akzeptieren, so wie sie sich darbietet, kann man selbstverständlich auch kämpfen, urteilen, richten, verdammen. Man kann in Unzufriedenheit, Mißtrauen, Haß und Aggression seine Tage verbringen. Auch daraus läßt sich lernen. Entscheidend ist, daß nichts zwanghaft unterdrückt wird: es muß an die Oberfläche kommen und gesehen werden – nicht in jedem Fall auch gewaltsam ausgelebt werden. Freude kann man getrost teilen, Haß muß nicht unbedingt auf andere Menschen geschleudert werden. Wie stets ist auch hier die Grenze zwischen Verdrängen und Unterdrücken sowie Herauslassen und Sehen sehr eng und gefährlich.

Man sollte sich nicht grundsätzlich gegen etwas sperren oder nur das Gegenteil vergöttern. In beiden Fällen ist man zu sehr darin verwickelt, um noch klar sehen zu können. Kampf und Ablehnung berauben uns der Chance, Erfahrungen zu machen. Wenn wir einen anderen durch Rat oder Tat hindern, er selbst zu sein, können wir ihm nicht wirklich helfen. Wir engen ihn ein, bevormunden ihn, nehmen ihm die Chance, sich selbst zu helfen und nutzen nur unserem eigenen Ego. Wirkliche Hilfe erwächst aus liebevollem Vertrauen sich selbst und anderen gegenüber. Toleranz erwächst aus Vertrauen und aus der Einsicht, daß man selbst eigentlich nicht in der Lage ist, festzustellen, was in jedem Falle richtig oder falsch, was hilfreich oder schädlich ist. Wo ist der, der mit Berechtigung von sich behaupten könnte, er blicke wirklich durch?

Wahrheit kommt stets nur in individuellem Gewande, Wahrheit sieht für jeden Menschen anders aus. Auch unsere hier dargelegte Ansicht entspricht nicht der individuellen Erfahrungs-Wahrheit aller anderen

Menschen. Sind wir ehrlich! Aus dem großen Ganzen erblicken wir nur immer winzige Teilchen. Könnte ein Wesen, das von dieser Erde nur ein Sandkorn kennt, richtige Auskünfte über die ganze Erde geben? Besonders die Kirchen maßen sich das immer wieder an. Die klassischen Mediziner nennen dieserart Erkenntnisse ihr eigen. Politiker glauben, das Richtige zu tun, und Gesetzgeber bilden sich ein, den Bürgern das Beste zu bescheren. Weit gefehlt! Es ginge in jedem Falle auch anders und sicherlich häufig besser.

Fazit: Es gibt zwar eine optimale Ernährung, wenn man die Physiologie, die rein körperlichen Bedürfnisse der Spezies Mensch als alleinigen Wertmaßstab heranzieht, aber es gibt keine allgemein verbindliche tatsächliche Wachstums-Ernährung, die auf das Ziel der optimalen Ernährung hinführt. Für jede Lebenssituation eines Menschen gibt es eine das Wachstum unterstützende (die harmonische) und eine den Status quo eher erhaltende Nahrung. Zudem wird die Nahrung selbst Erfahrungsobjekt. Man kann mit ihr so umgehen, daß man dabei lernt und wächst oder daß man auf der Stelle tritt. Dann wird eben dieselbe Speise immer wieder aufgetragen. Und wenn auch das nicht weiter hilft, kommt vielleicht eine Krankheit hinzu (die man dann ursächlich - physisch) mit der Nahrung in Zusammenhang bringen kann. Das muß aber nicht in jedem Falle stimmen. Wie in einem späteren Kapitel ausgeführt werden wird, ist Essen derartig emotionsgeladen und in einer so dramatischen Weise mit der Vergangenheit und dem Leben im ganzen verbunden - wer nichts zu essen bekommt, stirbt - daß klar zutage tritt, daß die Ernährung bei der Bewußtwerdung des Menschen eine hervorragende Rolle spielt. Diese Rolle ist das Hauptthema dieses Buches.

Wachstum erfolgt durch Loslassen, Weggeben, Reinwerden. Dies bezieht sich auf Äußeres wie auf Inneres, auf den Körper ebenso wie auf das Gemüt: auf Denkmuster, Stimmungen und Gefühle. Wachstum kann so als der große Reinigungsakt gesehen werden: Der Körper wird gesäubert von Schlacken verschiedenster Art, Überresten des Stoffwechsels, die infolge Überlastung der Ausscheidungsorgane nicht abgegeben wurden und sich nun in den Geweben in Form von Kalk und anderen Kristallen etc. abgelagert haben. Die Zellen werden gereinigt von alten Energiemustern vergangener Krankheiten.

Inzwischen nutzlos gewordene, auf längst verflossenen Begebenheiten beruhende Verhaltensweisen, die vollautomatisch mitgeschleppt werden und zu unangepaßten Reaktionen führen, werden verlassen. Die vielen Fremdkonditionierungen durch Eltern, Kirchen, Schulen und Staat werden allmählich abgebaut, da sie eben nicht gut für uns und schon gar nicht natürlich-richtig sind, wie man uns hat glauben lassen. Uralte karmische Eindrücke verschwinden. Der Mensch als Ganzes wird sauberer, klarer, entspannter, harmonischer und damit durchlässiger für die höheren Energieströme, die mit einem erweiterten Bewußtsein einherkommen. An die Stelle von Angst und Mißtrauen treten mehr und mehr Gnade und Vertrauen. Wir werden fähig, zu "fliegen". Ernährung spielt bei all diesen Prozessen eine wichtige Rolle, kann aber nicht isoliert betrachtet werden, wie dies von unseren Ernährungsaposteln gemeinhin getan wird.

Erster und wichtigster Schritt auf dem Wege zur harmonischen Ernährung und zu mehr Bewußtheit ist, daß Sie sich selbst so akzeptieren wie Sie sind. Be- und verurteilen Sie sich nicht! Daß Sie so sind wie Sie sind, hat seine Gründe – Ihr derzeitiger körperlicher Zustand entspricht der Lektion, die Sie beim Wachstum Ihres Bewußtseins gerade lernen. Wenn Sie von Ihrer derzeitigen Situation nichts profitieren könnten, wären Sie nicht in ihr gelandet. Ihr derzeitiger Körper, Ihre Gesundheit, Ihre Gefühle etc. sagen rein gar nichts darüber aus, ob Sie ein guter oder schlechter Mensch sind und wie weit Sie schon sind; und wer wäre schon in der Lage, das zu beurteilen? Also kämpfen Sie nicht gegen die Situation an. Finden Sie heraus, was Ihr Lernziel ist. Gehen Sie verständnis- und liebevoll mit sich um, so wie Sie es mit Ihrem Baby tun würden. Wenn Sie sich selbst nicht mögen, wen denn sonst?

5
Macht die herkömmliche Ernährung krank?

"Du mußt gut und viel essen und trinken, damit du groß und stark wirst!". So oder ähnlich lautet der Rat der meisten Eltern an ihre Kinder. Wieviel man wirklich essen und trinken und was man im einzelnen zu sich nehmen sollte, darüber gibt es zwar unterschiedliche Ratschläge, es scheint aber so zu sein, daß man durchaus sieht, daß Gesundheit und Ernährung in engem Zusammenhang stehen. Sieht man genauer hin, findet man jedoch recht konträre Ansichten: da sind die einen, meist Anhänger der sogenannten klassischen Schulmedizin, die zwar einen gewissen Zusammenhang sehen. Wenn es aber darum geht, Krankheiten zu heilen, die sie selbst als ernährungsbedingt diagnostiziert haben, dann ziehen sie es vor, mit Medikamenten einzugreifen und mit dem Messer oder mit immer teureren Apparaten die Symptome zu vertreiben. Für gewisse Zeit wird allenfalls eine Diät verordnet. In der Regel schränkt diese aber den Patienten derart in seinen Essensgewohnheiten ein, daß er, sobald eine gewisse (scheinbare) Besserung eingetreten ist, schnell zu seinen alten Lebensumständen und Ernährungsgewohnheiten zurückkehrt. Ein Ernährungskonzept, das sich auf Dauer durchhalten läßt und zugleich zu optimaler Gesundheit führt, kann die Schulmedizin nicht vorweisen. SHELTON (1989, S. 167) schreibt dazu: "Es muß betont werden, daß die Wissenschaft bisher weder alle Faktoren kennt, die für die menschliche Ernährung notwendig sind, noch die Wechselbeziehungen der verschiedenen Nahrungsfaktoren versteht, so daß sie kein ausgewogenes Diätsystem vorstellen kann." Daß nur die wenigsten Schulmediziner eine Ahnung von gesunder Ernährung haben, geht aus dem Buch von Dr. med. MOELLER (1989) klar hervor.

Ein solches heilendes Ernährungs-Konzept ist für die Mediziner ja auch völlig uninteressant, ja konträr zu ihrem Anliegen, Krankheiten heilen und daran verdienen zu wollen. Bitteschön: dies ist keine unangebrachte Polemik! Die Medizin und die medizinisch-pharmazeutische Industrie sind längst ein Milliarden-Geschäft geworden. Hier geht es um Profite und Arbeitsplätze – nicht um die wirkliche Gesundheit des einzelnen. CALATIN (1988, S. 72) zitiert zu diesem Fakt Dr. KAPUSTE: " Sie dürfen nicht vergessen, daß eine `chronische Behandlung' einer heilbaren Krankheit für die pharmazeutische Industrie viel mehr Geld bringt als die Heilung der Krankheit." Und der Kranke? Die meisten wollen möglichst schnell Linderung ihrer Beschwerden. Und wenn der eine Arzt sie zu einer neuen Lebensweise überreden will, damit ihre Krankheiten langfristig von Grund auf geheilt werden, dann gehen sie eben so lange von Arzt zu Arzt, bis sie einen finden, der ihnen ein paar Pillen gegen ihre Symptome verschreibt.

Eine zweite Gruppe von Menschen hat eingesehen, daß die herkömmliche Ernährung krank macht und kombiniert deshalb eine gegenüber der landesüblichen gut bürgerlichen Kost verbesserte Ernährung (etwa das Vollwert-Konzept) mit der Symptom-Medizin. Solche Menschen sind zweifellos schon besser dran, weil sie nicht so häufig krank werden und in der Regel auch nicht bei jedem Wehwehchen gleich zum Arzt rennen. Sie sind meist bewußter und wählen - wenn sie es finanziell verkraften können, statt des Arztes lieber den Heilpraktiker. Sie sehen und leben die Erkenntnis, daß Gesundheit zu einem großen Teil ernährungsbedingt ist, zumindest teilweise.

Schließlich gibt es Gesundheitsapostel, die der Ansicht sind, der Mensch müsse sich nur richtig ernähren und alles auf dieser Erde sei in Butter. Bei den meisten alternativen Ernährungskonzepten finden sich jedoch weltanschauliche bzw. religiöse Komponenten. Der Ernährung wird eine dominante Rolle eingeräumt, psychische Aspekte werden gesehen, aber häufig im Einzelfall nicht ausreichend beachtet. Deshalb entwickeln sich im Rahmen der Minderheitenrolle vieler dieser Gruppen und der Intoleranz der Mehrheit häufig Verhaltensweisen, die einen moralisierenden, asketischen, fanatischen und die angenehmen Seiten des Lebens verneinenden Geruch annehmen. Dies wäre nicht geschehen, wenn das Bewußtsein dieser Menschen mit der Nahrungsverbesserung gewachsen wäre. Unter diesen Menschen leidet der Ruf alternativer Ernährungsformen insgesamt, weil sie sichtlich ein schlechtes Bild abgeben. Wenn das die Folge von Rohkost ist......

Die Menschen der verschiedenen Vegetariergruppierungen erscheinen häufig ernster als die anderen - auch wenn sie das im Herzen vielleicht gar nicht sind. Es sind Menschen, die mehr Verantwortung für sich selbst und damit auch fürs Ganze tragen. Viele haben dies anfangs nur angesichts des Todes unter dem Zwang einer schweren Krankheit, die von allen konsultierten Ärzten als unheilbar bezeichnet worden war, durchgehalten. Interessanterweise standen fast alle Erfinder alternativer Ernährungstheorien in Ihrem Leben einmal an diesem Punkt.

Auch das in diesem Buch unter anderem als Experimentiervorschlag vertretene Konzept der Natürlichen Lebenskunde, der vitalstoffreichen

Sonnenkost, sieht Ernährung als die wichtigste Ursache für Krankheiten. Die Frage ist nun, was in uns die Wahl der Ernährung steuert. Das ist nach unserer Ansicht zweifellos die Psyche. Der Mensch wird sich unbewußt so ernähren, daß die Krankheiten, die er zum Aufwachen, zur Weiterentwicklung seiner Bewußtheit braucht, auch eintreten. Das Unbewußte wiederum wird vom Psychischen, von Veranlagung und Karma gesteuert. Eine für optimale Gesundheit optimal konzipierte Ernährung ist offensichtlich für viele Menschen - noch - nicht realisierbar. Sie werden entweder von vorneherein gar nicht daran interessiert sein, oder sie werden diese nicht durchhalten können. Sie werden sich diejenige Nahrung suchen müssen, die ihrer Lebenssituation entspricht: Die realistische, harmonische Wachstums-Ernährung, wie wir sie in Kapitel zwei genannt haben.

Zum Beispiel kam kürzlich ein kräftiger Mann mittleren Alters zu mir in mein vegetarisches Bistro und sagte, er wolle etwas zu essen, das ohne Cholesterin sei. Sein Arzt habe ihn geschickt. Ich sagte ihm, daß er mit den meisten hier angebotenen Speisen kein Problem habe, denn diese seien ja vegetarisch und dementsprechend ohne Cholesterin. Er antwortete, daß er vegetarische Ernährung nicht durchhalten könne und wählte sich ausgerechnet von den zwei, drei Salaten, die mit Mayonnaise angemacht waren.

Ein kräftiger Mittvierziger, im Beruf erfolgreich, Familienvater mit großem Freundeskreis, und er kann nicht auf Fleisch verzichten? Was hat er nicht schon alles im Leben gemeistert, und das kann er nicht, obwohl er weiß, daß es um seine Gesundheit geht? Spürt er nicht täglich seine Beschwerden? Und er kann nichts dagegen tun, obwohl er weiß wie? Das kann doch wohl nicht wahr sein. Wäre er ehrlich, würde er sagen, ich will das gar nicht ändern. Es zeigt zugleich, daß der Gaumengenuß auf der Liste der Lebenswünsche ganz oben rangieren muß! Anders betrachtet zeigt dies, daß er wahrscheinlich aufgrund seines Lebensplanes innerlich einfach noch nicht dazu bereit ist, auf Fleisch zu verzichten.

Weiterhin kommen zu mir immer wieder Kundinnen, die - man kann es deutlich sehen - abnehmen müssen und auch verkünden, daß sie es wollen. Sie fragen ausdrücklich nach kalorienarmen Speisen, und ich empfehle dann eine Zusammenstellung, die ihren ausgesprochenen Wünschen entspricht. Sie hören aber nicht auf mich - trotz ihrer Frage. Sie bestellen ein Gericht oder eine Salatzusammenstellung, die ein Optimum an Kalorien verspricht, bzw. sie finden doch tatsächlich eine Speisenkombination, die schwer verdaulich und zum Abnehmen völlig ungeeignet ist. Auch sie wollen sich nicht wirklich ändern, obwohl sie es sogar lauthals verkünden. Sie kokettieren nur damit. Sie wollen extra Aufmerksamkeit.

Wie in den vorausgegangenen Kapiteln ausgeführt wurde, sind wir hier auf Erden, um zu lernen, um uns weiterzuentwicklen, um unsere Bewußtheit zu steigern. Es wurde auch dargelegt, daß wir durch Erfahrungen lernen, besonders durch Fehler. Auch Nahrung ist Teil dieses Vorganges: Wir müssen in uns hineinschauen und herausfinden, welche Nahrung zu unserer jeweiligen Entwicklungssituation paßt. Krankheiten werden uns in diesem Wachstumsprozeß zuteil als Lernhilfen. Sie sind zugleich Ausdruck von inneren Läuterungsprozessen, aber auch von Blocks und Verkrampfungen, wenn wir zu intensiv festhalten. Krankheiten werden uns zuteil, wenn wir einen besonders deutlichen Hinweis benötigen, weil sanftere Hinweise geflissentlich übersehen wurden. Grundlage für die Krankheiten sind aber in jedem Fall schädliche Verhaltensweisen, vor allem die Essensgewohnheiten, die zu einer inneren Vergiftung, zu einer Überlastung des Körpers mit Fremdstoffen führen, wie in Kapitel 15 dargelegt werden wird.

Man kann natürlich auch sagen, Krankheiten sind psychisch bedingt, weil ja die Psyche unser Leben steuert: sie macht unsere eigentliche Individualität aus. Dabei beißt sich aber die Katze in den Schwanz: Wir nehmen eine bestimmte Nahrung zu uns, weil wir diese unter dem Eindruck einer bestimmten psychischen Situation unbewußt wünschen. Diese Nahrung ist aber ungesund und ruft dementsprechend physische Störungen hervor oder verstärkt oder verändert schon vorhandene. Dann hat die Ernährung tatsächlich dieses oder jenes Symptom hervorgerufen.

Das beste Beispiel, das diese These belegt, findet sich in jener überaus großen Zahl von Zeitgenossen, die aus den verschiedensten Quellen in ihrem Kopf Vorstellungen über eine richtige Ernährung angesammelt haben und der Meinung sind, sie müßten jetzt vernünftig sein und auch danach leben. Getrieben von der Angst, krank bzw. noch kränker, dicker etc. zu werden, versuchen sie nun, die einzelnen Regeln – häufig recht zusammenhangslos– zu befolgen. Da die meisten dieser Vorstellungen weder zu ihrer individuellen Lebenssituation noch zu ihren Vorlieben für bestimmte Speisen etc. noch zu ihrem täglichen Rhythmus passen, müssen sie sich zwingen. Dies halten sie aber nur zeitweilig und unvollkommen durch, wodurch sie sich mit einem ständigen schlechten Gewissen belasten. Sie häufen Schuldgefühle an und beginnen sich zu hassen. Davon werden sie nun erst richtig krank. War es also die falsche Ernährung, die am Anfang stand? War es nicht vielmehr der verbreitete Wunsch, jemanden zu haben, der einem sagt, was zu tun ist, wo es lang geht? Waren es nicht vielmehr die Angst und das Mißtrauen, das zu tun, was einem der eigene Körper signalisierte? War es nicht eher die Bequemlichkeit, sich gar nicht erst die Mühe zu machen, selbst herauszufinden, was für einen selbst paßt?

Mit dem Gewissen ist das überhaupt so eine Sache. Für mich war es ein Schlüsselerlebnis, als ich von meinem katholischen Pfarrer, mit dem ich noch bis zum Studienende gut befreundet war, im Alter von neun Jahren von der Rolle des Gewissens erfuhr. Er sagte: "Du mußt dich in erster Linie nach deinem Gewissen richten". Ich tat das im Folgenden in zunehmendem Maße auch, verstand aber als Gewissen meine innere Stimme, die mir sagte, wo's lang geht. Er hatte aber eine ganz andere Vorstellung von Gewissen. Für ihn war das die Konditionierung durch die Gesetze der Kirche. Das sogenannte Gewissen mußte an den Vorstellungen der Kirche ausgerichtet werden. Eigentlich sollte ich nicht selbst herausfinden, was gut und böse war. Ich sollte das tun, was die Kirche lehrte. Hatte er sich aus Versehen mißverständlich ausgedrückt? Für mich jedenfalls war es der Anfang vom Abschied von der Kirche, von der Bevormundung. Es war der erste Schritt zum Erwachsenwerden.

Auf einer ähnlichen Linie liegt das, was man gemeinhin als den sogenannten "gesunden" Menschenverstand (engl. common sense) bezeichnet, der sogenanntes "vernünftiges" Handeln ermöglicht. Viele Bücher der Ernährungsszene argumentieren damit. Bevor man aber anfängt, sich nach seinem "gesunden" Menschenverstand zu richten und sich vernünftig zu ernähren beginnt, ist es zweckmäßig, einmal näher hinzusehen, was sich dahinter verbirgt. Frage: was ist gesund? Gesund wird gemeinhin definiert als frei von Krankheiten. Wenn man dies auf den Körper bezieht, so macht dies bereits gewisse Schwierigkeiten: als gesund gilt jemand, der arbeitsfähig ist – deshalb kann man sich krank schreiben lassen, und man wird schließlich wieder gesund geschrieben. Aber das sagt wenig darüber aus, wie gesund und leistungsfähig jemand ist. Es gibt da bekanntlich viele Unterschiede von Person zu Person. Krankheiten können bekanntlich auch im Verborgenen wirken oder schon begonnen haben, noch bevor man davon richtig weiß.

Noch viel schwieriger ist es, zu beurteilen, ob der Verstand eines Menschen gesund ist oder nicht. Nimmt man den entsprechenden englischen Ausdruck "common sense" zur Hilfe, kann man sagen, daß der gesunde Menschenverstand ein Bündel von Ansichten darstellt, das von der breiten Masse als richtig, zweckmäßig, vernünftig angesehen wird – aufgrund eines Allgemeingutes an Erfahrungen, die durch lange Zeiten gemacht wurden. Es handelt sich dabei um Beurteilungen, denen selbstverständlich auch Normen zugrunde liegen. Da diese wiederum in unserem christlichen Abendland stark von den Ge- und Verboten der Kirchen geprägt sind, ist eine mehr oder weniger starke Überschneidung von Gewissen und gesundem Menschenverstand zu verzeichnen. Dabei reicht das Gewissen wohl etwas mehr in die Gefühlsebene, der gesunde Menschenverstand mehr in die Verstandesebene. Das läßt sich nicht völlig trennen, denn beide erhalten ihre Bedeutung durch die Angst, die dahinter steckt: Angst vor Strafe, Benachteiligung, Unglück etc., wenn man sich nicht nach den beiden richtet.

Sowohl das Gewissen als auch der gesunde Menschenverstand sind also abhängig von der jeweiligen Gesellschaft, in der sie gültig sind. Sie spiegeln Werte wieder, die sich zeitlich und örtlich ändern. Sie sind somit keinesfalls gesund in dem Sinne, daß jede andere Ansicht krank ist. Sie haben lediglich einen Bezug zur Mehrheit oder besser gesagt zur Masse. Gewissen und gesundem Menschenverstand liegen im Grunde willkürliche Vorstellungen vom Leben zugrunde, und Entscheidungen, die im individuellen Falle von Einzelpersonen danach getroffen werden, können nicht stimmen, weil jede Situation eine andere Entscheidung benötigt. Diese Entscheidung kann einem niemand abnehmen. Gewissen und "gesunder" Menschenverstand werden nun einmal durch Menschen außerhalb von mir geprägt. Es ist zwar richtig, daß man oberflächlich gesehen mit den geringsten Schwierigkeiten zu rechnen hat, wenn man sich nach diesen Maßstäben richtet. Und in den Augen der Politiker und Priester läuft dann ein Staat am besten, sind dann die Schäfchen der Kirche am leichtesten in Zaum zu halten, wenn alle uniform das Gleiche tun.

Aber zu welchem Preis? Der einzelne wird zur Masse degradiert. Alle Individualität verschwindet – von Bewußtheit so gut wie keine Spur. Selbstverständlich wird den Menschen das Gegenteil eingeredet, damit sie ihre Lage nicht erkennen. Deshalb ist Werbung so erfolgreich, deshalb sind die Essensgewohnheiten innerhalb eines Landes etc. so gleichmäßig, seien sie auch noch so ungesund und im Einzelfall völlig unangepaßt. Schon im alten China wurden Schweinefleisch und Bohnen für die große Masse gepriesen, weil sie die Gefügigkeit der Untertanen unterstützen (vgl. die Wirkung von Fleisch und Bohnen in Kap. 26).

Es wird Zeit, daß wir weg kommen von angelerntem Wissen, frei werden von Gewohnheiten aller Art. Alle diese fremden Krücken überdecken nur unser eigenes Potential: wir sind durchaus in der Lage, selbst herauszufinden, was für uns gut ist. Wir müssen nur lernen, durch die dicken Lagen von Vernunft, Gewissen und "gesundem" Menschenverstand hindurch auf die Weisheit zu sehen, die in jedem von uns schlummert. Es ist das intuitive Wissen, dem wir vertrauen können. Es ist die eigene innere Stimme, die zu uns spricht. Jeder von uns hat sie schon oft gehört, aber in den meisten Fällen dann aus Angst und Mißtrauen in die eigene Stärke mit Argumenten des Verstandes und des Gewissens beiseite gewischt. Und dann fuhr die Karre in den Graben. Erinnern wir uns daran? Und wie beglückend war es jedesmal, wenn wir uns nach unserer inneren Stimme richteten!

Die harmonische Ernährung ist diejenige Ernährung, die der inneren Stimme folgt. Nach dem Geschilderten wird schnell klar, daß wir Fehler machen werden, wenn wir anfangen, uns nach uns selbst zu richten. Häufig wird Unklarheit bestehen, und wir werden einen Teil tiefer Konditionierung als die eigene Stimme mißdeuten. Aber das spielt keine Rolle: durch Fehler lernt man am besten. Das Durchdringen und Ablegen alter Essensgewohnheiten gehört zum Schwierigsten überhaupt. Man meint im Einzelfall: das schaff ich nie und nimmer. Immer wieder erfindet man Ausreden und falsche Argumente, mit denen man die Notwendigkeit zum Wandel wegrationalisiert. Man muß schon ein bißchen zäh sein und geduldig und sich wirklich auf lange Sicht etwas Gutes tun wollen. Wie heißt der alte Spruch? Es ist bitter am Anfang, aber süß am Ende. Das Heilen von Symptomen mit Medikamenten – ohne Änderung der Essensgewohnheiten und Lebensumstände – ist zwar süß am Anfang, aber bitter am Ende. Möchten Sie völlig verkalkt und hilflos im Altersheim enden? Das wäre das bittere Ende!

In einem späteren Kapitel werden wir auf praktische Übungen eingehen, wie man lernt, der inneren Stimme zu folgen. Hier wird einmal mehr klar, wie sehr bewußtes Essen und bewußtes Leben miteinander verbunden sind. Der langfristige Mißerfolg aller Diäten zum Abnehmen erklärt sich ganz zwanglos aus dieser Tatsache: Was kann es schon nützen, wenn man für einen kurzen Zeitraum mit Hilfe einer einseitigen Ernährung (mit der der Körper nicht richtig fertig wird) abnimmt, wenn man anschließend wieder zu den alten Eßgewohnheiten zurückkehrt. Mit Langzeitdiäten ist es nicht viel besser: man nimmt sich zwar vor, die Eßgewohnheiten grundlegend zu ändern, da es sich aber um fremdbestimmte Zwänge handelt, die nicht zu der individuellen Situation passen, hält man die Diät nicht lange oder nicht richtig durch und lebt obendrein mit Schuldgefühlen (unrealistische Wachstums-Ernährung).

Die realistische, harmonische Wachstums-Ernährung ist eine streng individuelle Angelegenheit, allgemeine konkrete Regeln dafür können nicht aufgestellt werden. Man kann nur angeben, wie man dahin kommen kann, was dieses Buch versucht. Dagegen kann man sehr wohl erforschen und darlegen, was hinsichtlich der Physiologie für die Spezies Mensch aufgrund von praktischen Experimenten im Durchschnitt diejenige Ernährung ist, die theoretisch zu optimaler Gesundheit führt. Auch diese Angaben enthalten immer noch eine ziemliche Bandbreite (vgl. Kap. 16). Sie entsprechen nach unseren eigenen Erfahrungen und nach dem Studium der einschlägigen Literatur zum Thema Ernährung ganz allgemein im großen und ganzen dem derzeitigen Erfahrungsstand, der sich über mehr als 150 Jahre unter dem Namen "Natural Hygiene" in den

USA angesammelt hat und der entsprechenden Untersuchungen in Europa entspricht. Dieser Ansatz, der weiter unten erläutert werden wird, geht davon aus, daß nur eine gesunde Lebensweise auch zur Gesundheit führt und daß der menschliche Organismus in sich weise genug ist, sich gesund zu erhalten bzw. zu heilen, wenn man ihn nur gewähren läßt bzw. ihn durch eine richtige Ernährung und Verhaltensweise unterstützt.

6
Wer beeinflußt unsere Ernährung?

Jeder von uns kennt das Problem: "es wird gegessen, was auf den Tisch kommt" und "der Teller wird leer gegessen". Diese Befehle der Eltern, aus welch vermeintlich guten Motiven sie auch immer kommen mögen, erzeugen nur Probleme, denn sie gehören zu den Grundpfeilern unserer überaus schädlichen Ernährungskonditionierungen. Erstens leben "die armen Negerlein in Afrika" nicht besser, wenn in anderen Ländern kleine Kinder ihre Teller leer essen. Wenn man überhaupt von einer ursächlichen Beziehung sprechen kann, dann machen sich die Eltern schuldig, weil sie selbst zu viel essen und ihren Kindern zu viel aufzwingen, anstatt einen Teil ihres Haushaltsgeldes für die Kinder in Afrika zu spenden (obwohl auch das nicht weiterhelfen würde).

Zweitens ist es ein Verbrechen, auf diese Weise Kindern die eigene Angst vor schlechten Zeiten einzubleuen. Es ist ein Unding, übrig gebliebene Speisen, die man nicht oder nicht mehr mag, zu essen, nur weil man sie sonst wegschütten müßte. Und doch tun viele dies fast jeden Tag. So tief sitzt diese Konditionierung! Dadurch entsteht eine unnötige Belastung des Körpers und der Psyche – weil wir gegen uns selbst handeln! Es führt nichts daran vorbei: Angst ist ein schlechter Ratgeber! Es gibt viele Menschen, die diesen Angewohnheiten ihr Übergewicht verdanken. Natürlich können sie dann nicht durch kurzfristige Diät- oder Hungerkuren oder gar durch Pillen geheilt werden. Die Angst ist die Ursache; sie muß gesehen und durch geeignete Methoden abgebaut werden.

So wie wir unsere Kinder und andere beeinflussen, so lassen wir uns auch immer wieder von anderen in die Irre führen. Durch unsere Ernährung wird klar, in welch hohem Maße wir fremdbestimmt sind! Wie viele Menschen, die früher viel Fleisch aßen, erklären – zum Vegetarier geworden – plötzlich, daß sie Fleisch eigentlich nie richtig gemocht hatten oder daß es ihnen nie die Lebenskraft vermittelte, die angeblich in ihm steckt. Sie berichten, wie voll und schwer und unbehaglich sie sich nach den sonntäglichen Familienmahlzeiten mit Sauerbraten, Schweinebraten etc. immer fühlten. Ich erinnere mich noch deutlich, daß ich danach oft Völlegefühl und Sodbrennen hatte. Aber wie lange dauert es, bis man aufwacht und dagegen rebelliert? Bei mir hat es 35 Jahre gedauert, dann aber begann die Revolution in allen Bereichen meines Lebens.

Selbst sehr fortschrittliche und offensichlich vernünftige Zeitgenossen versuchen uns zu beeinflussen – von der raffinierten kommerziellen Werbung ganz zu schweigen. Es sind die guten Argumente, mit denen eine Einschränkung des Verzehrs von tropischen Produkten und von Fleisch aus Massentierhaltung mit Futter aus tropischen Ländern gefordert wird. Anbauflächen in den Entwicklungsländern würden dann frei, und die armen, unterernährten Menschen dort könnten mehr Nahrung zum Eigenverzehr anbauen. Vorgebracht wird auch das Argument, daß alle Menschen gut ernährt sein könnten, wenn wir uns alle überwiegend vegetarisch ernähren würden, weil bei der Produktion von einer Nahrungskalorie Fleisch elf Nahrungskalorien pflanzliche Nahrung verloren gehen.

Alles gut und schön. Aber: Ernährung ist nicht nur Verstandessache. Solche Ratschläge lassen sich nicht von heute auf morgen realisieren. Die Folgerungen daraus treffen individuelle Menschen, die alle andere Eßbedürfnisse haben. Werden solche Ratschläge blind befolgt, so ist der Effekt nicht besser als zuvor. Man könnte genauso weiterhin die Werbung der Metzgerinnung und der United Fruit Company befolgen. Wir sollten dabei nicht vergessen: Wir sind nicht hier auf Erden, damit alle genügend zu essen haben, und noch nicht einmal, um möglichst gesund zu sein, sondern damit wir etwas lernen, damit wir geistig wachsen, damit wir bewußter werden! Eine Umstellung hin auf vegetarische Nahrung geht zwar häufig mit einem Wachstum der Bewußtheit Hand in Hand. Auf zwanghaftem oder raffiniert beeinflußtem Wege funktioniert das aber nicht! Die Umstellung muß aus eigener Einsicht kommen.

Jeder muß für sich selbst – möglichst unbeeinflußt – herausfinden, ob und wie er im Laufe der Zeit seine Nahrung umstellt. Dies muß einhergehen mit dem Wachsen des gesamten Menschen . Alles muß aufeinander abgestimmt sein. Es ist zwecklos, sich aus Vernunftsgründen zum Vegetarier zu zwingen. Es ist schädlich, sich zum Rohköstler überreden zu lassen. Jeder ist zunächst für sich selbst verantwortlich, dann erst für die "armen Negerlein".

Für die Menschen in den Entwicklungsländern gilt im übrigen das gleiche: Nur sie können langfristig ihre Lebenbedingungen verbessern, nur sie können selbst einen höheren Lebensstandard und ein höheres Bewußtheits-Niveau erlangen. Entwicklungshilfe ist nicht nur in den meisten Fällen nutzlos, sondern häufig auch noch schädlich, weil sie Eigeninitiative lähmt. Ich kenne diese Probleme aus eigener Anschauung, weil ich jahrelang in Entwicklungsländern an solchen Projekten mitgearbeitet habe. Alte Besitz-, Verantwortungs- und Machtstrukturen können ebensowenig über Nacht hinweggefegt werden wie die Unbewußtheit religiös verwurzelter Menschen. Das gelingt ja nicht einmal bei uns! Wie viele Revolutionen hat es in Europa gegeben, und immer wieder haben sich neue Machtstrukturen herausgebildet, die bestenfalls quantitative Verbesserungen brachten. Unsere äußere Freiheit hat zwar zugenommen, immer noch aber werden wir bestimmt von machtvollen Interessengruppen, nur geht das heutzutage viel subtiler als früher. Dagegen hilft nur eins: innerlich frei zu werden. Dann nämlich greifen auch die subtilsten Methoden nicht mehr. Mit Angst kann man nur jemanden steuern, der bereits Angst hat. Ein schlechtes Gewissen kann nur ein Mensch bekommen, der es verlernt hat, auf seine eigene innere Stimme zu hören.

Wohin aber mit dem missionarischen Tatendrang all der Gesundheitsapostel, die doch ein berechtigtes Anliegen zu haben glauben und nicht nur aus Profitgier werben wie die Industrie? Sie können anderen Anstöße zum Aufwachen geben, das Leben und damit die Ernährung endlich in die eigene Hand zu nehmen. Dies ist auch die Funktion des vorliegenden Buches. Allein durch ihre Gegenwart, durch ihr authentisches Andersleben und -essen bewirken sie am meisten. Bekehren- oder Überreden-wollen ist nicht der richtige Weg. Eine sehr gute, legitime Art des Wachrüttelns besteht darin, daß man Möglichkeiten schafft und präsentiert: Allein die Tatsache, daß heutzutage in jeder Stadt mehrere Reformhäuser und Naturkostläden existieren, ist schon ein unbezahlbarer Gewinn. Die Alternativen stehen offen, die Möglichkeit, sich zu verändern ist da! Ernährungsseminare und Vorträge sind ebenfalls sehr hilfreich, wenn man sich dabei nicht indoktrinieren läßt und die dargebotenen Konzepte als Grundlage für eigene Experimente ansieht. Zu mehr sollten Einflüsse von außen in der Regel nicht führen. Jeder kennt sich selbst am besten – und sollte das noch nicht der Fall sein, dann wird es höchste Zeit, dies nachzuholen. Weiter unten werden wir darstellen, wie man das macht.

Welche Rolle sollte der Staat, die Regierung spielen? Sie sollte die Freiheit der Bürger fördern, indem sie die Weichen zur Weiterentwicklung stellt. Auch in Regierungskreisen ist bekannt, daß die Mehrheit der Bürger gesundheitsschädlich ernährt wird. Die Ursachen dafür müßte sie rücksichtslos und völlig offen auf den Tisch legen. Nichts dürfte verschleiert werden. Die Regierung müßte neue Wege in der Produktion und Verarbeitung von Lebensmitteln mit aller Kraft fördern. Massive Steuern auf Kunstdünger sowie auf alle Chemikalien und Medikamente, deren Mißbrauch zum Himmel stinkt, Abgaben auf Fertigprodukte, deren ernährungsphysiologischer Wert bewiesenermaßen weit unter dem Strich ist, all diese Maßnahmen würden Gelder in die Staatskasse bringen, mit denen man die alternative Landwirtschaft auf breiter Front einführen könnte, mit denen man die Weiterbildung von Köchen finanzieren und Aufklärung in der Bevölkerung auf breitester Basis ermöglichen könnte.

Es ist jedoch kein Geheimnis, daß der Regierung an all dem nichts gelegen ist: zu groß ist der Filz zwischen Geldadel, Industrie und Regierenden. Wenn jemand an der Macht ist und alles besitzt, was er sich nur erträumen kann, dann hat er schlechterdings wenig Interesse an Veränderungen. Wie kann er sich da einen kritischen, bewußt lebenden Bürger wünschen? Ruhe und Ordnung sind neben den Finanzen sein einziges Interesse, nach mir die Sündflut ist seine Zukunftsperspektive. Durch äußere Revolutionen haben wir nichts Wesentliches ändern können. Wir müssen daher von innen anfangen: Die Rebellion muß mit jedem einzelnen beginnen. Jeder muß sich selbst ändern, nicht den anderen oder die Gesellschaft. Die ändert sich dann von ganz alleine.

Ein alter Bekannter von mir pflegte zu sagen: "Jedes Land hat die Regierung, die es verdient". Ich würde heute sagen: "Jedes Land hat die Regierung, die es braucht". Hier muß natürlich nach dem Wozu gefragt werden. Die Antwort lautet: "Zur bewußtseinsmäßigen Weiterentwicklung sowohl einer Minderheit als auch der Masse". Die Minderheit hat heute eine Chance durch Ausleben extremer Ideen oder durch ungestörte Ausübung aller nur denkbaren Methoden sprituellerPraxis wie Psycho-Gruppen, Meditation etc. Die Masse hat eine Chance auf dem Weg über den Wohlstand – wenn man alles hat und dann doch noch was fehlt – oder über den Weg des Leidensdruckes, der aufgrund der sich ständig verschlechternden Umweltbedingungen, der gesundheitsschädlichen Ernährung und der Zerstörung alter Werte und Maßstäbe immer deutlicher wird. Die Regierung wird sich nur in dem Maße ändern, in dem sich die Bevölkerung ändert. In demokratischen Staaten geht das einfacher als in autoritären Regimen.

Hunderttausende lösen sich allmählich von den alten Vorstellungen und fangen an, an sich selbst zu arbeiten. Neue Wege werden aufgezeigt und auch volkswirtschaftlich ist eine Neuorientierung nicht unmöglich. Es ist inzwischen klar belegt, daß ein Ausstieg aus der Atomenergie jederzeit möglich ist, daß alternative Landwirtschaft funktioniert, daß Essen ohne Fleisch keinen Proteinmangel hervorruft (vgl. Kap. 18), daß die gesamte Menschheit gut ernährt werden könnte, würden wir alle als Vegetarier leben usw. Die Kosten, die durch Projekte wie den Jäger 90 oder durch Airbussubventionierungen sinnlos verschleudert werden, ließen sich sinnvoller zum direkten Abbau von Arbeitslosigkeit an Projekten einsetzen, die auch noch gesundheitlichen Nutzen für jedermann brächten: Wie viele Mülldeponien könnten dann saniert und neu umweltschützend angelegt werden, wie viele Kläranlagen ausgebaut und neu errichtet, wie viele Menschen in einem arbeitsintensiven biologischen Anbau von Obst und Gemüse beschäftigt werden!

Wie viele Menschen würden Brot und Arbeit finden, wenn man endlich daran ginge, in allen Bereichen darauf hinzuarbeiten, daß Energie eingespart werden könnte: Vor allem in der Isolierung unserer Bauten, im Ausbau der öffentlichen Verkehrsnetze, in der Verminderung der Pendlerströme durch räumlich nähere Zusammenführung von Wohnung und Arbeitsstätten. Dadurch würde die Menge der erzeugten Kohlenoxide drastisch sinken und damit letztlich sogar der Treibhauseffekt gedämpft, durch den uns eine Klimaänderung und damit Überflutungen größten Ausmaßes ins Haus stehen.

Für so gut wie alle umweltschädigenden Chemikalien gibt es bereits verträgliche Alternativen. Sicher würden die Kosten für viele Produkte steigen, wenn man generell umweltfreundlicher produzieren würde. Aber brauchen und wollen wir denn all diese Produkte immer noch, die wir jahrzehntelang im Überfluß hatten und von denen wir wissen, daß sie uns mehr belasten als nutzen? Ist nicht eine gesunde Umwelt wichtiger als der Zweitfernseher? Wir müssen aus dem Überfluß lernen. Dazu war er da!

Wir sind in den letzten Jahren in Zugzwang geraten, die Lage spitzt sich zu. Wo immer man hinsieht: Alles ist aus den Fugen geraten, alles stimmt nicht mehr so recht zusammen. Die einzig mögliche Lösung – neben einer Katastrophe – scheint darin zu liegen, daß jeder bei sich selbst anfängt, daß jeder seine eigene Weisheit in die Waagschale wirft, auch wenn er nur einen kleinen Funken davon hat und meint, das sei der Rede nicht wert.

7
Welche Wünsche erfüllen wir uns durch Essen?

Wenn man Hunger hat oder auch nur Appetit, einen Zieps auf etwas, dann ißt man. Dann wird das Bedürfnis gestillt, und man ist zufrieden, vorausgesetzt, man hat das Passende gegessen. So einfach könnte das sein. Das Geheimnis richtiger Ernährung läge darin herauszufinden, was man jeweils wirklich benötigt. Bevor wir in späteren Kapiteln darauf eingehen, wie man dies feststellt, müssen wir uns klar werden, daß es bei Eßwünschen häufig gar nicht um den Wunsch nach Nahrungsmitteln geht. Wir müssen uns fragen, welche Bedürfnisse Nahrung stillen und erfüllen kann und welche Wünsche wir besser auf anderem Wege befriedigen. Viele Menschen versuchen nämlich unbewußt, durch Nahrung das auszugleichen, was ihnen in anderen Lebensbereichen fehlt.

Zum Beispiel sehnt sich jeder Mensch nach Wärme und Geborgenheit. Dieser elementare Wunsch wird befriedigt durch eine Familie, durch liebe Freunde, durch eine gemütliche Wohnung. Es ist der Wunsch nach einem Nest, in das man sich zurückziehen kann, wenn der Alltagskram zu viel wird, wenn man sich müde, erschöpft, ausgelaugt, enttäuscht, mißverstanden, ungeliebt, unbefriedigt, leer fühlt. Es ist die Sehnsucht nach Liebe, Angenommen- und Verstandensein, nach kuscheligem Beschütztsein, letztlich die unbewußte Erinnerung an die unbeschwerten Zeiten in Mutters Bauch, in dem es immer warm war, in dem man sich geborgen fühlte und in dem jeder Wunsch erfüllt wurde, ohne daß man ihn zu äußern brauchte.

Es sind dies Bedürfnisse und Wünsche, die man sich erfüllen kann, wenn man sie sich bewußt eingesteht, statt den starken Mann zu spielen oder die Emanze herauszukehren. Aber man muß natürlich etwas dafür tun: man muß sich Zeit nehmen für die Familie, die Freunde. Man muß herausfinden, ob man sich überhaupt mit den richtigen Menschen umgibt oder ob man nur alte, längst abgelaufene Beziehungen endlos weiterschleppt. Man muß die Wohnumwelt sorgfältig auswählen und einrichten und vor allem so in Schuß halten, daß man gerne nach Hause kommt: wer im Chaos lebt, kann dort keine Wärme und Geborgenheit erhalten. Schon ein wohlig warmes Bad, vielleicht mit einem Lieblingsgetränk und etwas zu knabbern oder zu lesen dabei oder Blumen, Kerzen und Musik nach eigener Wahl im Raum können den Wunsch nach Geborgenheit erfüllen.

Statt ihre wirklichen Bedürfnisse zu sehen, erfüllen sich viele Menschen ihre unklaren Sehnsüchte unbewußt dadurch, daß sie sich ziemlich wahllos vollstopfen. Solches Essen als Ersatzbefriedigung ist aber aus verschiedenen Gründen schädlich. Erstens betrügt man sich selbst, weil man nicht das tut, was eigentlich dran gewesen wäre. Das bedeutet, daß eine wirkliche Befriedigung gar nicht eintreten kann. Dabei sei vermerkt, daß bei all den geschilderten Sehnsüchten und Bedürfnissen Essen nicht unbedingt ganz zu fehlen braucht. Häufig ist es jedoch nur Nebensache. Zweitens ißt man dabei in der Regel – da der ganze Vorgang unbewußt abläuft – Speisen, die man zwar mag, die aber nicht das zu sein brauchen, was der Körper hier und jetzt wirklich will oder benötigt. Alte Eßgewohnheiten und Fremdbeeinflussung schlagen bei solchen Gelegenheiten besonders stark durch.

Eine sinnliche Befriedigung tritt aber nur dann ein, wenn man für die jeweilige Situation genau das Passende ausgewählt hat. Nur dann ißt man auch nur so viel, wie der Körper verkraften kann. Andernfalls wird man sich sinnlos vollstopfen. Erst dann tritt eine gewisse, niemals aber wirkliche Befriedigung ein, in diesem Falle schon gar nicht, denn das Essen war ja sowieso nur Ersatzbefriedigung.

Drittens handelt es sich dabei häufig um Essen, das man fertig kauft und sich vorsetzen läßt – man will ja von der Außenwelt etwas haben und nicht erst lange selbst herstellen. Solches Essen ist heutzutage in der Regel von minderwertiger Qualität und deshalb, wenn es überwiegend genossen wird, gesundheitsschädlich. Viertens besteht bei einem solchen Verhalten die große Gefahr, übermäßig dick zu werden: weil man aus falschem Anlaß ißt, weil man zu viel ißt, weil man ungesund ißt. Gewichtsprobleme treten jedoch nicht in jedem Fall auf, denn für sie sind noch eine Reihe anderer Faktoren nötig, die ich hier nur in Stichworten erwähnen will: es gibt gute und schlechte Futterverwerter. Erstere neigen eher dazu, dick zu werden. Dickwerden hat in der Regel primär psychische Ursachen: der Mensch legt sich einen Schutzpanzer zu, um sich abzugrenzen, aus Angst verletzt zu werden usw. In Kap. 25 und 26 gehen wir unter anderem auf die Probleme von Übergewicht ein.

Viele Menschen belohnen oder trösten sich bewußt oder unbewußt durch Essen. Dabei handelt es sich häufig um Süßigkeiten oder aufwendige Restaurantbesuche. Auch hier gilt es, auf der Hut zu sein.

Welche Bedürfnisse kann Nahrung denn nun stillen? Rein naturwissenschaftlich betrachtet ist die Antwort einfach: dem Körper müssen gewisse Nährstoffe zugeführt werden. Es sind dies Kohlehydrate (Stärke, Zucker und Faserstoffe), Fette, Proteine (Eiweiß), Mineralstoffe, Vitamine, Enzyme und andere. Wenn diese im richtigen Mengenverhältnis in der Nahrung vorhanden sind, ist alles in Butter. Um mehr geht es nicht. Schon die Frage nach der Verdaulichkeit der Lebensmittel bzw. vor allem der Gemische daraus, die wir zu uns nehmen, und damit der Frage, ob der Körper alle angebotenen Nährstoffe auch aufnehmen kann, ist für die Ernährungswissenschaftler zweitrangig. Die Frage nach der Verdaulichkeit traditioneller Kombinationen wird von der überwiegenden Mehrzahl gar nicht gestellt oder zumindest als unwichtig vernachlässigt. Wir werden in Kapitel 16 darauf eingehen. Für die meisten Ernährungsberater ist diese naturwissenschaftliche Betrachtungsweise das A und O. Bestenfalls wird dann noch erwähnt, die vorgeschlagene Kost sei schmackhaft. Man achte auf die Wortwahl: schmackhafte Kost! Hier schwingen Derbheit, Askese und Verzicht mit.

Nicht von Schlemmen, von Feinschmeckergenüssen, von Sinnenbefriedigung, von delikaten, feinsten Geschmacksvarianten, von aromatischer Frische und duftenden Kräutern ist da die Rede. Zweckmäßig muß die Ernährung sein. Schlicht und einfach und gesund. Der ernste, puritanische Zug ist nicht zu übersehen. Deutsche sind dafür besonders anfällig!

Essen ist aber ein sinnlicher Vorgang. Diese Sinnenlust ist ein herrliches Geschenk, es darf, ja es wartet direkt darauf, befriedigt zu werden. Essen hat erst in zweiter Linie mit dem Verstand zu tun. Eine Ernährung, die verstandesmäßig perfekt nach den neuesten Erkenntnissen der Wissenschaft ausgeklügelt wurde, aber vernachlässigt, daß das Essen ein sinnliches Urbedürfnis des Menschen befriedigen muß, wird das gesteckte Ziel des geistigen und körperlichen Wohlbefindens niemals erreichen. Die richtige Nahrung ist die, die individuell erspürt und aus vollem Herzen genossen wird. Nur dann nährt sie auch – im umfassenden Sinn des Wortes.

Essen erfüllt wichtige soziale Bedürfnisse des Menschen. Dies ist übrigens eines der Unterschiede zwischen Mensch und Tier: Abgesehen von Sonderfällen bei staatenbildenden Insekten oder dem Verhältnis zwischen Eltern und Jungtieren, herrscht im Tierreich Konkurrenzdruck vor. Kein Tiger, keine Ratte, kein Fisch käme auf die Idee, andere Artgenossen zum Essen einzuladen. Im Gegenteil: Er vertreibt andere oder bringt sich mit der Beute in Sicherheit, wenn ihn andere beim Fressen stören. In gepflegter Umgebung mit Freunden speisen; es gibt Menschen, die dann erst richtig genießen können. Das Essen kann sogar nur der Vorwand für die Einladung sein. Wenn eine Ernährungsweise den

Menschen vereinsamt oder Gruppen aus der Gesellschaft ausgliedert und zu Spinnern macht, dann stimmt etwas nicht. Es ist an der Zeit, daß jeder, der durch seine Eßgewohnheiten zum Außenseiter wird, sich genau überprüft, ob er dies auch psychisch verträgt oder ob er sich langfristig nicht mehr schadet als nutzt. Es hat keinen Zweck, sein Ego durch eigenwillige Eßgewohnheiten aufpolieren zu wollen. Das bedeutet ein Verharren in alten Verhaltensmustern (die das Ego ausmachen).

Schließlich befriedigt Essen auch ästhetische Bedürfnisse: Die Magensäfte fließen reichlicher, wenn das Essen in gepflegter Umgebung serviert wird und wenn das Arrangement auf dem Teller etc. besonders schön und appetitlich aussieht. Auch in diesem Punkt unterscheiden wir uns vom Tier. Fleisch fressende Tiere haben auch keine Probleme, die Tiere, die sie essen, auch zu töten. Beim Menschen ist dies anders. Die überwiegende Mehrzahl der Fleischesser würde sofort auf Fleisch verzichten, wenn sie die Tiere auch selbst schlachten, ausnehmen und zerteilen müßte. Jedem Fleischesser sei die Besichtigung eines Schlachthofes empfohlen. Daß die Zahl der Fleischesser bzw. die Anzahl der Mahlzeiten mit Fleisch pro Woche in den letzten Jahrzehnten so enorm zugenommen hat, liegt nicht nur daran, daß Fleisch billiger geworden ist, sondern vor allem auch daran, daß es jederzeit und außer in Metzgereien auch in fast jedem Supermarkt leicht und wohlverpackt zu erhalten ist. Der Verbraucher sieht nur noch das kleine Stück Fleisch, das er dann ißt, der unästhetische, ja widerliche Anblick des kompletten Tierkadavers oder großer Stücke davon, bleibt ihm erspart.

Fazit: Eine richtig ausgewählte Ernährung muß allen berechtigten Erwartungen des Menschen an Nahrung Rechnung tragen. Nichts darf ausgeklammert oder als vernachlässigbar erklärt werden. Ernährung, die nur auf gesundheitlichen Aspekten aufgebaut ist, ist zum Scheitern verurteilt. Zum anderen sollten wir genauestens darauf achten, daß Essen nicht zur Ersatzbefriedigung degradiert wird.

8
Was hält uns davon ab, unsere Nahrung umzustellen?

Sie leiden unter Krankheiten und Beschwerden? Sie haben den Wunsch, etwas zu unternehmen, um wieder befreit leben zu können? Sie haben eingesehen, daß dazu eine Änderung der Eßgewohnheiten nötig ist? Meine Gratulation! Sie haben den wichtigsten Schritt bereits getan! Doch jetzt geht es nur sehr zäh voran? Erfolge werden immer wieder durch Rückfälle geschmälert? Was hält Sie denn davon ab, konsequent zu sein? Wir wollen im Folgenden den Ursachen dafür nachgehen. Es ist hilfreich, wenn Sie Ihre Widersacher kennen lernen, die Sie davon abhalten, das zu tun, was Sie gerne tun möchten.

Zunächst müssen Sie sich klar darüber werden, ob Sie sich wirklich ändern wollen. Es hat keinen Zweck, wenn Sie sich nur etwas vormachen und damit womöglich kokettieren! Es ist sinnlos, wenn Sie in der Öffentlichkeit Obst und Salat essen, aber dann zu Hause – wenn's keiner sieht – bei Süßigkeiten, Fleisch und Wurst zuschlagen. Ehrlichkeit ist gefragt. Lassen Sie sich nicht einreden, Sie seien ein unzuverlässiger, schlechter Mensch, wenn Sie eiserne Eßdisziplin nicht durchhalten können. Solche Disziplin mag in gewissen Situationen ihren berechtigten Platz haben, wenn Sie zu den Menschen paßt, die sie durchziehen – in Punkto Ernährung sicherlich nur höchst selten. Der entscheidende erste Schritt besteht also darin, daß Sie sich selbst und anderen gegenüber völlig klar sind, ob Sie eine Änderung wirklich wollen. Ist dies nicht der Fall, dann seien Sie bitte so ehrlich und gestehen Sie sich dies auch ein. Warten Sie mit der Umstellung, bis Sie so weit sind.

Der nächste Punkt betrifft eine junge Frau, die jüngst zu mir kam. Sie sagte, daß sie gesünder essen wolle und schon wisse wie: nämlich vegetarisch. Sie meinte, sie käme gerade vom Metzger und sei dort mit ganz schlechtem Gewissen gewesen. Sie war regelrecht stolz auf das schlechte Gewissen! Aber was hat sie denn davon? Mir brauchte sie nichts zu beweisen. Es wäre besser, sie würde sich klar darüber werden, daß sie von ihrem Weg, Vegetarierin zu werden, noch nicht völlig überzeugt ist. Sie liebäugelt noch mit Ersatzmethoden, die ein Beharren im Alten ermöglichen. Sie hofft, daß ich sie darin bestätige, daß sie ruhig weiterhin zum Metzger gehen kann. Ich hätte ihr sagen sollen: "Ach liebe Frau, das macht doch nichts, Fleisch essen ist doch auch gesund". Auf diese Weise manipulieren sich viele Menschen, indem sie sich mit entgegengesetzten Argumenten selbst aus der Bahn werfen, oder sie lassen sich durch andere zu leicht von ihrem Entschluß abbringen. Wenn Sie zu diesen Menschen gehören, dann brauchen Sie mehr handfeste, möglichst drastische Informationen, damit Sie vor Augen haben, welch großen Schaden Sie sich und der Umwelt zufügen, wenn Sie zum Beispiel Produkte aus der Massentierhaltung oder denaturierte, industrielle Fertigmahlzeiten essen, wenn Sie Schweinebraten mit Knödeln verzehren. Lesen Sie das Heft von RECKEWEG über Schweinefleisch!

Der dritte Fall ist ein Mann, der dauernd davon spricht, er müsse jetzt unbedingt mehr für seine Gesundheit tun - man sieht es ihm an, wie nötig das täte! Im nächsten Moment jedoch zündet er sich eine Zigarette an und bestellt einen Leberkäse und ein Bier. Das geschmacklich bekannte Erlebnis dessen, was er schon immer gegessen und getrunken hat, ist derart fordernd, bestimmend, überwältigend, daß gute Vorsätze sehr schnell vergessen sind. Die Lieblingsgerichte, die Leibspeisen, sind häufig unbewußt verbunden mit der Kindheit, mit den Gerichten aus Mutters Kochtopf. Auf diese Weise sind diese Speisen, so schädlich für die physische Gesundheit sie auch sein mögen, häufig ein Symbol dafür, umsorgt zu sein und Liebe und Aufmerksamkeit zu bekommen.

Alte Gewohnheiten und die damit verbundene Sehnsucht nach Befriedigung elementarer Bedürfnisse erscheinen mir überhaupt die wichtigsten Hemmschuhe für Veränderungen. Können Sie sich nicht vorstellen, daß Sie mit anderen Speisen diese Bedürfnisse auch befriedigen können? Haben Sie es schon einmal ausprobiert? Der Ersatz eines Leibgerichtes durch etwas Neues oder zumindest Ungewohntes ist zunächst in der Tat nicht in gleichem Maße befriedigend. Ist für Sie Gaumenbefriedigung, sind für Sie Gourmet-Speisen auch der wichtigste Genuß im Leben? "Wenn ich auch noch darauf verzichten soll, dann bleibt mir ja gar nichts mehr!" rief kürzlich einer meiner Freunde aus und sagte weiter: "Jetzt habe ich schon keine Freundin mehr, meine Arbeit schmeckt mir auch nicht, meine zu knapp bemessene Freizeit verbringe ich mit allerlei nötigen, aber unangenehmen Pflichten, wenn ich jetzt auch nicht mehr essen darf, was mir schmeckt, dann kann ich ganz aufhören!" Auch bei meinem inzwischen verstorbenen Vater im Altersheim konnte ich eindringlich beobachten, welch extrem großer Verlust es für ihn darstellte, als er in zunehmendem Maße nichts mehr essen und damit genießen konnte. Sonst war ihm nichts mehr geblieben.

Aus dieser Falle gilt es herauszukommen. Patentrezepte dafür gibt es nicht. Am hilfreichsten für Sie wäre es, wenn Sie eine Vorschau auf das genießen könnten, was Sie erwartet, wenn Sie erst einmal völlig gesund, klar und wach sind, wenn die Lebensenergie nur so vibriert und die Sensibilität nie gekannte Höhen erreicht. Das läßt sich im Rahmen von Fasten und Entschlackungskuren erreichen. Viele Menschen sind – zumal unter Leidensdruck – durchaus bereit, zumindest für einen zeitlich befristeten Zeitraum zu fasten oder eine andere Lebens- und Essensweise auszuprobieren. Sie wissen ja, daß Ihnen die alten Leibspeisen nicht davonlaufen, daß es sie danach immer noch gibt. Ich kann Ihnen eine solche Entschlackungskur durch Fasten oder zum Beispiel Obstessen nur empfehlen, wie ja mein ganzes Anliegen darin besteht, Sie zum Experimentieren zu ermuntern. Sobald Sie am eigenen Leibe erfahren, wie gut Ihnen etwas tut, dann ist es nicht mehr schwer, dieses auch weiterhin zu tun. In Kapitel 15 finden Sie Näheres darüber.

Der Wunsch, "etwas Ordentliches zwischen die Zähne zu bekommen" und das damit verbundene ganz spezifische Sättigungsgefühl, das eine Fleischmahlzeit mit Kartoffeln, ein warmer Eintopf mit Würstchen und Brot oder auch eine Kuchenschlacht hinterlassen, ist nicht mehr zu erreichen – machen wir uns nichts vor. Wenn Sie aber erst einmal erlebt haben, wie Sie sich satt und zugleich leicht und beschwingt fühlen können, dann werden Sie auf das traditionelle Satt-Völlegefühl, das Sie übrigens auch nach reichlichem Müsligenuß bekommen, gerne verzichten. Wenn Sie erst einmal ein Gefühl dafür haben, wie angenehm Sie leben, wenn Sie nicht dauernd verschleimt sind und deshalb eine sogenannte Erkältung nach der anderen erleiden, dann werden Sie Milchprodukte und Getreideprodukte mit wenigen Ausnahmen leichter einschränken, als Überredungskunst mit Engelszungen es je bewerkstelligen könnte.

"Wenn ich nach Ihren Vorstellungen lebe, dann habe ich ja kaum noch ein soziales Leben! Was soll ich denn dann mit meinen Freunden machen? Sollen wir zusammen an der Theke Birnen und Äpfel mampfen?" "Ich gehe gerne feudal tafeln, am liebsten in einem vornehmen französischen Restaurant; für meine Frau und mich sind das die schönsten Stunden in der Woche. Wir genießen es so richtig, wenn ein Gang nach dem anderen aufgefahren wird. Was soll an diese Stelle treten? Du weißt doch, daß mit Sex bei uns schon lange nichts mehr läuft. Unser Interesse daran hat nachgelassen – man wird halt alt", sagt einer meiner Onkel zu mir. "Auch auf Reisen ist das ausgiebige Essen ganz entscheidend. Wenn ich daran denke, daß ich mich nur von Obst und Salat respektive Gemüse – noch dazu hauptsächlich roh! – ernähren soll, dann weiß ich wirklich nicht, was mir noch bleibt."

Freiwillige Änderungen ohne wirklich sicht- und fühlbare Alternativen sind ohne extremen Leidensdruck, nur aufgrund von gedanklichen, wenn auch logisch bestens begründeten Argumenten, so gut wie ausgeschlossen. Hier kann ich nur appellieren, der Experimentierneugier, dem Forscherdrang, dem Ehrgeiz, Neues kennenzulernen, dem Wunsch, der eingefahrenen Langeweile zu entfliehen, nachzugeben. Finden Sie heraus, daß das Leben auch in anderen Verhaltensweisen Befriedigung, häufig sogar mehr davon, bringt. Werden Sie flexibel. Sie schreiben heute ja auch nicht mehr mit dem Federkiel oder heizen ihr Badewasser mit Holz oder beleuchten Ihre Anwaltskanzlei mit Petroleumfunzeln - obwohl diese Methoden früher durchaus befriedigend waren. Jedem neuen Schrei der Technik hängen wir nach - nur das neueste Modell kann noch befriedigen, und beim Essen stopfen wir uns immer noch voll mit Dingen, die längst nicht mehr auf dem Tisch erscheinen sollten, weil sie weitaus mehr schaden als nutzen. Unsere landesübliche Ernährung hat sich prinzipiell ebensowenig geändert wie all die ausländischen Genüsse, die uns in Restaurants heutzutage angeboten werden. Nur im Detail sind viele Verschlechterungen dazugekommen. Und je mehr wir davon essen, um so intensiver und raffinierter müssen die Genüsse werden, damit unsere betäubten Nerven durch die dicken Lagen von Schlacken hindurch noch Befriedigung empfinden. Die Geschmacksqualität in den meisten Restaurants ist deshalb auch nicht besonders groß. Wir merken das ja kaum noch! Zu viel Salz, zu viel Fett, reichlich überwürzt und totgekocht, durchwegs völlig falsch kombiniert! Nur gelegentlich gibt es Ausnahmen, die dann in der Regel natürlich sehr teuer sind.

Kein Wunder, wenn dann das Junkfood-Syndrom zuschlägt: Sie fühlen sich voll aber hungrig. Der Körper hat jede Menge Material bekommen, der Magen ist überfüllt - die entscheidenden Vitalstoffe: Vitamine, Enzyme und Mineralien, die in lebendigem Zusammenhang mit der pflanzlichen Zelle stehen müssen, um vom Körper sinnvoll verwertet werden zu können, fehlen aber noch. Der Hypothalamus, die Zentrale im Gehirn, die darüber entscheidet, ob Sie Hunger verspüren oder nicht, muß die Meldung losschicken, daß noch nicht genug Nahrung gegessen wurde - obwohl weiter unten schon Überfüllung an leeren Kalorien herrscht. Ein solches Essen hat vor allem einen Wirkungskomplex: Es belastet, wird nur mangelhaft und unzweckmäßig verdaut, vergiftet den Körper und macht dick und krank. Daran führt nichts vorbei. Ob Sie es glauben oder nicht, ob Sie die Hamburger mit viel oder wenig Appetit essen. Dieses Völlegefühl bei gleichzeitigem Heißhunger werden Sie erst dann los, wenn Sie sich so ernähren, daß Ihre Verdauung ordentlich mitspielen kann. Der Körper wird sich an denaturierte und fehlkombinierte Ernährung nur scheinbar für gewisse Zeit "gewöhnen". Er gibt Ihnen sozusagen Zeit, ohne Beschwerden selbst draufzukommen, was für Sie gut ist. Merken Sie's nicht, dann warnt er Sie und wird schließlich krank.

Medikamente nutzen dann gar nichts. Sie verscheuchen allenfalls vorübergehend die Symptome. Wie wenig das hilft, davon können Sie sich leicht überzeugen: nach der nächsten Mahlzeit tritt das Problem schon wieder auf. Zum Problem des Heißhungers werden Sie auch interessante Hinweise in Kapitel 25 finden.

Wenn Sie frisches Obst oder rohes Gemüse und Salat allein auf leeren Magen essen, dann meldet der Hypothalamus infolge des überreichlichen Angebotes an Vitaminen, Enzymen sowie Mineral- und Vitalstoffen schon lange vor der Überfüllung des Magens die Sättigung. Weil Obst außerdem schon nach 10 bis 30 Minuten den Magen wieder verlassen hat, ist eine Belastung so gut wie ausgeschlossen – es sei denn, Ihr Magen ist nicht in Ordnung.

Gekochte und gewürzte Speisen wirken dreifach. Sie können nicht recht befriedigen, weil die entscheideneden Vitalstoffe fehlen, sie stimulieren zum Mehressen durch die Gewürze und rufen schließlich ein Völlegefühl wegen Raummangel im Magen hervor. Wir sind deshalb geneigt, bei jeder Mahlzeit so viel zu essen, bis wir voll sind – es sei denn, wir zwingen uns zum Wenigessen – was auf Dauer für die meisten Menschen extrem schwierig ist. Dieses spezifische Satt-Völlegefühl halten wir irrtümlich für normale Sättigung. Erst dieses Gefühl gibt uns die richtige Befriedigung und Sicherheit, das Gefühl der Geborgenheit, nach dem wir uns sehnen. Erst dann erscheint alles in Ordnung, und wir haben das, was wir brauchen. Von diesem gewohnheitsmäßigen Mißverständnis müssen wir loskommen. Auf diese Weise schaden wir uns mehr als wir uns nutzen.

Eng damit verbunden sind Ängste aller Art, von denen die Angst, zu verhungern oder doch körperlich, gesundheitlich Schaden zu leiden, die allergrößte und gewichtigste ist. Eine Bekannte litt ganz besonders an einem solchen Trauma: sie war als Baby versehentlich von ihrer Mutter auf halbe Ration gesetzt worden und dabei tatsächlich fast verhungert. Diese Angst des kleinen, hilflosen Wurms in der Wiege, der sich ausgeliefert vorkommt und nichts tun kann als zu schreien, steckt noch in allen von uns, obwohl diese Angst heute völlig unbegründet ist: Wir sind alle Mann oder Frau genug, etwas gegen das Verhungern zu tun, zumal es ja im Grunde gar nicht einmal darum geht, sondern um Genuß und Befriedigung. An diesem Punkt wird einmal mehr klar, wie eng bewußtes Essen im kleinen und bewußtes Leben ganz allgemein zusammenhängen und durch dieselben Ursachen verhindert werden. So können Sie zum Beispiel auch unangenehme Gefühle oder die berühmte innere Leere niemals dadurch unterdrücken bzw. füllen, indem Sie alles mögliche in sich hineinstopfen.

Für viele Menschen ist das aber unbewußt der springende Punkt, der sie von einer Umstellung zu leichter, gut verdaulicher und Energie und Vitalität liefernder Kost abhält. Sie haben Angst davor, daß all das, was sie an Emotionen in der Tiefe ihrer Magengrube seit Jahren festgehalten haben, mit einem Male wie aus einem Vulkan hochkommen und ihr Leben zerstören könnte, was sie so gut unter Kontrolle halten. Sie haben Angst zu sehen, daß dort, wo ihre Selbstgefälligkeit so viel Gutes zu haben vorgibt, in Wirklichkeit viel Unangehmes steckt. Sie wollen nicht darauf vertrauen, daß die folgende sogenannte innere Leere vielleicht zum Reservoir ungeahnter Kreativität werden könnte.

Die hier für Ihre Experimente vorgeschlagene vitalstoffreiche Sonnenkost macht leicht und offen. Sie werden sensitiver, energetischer, vitaler, aber auch verletzlicher und damit vielleicht unsicher, weil leichter und beweglicher. Manch einem wird der Boden unter den Füßen wegzugleiten scheinen. Mit diesem Optimum an Energie müssen Sie erst umgehen lernen. Aber haben Sie keine Angst! Wenn es Ihnen zu viel wird, wenn Sie glauben, gleich in den Wolken zu schweben, dann können Sie sich mit fester Nahrung wie Trockenobst oder Nüssen schnell und leicht wieder erden. Auf Dauer werden Sie Ihr neues, hohes Energie-Niveau aber lieben und schätzen lernen.

Verbrauchen Sie Ihre Energie nicht mit der Verdauung von falsch kombinierter und in zu reichlichem Maße genossener Nahrung! Sie haben Angst vor der eigenen Energie? Okay, das müssen Sie akzeptieren. Nichts ist falsch daran. Viele Menschen haben das. Nur: Sie brauchen dabei nicht stehenzubleiben. Fangen Sie ganz langsam sukzessive an, sich ein klein wenig mehr davon zu gönnen: trinken Sie gelegentlich abends keinen Alkohol, essen Sie wenig und nicht nach 20 Uhr, und gehen Sie zeitig ins Bett, so daß Sie sich wirklich gut ausschlafen. Vielleicht erinnern Sie sich noch daran: der Schlaf vor Mitternacht ist wichtiger als der nach Mitternacht (bei den meisten Menschen). Dann beobachten Sie sich am nächsten Morgen – etwa an einem Sonntag – wie gut es Ihnen geht: kein Aufstoßen und Völlegefühl im Magen, der Kopf klar und wach. Sie sprühen vielleicht vor Tatendrang. Ist das unangenehm? Wenn ja, dann können Sie es ja wieder sein lassen. Auf einen Versuch kommt es an.

Wenn Sie anfangen, Ihre Ernährung umzustellen, treten Veränderungen im Körper auf. Häufig sind diese Veränderungen zunächst nicht nur positiv – wenn Entgiftungserscheinungen dabei sind. Und schon ist die Angst zur Stelle – eine Angst, die nicht einmal durch Argumente und Beruhigungen so ohne weiteres ausgeräumt werden kann. Wer Angst hat, ist nicht leicht zu trösten! Ich hab das schon oft erfolglos ausprobiert. Sie können mit Engelszungen flöten – nichts tut sich. Im

Gegenteil – die besten und völlig stichhaltigen Argumente werden einfach blind abgeschmettert. Wer also Angst hat, dem sei gesagt: Angst haben ist völlig normal und menschlich. Jeder hat das Recht dazu. Haben Sie Angst! Viel Angst! Sehr viel Angst! Gehen Sie in der Angst völlig auf. Obst und Salat sind für Sie vielleicht zur Zeit tatsächlich noch nicht ausreichend. Sehr wahrscheinlich benötigen Sie viel Liebe, jemanden, der sich um Sie sorgt, der Ihnen das Gefühl der Sicherheit vermittelt. Verschaffen Sie sich – im Rahmen des Möglichen – diese Umgebung. Unternehmen Sie allein keine großen Schritte. Sie brauchen einfach ein wenig Zeit. Ihr Vertrauen in Sie selbst muß erst noch wachsen. In Kapitel 26 gebe ich Ihnen weitere Tips, wie Sie Ihre Angst loswerden können.

Für andere Menschen steht die Gesundheit einfach nicht an erster Stelle, auch wenn Sie das selbst glauben und womöglich nach außen hin verkünden. Das geschmackliche Erlebnis und die damit verbundene gefühlsmäßige Befriedigung ist das Entscheidende oder der berufliche Erfolg, der gesellschaftliche Ruf, das große Haus, der Lebensstandard im allgemeinen oder anderes. Das ist völlig in Ordnung und Ihr gutes Recht. Aber: Sie könnten ja einmal ausprobieren, ob Sie all die anderen Errungenschaften Ihres Lebens nicht besser genießen könnten, wenn Sie wacher, energetischer und sensitiver wären! Gesundheit und Gourmet-Bedürfnisse müßten wenigstens gleich rangieren, sonst ist es schwer, sich umzustellen.

Ohne Ihre eigene Erfahrung kann Sie niemand glauben machen, daß Sie auch ein Obst- und ein Rohkost- oder Nuß-Gourmet sein können. Selbst nach einem halben Jahr oder einem Jahr mit überwiegender Obst und Salat-Gemüse-Rohkost, haben sich die Geschmacksnerven noch nicht so weit umgestellt, daß Sie damit völlig zufrieden wären. Alte Wünsche nach Brot, Käse, Gebratenem etc. existieren immer noch, auch wenn sie wochenlang im Untergrund schlummerten und fast vergessen schienen. Wenn dann eine Phase kommt, in der Sie sich aus psychischen Gründen nicht so recht wohl fühlen, wenn Ihnen andere Dinge im Leben abgehen, dann kommen diese alten Vorlieben wieder durch. Der Körper verlangt nach einer "Belohnung". Es wäre grundfalsch, dann fanatisch und unflexibel zu sein. Geben Sie solchen Wünschen nach, Sie dürfen nichts unterdrücken. Schon allein die Reaktion Ihrer Verdauungsorgane auf die alte, meist zu schwere Kost wird Grund genug sein, daß Ihr Körper das nächste Mal andere Wünsche äußert. Falls dies nicht der Fall sein sollte, fragen Sie sich eingedenk der früheren Erfahrungen dann: "Will ich dieses Käsebrot jetzt wirklich? Würde ich mich betrogen fühlen, wenn ich statt dessen etwas anderes essen würde? Wie stark ist dieser Wunsch denn? Ist es nur ein unbedeutender launischer Zieps, der bei Betrachtung schnell wieder vorbeigeht, oder erfülle ich mir hier ein echtes Bedürfnis, das nicht vernachlässigt werden darf?"

Es gibt Tage, da werden Sie dauernd Hunger und ständig Appetit auf konzentrierte Nahrung haben. Rohes Obst steht absolut nicht auf Ihrer Wunschliste, der ganze Körper scheint förmlich nach etwas Festem, Fettem, Scharfem oder Süßem zu schreien. Mir geht es jedenfalls bisweilen so. Nach Ansicht einiger Autoren tritt dies immer dann auf, wenn der Körper gerade dabei ist, die uralten Überreste dieser Art von Nahrung aus dem Körper auszuscheiden, die sich im Laufe der Jahre dort angehäuft haben. Bin ich psychisch gut in Schuß, dann kann ich mir mit Nüssen und Trockenfrüchten über den Tag helfen. An anderen Tagen esse ich dann ein gutes Vollkornbrot, fetten Käse oder Schlagsahne, oder ich koche Kartoffeln und esse sie mit Avokadocreme etc. Ich versuche also, wenigstens keine Fehlkombinationen zu machen (vgl. Kap. 16).

MOELLER (1989, S. 15ff) hat einen sehr interessanten Aspekt angesprochen, den ich Ihnen hier zu Ihrer Hilfe mitteilen möchte. Er zeigt auf, daß die Ernährung jedes Menschen eng mit seiner Mutter verbunden ist. Von ihr hat er die erste Nahrung bekommen und damit auch Liebe und Geborgenheit. Von ihr hat er in der Regel auch zumindest das Grundkonzept seiner Ernährung übernommen. Wenn er nun seine bisherige Ernährung, so wie er sie von seiner Mutter empfangen hat, aufgibt, dann löst er sich in einem gewissen Grade emotional auch von seiner Mutter. Das aber ist schwierig! Niemand kann das so ohne weiteres. Es erzeugt Schuldgefühle.

Die Schuldgefühle wirken wie ein mächtiger Magnet zurück zur Mutter und sind nach MOELLERs Ansicht der maßgebliche Grund für ein Verbleiben bei der alten Kost. Wenn Sie nun eine neue Ernährungsform beginnen, dann überträgt sich diese im Lauf der Zeit auf Ihr Mutterbild. Wenn Sie diesen Zeitraum durchhalten, dann ist nach MOELLER alles geritzt. Je nachdem, wie stark Ihre Bindung zur Mutter ist, dauert dieser Vorgang Monate bis Jahre. Daraus wird auch klar, daß Eltern Ernährungsumstellungen ihrer Kinder in der Regel mit größtem Argwohn bzw. Ablehung gegenüberstehen. Sie betrachten dies häufig als Mißachtung und Undankbarkeit.

Ich möchte noch einen Schritt weitergehen. Ich halte eine Übertragung Ihrer neuen Ernährungsweise auf Ihr altes Mutterbild auf Dauer nicht für ausreichend. Ich schließe mich BUDDHA an, der gesagt hat, daß Sie die inneren Stimmen Ihrer Mutter und Ihres Vaters oder anderer wichtiger Erzieher Ihrer Kindheit und Jugend töten müssen, damit Sie erwachsen werden und die eigene innere Stimme, Ihre Intuition hören können.Mit anderen Worten: es ist einer der wichtigsten Schritte hin zu mehr Bewußtheit, daß Sie sich emotional von Ihren Eltern in dem Sinne lösen, daß Sie nicht Ihr ganzes Leben lang bewußt oder unbewußt bei allem, was Sie tun und lassen, sich danach richten, ob das bei Ihren Eltern Gefallen gefunden hätte oder nicht.

Viele Menschen werden von einer gesunden Ernährungsweise abgehalten, weil sie nicht dann essen, wenn sie Hunger haben, sondern immer dann, wenn es aufgrund der Tageszeit und allgemeiner Übereinkunft Essenszeit ist. Haben Sie auch gelernt, daß man wie ein Kaiser frühstücken soll? Tun Sie es, obwohl Sie häufig weder Lust noch Zeit dazu haben? Zur festgesetzten Mittagszeit haben Sie vielleicht keinen Appetit, essen aber trotzdem, weil Sie meinen, es entginge Ihnen etwas? Haben Sie Angst, Sie kommen sonst nicht ordentlich durch den Tag? Die Kollegen und Kolleginnen sitzen in der Kantine, und Sie sollen am Schreibtisch bleiben, nur weil Sie gerade keinen Hunger haben? Das Essen verfällt, und was machen Sie, wenn Sie dann um halb drei Hunger verspüren? Abends müssen Sie mit der Familie zusammen essen – wann trifft man sich denn sonst überhaupt noch gemeinsam?

Essen Sie immer wieder das, was die anderen auch essen – nicht nur in der Kantine und im Restaurant, sondern sogar zu Hause? Die "Harmonie" könnte gestört werden. "Meine Frau ist sehr empfindlich", sagt mein Cousin, "wenn ich mich an den Tisch setze und erkläre, ich esse heute nichts zu Abend, weil ich keinen Hunger habe, oder ich esse nur einen Apfel und eine Orange oder Salat, dann ist meine Frau beleidigt, und die Kinder halten mich vielleicht für doof". Kein guter Partner ist so weltfremd, daß er nicht für Maßnahmen Verständnis hätte, wenn Sie dadurch Ihre Gesundheit verbessern können. Sie müssen sich nur klar und verständlich äußern.

Haben Sie auch Angst, bei veränderten Essensgewohnheiten als Außenseiter abgestempelt zu werden? Viele Menschen läßt diese Angst sogar vor harmlosen Experimenten zurückschrecken. Sie wollen nicht zum Fanatiker, zum grünen Spinner oder zum Sektierer abgestempelt werden. Das ist ein sehr berechtigtes Bedenken. Wer viel in Gesellschaft ißt, fällt schon sehr schnell unangenehm auf, wenn er zum Beispiel nur das Fleisch wegläßt. Es gehört zweifellos etwas Mut dazu, in punkto Essen gegen den Strom zu schwimmen. Aber seien Sie gewiß: Man wird Sie sehr bald beneiden, wenn sich die Erfolge einstellen: Sie haben das Idealgewicht, von dem die anderen nur träumen, Sie sind weniger müde, leistungsstärker, schneller, eleganter, wacher. Ihre Haut sieht schöner aus, ihr Körpergeruch ist auch ohne Deo angenehm, Sie brauchen nicht dauernd eine Dose mit diversen Pillen herumzutragen und je nach Bedarf eine rote, grüne oder blaue einzuwerfen. Auch das fällt auf! Und wie! Bald wird man nicht mehr verächtlich, sondern bewundernd-neidvoll hinter Ihrem Rücken sprechen und Sie schließlich fragen: "Wie haben Sie das bloß gemacht?" Wenn man sich mit Geschäftspartnern oder Freunden trifft, kann man es doch auch einmal mit frischen Fruchtsäften statt Whisky probieren. Wenn auch nicht alle mitziehen, einige werden dieses Angebot sicherlich dankbar annehmen, vor allem dann, wenn Sie als Gastgeber dies auch tun und wenn Sie davon kein großes Aufsehen machen. Jeder ist frei, zu essen und zu trinken, was er will, jeder hat das Recht auf frische Luft. Lassen Sie ganz einfach daran keinen Zweifel. Das gilt für Sie ebenso wie für andere!

Kürzlich sagte eine Frau aus unserem Haus zu mir: "Sie haben es leicht, Vollwertkost mit den vielen teuren Bioprodukten und dem teuren Obst und Gemüse zu propagieren. Bei uns arbeitet nur mein Mann, und er verdient nicht genug, daß wir uns eine solche Ernährung mit unseren drei Buben leisten können". Für sie war dieses "Argument" der Ausdruck eines festen Willens, eine Ernährungsumstellung weg von der gut bürgerlichen Küche niemals zuzulassen. Ich machte mir denn auch gar nicht die Mühe, mit ihr zu argumentieren. Ihre Ansicht stellt ein durch nichts zu begründendes Vorurteil dar. Sie weiß gar nicht, daß sie allein dadurch, daß sie und ihre Lieben durch zu viel Essen und durch schlecht ausnutzbare Lebensmittel und Lebensmittel-Kombinationen mehr Geld zum Fenster hinauswerfen, als eine Verteuerung durch höherwertige Grundprodukte ausmacht. Von der gesundheitlichen Schädigung und den dadurch entstehenden Kosten – die ja auch nicht völlig von der Krankenkasse getragen werden – ganz zu schweigen.

Immer wieder verbirgt sich hinter Argumenten die Entschlossenheit, sich gar nicht ändern zu wollen. Dies zuzugeben, sind nur die wenigsten bereit, die meisten nicht einmal vor sich selbst. Ehrlichkeit in diesem Punkt ist eine seltene Pflanze. Sagte doch kürzlich unser Verpakkungsmaterial-Lieferant: "Für mich kommt eine solche Lebensweise gar nicht in Frage: Ich bin den ganzen Tag unterwegs und auf Restaurants und Imbißstuben angewiesen. Ich muß das essen, was überall angeboten wird". Als ich dann sagte: "Phantastisch, da können Sie sich ja Obst mitnehmen und tagsüber davon bestens leben. Abends zu Hause werden Sie ja dann das bekommen können, wonach Ihr Herz begehrt", blickte er mich völlig entgeistert an ob dieser Zumutung. Dabei klagt er ständig über Übergewicht, Kopf- und Gliederschmerzen, Rheuma und Verdauungsbeschwerden. Daß das mit dem Essen zu tun haben könnte, will er natürlich nicht sehen.

Viele Menschen geben gerne Ratschläge, aber befolgen mögen sie sie nur, wenn sie auch angenehm sind. Was man nicht gerne glaubt, was einem nicht in den Kram paßt, das mag man nicht gerne hören oder sich gar danach richten. Wer will sich schon ändern? Sollen sich gefälligst die anderen ändern. Um meine Beschwerden soll sich gefälligst der Arzt kümmern. Mein Bruder und mein Kollege X leben genauso und haben diese Beschwerden nicht. Also können diese gar nicht vom Essen kommen! Ich gehe davon aus, daß Sie so nicht argumentieren. Es würde Ihnen auch nicht weiterhelfen. Sie würden nur das aufschieben, was Sie eines Tages sowieso tun müssen, wenn Sie sich wirklich besser fühlen wollten. Warum beginnen Sie dann nicht jetzt? Entscheidend ist der erste Schritt in die richtige Richtung. Niemand verlangt von Ihnen alles auf einmal.

Sie gehören doch nicht zu den Leuten, die ihre Essensgewohnheiten nach dem Prestigewert der Lebensmittel und Restaurants ausrichten. Sie laden doch Ihre Gäste nicht in erster Linie deshalb ein, um damit protzen zu können, wieviel Sie ausgeben können, um eine größtmögliche Vielfalt an exotischen, raffinierten Speisen vorzusetzen, die in ihrer Gesamtheit die Gäste im Grunde physisch und psychisch niedermachen. Ich denke, daß Sie nicht zu den Menschen gehören, die den Geschmack, den Gaumenkitzel immer als höchstes Kriterium einsetzen, wobei Bekömmlichkeit, Vermittlung von Energie und Vitalität und das Vermögen der Lebensmittel, auch für eine Entgiftung des Körpers zu sorgen, auf der Strecke bleiben. Sie haben doch keine Angst mehr, besonders bei Einladungen am kalten Büffet, nicht genug bekommen zu können.

Falls dies aber dennoch der Fall sein sollte, dann wird es Zeit für Sie, sich ruhig hinzusetzen und in Ihrem Leben einmal Bilanz zu ziehen: Wer sind Sie? Was haben Sie bisher erreicht? Wie realistisch sind Ihre Zukunftspläne? Was fehlt Ihnen im Leben? Würden Sie gerne Ihre Prioritäten ändern? Möchten Sie vielleicht aussteigen und etwas ganz anderes machen? Lassen Sie sich diese und andere verwandte Fragen ruhig durch den Kopf gehen – vor allem dann, wenn Sie wach und ausgeruht sind. Prüfen Sie die Antworten immer wieder auf Ehrlichkeit. Am besten stellen Sie sich einen Fragenkatalog schriftlich zusammen und gehen diesen immer wieder einmal durch – inklusive der Antworten und beobachten Sie auch, wie sich diese Antworten im Laufe von Wochen und Monaten ändern. Eines Tages werden Sie in der Lage sein zu handeln. Fangen Sie mit kleinen Schritten an, es ist besser, wenn Sie sich nicht gleich übernehmen. Wenn Sie glauben, Sie können einen großen Schritt wagen, dann können Sie dies natürlich auch tun – aber übertreiben Sie nicht, bleiben Sie realistisch. Sie sehen schon, es geht nicht nur darum, die Ernährung umzustellen. Der ganze Lebensstil hängt damit zusammen.

Sie haben Angst und kein Vertrauen in Ihre eigenen Fähigkeiten? Sie reden sich damit heraus: "Es weiß sowieso niemand, was richtig und falsch ist, die Umwelt ist sowieso derart vergiftet, daß es gar nicht mehr darauf ankommt, ob man raucht und trinkt oder ob man sich vollwertig, vitalstoffreich ernährt oder nicht!" Für Sie habe ich drei Empfehlungen: erstens würde ich mir an Ihrer Stelle Zeit nehmen und mich so detailliert wie möglich informieren. Die Literaturliste in diesem Buch gibt dazu genug Anregungen. Zweitens würde ich mit so kleinen Schritten anfangen, daß ich weitgehend sicher sein könnte, daß ich sie auch durchhalte. Und drittens müssen Sie sich klar darüber werden, daß es für Sie keinen Zweck hat, mit lästigen Fragern, die Sie wegen Ihrer neuen Essensgewohnheiten hänseln, zu diskutieren. Lassen Sie sich darauf nicht ein. Sie haben das nicht nötig. Ihre Gesundheit, Ihr Gewicht und Ihre Verdauung gehören genauso in Ihre Privatsphäre wie Ihr Sexleben. Sie brauchen nichts zu verteidigen. Nur in den seltensten Fällen wird ein Frager wirklich wissen wollen, was Sie tun, um daraus für sich selbst zu lernen. In der Regel passen Sie mit Ihrem Verhalten nur nicht in seinen Kram, er fühlt sich irritiert und gestört. Nun meint er unbewußt, daß er Ihnen eins auswischen muß. Sagen Sie höflich aber bestimmt, daß Sie das als Ihre Privatsphäre betrachten und nicht darüber sprechen wollen. Nur wenige Menschen sind mit sich und dem was sie tun so klar und sicher, daß sie auch völlig frei darüber reden können.

Schließlich noch ein Wort zu den Menschen, für die Essen nur eine höchst unerwünschte Unterbrechung ihrer Arbeit darstellt. Es sind dies die Workoholics – im Gegensatz zu den Alkoholics. Es sind arme Menschen, denn sie lassen sich etwas wirklich Schönes im Leben – nämlich den Essens-Genuß entgehen. Aber jeder hat nun einmal Prioritäten! Der amerikanische Präsident Lyndon B. Johnson gehörte zu dieser Gruppe von Arbeitsfanatikern. Er aß nur schnell zwischendurch, was er bekommen konnte: Junkfood: Hamburgers, Steaks und Kartoffeln, Fish und Chips, Coke etc. Erinnern Sie sich, wie er aussah? Er starb mit 65 Jahren an Krebs. Wenn Sie zu den Menschen gehören, die von sich und anderen immer nur Höchstleistungen fordern, aber selten oder nie dazu bereit sind, sich selbst oder anderen Gutes zu gönnen, zu belohnen, zu nähren, zu erfrischen dann wundern Sie sich nicht, wenn Sie eines Tages – viel eher als Ihnen lieb ist – ausgebrannt sind. Eine Batterie muß immer wieder aufgeladen werden. Und dazu sind die richtige Spannung und die korrekte Stromstärke nötig. So einfach ist das! Vitalstoffgehalt und Energiebereitstellung der Nahrung müssen stimmen. Aber es darf auch nicht zu viel sein. Sonst fängt die Batterie an zu gasen und wird zerstört. So ist das auch beim Menschen. Der Organismus darf nicht überlastet werden. Was hilft es, wenn Sie die Energie der Hälfte dessen, was Sie essen, allein für die Verdauung verbrauchen? Was nutzt es, wenn Sie einen Wagen fahren wollen, aber niemals einen Ölwechsel vornehmen? Die meisten Menschen denken bei der Ernährung zuletzt daran, daß sie auch für eine Entgiftung des Körpers sorgen müssen. Die Lebensmittel müssen entsprechend ausgewählt werden. Die auf breitester Front übliche Ernährung bei uns ist dazu nicht geeignet – im Gegenteil! (vgl. Kap. 15).

Zum Ende dieses Kapitels noch ein Wort zu den Personen, die im Haushalt das Essen für ihre Mitbewohner zubereiten. Repetitive Tätigkeiten wie diese werden von der Gesellschaft nicht eben hoch eingestuft. Ein Wissenschaftler, der das Liebesleben der Maikäfer erforscht, gilt mehr als ein Koch. Welche Mißkonzeption, welche Dummheit! Wenn die vielen Köche und Köchinnen in den Millionen Küchen schlecht ausgewähltes, kombiniertes und zubereitetes Essen liefern, so hat dies einen enormen Schaden zur Folge. Ihre Tätigkeit erfordert viel Wissen, Verantwortung, Intuititon, Einfühlungsvermögen und Liebe, jeden Tag. Sie müssen genauso ihr Bestes geben wie der Arzt am Krankenbett. Sie stehen an der Basis. Wenn sie immer wieder gravierende Fehler machen und übel gelaunt, mit Ängsten und Aggressionen im Bauch, das Essen unbewußt vergiften, dann kann kein Arzt dies jemals wieder ausbügeln. Bitte, reden Sie sich nicht damit heraus, daß Sie zur Zubereitung einer gesunden Ernährung nicht genügend Zeit hätten. Es ist alles eine Frage der Organisation. Sie können viele Teile Ihrer Aufgaben an andere Familienmitglieder delegieren: den Einkauf, das Putzen, das Abwaschen usw. Bedenken Sie auch, daß Sie, je mehr Sie den Vorschlägen in diesem Buch folgen, um so weniger Arbeit in der Küche haben werden! Stundenlanges Kochen gehört der Vergangenheit an! Versuchen Sie einmal das Folgende: Jedes Familienmitglied, das dazu in der Lage (alt genug) ist, hilft bei der Essenszubereitung und dem Tischdecken. Dabei bereitet sich jeder bevorzugt das vor, was er selbst am liebsten essen würde. Es müssen nicht immer alle am Tisch auch das gleiche essen. Das führt nur dazu, daß immer auch einige Tischgenossen zumindest teilweise etwas essen, was sie eigentlich gar nicht wollten. Im Restaurant bestellt ja auch nicht jeder das gleiche Gericht! Wenn man überwiegend von Rohkost lebt, kann man solche Sonderwünsche sehr leicht befriedigen.

Und noch eins: vermeiden Sie, daß die Familientafel zum Ort von Ermahnungen, Inquisitionen und Streit wird. Auch Ihre Kinder oder Ihr Gatte respektive Gattin haben das Recht darauf, in Ruhe zu essen. Den großen Familienrat bzw. die große Abrechnung können Sie vorher viel besser durchführen. Und wenn Sie sich durch die Essensgewohnheiten der Kinder im Genießen behindert fühlen: warum lassen Sie diese nicht allein essen? Dann kann jeder so genießen, wie er gerne möchte: Ihre Kinder haben Spaß dabei – weil sie nicht dauernd ermahnt werden – und Sie haben Frieden und Ruhe mit Ihrem Partner.

9
Auf dem Wege der harmonischen Ernährung

Vor langer Zeit wurde in einem fernen Land ein Mensch ins Gefängnis geworfen. Man verurteilte ihn zum Tode. Er sollte an einem unbestimmten Tage durch Gift im Essen sterben. Er starb nach vier Tagen, ohne daß den Speisen Gift zugesetzt zu werden brauchte. Die Angst allein genügte. Diese Geschichte zeigt deutlich, wie man sich selbst verrückt macht. Angst tötet zuverlässiger als mangelhaftes Essen. Wir leben und überleben, wir sind gesund und leistungsfähig durch unsere Lebensenergie. Und die ist in erster Linie abhängig von psychischen Faktoren. Die beste Nahrung nützt wenig einem Menschen, der überwiegend aus Angst heraus lebt.

In Kapitel vier war davon die Rede, daß der erste Schritt zur harmonischen Wachstums-Ernährung darin besteht, daß Sie sich selbst akzeptieren, annehmen, so wie Sie sind. Ein entscheidender Punkt dabei besteht darin, daß Sie sich Ihrer Angst bewußt werden. Das geht nur, wenn Sie ganz ehrlich zu sich selbst sind. Wagen Sie es! Sie haben es verdient, daß Ihr Leben an Dynamik und Tiefe gewinnt. Je ehrlicher Sie werden, um so klarer und authentischer wird Ihr Leben werden. Der zweite Schritt beschäftigt sich mit der Angst in einer Art und Weise, daß die Angst allmählich nachläßt und weniger bestimmend für Ihr Leben wird. Dadurch werden Sie innerlich freier und können bewußter handeln. Sie werden Ihr Leben dann viel mehr genießen können – nicht nur Ihre Speisen.

Nun läßt sich das nicht so einfach tun wie vorschlagen. Damit Sie sich Ihrer Angst bewußt werden, müssen Sie der Angst ins Gesicht sehen und sich in Bereiche vorwagen, vor denen Sie Angst haben. Es gibt Psychogruppen, die sich direkt mit der Angst befassen. In der Gruppe, an der ich vor vielen Jahren teilnahm, hieß das Motto: "Tu das, wovor Du am meisten Angst hast"! Im Schutz der Gruppe und unter Hilfe eines guten Gruppenleiters kann man viele Dinge tun, die man schon immer gerne hätte tun mögen, die man aber nicht wagte. Die Erfolgserlebnisse sind derartig ermutigend, daß man dann im Alltag anfangen kann, allein die nächsten Schritte zu gehen. Jedesmal, wenn Sie trotz Angst vor den Konsequenzen das tun, was Sie für richtig halten, werden Sie auf die eine oder andere Weise sofort belohnt. Allerdings wird sich gleichzeitig einiges in Ihrem Leben ändern, was Sie aus Angst schon immer vermeiden wollten. So mancher Mitmensch wird sauer auf Sie reagieren, wenn Sie ehrlich zu ihm sind. Menschen, die selbst unehrlich sind, mögen die Ehrlichkeit anderer auch nicht. Machen Sie sich klar, daß solche Menschen in Zukunft nicht mehr zu Ihnen passen. Sie haben jetzt Mut und Klarheit auf Ihre Fahnen geschrieben. Sie fühlen sich gut und erleichtert. Die Umwelt reagiert anders und letztlich hilfreicher, denn Sie geben ja nun die richtigen Signale nach außen ab.

Praktisch sieht das für Sie so aus, daß Sie mit ganz kleinen Schritten anfangen – in allen Lebensbereichen – nicht nur beim Essen. Der ganze Mensch muß erfaßt werden, alle seine Teile müssen in Harmonie miteinander langsam wachsen und bewußter werden. Nur so werden Sie zu Ihrer individuell passenden Ernährung finden. Ein wichtiger Schritt besteht darin, daß Sie anfangen, in Ihre persönlichen äußeren Lebensumstände mehr Klarheit und Ordnung zu bringen. Wie wäre es, wenn Sie von Zeit zu Zeit zu Hause alles sichten, was Sie besitzen und alles weggeben oder verkaufen, was Sie nicht mehr wirklich benötigen, was nicht mehr so recht zu Ihnen paßt, was nur die Wohnung füllt und Staub fängt? Sie können es sich nicht vorstellen, wie das erleichtert, wenn Sie es noch nicht erlebt haben. Vielen Menschen hilft es auch, wenn sie von Zeit zu Zeit in ihrer Wohnung die Möbel umstellen und so den veränderten Bedürfnissen Rechnung tragen. Denken Sie daran: Wir leben. Und Leben bedeutet Wachstum, Dynamik und Veränderung. Wenn dies bei Ihnen nicht mehr zutreffen sollte, so ist es an der Zeit aufzuwachen.

Ein Mann ist bei seiner Freundin das erstemal zum Essen eingeladen. Sie hat ein herrliches Mahl gekocht, nicht wissend, daß er dieses bestimmte Gericht nicht mag. Da es das erstemal ist und er sich vor Mißstimmung fürchtet, sagt er nichts, im Gegenteil, er lobt das Essen. Prompt wird es ihm immer wieder vorgesetzt werden. Jedesmal wird eine Ablehnung schwieriger. Die Freundin hat vielleicht ein Essen gekocht, das sie selbst nicht besonders schätzt, nur in der Annahme, daß der Freund es mag, weil sie andere Männer kennt, die die Speise sehr gern essen. So kann es passieren, daß beide – ohne es zu wollen – das Falsche essen. Weithin bekannt ist ja auch die Geschichte von dem alten Paar, das nach 50 Jahren Ehe schließlich durch Zufall herausfindet, daß es all die Jahre die falschen Seiten der Brötchen gegessen hatte.

Eßgewohnheiten sind der Ausdruck der jeweiligen Geisteshaltung, des jeweiligen Standes der Bewußtheit. Wird die Ernährung unter äußerem Einfluß verändert, ohne daß sich auch innerlich ein Wandel abspielt, wie dies der Fall ist, wenn man sich zum Beispiel einem Massentrend kritiklos und unbewußt anschließt, dann kann diese neue Diät noch so gut sein, sie wird nicht segensreich wirken können.

Wenn man seine individuell richtige Ernährung herausfinden will, so muß das einhergehen mit einer völligen Veränderung des gesamten Lebens. Alles andere bleibt Stückwerk und Herumlaborieren an Symptomen, wie dies bei der Schulmedizin üblich ist. Diese Methoden sollten auf akute Notfälle beschränkt bleiben. Dem Satz: Gesundheit ist das höchste Gut, stimmen die meisten Menschen zu, nur wenige aber ziehen daraus die Konsequenzen und investieren den notwendigen Einsatz. Dieser besteht nicht in Geld, das ich zum Arzt trage, damit er mich gesund macht. Ich muß meine Gesundheit, mein Glück selbst in die Hand nehmen. Ich bin verantwortlich für mich selbst. Wenn sie ehrlich wären, würden die meisten Menschen schnell herausfinden, daß für sie andere Dinge als die Gesundheit wichtiger sind: beruflicher Erfolg, Reichtum, Berühmtheit und vieles andere mehr. Essen wird häufig sogar als lästige Unterbrechung der Arbeit gesehen.

Werden Sie sich also zunächst darüber klar, wo Ihre Prioritäten im Leben liegen. Falls Gesundheit und Bewußtheitswachstum nicht ihre ehrlich erklärten Ziele sind, dann überlegen Sie, woran das liegt und ob sie das wirklich so wollen. Manchmal vergehen darüber viele Monate oder gar Jahre. Ohne die innere Einsicht, daß etwas geschehen muß, werden Sie aber keine Erfolge erringen. Wenn ihnen das Leben bereits alles bietet, wenn sie wirklich völlig gesund, zufrieden und glücklich sind, dann besteht allerdings kein Grund, weiter zu lesen. Wer hätte das Recht, Sie dann von Ihrer Bahn abzubringen? Falls Sie jedoch spüren, daß das Leben noch etwas anderes zu bieten hat als einen guten Beruf, eine abgesicherte Zukunft, ein gemütliches Heim, viel Freizeit mit angenehmen Hobbys, eine glückliche Familie, ja sogar weitgehende Arbeitsfähigkeit, der sollte keinen Augenblick zögern herauszufinden, worum es sich dabei handelt. Er ist in der selten glücklichen Lage, daß er die innere Leere nicht damit erklären kann, daß ihm noch dieses oder jenes fehlt, was man herkömmlicherweise als Voraussetzung zum Glück betrachtet. Es muß noch etwas anderes geben, das nicht durch Geld gekauft werden kann und das man nicht von anderen Menschen erhält. Es muß etwas sein, daß in einem selbst schlummert.

Das bedeutet, der Blick muß nach innen gerichtet werden. Dieses In-sich-Hineinschauen, dieses Sich-selbst-Beobachten, dieses Auf-seine-innersten-Regungen-Achten – und seien sie anfangs auch noch so schwach und undeutlich – bezeichnet man als meditatives Verhalten. Es führt weg von der Fremdbestimmtheit eines wenig bewußten, automatischen Lebens hin zu einem Leben in Freiheit, in dem man selbst bestimmt, wie man sich verhält, was man ißt. Spüren Sie, fühlen Sie in sich hinein, um herauszufinden, was Sie essen wollen. Der Weg zum richtigen Essen geht Hand in Hand mit einem meditativen Leben. Dieses wiederum wird Sie von Tag zu Tag bewußter machen, wodurch die Auswahl der Nahrung immer leichter wird. Aber Vorsicht: Ihr Leben wird sich tatsächlich ändern! Und zwar von Grund auf. Sie werden andere Freunde bekommen, sie werden vielleicht Ihren Beruf wechseln und vieles andere mehr.

Der nächste Schritt zu einer Verbesserung Ihrer Ernährung besteht darin, daß Sie anfangen, sich ganz ehrlich und ohne Rücksicht auf die Ideen anderer darüber klar zu werden, was Sie in einem gegebenen Moment am liebsten essen würden. Es ist gut, dies in einer Umgebung zu tun, in der Ihnen kein Essen angeboten wird, damit sie nicht von Ihren inneren Wünschen abgelenkt werden. Fragen Sie sich, welcher Art das Essen sein sollte: warm oder kalt, weich oder fest, süß oder salzig, breiig oder saftig usw. Stellen Sie sich dann vor, welche Speisen das konkret sein könnten. Wenn es Ihnen unklar ist, ob sie eine Speise, die Ihnen in den Sinn kommt, wirklich mögen, fragen Sie sich, ob Sie sich betrogen fühlen würden, wenn Sie diese Speise jetzt nicht bekämen.

Dann erst suchen Sie das Restaurant oder den Supermarkt usw. auf, in dem Sie die gewünschte Speise erhalten können. Achten Sie dabei sehr darauf, daß Sie sich nicht von Sonderangeboten ablenken lassen, daß Sie Dinge kaufen, die Sie reizen. Vergessen Sie niemals, daß nur das, was Sie wirklich wollen, sie auch befriedigen wird. Nur das Original zählt, nicht die Kopie oder die zweite Wahl. Wenn Sie Lust auf den Kuchen eines bestimmten Bäckers haben, dann kaufen Sie exakt diesen in genau diesem Laden und nicht einen Kuchen gleichen Namens aus dem erstbesten Supermarkt.

Noch einmal ganz klar: Nur Sie selbst und Ihre innersten Wünsche sind der Maßstab für die Auswahl. Sie essen, was in Ihnen "summt", nicht das, was von außen "winkt" (L. & L. PEARSON, 1988). Diese Autoren geben zahlreiche Übungen an, mit denen man die innere Wahrnehmungsfähigkeit trainieren kann. Es sind Übungen mit einzelnen Lebensmitteln, die Sie von allen Seiten nach Geruch, Geschmack und Konsistenz mit Händen, Lippen, Gaumen, Zunge und Zähnen untersuchen. Sie lutschen, kauen, saugen, schmatzen, lecken, riechen, kurz, Sie setzen ganz bewußt und langsam nacheinander alle Ihre sensuellen Fähigkeiten ein, um zum Beispiel eine Gurke, einen Kartoffelchip, ein Stück Wurst oder Schokolade oder ein Sandwich in allen Details auszukosten. Wenn Sie sich viel Zeit für solche Erkundigungen Ihrer Empfindungen nehmen, wird es Ihnen klarer werden, welche Arten von Speisen Ihnen mehr Befriedigung geben, und Sie werden mit größerer Sicherheit das Richtige wählen. Das wiederum wird Sie schneller befriedigen, Sie werden weniger essen und sich so weniger belasten und bei Übergewicht abnehmen. Eine Hilfe dabei können auch Tagtraum-Phatasien sein, in denen Sie sich ausmahlen, wie Sie sich in einem selbst ausgestalteten Schlaraffenland verhalten.

Eine weitere Methode, sich seines Körpers bewußter zu werden, ist eine Abwandlung des autogenen Trainigs, das die PEARSONs als Körpererfahrungs-Übung vorschlagen. Sie legen sich dazu in Ruhe hin, schließen ihre Augen und lenken dann Ihre Aufmerksamkeit langsam durch den ganzen Körper. Sie geben besondere Energie den Körperteilen, die Sie als die stärksten und die schwächsten, die ältesten und die jüngsten, die wärmsten und die kältesten, die glatten und sanftesten sowie die rauhesten, die härtesten und empfindlichsten erachten. Sie weihen Ihre ungeteilte Aufmerksamkeit dem Körperteil, dessen Veränderung Sie am meisten wünschen oder am wenigsten möchten, dem angespanntesten und dem entspanntesten Teil Ihres Körpers, dem Teil, auf den Sie am stolzesten sind und demjenigen, dessen Sie sich am meisten schämen. Sie bekommen so mehr Kontakt zu Ihrem Körper und Ihren Empfindungen, kurz, zu sich selbst. Sie lernen sich besser kennen und sind in der Folge eher in der Lage, Ihre innersten Wünsche zu sehen und Ihre Intuition, Ihre innere Stimme zu erkennen (weitere Schritte finden Sie in Kap. 26).

Weiterhin kommt es sehr wesentlich darauf an, festzustellen, ob Sie zur Essenszeit überhaupt Hunger haben. Ist dies nicht der Fall, dann sollten Sie so diszipliniert werden, daß Sie tatsächlich so lange nichts essen, bis sich der Hunger einstellt. Es ist unschädlich, einige Stunden hungrig oder mit Appetit herumzulaufen, aber wenig sinnvoll, "auf Vorrat" zu essen. Letzteres belastet den Körper, während hungrig sein die Ausscheidung, die Körperreinigung begünstigt, also sehr nutzt.

Die Methode, das zu essen, was einem summt, führt zwangsweise dazu, daß man Dinge ißt, die nach neuerer wissenschaftlicher Erkenntnis eindeutig ungesund sind. Wenn diese Speisen aber dem wirklichen eigenen Bedürfnis entsprechen und wenn sie ohne schlechtes Gewissen voll genossen werden, wird man wenigstens nicht mehr zu viel essen. Der Körper wird damit weniger belastet als zuvor und einer weiteren Gewichtszunahme wird vorgebeugt. Mit diesem Konzept erreicht man, daß Übergewicht sehr erfolgreich abgebaut werden kann. Die Erfolgsquote ist dabei wesentlich höher als bei Abmagerungskuren.

Als nächstes müssen Sie ihr Augenmerk darauf richten, wann Sie essen. Es gibt viele Menschen, die zu den üblichen Essenszeiten nicht den richtigen Appetit verspüren. Es gibt die verschiedensten Ansichten, wann und wie oft man essen sollte. Sind drei Hauptmahlzeiten mit oder ohne Zwischenmahlzeiten oder sind mehrere kleine Mahlzeiten über den Tag verteilt richtig? Auch hier gibt es keine allgemein verbindlichen Vorschriften. Finden Sie selbst heraus, was am besten zu Ihnen paßt. Richten Sie ihre Essenszeit so ein, daß Sie Ihr Essen langsam und ungestört einnehmen können, falls Sie das wollen. Schrecken Sie anfangs nicht vor ungewöhnlichen Essenszeiten zurück, auch wenn Sie weiter unten lesen werden, daß zum Beispiel Essen um Mitternacht ungesund ist. Nehmen Sie Ihren ganzen Mut zusammen und experimentieren Sie.

Auch das Wo und mit Wem muß sorgfältig beachtet werden. Viele Mütter mögen nicht mit ihren Kindern am Tisch essen, weil die Kinder ein zu großes Durcheinander veranstalten. Tun sie es trotzdem, so finden sie keine Befriedigung und essen später nochmals, was zur Gewichtszunahme führt. Viele Personen können auf ihren eigenen Partys nichts wirklich genießen. Auch bei ihnen ist die Gefahr, daß sie zweimal essen und dann zu dick werden. Viele Menschen fühlen sich gezwungen, mit ihren Arbeitskollegen in Kantinen zu essen, obwohl sie vielleicht viel lieber alleine essen würden und ganz andere Speisen bevorzugen. Hier gehört schon Mut dazu, zu sich selbst zu stehen und sich die eigenen Wünsche zu erfüllen.

Schließlich sei die Art des Essens erwähnt. Auch sie muß sorgfältig beachtet werden. Manchmal hat man den Wunsch, sehr rasch zu essen, die Speisen förmlich hinunter zu schlingen. Dann sollte man das auch tun, dabei aber nicht die Möglichkeit versäumen, sich selbst zu beobachten. Dabei wird sich dann herausstellen, warum der Wunsch aufgetreten ist, was man damit bewirkt, ob es Spaß macht, ob es wirklich befriedigt.

Das Grundprinzip dieser äußerst erfolgreichen, sehr weit verbreiteten psychologischen Methode ist einfach und in allen Lebenslagen auf alle Tätigkeiten etc. anwendbar. Es ist der wichtigste Vorschlag dieses Buches, um Ihre Essensgewohnheiten, ja Ihren ganzen Lebensstil zu revolutionieren. Es beruht auf den folgenden Schritten:

1. Finden Sie heraus, ob Sie das, was Sie zu tun gedenken, wirklich wollen.

2. Tun Sie es dann ohne Rücksicht auf vermeintliche Nachteile.

3. Lassen Sie sich dabei von Ihrer Angst nur dann beeinflussen, wenn sie übermächtig ist, d. h. wenn es wahrscheinlich ist, daß Sie derartig verängstigt sind, daß Sie das Gewünschte nicht richtig durchführen könnten.

4. Unternehmen Sie Ihr Vorhaben so total als irgend möglich, d. h. Sie müssen mit vollem Herzen und klarem Verstand dahinter stehen

(deshalb Punkt 1).

5. Beobachten Sie sich bei Ihren Aktionen, halten Sie ab und zu inne. Falls Sie gewahr werden, daß die Angelegenheit nicht mehr stimmt, brechen Sie sofort ab!

Der Effekt dieser Methode des Lernens aus seinen Fehlern ist, daß alles von Ihnen abfällt, was für Sie nicht (mehr) stimmt. Es ist ein nie endender Prozeß, in dem Sie im Idealfall jeden Fehler nur einmal machen, sonst eben so lange, bis Sie begriffen haben. Im Laufe der Zeit werden Sie immer sensitiver, immer bewußter, und die Experimente verlagern sich auf höhere Ebenen. Diese Methode wirkt bezüglich der Ernährung optimal und in zweifacher Hinsicht: Erstens führt sie zur harmonischen, realistischen Wachstums-Ernährung und zum zweiten sind die Ernährung und die daraus resultierenden Effekte ein optimales Barometer für Fortschritte des Bewußtheits-Wachstums.

Die PEARSONs benutzen diese Methode, um ihre Klienten vom Essensmißbrauch weg zu einer mengenmäßig ausreichenden Kost und damit zu Gewichtsabnahme zu führen. Dieses Buch wird im Folgenden zeigen, wie man von einer mengenmäßig ausreichenden Normalkost zu einer persönlich richtigen, vollwertigen und die Gesundheit optimal unterstützenden Individualkost kommt. Die Methode des: was "summt" in mir, allein genügt dazu nicht mehr. Risikofreudiges Experimentieren mit neuen, völlig unbekannten Speisen sowie Selbstbeobachtung nicht nur vor und während des Essens, sondern auch nach dem Essen müssen hinzutreten. Der Verstand kann Vorschläge aus Anregungen machen, die er von außerhalb bezogen hat, Vorschläge, die zu den erfühlten Wünschen bezüglich der Eigenschaften der gewünschten Speisen passen. Dann kann damit experimentiert werden. Auf diese Weise können sich neue Vorlieben einstellen, die wissenschaftlich betrachtet höherwertige Lebensmittel beinhalten. Anregungen und Experimentiervorschläge dazu finden Sie in diesem Buch in Hülle und Fülle.

Wird Ihnen langsam der Unterschied klar? Unsere Gesellschaft ist aufgebaut auf der Vorstellung, daß der einzelne dumm und unfähig ist, selbst herauszufinden, was er zu tun und zu lassen hat. Deshalb gibt es einen unendlichen Wust von Geboten, Gesetzen, Verhaltensmaßregeln, Zwängen. Deshalb wird den Kindern erst der Wille gebrochen, und dann stopft man sie mit all den Vorschriften voll. Sie werden konditioniert, damit sie im Idealfall automatisch "richtig" reagieren und sich optimal einfügen. Fremdbestimmung, Bevormundung, Gängelung sind die Grundlagen; die Gesellschaft bestimmt, wie der einzelne zu sein, was er zu tun und zu lassen hat. Da dies offensichtlich nicht richtig funktioniert, braucht man Polizei und Gefängnisse, damit die störenden Abweichungen wirkungslos gemacht werden können. Die Tatsache, daß ein solches System ohne Gewalt wirklich nicht zum Ziel führt, ist bekannt. Leider hat sie noch nicht zu der Erkenntnis geführt, daß die ganze Methode falsch und unbrauchbar (geworden) ist. Obwohl Gesetze und Gebote immer "besser" und die staatliche Überwachung immer lückenloser wird, nimmt die Anzahl der Delikte ständig zu, richten sich immer weniger Menschen nach den allgemeinen Verhaltensmaßregeln der Gesellschaft.

Immer mehr Menschen wachen auf und merken, daß der Ansatz nicht stimmt. Der Mensch ist sehr wohl in der Lage, selbst herauszufinden, was er zu tun und zu lassen hat. Nur auf diese Weise wird er das tun, was für ihn wirklich richtig ist. Automatisches Befolgen von Gesetzen ist Unbewußtheit in Reinkultur und damit schädlich für das Wachstum des einzelnen – es sei denn, es stellt einen Lernschritt dar und ist dementsprechend Mittel zum Zweck. Durch vorprogrammiertes Verhalten schadet sich jeder einzelne, und damit wird dann die Gesellschaft als Ganzes geschädigt. Möglich ist dies, weil die Regierung uns einredet, sie sei selbst für den mündigen Bürger, sie honoriere eigenverantwortliches Handeln, Zivilcourage. Weit gefehlt. Das sind Schutzbehauptungen. Sobald einzelne von den Normen abweichen, werden sie bestraft und von ihren Mitmenschen schief angesehen. Natürlich gibt es davon heutzutage schon löbliche Ausnahmen, bei denen der Staat infolge des Beifalles der Mehrheit der Bürger klein beigeben muß. Man denke dabei zum Beispiel an den aufgegebenen Kuppeleiparagraphen und die vielen Ehen ohne Trauschein, die geduldet werden.

Ein menschenverachtendes, von Angst geprägtes Konzept des unmündigen Menschen auf der einen und eine von Vertrauen in das menschliche Potential geprägte Vorstellung auf der anderen Seite, so kraß ist der Unterschied. Sieht man, mit wie wenig Bewußtsein und Eigenverantwortung auch heute noch viele leben, so kann man das alte Konzept wohl verstehen, aber deshalb noch lange nicht billigen. Dieses Konzept zementiert nämlich die Unbewußtheit. Stattdessen sollte alles daraufhin angelegt werden, um ein möglichst ungehemmtes inneres Wachstum des einzelnen zu ermöglichen. Daran haben aber die meisten Politiker und Priester aller Schattierungen kein Interesse. Sie werden nämlich in dem Maße überflüssig, in dem die Menschen bewußter werden. Bewußte Menschen benötigen niemanden, der ihnen sagt, wo's lang geht. Sie können sich selbst retten, falls sie der Meinung sind, daß sie überhaupt gerettet werden müßten. Sie benötigen niemanden, der ihnen immer wieder die Geschichten vom lieben Gott im Himmel erzählt, und niemanden, der seine sogenannte Unfehlbarkeit herauskehrt. Sie fühlen sich von diesen Menschen nicht mehr angezogen, weil sie selbst sehen können, daß diese vermeintlichen Vorbilder und Führer selbst noch in weitgehender Unbewußtheit im dunkeln tappen und nur immer alte, unbrauchbar gewordene Leerformeln wiederholen. Sie können sehen, daß nichts von dem, was diese Menschen vorbringen, wirklich authentische eigene Wahrheit ist. Es ist leider nur Buchwissen, was da meist in der Substanz unverstanden weitergereicht wird.

Wie in Kapitel drei dargestellt wurde, hat sich diese Entwicklung inzwischen verselbständigt. Trotz der vorherrschenden Strukturen und unter rücksichtsloser Ausnutzung der in manchen Ländern heute (ungern) gewährten äußeren Freiheit sind eine größere Anzahl von Menschen aufgebrochen, sich selbst und damit auch diese Erde vor dem Untergang zu retten. Um ein Bild des Ausmaßes dieser Bewegung zu erhalten, werfe man einen Blick in das Buch: "The Aquarian Conspiracy" von M. FERGUSON (1986). Trotz massiver und psychologisch meist sehr geschickt gemachter Werbung von Lebensmittelkonzernen und Chemiefirmen und weitgehender Vernetzung dieser mit den Regierungen wird die Anzahl derjenigen Zeitgenossen, die sich bewußter ernähren wollen, immer größer. Sie sind also nicht allein. Überall werden Sie Weggenossen finden. Wenn auch die alten Freunde dahinschmelzen, wenn Sie in Ihrer Verwandtschaft auf mitleidiges Unverständnis stoßen, leicht werden sie Kontakt zu jenen finden, die angefangen haben, meditativ zu essen und zu leben. Natürlich kann auch eine Phase in Ihrem Leben dazu gehören, in der Sie sich zurückziehen und wenig Umgang mit anderen pflegen. Das aber wird niemals unter äußerem Zwang erfolgen, sondern weil Sie sich dabei am besten fühlen. Sollte Ihre Entwicklung im Laufe der Zeit dazu führen, daß Sie zeitweilig fasten oder sich auf wenige, einfache Lebensmittel konzentrieren, so geschieht dies nicht aus kopfigen Ideen von Askese und Verzicht, sondern deshalb, weil es Ihnen ein inneres Bedürfnis ist, so zu handeln. Dann macht das Leben Spaß. Die fehlende Sinnesfreude des Essens wird dann leicht durch Gewinn an anderen Genüssen und durch eine pulsierende Gesundheit und eine Energie belohnt, wie Sie sie früher nicht kannten.

Sie kämpfen nicht mehr gegen sich selbst und Ihre eigenen Bedürfnisse, Sie hassen sich selbst nicht mehr. Sie sind befreit von Schuldgefühlen, Vorschriften und Eßzwängen. Es geht nicht an, sich oder andere durch irgendeine Form des Zwanges von Zwängen zu befreien. Die Verbesserung der Eßgewohnheiten und damit auch der Gesundheit und der Figur kommt ganz von alleine, man muß nur wach werden und sie zulassen. Das Problem wird also nicht direkt unter Gewaltanwendung angegangen. Die Voraussetzungen dafür werden geschaffen. Wenn eine Pflanze wachsen soll, gibt man ihr Wasser und Dünger, Schutz vor Wind, genügend Licht etc. Es hat keinen Zweck, an den Stengeln oder Blättern zu ziehen!

Unser Körper ist so hilfreich. Ständig gibt er uns Signale und Hinweise, nach denen wir uns richten können. Wenn wir nicht gleich reagieren, werden die Signale heftiger, und schließlich werden Krankheiten auftreten. Diese sind nicht lästige Störungen, die an Konstruktionsfehlern im System liegen. Sie sollten nicht einfach mittels eines eilig verordneten Medikamentes ausgemerzt werden – sie kommen sonst in der einen oder anderen Form wieder. Krankheiten sind wie (scheinbar unerklärliche) Schicksalsschläge Botschaften, die Sie auffordern, nachzusehen, was Sie im Leben ändern müssen. Finden Sie die Ursachen heraus! Auch können Krankheiten Symptome dafür sein, daß der Körper alte karmische Gegebenheiten ein letztesmal durchmacht, um sie dann endgültig abzulegen. Krankheiten sind Reinigungsprozesse des Körpers – unterstützen Sie die Reinigung, indem Sie sich im Krankheitsfalle schonen und fasten, damit die Entgiftung optimal erfolgen kann. Medikamente tragen häufig nur zu vermehrter Vergiftung bei. Der Körper hat in der Regel selbst genug Heilungskraft. Versuchen Sie, Einsicht darin zu erlangen, daß alles, was Ihnen widerfährt, positiv für Ihre Bewußtheits entwicklung genutzt werden kann oder Ausdruck dieser Entwicklung ist.

Bewußtes Essen fußt auf Vertrauen und Dankbarkeit. Nicht auf dem vorherrschenden Vertrauen, daß die anderen das tun, was man von ihnen erwartet und auch nicht auf der anerzogenen Höflichkeit, daß man sich (automatisch) bedankt, wenn man etwas erhält. Es ist ein Vertrauen, das davon ausgeht, daß alles, was geschieht, für einen selbst das Optimum darstellt, auch wenn der Verstand und die sogenannte allgemeine Lebenserfahrung dies nicht sehen können. Es ist eine tiefe innere, beglückende Dankbarkeit für die Tatsache, daß ich auf dieser Welt lebe und ich selbst sein kann. Es ist ein Annehmen, Achten und Verwenden all der Dinge, die ich bereits in mir trage. Es ist ein Loslassen der alten Gewohnheiten, Programmierungen und Trotzreaktionen, ein Weggeben von Dingen, die sowieso niemals authentisch, sondern nur von außen angelernt waren. Dinge ablegen, die man eigentlich nicht braucht, sondern nur als Last mit sich herumschleppt! Wie befreiend das wirkt! Und: alles was wir freiwillig weggeben, weil wir es nicht mehr wirklich benötigen, schützt uns davor, enttäuscht zu werden, wenn man es uns gewaltsam wegnimmt. Wer sich innerlich von seinen Eltern gelöst, emanzipiert hat, wird beim Tod der Eltern nicht zusammenbrechen. Wer durch innere Einsicht und ohne zwanghaften Verzicht zum Vegetarier geworden ist, dem werden Notzeiten, in denen es kein Fleisch gibt, nichts mehr anhaben können.

In ihrem Buch "Schlank durch positives Denken, die spirituelle Diät" schlägt S. RAY (1987) vor, dem Problem der Fehlernährung und des Übergewichtes durch positive Affirmationen Herr zu werden. Wir wollen nicht bestreiten, daß diese Methode funktionieren kann, wenn man diese mühevolle und reichlich kopfige Methode richtig durchführt. Als lebenslänglichen Weg halten wir sie aber für ungeeignet, weil sie die alten Konditionierungen lediglich durch neue, nämlich die Affirmationen ersetzt. Diese mögen jetzt "positiv" sein, aber Konditionierungen bleiben sie allemal. Konditionierungen aber sind in sich nicht positiv, denn sie verdecken den Blick auf die innere Stimme, auf die eigene Intuition, die es freizulegen, auf die es zu hören gilt. Insofern kann ich dem Anspruch dieser Schlankheitsdiät, spirituell zu sein, nicht folgen.

Nachdem Sie in jedem Einzelfall herausgefunden haben, was Sie wo, mit wem und wann essen wollen, kommt der nächste Schritt: Beobachten Sie sich beim Essen. Achten Sie auf die sinnlichen Sensationen, die sich abspielen. Nutzen Sie alle Möglichkeiten aus, die Speisen wirklich zu genießen. Ungewöhnliche Formen des Essens sollten Sie nicht wegschieben, wenn der Wunsch danach hochkommt oder wenn Sie feststellen, daß sie besondere Befriedigung verschaffen. Suchen Sie sich eine Umgebung, die Ihren Bedürfnissen am meisten entgegenkommt: Wenn Ihnen vornehmes Tellergeklapper und Tafelmusik, aufmerksame Ober, kurz, ein vornehmes, feierliches Ambiente zusagen, dann gönnen Sie sich dies. Wenn Sie lieber mit den Fingern essen und den Mund so richtig vollstopfen (wofür geschmacklich viel spricht), wenn Sie gerne schmatzen oder schlürfen, schaffen Sie sich die richtige Umgebung, wo sie dies tun können. Wenn Sie den Nachtisch gerne zuerst essen möchten, lassen Sie sich nicht davon abhalten!

Versuchen Sie herauszufinden, ob die jeweils für bestimmte Speisen gewählte Art des Essens Sie auch wirklich befriedigt. Es wird Ihnen kaum gelingen, dies herauszufinden, wenn Sie beim Essen lesen oder an tausend andere Dinge denken oder gleichzeitig anders beschäftigt sind. Anfangs – wenn Ihnen danach ist – sollten Sie dies noch tun. Je mehr Bewußtheit aber hineinfließen kann, um so schneller wird diese Angewohnheit fallen. Die PEARSONs schlagen vor, nach der halben Mahlzeit aufzustehen und einige Schritte – etwa in ein anderes Zimmer – zu gehen. Dabei beobachten Sie sich sorgfältig, ob Sie wirklich weiter essen möchten. Dies zielt vor allem darauf ab, nicht zu viel zu essen. Sie können es auch einfacher machen: Bei allem, was Sie tun, ist es gut, von Zeit zu Zeit – auch mitten in der jeweiligen Beschäftigung – innezuhalten, ein paar mal tief durchzuatmen und sich zu fragen: Was tue ich hier eigentlich? Ist es das, was ich wirklich wollte? Wenn ja, ist es jetzt immer noch dran? Was müßte ich ändern? Haben sich meine Bedürfnisse geändert? Der letzte Gang muß nicht unbedingt auch gegessen werden, es genügt, daß man ihn bezahlt!

Je besser Ihre Beobachtung beim Essen wird, je genauer und schneller werden Sie herausfinden, welche Speisen Ihnen wirklich schmecken oder ob Sie bei der Auswahl nicht genau genug hingehört haben. Und keine Angst, daß Sie nun nur noch schädliche Nahrungsmittel essen werden. Sicherlich werden Sie zu Anfang häufig Ihre Lieblingsspeisen essen – und da ist in der Regel viel Junkfood dabei. Je bewußter Sie werden, um so mehr werden auch gesunde Speisen in Ihrem Nahrungszettel auftauchen. Ihre innere Stimme ist ja nicht dumm, das ist nur Ihre Konditionierung, das sind nur Ihre Gewohnheiten.

Der nächste Schritt ist der, auch nach dem Essen die Wachsamkeit nicht aufzugeben: Es gilt, sorgfältig darauf zu achten, welche Speisen sich nach dem Essen gut anfühlen. Nach welchem Essen fühle ich mich leicht, nach welchem belastet und schwer? Welches beflügelt, welches macht müde. Welches sättigt langanhaltend etc. Hier müssen Sie von Tag zu Tag neu hinsehen. Dasselbe Essen hat nicht immer dieselben Wirkungen. Je klarer und präziser Ihre Beobachtungen und Empfindungen sind, umso wirkungsvoller werden sie sein. Sie müssen sich dann nicht zwingen, eine Speise, die Ihnen nicht gut bekommen ist, nicht mehr zu essen. Sie wird Ihnen ganz einfach nicht mehr summen.

Schließlich, wenn Sie Ihre Ernährung mengenmäßig im Griff haben und mehr und mehr zu natürlicheren und gesünderen Lebensmitteln gelangt sind, spätestens jetzt kommt für Sie der Augenblick, daß Sie anfangen, mit Ihnen bis jetzt unbekannten Speisen oder Speisenkombinationen zu experimentieren. Das heißt nicht, daß Sie etwas essen sollen, wozu Sie keine Lust verspüren. Das bedeutet, daß Sie Ihr Summen ausnahmsweise etwas großzügiger auslegen, quasi probehalber. Wenn Sie gerne süßen Kuchen essen, dann probieren Sie Kuchen, der zumindest mit einem Anteil Vollkornmehl gebacken wurde. Der Phantasie sind keine Grenzen gesetzt. Je mehr alte Gewohnheiten Sie aufgeben, um so offener werden Sie für neue Geschmacksvarianten. Ihre ganzen Ideen davon, was Ihnen gut schmeckt, werden sich verändern. Sie werden später nichts mehr vermissen, wonach Sie sich jetzt sehnen. Nur dann läßt sich eine andersartige Ernährung auch auf Dauer – nicht nur für die Zeit einer kurzen Diät – durchführen.

10
Können Medikamente Krankheiten heilen?

Bevor wir diese Frage direkt beantworten können, müssen wir einen kurzen Blick auf die Grundkonzepte der medizinischen Wissenschaften werfen. Zuerst betrachten wir die traditionelle Schulmedizin, die bei uns weit überwiegend bestimmend ist.

Die Schulmedizin basiert auf den sogenannten exakten Naturwissenschaften. Für diese existiert nur das, was auf naturwissenschaftlichem Wege, also durch reproduzierbaren Versuch bewiesen werden kann. Dies sind Versuche, die bei jeder Wiederholung unter denselben Versuchsbedingungen die gleichen Ergebnisse zeitigen. Es gilt nur, was durch entsprechende Geräte zu beobachten oder zu messen und durch logisches Denken miteinander verknüpft werden kann. Alles was mit den physikalischen und chemischen Untersuchungsmethoden nicht erkannt oder gemessen werden kann, wird als nicht existent betrachtet. Jede Wirkung, jedes Phänomen, jede Erscheinung, zum Beispiel ein Geräusch, eine bestimmte Temperaturzunahme, jeder Prozeß, zum Beispiel das Herabfallen eines losgelassenen Gegenstandes, hat eine bestimmte charakteristische Ursache.

Mit diesem Rüstzeug untersucht die medizinische Wissenschaft, wie der menschliche Körper aufgebaut ist, wie er funktioniert, welche Krankheiten auftreten, wie diese charakterisiert sind. Sie untersucht zusammen mit der Pharmakognosie, der Medikamentenkunde, wie die verschiedensten Stoffe auf den Körper wirken und welche bislang unbekannten Stoffe "günstige" Wirkungen auf den Körper haben, welche unerwünschten Nebenwirkungen auftreten. Die Behandlungsmethoden der Schulmedizin wird als die allopathische Methode bezeichnet.

Die Schulmedizin geht so vor: Sie stellt durch Untersuchung – in neuerer Zeit mit ganz erheblichem technischen Aufwand an Geräten und Labortests – zunächst fest, um welche Krankheit es sich handelt. Dies nennt man Diagnose. Die einzelnen Krankheiten sind in erster Linie definiert durch die Symptome, die sie begleiten und die in der Regel für den Patienten das auf den ersten Blick sichtbare und schmerzlich spürbare Problem darstellen. In einer falsch verstandenen Umkehrung des Ursache-Wirkungs-Gefüges werden nun in der folgenden Therapie die

Symptome, also die Wirkung, beseitigt, in der vergeblichen Hoffnung, die Ursachen der Krankheit wären damit auch verschwunden.

Dieses Vorgehen ist etwa folgendermaßen. Bekanntlich dehnt sich ein Metallstab aus, wenn man ihn erhitzt. Die Hitze ist die Ursache, das Ausdehnen die Wirkung. Dieses Ausdehnen wäre dann das unangenehme Symptom, das die Krankheit definiert. Um diese "Krankheit" zu heilen, würde man nun das Symptom bekämpfen. Man wird nun also etwas gegen das Ausdehnen tun. Das kann man, wenn man den Stab so einspannt, daß er sich nicht ausdehnen kann. In diesem Beispiel ist für jedermann klar einsichtig, daß damit die Ursache für die "Krankheit", das Erhitzen, nicht behandelt ist. Es wäre viel sinnvoller und effektiver, wenn man diese abgestellt hätte. Wenn man jedoch das Symptom unterdrückt, erreicht man zweierlei:

1. Der Stab wird unter erheblichen Streß gesetzt, denn er wird an seinem natürlichen Verhalten mit Gewalt gehindert. Ob sich dies bei einem Metallstab auf Dauer negativ auf die Belastbarkeit des Metalls auswirkt, vermag ich nicht zu sagen. Das wäre eine interessante Frage an den Physiker. Beim Menschen jedoch ist die Antwort klar: ständiger Streß durch Unterdrückung von Symptomen belastet der Organismus. Wir gehen weiter unten noch darauf ein.

2. Wenn man die Symptome – in unserem Beispiel das Ausdehnen – auf Dauer unterdrücken will, so muß der Gegendruck ständig aufrecht erhalten werden. Der Stab, und in der Medizin der Patient, gerät in die dauernde Abhängigkeit des Physikers bzw. des Arztes. Sobald diese die Behandlung abbrechen, werden die alten Symptome wieder auftreten. Dies gilt für chronische Krankheiten. Akute Krankheiten werden in anderer Form wiederkehren.

Man kann nicht durch Abstellen der Wirkung die Ursachen beseitigen! Da jedoch die Symptome das sind, was den Patienten stört, fühlt er sich geheilt, wenn diese verschwunden sind. Er ist für die häufig rasche Hilfe durch ein Medikament dankbar und wendet sich immer wieder an solche Ärzte, die eine rasche Beschwerdefreiheit erreichen. Krankheiten werden als lästige und unsinnige Störungen im Körpersystem angesehen, die es auszumerzen gilt – je schneller um so besser.

Ein weiteres Charakteristikum der Schulmedizin ist, daß Beschwerden im Körper isoliert gesehen werden – daher ja die Aufteilung der Ärzte in Spezialisten, für jeden Körperteil einen. Zusammenhänge werden nur wenig gesehen. Jeder therapiert vor sich hin. Hauptsache, der Hautausschlag ist beseitigt, wenn dann Probleme bei der Verdauung auftreten, schickt der Hautarzt den Patienten zum Internisten usw.

3. Schulmediziner übersehen in der Regel alle Ursachen, die außer-

halb ihres engen, angelernten Wissens liegen. Zumindest wollen sie diese nicht wahrhaben, oder sie bezeichnen sie als unbedeutend. Sie kommen damit der Bequemlichkeit ihrer Klienten entgegen, die lieber Pillen schlucken oder sich notfalls operieren lassen, bevor Sie ihren Lebensstil von Grund auf verändern. Dem Arzt würde dies auch wenig nutzen, denn diese Menschen würden dann in zunehmendem Maße immer unabhängiger von ihm werden. Zwei Ursachen für Krankheiten möchte ich in diesem Zusammenhang kurz nennen: falsche Ernährung und psychische Faktoren.

Zumindest eine falsche Ernährung als Krankheitsursache sollte akzeptiert werden, denn hier würden wir uns ja noch auf naturwissenschaftlichem Grund bewegen. In Einzelfällen wird dies ja auch getan, wenn der Arzt - eher halbherzig - verlangt, auf dieses oder jenes Lebensmittel, vor allem auf Tee, Kaffee, Nikotin oder Alkohol zu verzichten. Auch verschiedene Diäten für alle möglichen Krankheiten werden angeboten. Sie treten jedoch hinter medikamentöser Behandlung stets weit in den Hintergrund und werden nur notfalls - wenn es gar nicht mehr anders zu gehen scheint - über einen längeren Zeitraum hin durchgehalten - weil man ganz im Einklang mit der Schulmedizin die Notwendigkeit nicht recht einsieht. In der Ausbildung der Mediziner an bundesdeutschen Hochschulen sind Vorlesungen und Seminare über den Zusammenhang von Ernährung und Gesundheit bzw. Krankheit nicht zwingend vorgeschrieben. Die meisten Ärzte haben dementsprechend keine Ahnung davon. Darüberhinaus sind sie nicht gesünder als ihre medizinisch ungebildeten Mitbürger, im Gegenteil! (vgl. dazu MOELLER, 1989).

Die Medizin macht - so tönt es aus den Reihen der Jünger des Äskulapstabes - ständig Fortschritte. Ihre Methoden, eine Diagnose zu erstellen, waren technisch noch niemals so aufwendig und umfassend, die Medikamente noch nie so "wirkungsvoll" wie heute, die Behandlungsmethoden noch nie so wissenschaftlich begründet. Es gibt von Jahr zu Jahr mehr Mediziner, bald wird es pro 300 Einwohner einen Arzt geben. Trotzdem hat die Volksgesundheit nicht zugenommen. Ein Heer von Kranken, Halbkranken, gerade noch leidlich Arbeitsfähigen, nur mit ständiger Medikamentierung Arbeits- bzw. Lebensfähigen bevölkert unsere Lande. Arztpraxen, Krankenhäuser und Sanatorien sind überfüllt, kaum einer, der nicht ein Zipperlein hat, das schon mehrfach erfolglos behandelt wurde.

Die Infektionskrankheiten, die Geißeln vergangener Jahrhunderte, sind erfolgreich bekämpft und viele von ihnen ausgerottet. Dafür leiden wir heute an einer Unzahl anderer Krankheiten wie Herz- und Kreislaufbeschwerden, Arteriosklerose, Allergien und Mykosen, Alzheimer Krankheit, Krebs und Aids. Und die Erfolge der medizinischen Wissenschaft sind alles andere als ermutigend. Gegen Krebs ist nach wie vor – trotz jahrzehntelanger Forschung – kein wirklich wirkungsvolles Mittel gefunden worden. Der Prozentsatz der geheilten Fälle ist mit den heutigen Mitteln nicht höher als vor 40 Jahren!

Ganz im Gegenteil: Hunderttausende von Menschen leiden unter Kunstfehlern der Ärzte und unter Vergiftungen durch Medikamente und deren Nebenwirkungen sowie unter Infektionskrankheiten, die sie sich bei der Behandlung, vor allem in Krankenhäusern, zugezogen haben. Diese sogenannten iatrogenen Krankheiten betreffen zum Beispiel 12% aller in England in Krankenhäuser eingelieferten Patienten (LESTER in CALATIN, 1988, S. 62). Interessanterweise liest man jedoch immer wieder davon, daß während mehrtägiger Ärztestreiks die Sterbefälle zurückgingen – ein Zufall?

Spätestens jetzt – wenn man sich diese Tatsachen vor Augen hält – müßte man erkennen, daß hier etwas ganz gewaltig stinkt! Die Schulmedizin ist offensichtlich vom Ansatz her ungenügend. Dabei will ich nicht die Meriten schmälern, die sich die Medizin zum Beispiel bei der Erforschung der Anatomie und der Systematik der Krankheiten des Menschen erworben hat. Da diese Ergebnisse aber einseitig naturwissenschaftlich sind, ist es höchst fahrlässig, darauf eine Behandlung von lebenden Menschen aufzubauen. Die Naturwissenschaft erhellt von der ganzen Wahrheit nur einen so kleinen Ausschnitt, daß es in höchstem Maße vermessen ist, allein darauf zu bauen. Es ist so, als ob ein Blinder, der von einem Elefanten nur den Schwanz betasten kann, nun meint, genau zu wissen, was für ein Wesen er vor sich hat, wie es aussieht und wie es in allen Einzelheiten funktioniert. STEINER (1989, S.88) hat klar herausgestellt, daß im Menschen auch ganz andere Prozesse ablaufen als im Labor (nähere Angaben im Nachwort und bei HAUSCHKA, 1989, S. 20f und 28ff).

Gewiß kann man zum Beispiel nach einem Unfall einen Schwerverletzten mit Hilfe der Erkenntnisse der Unfall-Chirurgie wieder notdürftig zusammenflicken und ihm so das Leben retten oder einem sterbenskranken Malariafall zum Überleben helfen. Nur: das ist lediglich ein kleiner Teil dessen, was vonnöten wäre. Ich gehe weiter unten noch darauf ein. Warum geben wir uns mit so wenig zufrieden?

Der Mensch ist keine Maschine. Er funktioniert nicht allein nach mechanistischen und biochemischen Gesetzmäßigkeiten. Er hat ein mehr oder weniger entwickeltes Bewußtsein, er hat Gedanken, Gefühle und Stimmungen: Angst, Ehrgeiz, Eifersucht etc. Diese Faktoren steuern ganz entscheidend das Verhalten des Menschen. Hier liegen die Ursachen für eine falsche Ernährung ebenso wie für Unfälle und Anfälligkeiten für Krankheiten. Nicht der Virus allein ist schuld, sondern eher die Empfängnisbereitschaft des Körpers. Diese wiederum hängt primär von seelischen Gegebenheiten ab. Wann endlich wird dies gesehen? Will man Krankheiten wirklich heilen, dann müssen die wirklichen Ursachen gesehen und berücksichtigt werden. Es genügt nicht, aus einem durchlöcherten, sinkenden Boot das eingedrungene Wasser auszuschöpfen, man muß die Löcher zustopfen, besser noch langfristig ein neues Boot bauen! Im menschlichen Organismus wirken Leib, Seele und Geist harmonisch miteinander. Davon hängen Gesundheit und Krankheit ab.

Weiterhin muß man sich darüber im klaren sein, daß Krankheiten nicht nur lästige Störungen sind, daß sie vielmehr wichtige Aufgaben zu erfüllen haben. Sie sind entscheidend am Bewußtheits-Wachstumsprozeß beteiligt. Sie treten immer dann als Warnsignal auf, wenn die kleinen Hinweise, die der Körper gegeben hatte, nicht beachtet wurden (vgl. DETHLEFSEN, 1987). Werden sie abermals ignoriert und die Symptome unterdrückt, wie dies auch bei akuten Erkrankungen getan wird, dann muß der Körper einen anderen Weg finden, um seine Botschaft bekannt werden zu lassen: er wird eine neue, vielleicht andere Krankheit zulassen, so lange, bis die Botschaft angenommen und der Mensch sein Verhalten entsprechend geändert hat.

Darüber hinaus erhellen die Ausführungen von SIMONTON (zit. in CAPRA, 1987 S. 210f) den Komplex Psyche und Krankheit wie folgt. Nach ihm gibt es drei verschiedene, ungesunde Wege, einer Lebenssituation voller Streß zu entkommen: der eine führt zu physischer Krankheit, zum Beispiel zu Krebs oder Herzbeschwerden, der zweite führt zu psychischen (geistigen) Krankheiten, zum Beispiel Schizophrenie, und ein dritter zu sozialen Pathologien – zu Gewalt und rücksichtslosem Verhalten, Verbrechen, Drogenmißbrauch und dergleichen. Letztere bezeichnet er als soziale Krankheiten. Gesellschaftsfeindliches Verhalten ist nach SIMONTON, einem in den USA sehr angesehenem Krebsforscher, Arzt und Heiler, eine typische Reaktion auf Lebenssituationen voller Streß. Wird der Streß nicht beseitigt, so wird die zahlenmäßige Abnahme der Krankheiten durch gleichzeitige Zunahme der Verbrechensrate gewissermaßen aufgehoben. Damit ist aber der Gesundheit der Gesellschaft insgesamt nicht genützt. Wird die Flucht in die physische Krankheit erfolgreich durch medikamentöse Interventionen blockiert, wird sich die betreffende Person ins Verbrechen oder in eine Geisteskrankheit flüchten. Was zum Teufel hat der Mediziner dann geleistet?

Wollen wir gerecht sein, so dürfen wir dem allopathischen Mediziner solche Versäumnisse aber nicht anlasten. Er ist weder dafür ausgebildet, psychische Probleme der Patienten zu erkennen und zu behandeln sowie ihnen einen neuen Lebensstil vorzuschlagen (er hat selbst keinen besseren) noch dafür, verschiedene Krankheiten in einer Gesamtschau zu sehen, zu werten und in ihrer gegenseitigen Abhängigkeit zu entwirren und zu heilen. Da ist es der einfachste Weg, die möglichen Krankheitsfaktoren, die er nicht beherrscht, einfach zu leugnen und lächerlich zu machen. Diese absichtliche Blindheit aber müssen wir den Ärzten vorwerfen! Ist es wirklich zu viel verlangt, daß Menschen einsehen, daß sie mit ihren Ansichten nur einen sehr kleinen Teil der Wirklichkeit erfassen und daß es sinnvoll wäre, sich weiterzubilden, damit der Dienst am Mitmenschen nicht immer nur jämmerliches Stückwerk und einträgliches Geschäft allein bleiben? Ich übersehe dabei nicht, daß es eine wachsende Zahl von bisher allerdings prozentual verschwindend wenigen Ärzten gibt, die dies einsehen und danach handeln.

SIMONTON (bei CAPRA, 1987, S. 209f) schreibt dazu: "Ich glaube, die medikamentöse Therapie wird noch lange Zeit, vielleicht für immer, für den Menschen beibehalten werden, die darauf ansprechen. Je mehr die Gesellschaft sich wandelt, desto weniger Bedarf an medikamentöser Therapie wird jedoch bestehen. Je mehr wir von der Psyche verstehen, desto weniger werden wir von physischer Behandlung abhängig sein, und unter dem Einfluß des kulturellen Wandels wird die Wissenschaft der Medizin viel subtilere Formen entwickeln."

Unseres Erachtens nach kann man das Problem auf einen einfachen Nenner bringen: Je nach Bewußtheitszustand wird der Mensch unterschiedliche Arten von medizinischer Behandlung in Anspruch nehmen: Wer nach dem Motto lebt: "mehr schein als sein" wird zur allopathischen Medizin greifen, die an den Symptomen herumlaboriert und nach außen hin Ordnung schafft. Menschen mit weiter entwickeltem Bewußtsein werden darauf bedacht sein, daß ihre Probleme von der Wurzel her angepackt werden. Sie wollen, daß die Ursachen beseitigt werden, aber nicht deshalb, weil sie die Symptome hassen, sondern, weil sie innerlich und äußerlich wachsen wollen. Wir werden im folgenden zwei medizinische Ansätze dazu vorstellen, die sozusagen Alternativen zum schulmedizinischen, allopathischen Ansatz darstellen: Die Homöopathie und das Konzept der Natural Hygiene.

Die Homöopathie geht zwar auch von den Symptomen aus, betrachtet aber ein viel weiteres Spektrum. Wenn Sie zu einem homöopathischen Arzt kommen, so ist es normal, daß er Sie eine Stunde lang ausfragt. Er notiert nicht nur einige wenige Beschwerden, die Sie zur Zeit haben, er fragt auch nach Ihren Lebensumständen und nach allen nur möglichen Körperreaktionen und Zuständen, nach Vorlieben und Träumen und nach Ihrer ganzen Krankengeschichte. Er macht sich daraus ein Bild des gesamten Menschen, er versucht, diesen so vollständig wie möglich zu erfassen. Der nächste Schritt besteht dann darin, daß er in seinem Gedächtnis und in diversen großen Wälzern eines oder mehrere Medikamente heraussucht, die nach der jahrhundertelangen Erfahrung der Homöopathie seit ihrem Begründer HAHNEMANN die gleichen Symptome bei einem Gesunden erzeugen würden, die der Patient gerade hat. Dieses Medikament verstärkt dann kurzzeitig die Symptome und unterstützt damit den Körper das zu tun, was er gerne durchgeführt hätte. Damit wird die Heilung von Grund auf eingeleitet und schließlich nach gewisser Zeit vollständig beendet. Nichts wird unterdrückt oder beseitigt, nichts behindert, was herauskommen will und soll.

Akute Krankheiten sind auf diese Weise ebenso schnell kuriert wie auf allopathischem Wege, mit dem Unterschied, daß die Ursache erfaßt wurde. Was die Ursache ist, werden wir weiter unten sehen. Handelt es sich um chronische, verschleppte Krankheiten, so dauert die Behandlung auch bei der Homöopathie natürlich länger: sie erstreckt sich im Durchschnittsfall so viele Monate hin, wie der Krankheitsbeginn um Jahre zurückliegt. Um eine völlige Grundausheilung aller Beschwerden zu erreichen, die zum Teil auf Überresten von längst ausgestanden geglaubten alten Krankheiten und bestimmten falschen Lebensgewohnheiten beruhen, geht der Homöopath Schritt für Schritt Ihre gesamte Krankheits- und Lebensgeschichte rückwärts bis hin zu Ihrer Geburt mit Ihnen durch. Im Laufe der Monate gibt er Ihnen verschiedene Mittel, bis er schließlich alle alten Überreste und Gifte, die Traumata alter Schocks, Verletzungen, Medikamentenreste, eingekapselte Erreger oder deren Stoffwechselprodukte usw. beseitigt hat. Langsam entsteht so ein von Grund auf neuer, gesunder Mensch.

Der Deckel wird sozusagen vom Topf genommen und alles, was nicht in den Topf gehört, wird herausgelassen, auch wenn es noch so scheußlich aussieht und stinkt und mit vorübergehenden Entgiftungs-Beschwerden verbunden ist. Der Deckel braucht dann nicht ständig mit aller Gewalt festgehalten zu werden, damit ja niemand sieht, was für einen Unrat man ständig mit sich herumträgt. Was für eine Energieersparnis! Welch eine Erleichterung! Im Gegensatz dazu stehen die armen Patienten, an denen immer nur das Zischen des aus dem unter Druck stehenden und mit festgeschraubtem Deckel versehenen Topfes zu beseitigen versucht wird. Ein Pflaster nach dem anderen wird auf das Leck geklebt, immer wieder bricht der Dampf, brechen die Symptome durch. Im Inneren brodeln die Gifte, und alles steht unter Druck und Spannung. Wie ist da ein entspanntes Leben möglich?

Damit sind wir bereits beim Ansatz der Natural Hygiene angelangt: Sie geht davon aus, daß die Krankheiten in den meisten Fällen als Ursachen falsche Lebensgewohnheiten haben. Darunter spielt eine falsche Ernährung die Hauptrolle, wie vor allem in den Kapiteln 14 und 15 gezeigt wird. Durch die landesübliche Ernährung mit den vielen Fertigprodukten, der gegarten Nahrung und der falschen Auswahl der Nahrungsmittel und unmöglichen Kombination derselben in den einzelnen Mahlzeiten werden dem Körper derart viele Substanzen zugeführt, die er nicht verwerten kann, und außerdem bleiben beim Stoffwechsel so viele unbrauchbare Produkte übrig, daß die Ausscheidungsorgane nicht Schritt halten können. Die Folge ist eine schleichende Vergiftung des Organismus. Man nennt dies Verschleimung und Verschlackung, bzw. Toxämie (SHELTON, 1989, S. 201). Wenn ein gewisses Niveau erreicht ist, wird es dem Körper zu viel. Er ruft eine Krise hervor, die es ihm ermöglicht, in einer großen Kraftanstrengung auf einmal größere Mengen dieser Gifte loszuwerden. Dies erreicht er dadurch, daß er die Körpertemperatur erhöht und Appetitlosigkeit hervorruft. Er will dem Menschen signalisieren, daß er sich zur Ruhe begeben und fasten sollte, damit der Körper alle Energie zur Ausscheidung verwenden kann.

Um dies zu erreichen, ruft der Körper häufig Bakterien, Viren etc. zu Hilfe, die ja in großer Zahl immer zugegen sind bzw. zeitlich begrenzt auch gehäuft auftreten. Sie wirken dann, wenn sie im Körper eines Menschen den richtigen Nährboden auffinden, wie BECHAMP seinerzeit bereits richtig erkannte. Es ist also nicht so, wie sein Gegenspieler PASTEUR bis kurz vor seinem Tode glaubte, daß die Mikroben die alleinigen Bösewichter, die Krankheitsursache sind. Der Körper braucht Entgiftung und ruft sich den Krankheitserreger dazu zur Hilfe. PASTEUR hat dies am Lebensende selbst erkannt. Der andere Ansatz ist aber der bequemere: Wenn man den vermeintlichen Krankheitserreger bekämpft, dann wird die Entgiftungskrise schneller beendet, wenn auch mit geringerem Erfolg. Der Deckel auf dem Dampftopf wird schnell fester verschraubt und verklebt, und der Spuk ist vorbei. Der Druck im Topf ist allerdings noch da und wird sich über kurz oder lang den einen oder anderen Weg suchen, wieder auszubrechen, um die Gifte mit sich zu reißen.

Natürlich gibt es auch Krankheiten, bei denen die Symptome den Kampf des Körpers gegen den eingedrungenen Krankheitserreger darstellen und eine Entsorgung von zuvor angehäuften Giften nicht das Hauptanliegen ist. Aber auch in diesen Fällen wäre es falsch, die Symptome zu bekämpfen. Der richtige Weg wäre es, das Immunsystem zu stärken und den Körper bei seinem Heilungsbemühen zu unterstützen. Er ist nach einer solchen selbst überstandenen Attacke dann immun gegen den Erreger, was bei einer Behandlung zum Beispiel mit Antibiotika in der Regel nicht der Fall ist. Daß Erreger nicht immer nur zu Reinigungsaktionen gerufen werden, sondern daß sie auch unerwünscht einfallen können, zeigen die vielen Eingeborenenstämme in allen Klimaten der Erde, die wie die Fliegen dahinstarben, als sie mit unseren Zivilisationskrankheiten und unserer Kost in Verbindung kamen, obwohl sie bis dato kerngesund gewesen waren. Man kann wohl kaum davon ausgehen, daß der Körper sich einen Schnupfenvirus holt, um daran sterben zu können.

Die Medikamente, welche die allopathische Medizin verabreicht, sind zudem fast alle starke Gifte. Nur die Tatsache, daß sie in relativ geringen Dosen von wenigen Milligramm bis Gramm gegeben werden, verschleiert diese Tatsache – allerdings nur mühsam. Jedes Kind weiß heutzutage von den extrem gefährlichen Nebenwirkungen, die sehr viele Medikamente haben. Viele Medikamente sind zudem gefährliche Räuber von lebenswichtigen Stoffen wie Mineralien und Vitaminen (vgl. die Tabelle im Anhang). Und vor allem: Der Körper will entgiften. Anstatt dies zu unterstützen, werden dem Körper noch zusätzlich Stoffe eingetrichtert, die ihm fremd sind und die er selbstverständlich schleunigst abbauen und wieder ausscheiden will. Die fahrlässig überlastete Ausscheidungskapazität ist aber das Grundübel. Dieses wird durch die Medikamente noch verstärkt. Die "Wirksamkeit" der Medizin besteht im wesentlichen aus dem Bemühen des Körpers, das eingetrichterte Medikamentengift wieder loszuwerden. Ob es sich dabei um Medikamente aus der chemischen Industrie oder aus Pflanzen handelt, macht in der Regel keinen wesentlichen Unterschied.

Wie aber sind denn dann die Medikamente der Homöopathie beschaffen? Belasten diese nicht? Wirken sie grundsätzlich anders? Dazu muß man wissen, daß die Homöopathie mit sogenannten potenzierten Medikamenten arbeitet. Das bedeutet, daß der Stoff, von dem man weiß, daß er die gleichen Symptome beim Gesunden hervorrufen würde, mit Alkohol oder Milchzucker unter Schütteln oder Reiben im Mörser nach bestimmten Regeln verdünnt wird. Dies wird zum Teil derart häufig gemacht, daß zum Schluß rein naturwissenschaftlich der verdünnte Stoff gar nicht mehr nachgewiesen werden kann. Zudem werden immer nur wenige Tropfen von dieser Verdünnung eingenommen. Rein substanziell fällt für die Ausscheidungsorgane des Körpers also fast nichts an, was sie bewältigen müßten. Die stark verdünnten Substanzen werden durch den Verdünnungsvorgang aber in ihrer Wirkung potenziert, das heißt erheblich verstärkt – ein Vorgang, der wissenschaftlich zur Zeit noch nicht erklärbar ist. Das potente Wirkmuster der Ausgangssubstanz wird in Form von Schwingungen, in Form von Energie auf das Lösungsmittel übertragen und kommt so zur Wirkung.

Die homöopathische Medizin unterstützt also ohne weitere Belastung mit auszuscheidenden Substanzen das Bemühen des Körpers zur

Selbstreinigung. Die Krankheiten, die jede Art von Medizin zu heilen bemüht ist, beruhen meist auf einer Vergiftung des Körpers. Die Natural Hygiene ist der Ansicht, daß in den meisten Fällen der Körper selbst genügend Kraft und Weisheit hat, diesen Entgiftungsvorgang alleine durchzuführen, wenn man ihn nur läßt und nicht noch zusätzlich durch allopathische Medikamente vergiftet. Selbstverständlich schließt dieser Ansatz unmittelbar lebensbedrohende Situationen aus, wenn der Körper durch jahre- oder jahrzehntelange unzweckmäßige Behandlung und falsche Lebens- und Ernährungsweise so extrem geschädigt ist, daß er nicht mehr genügend Lebenskraft besitzt, sich alleine zu helfen. Wenn es nur noch ums nackte Überleben geht, wenn die Krankheitserreger sozusagen nicht mehr als unterstützende Helfer fungieren, sondern selbst regieren, dann ist Symptombehandlung, dann ist ein Kampf gegen diese Erreger sinnvoll und angezeigt. Allerdings sollte man es wirklich nicht versäumen, nach einem Wiedererstarken eine Grundreinigung des Körpers durchzuführen, damit es nicht mehr so weit kommen kann. Auf dem Gebiet der Unfallchirurgie und der Notfallmedizin hat die Schulmedizin also durchaus ihren Platz und ihre unbezweifelbaren Verdienste.

Wie gesund sind wir wirklich? Die meisten von uns sind nicht wirklich gesund, auch wenn sie arbeitsfähig sind. Gesund sein bedeutet, daß alles im Körper optimal arbeitet, daß nirgendwo sich Unrat anhäuft und die Funktion behindert. Die meisten Menschen vergiften sich jedoch langsam aber sicher mit Messer und Gabel. Die Symptome sind anfangs schwach und erträglich und nehmen sukzessive zu, manche auch ab, weil die Nerven unsensibler werden. Der Körper verschleimt und verschlackt aber immer mehr und wird dadurch Schritt für Schritt funktionsuntüchtiger. Medikamente der allopathischen Medizin liefern hier keine wirkliche Hilfe mehr. Nur eine Grundreinigung, eventuell unterstützt durch homöopathische Mittel, kann ehrliche, dauerhafe Abhilfe schaffen. Nur eine optimale Lebensweise führt zu optimaler Gesundheit – das ist ebenso banal wie wahr. Ein Weg dahin führt über die jeweils nach Person und Situation individuelle, harmonische Ernährung, die jeder für sich selbst durch Experimente herausfinden kann. Dazu will dieses Buch Anregungen geben.

11
Der Ernährungs-Wirrwar: Sind alle Konzepte gleich erfolgreich?

Zahlreiche Ernährungskonzepte stehen zur Wahl. Wir können hier nur einige nennen (vgl. dazu auch GOETZ, 1988):

- die landesübliche, herkömliche Ernährung: die gutbürgerliche Kost unter Verwendung einschlägiger Industrieprodukte
- der Vegetarismus (BIRCHER-BENNER, WAERLAND)
- die Vollwert-Ernährung (KOLLATH, BRUKER, KOERBER et al.)
- die Mazdaznan-Ernährungslehre (AMMANN)
- die Rohkost-Bewegung (SCHNITZER, BIRCHER-BENNER, SOMMER)
- die Makrobiotik (OHSAWA, KUSHI, AIHARA)
- die anthroposophische Ernährungslehre (STEINER, HAUSCHKA, SCHMIDT)
- die Trennkost (HAY, WALB)
- die Ayurvedische Ernährungslehre (JOHARI)
- die chinesische Ernährungslehre (FISCH, FRIEBEL-RÖHRING)
- die kohlenhydratarme Ernährung (LUTZ, ATKINS, CARISE)
- die Ernährungslehre der "Natural Hygiene" (Natürliche Lebenskunde), (SHELTON, DIAMOND, FRY, EHRET, WANDMAKER)
- die Instinktotherapie nach BURGER und in abgewandelter Form nach PEITER

Darüber hinaus gibt es eine Flut von Diäten zum Abnehmen. Auch hier können wir nur einige nennen:

F. d. H. (friß die Hälfte), Proteindiäten mit Eiern oder Fleisch, Rohkostdiäten, Hoolywood Star Diät, Weight-Watchers-Diät, Kalorienzählen, Diäten, die mit chemischen Präparaten arbeiten, Saftfasten, Kartoffeldiät.

Alle diese Diäten widersprechen sich in Teilen oder sogar insgesamt.

Trotzdem versprechen sie alle Erfolg; und sie haben ihn auch! Alle berichten glaubhaft von Fällen, in denen mit den postulierten Methoden Krankheiten geheilt, Gesundheit und Energie erhalten bzw. gewonnen oder mit denen das Gewicht wesentlich reduziert wurde. Die Frage ist nur: sind diese Ergebnisse repräsentativ, das heißt kann jeder, der die Methode anwendet, tatsächlich mit Erfolg rechnen, wie suggeriert wird? Bleiben die Erfolge erhalten oder stellen sie sich nur vorübergehend ein? Eignen sich die Ernährungsweisen für eine Dauerverwendung, oder sind sie nur kurzfristige Abspeckungsmethoden, die man nicht lange durchhalten kann und darf? Was soll man danach tun? Sind die angegebenen Ernährungsrichtungen vielleicht nur für bestimmte Bevölkerungsgruppen geeignet, und erklären sich die Widersprüche daraus? Sind diese Methoden überhaupt praktisch durchführbar, oder verhindert dies das Lebensmittelangebot? Muß man nicht eine eiserne Natur sein, um manche der Regeln überhaupt auf Dauer durchhalten zu können bzw. um diese Regeln überhaupt überleben zu können? Ist nicht so manches reichlich weit hergeholt?

Sind die zitierten Erfolge wirklich der postulierten positiven Wirkung der Diät zuzuschreiben oder trat die (meist nur vorübergehende) Verbesserung der Gesundheit oder des Gewichtes nicht allein deshalb ein, weil der Anwender überhaupt etwas unternommen hat, weil er sich endlich aufgerafft hat, etwas für sich selbst zu tun? Oder ist der postulierte Erfolg nicht nur eine auf lange Zeit hin betrachtete schädliche Nebenwirkung, von deren Existenz der Erfinder des Präparates gar nichts ahnt oder die er absichtlich verschweigt?

Fragen über Fragen – der Wirrwar ist vollständig. Dazu kommt noch die zunehmende Menge an Fremdstoffen und Umweltgiften in der Nahrung, und schließlich sitzt der Verbraucher völlig im dunkeln. Er weiß überhaupt nicht mehr, was er nun noch essen soll oder kann. Wie werden wir Herr der Lage?

Um Klarheit zu schaffen, wollen wir die genannten Ernährungs- und Diätrezepte in drei Gruppen einteilen:

1. die herkömmliche bürgerliche Küche ohne und mit den Industrieprodukten,

2. diejenigen Ernährungslehren, die auf eine Dauerverwendung angelegt sind. Es sind die folgenden 12 Konzepte, sowie die ersten sechs der Diäten, die sich an Übergewichtige wenden.

3. die drei letzten der Abspeck-Diäten. Von dieser Art gibt es sehr viele, und auch die anderen Diäten zum Abnehmen werden – obwohl zum Teil theoretisch für Dauerverwendung geeignet – meist nur kurzfristig angewandt, weil sie zu schwer durchzuhalten sind.

Nun können wir die Grundfragen für diese drei Gruppen klären. Die herkömmliche Küche schneidet bei einer näheren Begutachtung gar nicht so schlecht ab, wenn man folgende Dinge beachtet, die noch vor hundert Jahren durchweg gegeben waren:

1. Die Lebensmittel waren damals noch alle aus biologischem Anbau und kaum umweltbelastet.

2. Fleisch, Fisch, Eier und Milchprodukte nahmen einen verhältnismäßig geringen Anteil an der Gesamtmenge der Nahrungsmittel ein. Viele Menschen aßen außerdem aus finanziellen Gründen generell weniger als heute.

3. Man aß überwiegend Vollkornprodukte und nur sehr wenig Zucker.

Probleme traten damals vor allem auf, wenn zu viel und zu fett gegessen wurde und weil Gemüse zu lange gekocht und zu wenig frischer Salat und Obst auf den Tisch kamen. Auch Geräuchertes und Gepökeltes sind sehr ungesund. Würde man heutzutage einer solchen Ernährung folgen und dabei nicht zu viel und zu fett essen, dann könnte man relativ gute Ergebnisse erzielen. Menschen, die heutzutage die gutbürgerliche Kost zu sich nehmen, folgen jedoch in der Regel nicht der Forderung, mäßig und nur wenig Fett zu essen. Ganz im Gegenteil. Sie essen (unbewußt) viel zu viel und vor allem zu fett, zu viel Zucker (in allen möglichen Formen), zu viel Salz, große Mengen an Weißmehlprodukten, viel zu viel tierische Produkte und damit auch zu viel Protein, generell minderwertige, schadstoff- und zusatzstoffbelastete Nahrungsmittel, zu wenig frisches Obst, Salat und Gemüse. Das Gemüse wird nach wie vor nicht schonend zubereitet. Falsche Lebensmittelkombinationen richten großen Schaden an (vgl. Kap. 16).

Diese extrem minderwertige Ernährung ist der typische Ausdruck unserer Zeit: Der Mensch stopft sich unbewußt voll und bevorzugt moderne Industrie-Produkte, die schnell fertig sind: etwa 75% der bundesdeutschen Nahrung sind heute Fertigprodukte und damit weit entfernt von gesunden, naturnahen Lebensmitteln. Diese sterilisierten, pasteurisierten, homogenisierten, vorgekochten, extrahierten, stabilisierten, gefriergetrockneten, konservierten, gebleichten, geschönten, angereicherten und völlig denaturierten Kunstprodukte sind arm an verwertbaren Mineralstoffen, an Vitaminen, Enzymen und anderen Vitalstoffen, reich an Salz, Zucker und chemischen Zusatzstoffen, dafür aber bestens verpackt. Viel Fassade und nichts dahinter. Lassen Sie es mich ganz deutlich zusammenfassen: Wenn Sie diese Nahrungsmittel essen, geben Sie Ihr sauer verdientes Geld zu völlig unnötig hohen Preisen für Produkte aus, die Sie im Laufe der Jahre abstumpfen und krank machen. Sie finanzieren Ihre eigenen Gebrechen und schließlich nach einem mehr oder weniger langen Siechtum Ihren eigenen Tod. Ich übertreibe nicht! Die Zusammenhänge zwischen dieser Art von Nahrung und mangelnder Gesundheit sind heute jedem klar, der sich damit beschäftigt. Nur: die meisten getrauen sich nicht, das auch ganz klipp und klar auszusprechen. Zu stark sind die finanziellen Verstrickungen von Ärzteschaft, Politik und Industrie!

Verstehen Sie mich bitte nicht falsch: man kann mit dieser Ernährung überleben, man kann damit relativ alt werden, wenn man eine starke Konstitution, wenn man gute Erbanlagen hat. Das Problem ist nur, daß man langsam, langsam schleichend immer kränker wird. Mit der zunehmenden Verschlackung und Verkalkung stumpfen die Nerven ab. Die Sensitivität, das Empfinden für die schönen Dinge des Lebens nehmen immer mehr ab, die Bewußtheit sinkt schließlich unter menschenwürdiges Niveau. Hunderttausende dämmern in unseren Altersheimen unmenschlich dahin – eine Belastung für sich selbst, das Pflegepersonal, die Angehörigen und nicht zuletzt die öffentliche Gesundheitspflege, welche die steigenden Kosten durch die vielen alten Kranken und die vielen nur notdürftig Symptom-Reparierten statt von Grund auf Geheilten nicht mehr zahlen kann. Den psychisch Kranken wird schon seit langem keine angemessene Behandlung mehr zuteil. Diese armen Menschen haben keine Lobby!

Radikalinskis muß ich zu bedenken geben, daß für die Mehrzahl der Bevölkerung diese Art von Fehlernährung zur Zeit noch als erstrebenswert gilt: sie hat den höchsten Prestigewert (Fleisch!) und ist modern und zeitgemäß (Fertigprodukte). Je mehr man von dieser Ernährung überzeugt ist, wenn man also kein schlechtes Gewissen dabei hat, und je mehr man sich bei der Gesamtmenge der Nahrung im Zaum halten kann, um so später werden sich die Krankheitssymptome einstellen – abgesehen von anderen Lebens- und Anlagefaktoren. Diese Ernährung paßt einfach zu Menschen, die ein unbewußtes Leben führen und die damit auch zufrieden sind. Veränderungen würden unnötig Unruhe in ihr Leben bringen. Sie lassen sich gerne sagen, wo's langgeht, und Regierung und Industrie erfüllen diesen Wunsch. Auch diese Art von Ernährung ist ein Weg, eine bestimmte Lektion in diesem Leben zu lernen. Die landesübliche Ernährung mit dem hohen Anteil an tierischen Produkten und an denaturierter Kochnahrung senkt den menschlichen Körper optimal auf die niedrige Schwingungsebene der Materie. Dort aber haben viele Menschen eine ganze Menge zu erfahren. Es wäre für diese Menschen falsch, wenn sie sich auf eine Obst-Gemüse-Rohkost umstellen müßten. Sie könnten dann ihre für dieses Leben geplante Lektion nicht erfassen. Denken Sie zum Beispiel an einen Zwei-Zentner-Bayern mit Schmerbauch und Gamsbart im Biergarten vor der dritten Maß. Wenn

Sie diesem Menschen sein Bier und seinen Schweinsbraten wegnehmen und durch Obst und Gemüse ersetzen, er wüßte überhaupt nicht, wohin mit der Energie und was tun in der Freizeit. Er würde sein Selbstwertgefühl ebenso ersatzlos verlieren wie seinen Freundeskreis. Eine solche Umstellung reicht ganz eindeutig über seinen Horizont – geistig und physisch.

Die zweite Gruppe von Ernährungslehren und Diätvorschriften hat aus den Fehlern der landesüblichen Ernährung gelernt und schlägt mehr oder weniger radikale Änderungen vor.

Am wenigsten radikal sind die Kalorienzähl- und F. d. H.-Methode (Friß die Hälfte). Zu ihnen gehören auch die Weight-Watchers. Diese Methoden laufen darauf hinaus, daß man weniger ißt und deshalb dann abnimmt oder sich generell wohler fühlt, weil der Körper nicht so viel Energie zur Verdauung verbraucht und auch mit weniger Schadstoffen belastet wird. Diese Methoden funktionieren in der Theorie. Sie funktionieren aber vor allem dann, wenn man weniger essen muß, etwa weil es nicht mehr gibt oder weil man einfach aus Krankheitsgründen nicht mehr essen kann. Anders sieht die Sache aus, wenn man freiwillig weniger essen will, etwa weil man sich eingeredet hat, daß das nun nötig sei oder daß andere dies vorgeschlagen haben.

Kritik setzt hier an zwei Punkten an. Einmal ist da die psychische Seite: Es gibt nur verschwindend wenig Menschen, die freiwillig in der Lage sind, in kurzer Zeit ihre Ernährung mengenmäßig zu halbieren oder doch stark einzuschränken. Dies läuft auf einen permanenten Krieg gegen sich selbst hinaus. Die Weight-Watchers (Gewichts-Beobachter) sprechen ganz offen davon, daß der Mensch Macht über sich selbst und sein Essen erringen müsse. Es ist ein aussichtsloser Kampf mit permanenten Rückschlägen, Fehltritten, schlechtem Gewissen, Selbstverachtung, Schuldgefühlen. Essen ist für diese Leute keine Freude, sondern lediglich Nahrungsaufnahme. Die sehr wesentliche emotionale Befriedigung, die das Essen verschaffen kann, wird völlig geleugnet. Man spricht von triebhafter Überernährung, von Unwissenheit, Selbstsucht und Gier nach raschem Genuß. Auf Willensschwäche und widerwärtige Gier lauten die Selbstanklagen. Das bedeutet, daß die Methode, durch substanzielle Reduktion der Menge der aufgenommenen Nahrung sein Gewicht zu reduzieren, in der Praxis nicht funktioniert. Erstens kann es keiner konsequent genug durchhalten, und zweitens hat Übergewicht auch wesentlich andere Ursachen als überreichliches Essen. Für viele Leute ist ein fülliger Körperbau ein Schutzpanzer. Er sorgt dafür, daß andere Menschen nicht zu nahe treten können, daß man nicht so leicht verletzt wird – zumindest scheint es dem Übergewichtigen so. So lange, wie die dem zugrunde liegende Angst nicht verringert ist, wird auch das Übergewicht nicht zurückgehen. Andere Menschen benötigen einen massigen, schweren Körper, um genug geerdet, mit der Materie verbunden zu sein.

Der folgende Kritikpunkt gilt auch für diejenigen, die sich durch weniger Nahrung nur ein wenig fitter halten wollen. Kalorienzählen ist heute so weit verbreitet, daß es schon fast automatisch mit Ernährung und vor allem Übergewicht in Verbindung gebracht wird. Kalorienzählen ist jedoch genau betrachtet Unsinn, wie im folgenden dargestellt wird.

1. Verschiedene Nahrungsbestandteile benötigen unterschiedlich viel Energie zur Verdauung. Deshalb kann nicht davon ausgegangen werden, daß die angegebene Kalorienmenge (die Energie) dem Körper auch zur Verfügung steht. Nur die Kohlehydrate stellen ihre Kalorien dem Körper weitestgehend zur Verfügung. Fett benötigt einen längeren und weniger wirkungsvollen Verdauungsvorgang. Fette werden erst dann in Brennstoff umgewandelt, wenn die Kohlehydratreserven im Körper aufgezehrt sind. Proteine schließlich stellen dem Körper gar keine Energie zur Verfügung. Sie verbrauchen sie. Protein wird vom Körper nur im Notfall zur Energieversorgung herangezogen, wenn nicht genügend Kohlehydrate oder Fette gegessen werden. Trotzdem werden in Nährwert-Tabellen für alle drei Hauptnährstoffe Kalorienwerte angegeben, die nach denselben physikalischen Methoden gewonnen wurden und das hier Gesagte nicht berücksichtigen (vgl. BÄßLER et al., 1987, S. 37 - 40). Aus Früchten bekommen wir 90% Energie, bei nur 10% Verdauungsverlust, aus Gemüse 70% Energie bei 30% Verlust, aus Fleisch erhalten wir aber nur 30% Energie bei 70 % Verlust (WANDMAKER, 1988, S. 7)! Diese Energie aus Fleisch stammt entweder aus darin enthaltenem Fett, oder sie ist nur rein theoretisch verfügbar, weil ja – wie erwähnt – bei der generell kalorienreichen Ernährung zum Beispiel der Europäer Proteine nicht zur Energieversorgung herangezogen werden (vgl. Kap. 16).

2. Die menschliche Nahrung dient nur zum Teil der Zufuhr von Energie (gemessen in Kalorien oder Joule). Mindestens ebenso wichtig sind Vitamine, Enzyme und andere Vitalstoffe, Mineralstoffe, Wasser- und Ballaststoff-Gehalt der Nahrungsmittel sowie allgemein Reinheit von Fremdstoffen aller Art. Ebenso wird von vielen Ernährungsfachleuten davon gesprochen, daß Naturnähe, Frische, schonende Zubereitung sowie die richtige Zusammenstellung der Nahrung innerhalb der Mahlzeiten wie auch innerhalb längerer Zeiträume, zum Beispiel im Tages- wie auch im Jahresverlauf sehr wesentliche Kriterien sind. Wenn diese alle berücksichtigt werden, wird das Kalorienzählen eine Farce. Ob der Körper bei psychischer innerer Bereitschaft mit Abnehmen oder Leistungsfähiger-Werden reagiert oder nicht, hängt dann nicht von der Menge der zugeführten Kalorien ab, sondern wird gesteuert von der hohen Qualität der Lebensmittel, die den Körper entlasten und unterstützen. Eine Nahrung

ohne Vitalstoffe wird ohne Rücksicht auf die Kalorien immer belasten und zu Mangelerscheinungen führen. Nicht weniger essen hilft weiter, nur qualitativ höherwertiger und bewußter speisen. Die Rechenkunststückchen der Kalorienzähler und Weight-Watchers kann man getrost vergessen. Aber Sie können das ja selbst ausprobieren...Es gibt ja heute sehr hilfreiche Taschenrechner und viele schöne Tabellen....

Als nächstes wollen wir die Gruppe der oben genannten Ernährungs-Konzepte betrachten, die vom Vegetarismus bis hin zu den kohlehydratfreien Richtungen reichen. Die Widersprüche, denen man hier begegnet, sind besonders kraß: Die einen sind gegen Fleisch und für Körner, die anderen gegen Kohlenhydrate und für eine überwiegende Protein-Fleischnahrung. Die einen sind gegen Körner und für Obst, Salat und Gemüse, die anderen bauen ihre Ernährung hauptsächlich auf Getreide auf. Die einen plädieren ausschließlich für Rohkost, die anderen sind für überwiegend gekochtes Essen, usw.

Da ich nicht beabsichtige, Sie zu bevormunden, sondern Ihnen lediglich Vorschläge für eigene Experimente geben möchte, die Sie dann selbst überzeugen oder nicht, verzichte ich darauf, alle Argumente der einzelnen Autoren gegeneinander aufzulisten. Ich bringe nur diejenigen, die Sie anstacheln könnten, selbst die Initiative zu ergreifen und herauszufinden, was für Sie persönlich in Ihrer jeweiligen Lebenssituation paßt. Viele dieser Argumente sind zudem so fadenscheinig, unsachlich oder antiquiert-moralisierend, daß man damit die Autoren eher blamieren als ihrer Ernährungsrichtung zum Durchbruch verhelfen würde. Da wird munter mit dem sogenannten gesunden Menschenverstand argumentiert, aber natürlich nur, wenn es in den Kram paßt. Keiner fragt, was sich dahinter verbirgt, wie gesund dieser Verstand eigentlich ist (vgl. Kap. 5). Da wird der Mensch mit seinen Eßgewohnheiten und Bedürfnissen mit Versuchstieren verglichen, an anderer Stelle wird erklärt, daß man durch Tierversuche nichts beweisen könne und daß diese Tierquälerei endlich abgeschafft werden müsse. Versuchsergebnisse werden meist nur dann verwendet, wenn sie zum eigenen Standpunkt passen. Ebenso argumentiert man mit den Erkenntnissen der Ernährungswissenschaften oder mit sogenannten plausiblen Annahmen, die immer dann auftauchen, wenn Lücken in der Argumentationskette auftreten.

Viel gearbeitet wird mit der Entwicklungsgeschichte des Menschen: was war seine natürliche Nahrung vor so und so vielen Jahrtausenden etc.? Alle, ich betone, alle Richtungen beweisen ihre Ablehnung oder Befürwortung bestimmter Lebensmittel wie Fleisch, Obst, Körner, Rohkost oder gekochtes Essen mit dieser Entwicklungsgeschichte. Die einen behaupten, der Mensch hätte in prähistorischer Zeit vorwiegend von Fleisch gelebt (z. B. LUTZ, 1987). Die nächsten (z. B. die Vertreter der Natural Hygiene) sagen, daß die Anthropologen nachgewiesen hätten, daß Obst die Hauptnahrung gewesen sei. Die Makrobioten wiederum behaupten, daß der Mensch immer schon wilde Gräser gegessen habe, weshalb sie jetzt dem Getreide die dominante Rolle in der Ernährung einräumen (KUSHI, 1987, S. 62).

Möglich wird dies, weil Unsicherheiten über den Verlauf der Entwicklung der Essensgewohnheiten des Menschen bestehen. Unsicher ist auch die Verquickung bestimmter Krankheiten oder der allgemeinen Lebenserwartung mit bestimmten Ernährungsgewohnheiten innerhalb der Geschichte. Auch damit wird munter operiert, jeder dreht und wendet die wenigen unsicheren Fakten so, daß seine Richtung unterstützt wird. Ich will hier nicht weiter ins Detail gehen und Beispiele vorführen. Entscheidend für die Wahl eines bestimmten Lebensmittels für die Ernährung hier und jetzt ist nicht die in jedem Falle unsichere Behauptung, unsere Urur̀vorfahren hätten schon so gelebt – die sind lange tot. Es kommt doch darauf an, was uns individuell bekommt und auf Dauer gesund erhält. Und das kann man herausbekommen, indem man selbst experimentiert und sich als Experimentiervorschläge die Erfahrung von Zeitgenossen zunutze macht. Unsere Vorfahren hatten wahrscheinlich ganz andere Bedürfnisse als wir, sie lebten in einer anderen Umwelt und waren auf einem ganz anderen Bewußtheitsstand.

In den folgenden Kapiteln über verschiedene Lebensmittel bzw. -Bestandteile werde ich auf die Verträglichkeit und Nützlichkeit der Speisen genau hinweisen. Dort finden sich dann auch Argumente. Letzter Maßstab muß aber immer Ihr eigenes Empfinden sein. Ihre Experimente entscheiden darüber, was Sie essen. Meine Ausführungen sind immer nur als Vorschläge gedacht. Daß ich Sie dabei auch provozieren werde und Ihnen auch nicht verschweige, was passieren kann, wenn Sie dies oder jenes essen oder meiden, dürfen Sie mir nicht übel nehmen. Schließlich möchte ich Sie aufrütteln und zu Taten herausfordern.

Jede Theorie klingt für sich allein betrachtet so überzeugend und hat laut der Angaben schon so viele Erfolge gezeitigt. Wie ist das nur möglich? Vielleicht dämmert es Ihnen inzwischen selbst: Wie wäre es, wenn die Erfolge nicht direkt mit der angewandten Methode zusammenhingen, sondern vielmehr damit, daß:

1. bei den (nur bei Erfolg) dokumentierten Fällen diese Art von Ernährung eher das darstellte, was in der jeweiligen Lebenssituation gerade das Richtige war? Zu einer anderen Zeit und bei anderen Menschen wäre der Erfolg ausgeblieben.

2. Der Erfolg stellte sich ein, weil die genannten Menschen zum gegebenen Zeitpunkt innerlich bereit dazu waren, d. h. er wäre sowieso ein-

getreten.

3. Die Methode war wirkungsvoll, weil die Leute zum Zeitpunkt der Ernährungsumstellung auch innerlich bereit waren, ihr Leben zu ändern, mehr Verantwortung für sich selbst zu übernehmen. Eine Reihe anderer Methoden hätte dann zum gleichen Ergebnis geführt.

4. Manche Methoden – und das gilt vor allem auch für diejenigen der oben angeführten dritten Gruppe der Abspeck-Diäten – sind deshalb wirkungsvoll, weil sie durch ihre Radikalität (plötzlich nur Rohes, nur Fleisch, nur Kartoffeln, nur Zitrusfrüchte etc.) den Verdauungsapparat dermaßen durcheinanderbringen, daß dieser auf Durchzug stellt. Es wird kaum etwas richtig verdaut und aufgenommen, man lebt von der Substanz und nimmt dann natürlich zwangsweise ab. Diese Methoden können gesundheitliche Schäden hinterlassen, und vor allem ist ihre Wirksamkeit zeitlich stark beschränkt: man kann sie nicht auf Dauer durchführen, fällt dann wieder in alte Gewohnheiten zurück, die Krankheitssymptome stellen sich wieder ein, und das Gewicht steigt wieder an, in der Regel über den vorherigen Höchststand. Dieser Schaukel-Effekt von Ab- und Zunehmen wird in den USA inzwischen schon zur Therapie von Untergewichtigen erfolgreich angewandt.

Unberührt von der hier immer wieder betonten Tatsache, daß der Mensch in jeder Lebenslage eine ganz bestimmte Ernährung braucht – wir nennen sie die realistische, harmonische Wachstums-Ernährung – könnte man die verschiedenen Ernährungsrichtungen bzw. Teile von ihnen in eine Reihe einordnen, die beim extremen Junkfood beginnt und bei Obst-Salat-Gemüse-Rohkost endet. Jede Ernährungsrichtung ist in dieser Reihe theoretisch besser als die vor ihr stehende Richtung, und deshalb wird jeder, der sich auf dieser Reihe vorwärts bewegt, auch Erfolge erzielen – immer wieder – je weiter er sich entwickelt, vorausgesetzt, die nötige Bewußtheit entwickelt sich gleichzeitig mit. Und selbst wenn er bei der optimalen Ernährung angekommen ist, wird er sich immer noch weiter verbessern können, indem der Körper alte Fehler ausbügelt. Wir unterlassen es hier jedoch, diese Rangordnungsskala aufzuzeigen, weil wir es den Lesern überlassen wollen, für sich selbst zu experimentieren, und weil eine solche Wertung womöglich eine unnötige Diskussion herausfordern könnte. Die Gewichtung innerhalb dieser Reihe unterliegt individuellen Schwankungen.

So gesehen, wäre zum Beispiel die makrobiotische Ernährungsweise ganz zweifellos für die meisten unserer Mitbürger ein ganz gewaltiger Schritt hin zu besserer Gesundheit, weil sich die meisten Leute heute eben so schlecht ernähren. Die Makrobiotik ist relativ gut – wenn man von den völlig abwegigen Vorschriften für fortgeschrittene Makrobioten – die zuletzt nur noch dampfdruckgekochten Naturreis essen – einmal absieht. Das tut sowieso kaum jemand. Daraus erklären sich auch die Erfolge nach der Umstellung auf die Makrobiotik. Da diese jedoch überwiegend Totgekochtes propagiert, ist sie arm an Vitalstoffen und verwertbaren Vitaminen und Mineralstoffen (vgl. Kap. 14). Besonders infolge des überreichlich genossenen Reises oder anderen Getreides führt sie im Laufe der Zeit zu Verschlackung und Verschleimung des Organismus und zu einem deutlichen Defizit an Lebensenergie. Die Makrobiotik ist also nur ein Schritt vom Junkfood weg. Bleibt man dabei, treten unweigerlich Probleme auf – früher oder später! Der weltanschauliche Rahmen, der hinter der Makrobiotik steckt, soll dabei keinesfalls abklassifiziert werden – im Gegenteil. Nur: die geforderte Art der Ernährung läßt sich nun beim besten Willen nicht daraus ableiten. Bewußtes Essen führt keinesfalls zwangsweise zu drucktopfgekochtem Naturreis, Meeresalgen, Sojasauce, viel Salz und gekochtem Obst und Gemüse oder zur Einteilung der Speisen in Yin und Yang. Ganz nebenbei sei noch erwähnt, daß OHSAWA gegenüber der originalen, jahrtausende alten chinesischen Einteilung Yin und Yang vertauscht (verwechselt?) hat – was beim Studium der einschlägigen makrobiotischen und chinesischen Ernährungskonzepte zu einiger Verwirrung führt. Zudem macht das Yin- und Yang-Konzept die Zubereitung unnötig kompliziert, da die Lebensmittel ihren Yin-Yang-Charakter beim Schneiden, Kochen, Würzen etc. auch noch mehr oder weniger stark verändern (vgl. KUSHI, 1987 und FISCH, 1983, S. 58f). Wenn Sie Ihren instinktiven, respektive intuitiven Bedürfnissen folgen, werden Sie ohne kopfige Ideen genau das Richtige bekommen. Tabellen sind dazu nicht nötig.

Man kann diesen Schritt zur Makrobiotik auch getrost auslassen, ohne etwas zu verlieren und stattdessen sich stufenweise mit der folgenden Ernährungsrichtung anfreunden, die in Deutschland immer mehr Anhänger findet. Es ist die – zumindest für die meisten Europäer und Nordamerikaner – auf der Werteskala der Ernährungsrichtungen über der Makrobiotik rangierende Vollwerternährung. Sie geht auf KOLLATH und BRUKER zurück und wird heute von den Gießener Ökotrophologen (= Haushalts- und Ernährungswissenschaftlern, z. B. LEITZMANN) vertreten. Die Vollwert-Ernährung hat gegenüber der gut bürgerlichen Küche mit all ihren Industrieprodukten ebenso wie gegenüber der makrobiotischen Küche einen bedeutenden Vorsprung. Das können Sie leicht selbst ausprobieren. Wir werden auf das Wesen dieser Ernährung im Kapitel 13 ausführlich eingehen. Sie ist für sehr viele Menschen attraktiv, weil sie eine erhebliche Bandbreite besitzt und sogar Fleisch und Fisch zuläßt, wenn auch in geringen Mengen. Ihre Schwäche liegt darin, daß sie nicht erkannt hat, welchen Schaden falsche Lebensmittelkombinationen sowie der Verzehr von konzentriert stärkehaltigen Nahrungsmitteln wie Getreide und Getreideprodukte – auch wenn es sich um Vollkornprodukte handelt – und von Milch und Milchprodukten anrichten. Vollwerternährung mit einem hohen Anteil an Frischkost führt zu einer deutlich verbesserten Gesundheit und bietet auch einen weit höheren kulinarischen Wert als die gutbürgerliche Küche, Junkfood und Makrobiotik. Es wäre jedoch schade, bei diesem Schritt stehen zu bleiben. Die meisten Interessierten werden wohl über die Vollwertkost zu weiteren Schritten kommen.

Auf die anthroposophische Ernährungslehre will ich nicht weiter eingehen. Sie hat die Vollwertkost und die Reformhaus- (Neuform-) Bewegung entscheidend mitbestimmt. Wir haben in unsere Ausführungen eine Reihe von Erkenntnissen der Anthroposophen eingearbeitet. Jedem, der sich näher dafür und vor allem für die geistigen Hintergründe der Ernährung des Menschen interessiert, seien die Ausführungen von STEINER, SCHMIDT und HAUSCHKA sehr empfohlen (vgl. das Literaturverzeichnis). Die vorteilhaften Züge der Mazdaznan-Ernährungslehre finden sich in anderen fortschrittlichen Methoden wieder, deshalb gehe ich nicht weiter auf sie ein.

Einen wichtigen Schritt für viele Menschen würde es bedeuten, wenn sie als erste Verbesserung gegenüber ihren alten gutbürgerlichen Eßgewohnheiten die Regeln der richtigen Lebensmittelkombinationen beachten würden, wie sie in Deutschland seit vielen Jahrzehnten unter dem Namen HAYsche Trennkost bekannt sind. Der Vorteil von dieser Methode ist, daß man zunächst auf die meisten geliebten Gerichte nicht zu verzichten braucht, man muß sie nur richtig miteinander kombinieren. So bleibt das Geschmackserlebnis wenigstens teilweise erhalten. Auf diese Methode gehe ich in diesem Buch nicht extra ein, weil HAY (im Literaturverzeichnis unter WALB zu finden) zur Richtung der Natural Hygiene gehört, die ausführlich behandelt wird (Kap. 16).

Ein nächster Schritt nach der Vollwerternährung mit oder ohne Trennkost ist die Ernährung nach den verschiedenen Stufen des Vegetarismus, wie sie in Kapitel 12 erwähnt sind. Diese Ernährungsweisen gehen in der Regel einher mit einer Betonung der Rohkost bis hin zur reinen Rohkosternährung (BIRCHER-BENNER, WAERLAND, SCHNITZER u.a.). Von da ist es dann nicht mehr weit zur Ernährung nach Natural Hygiene, BURGER und PEITER. Alle diese Formen bzw. ihre wesentlichen Grundsätze, die sich zum Großteil überschneiden – nicht nur widersprechen – können Sie an sich selbst ausprobieren – gefahrlos, wenn Sie sorgfältig dabei vorgehen und sich nicht überschätzen. Ein Bewußtseinswandel muß mit der Ernährungsumstellung einhergehen, damit die frei werdenden Energien auch verkraftet und sinnvoll eingesetzt werden können.

Es fällt auf, daß – bei genauem Hinsehen – die Essenz aller moderner, wissenschaftlich und erfahrungsmäßig begründbarer Ernährungsvorschläge im wesentlichen übereinstimmt. Der Wirrwar, der den Betrachter am Anfang irritiert, löst sich auf. Letztlich sind sich die wirklich ernst zu nehmenden Experten darin einig, daß das gesundheitliche Optimum im menschlichen Körper nur dann erreicht werden kann, wenn die Nahrung genügend Vitalstoffe enthält, und diese wiederum finden sich nur in rohen, frischen Pflanzenteilen. Die Nahrung sollte deshalb zumindest weit überwiegend daraus bestehen.

Ernährungsformen, die dies nicht wenigstens als Endziel angeben, sind entweder noch zu sehr in der alten Tradition verankert, oder sie gehen diesen letzten entscheidenden Schritt nicht, weil sie annehmen, man könne dies niemandem zumuten. Derartige Defizite haben auch die ayurvedische und die chinesische Ernährungslehre, auf die ich hier nicht näher eingehen will, weil ich sie für die meisten Leser nicht als experimentiernotwendig halte. Die Anthroposophen gehen ganz offensichtlich den letzten Schritt zur überwiegenden Rohkost deshalb nicht, weil STEINER erkannt hat, daß Rohkost ohne Spiritualität Gefahren in sich birgt (vgl. Kap. 26).

Zwei Gruppen von Ernährungsvorschlägen will ich zum Schluß des Kapitels noch kurz erwähnen. Es sind dies die kohlehydratarmen Ernährungsrichtungen von LUTZ (1987), ATKINS (1981) und CARISE (1966) und die Instinktotherapie nach BURGER und PEITER. Die ersteren lehnen Kohlenhydrate – vor allem in Form von Getreide und Getreideprodukten – weitestgehend ab und empfehlen dafür eine Kost mit einem extrem hohen Anteil an tierischem Eiweiß. In einer kleinen Schrift haben die Gießener Ökotrophologen (THOMAS und KOERBER, 1983) dagegen Stellung bezogen. Wir stimmen ihnen in ihren Argumenten gegen das exzessive Fleischessen voll bei. Der Mensch hat zum Essen und Verdauen großer Mengen gegarten Fleisches und Produkten daraus einfach nicht die nötige organmäßige Ausstattung (vgl. Kap. 17 u. 18). Zum Beispiel werden dabei die Nieren gefährlich überlastet.

Bezüglich der Ablehnung des Getreides und der Getreideprodukte müssen wir jedoch den anderen Autoren zustimmen. Kohlehydrate sind nun einmal für die Fettleibigkeit sehr wesentlich mit verantwortlich (vgl. WANDMAKER, 1988) und ihre verschleimende und verschlackende Wirkung auf den Körper ist bei genauem Hinsehen unbestreitbar. Die Gießener haben noch immer nicht bemerkt, daß größere Mengen konzentrierter Stärke im menschlichen Körper nur theoretisch gut verdaut werden können. In der Praxis macht der Mensch so viele Eßfehler, daß zum Beispiel Brot zum Problem wird. Wir gehen darauf in Kapitel 20 ein. Die kohlenhydratarmen Ernährungsrichtungen haben also auch ihre richtige Seite, nur sind sie über das Ziel in die falsche Richtung hinausgeschossen. Ähnliches gilt für andere Proteindiäten, zum Beispiel mit gekochten Eiern – ganz davon abgesehen, daß so etwas niemand lange durchhält.

Die Instinktotherapie von BURGER schließlich, die in Deutschland vor allem von PEITER mit Abwandlungen vertreten wird, propagiert totale Rohkost. In dieser Ernährungsform werden die Lebensmittel stets völlig roh und unzubereitet und niemals vermischt, sondern immer schön eins nach dem anderen gegessen. Diese Methode beruht auf dem Nahrungsinstinkt des Menschen, der nach BURGER nur so funktionieren kann. Der Nahrungsinstinkt beruht auf Geruch und Geschmack und signalisiert im Idealfall genau, was der jeweilige Mensch essen soll und wann er aufzuhören hat (vgl. Kap. 25). Er beruht nach BURGER darauf, daß der menschliche Organismus bestimmte Nährstoffe benötigt, die in Lebensmitteln in unterschiedlichen Zusammensetzungen enthalten sind. Geruch und Geschmack können diese Unterschiede erspüren und die benötigte Menge steuern.

Der so charakterisierte Nahrungsinstinkt versagt jedoch bei erhitzter, tiefgekühlter, vermischter oder sonstwie veränderter Nahrung und ist auch in Bezug auf gänzlich unveränderte, natürliche Lebensmittel beim heutigen Menschen nicht mehr voll entwickelt. Er läßt sich nur durch lange Übung wiederbeleben, das heißt, er funktioniert praktisch nur dann einwandfrei, wenn Sie sich bereits längere Zeit vollständig und kompromißlos auf reine Rohkost umgestellt haben, wie BURGER selbst ausführt. Instinkto-Ernährung ist für Tiere in der freien Wildbahn das Normale, weil bei diesen die instinktive Lebensweise voll ausgeprägt ist. Der heutige Mensch lebt jedoch in der Regel in einer Umgebung, die seinen Naturinstinkt eher verkümmern läßt als unterstützt. Der Mensch ist kein Wesen mehr, das sich im täglichen Leben wie ein Tier in erster Linie von seinem Instinkt leiten läßt.

Schwierigkeiten treten auch auf, weil viele der heute erhältlichen Obst- und Gemüsesorten durch Züchtung so verändert sind, daß der Instinkt nicht mehr ohne weiteres richtig funktionieren kann. Zudem leiden viele Instinktos besonders im Winter darunter, daß sich im Angebot nur wenige biologisch angebaute Obst- und Gemüsesorten befinden, weshalb sie nicht genügend Auswahl haben und dann Sorten essen müssen, die sie bei mehr Auswahl abgelehnt hätten. Instinkto-Ernährung wird so aus praktischen Gründen zu einer normalen Rohkost-Ernährung.

Es ist jedoch unbestritten, daß mit der Instinkto-Ernährung an Schwerstkranken große Heilerfolge erzielt wurden. Die gleichen Erfolge wurden jedoch auch mit normaler Rohkost erreicht. Da bei diesen Erfolgsmeldungen nichts über die psychische Seite berichtet wird, ist nicht klar, inwieweit die psychischen Faktoren im Spiele waren. Nach HA-

MER (1988) ist zum Beispiel Krebs immer psychisch-emotional bedingt. Er wird ausgelöst durch ein extremes, den Patienten isolierendes Konflikterlebnis. Der Krebs geht sofort zurück, wenn dieses Konflikterlebnis verarbeitet und gelöst wurde – unabhängig von einer Ernährungsumstellung. Die Ernährungsumstellung kann jedoch Teil der Konfliktlösung sein, nämlich in dem Sinne, daß der Patient endlich Verantwortung für sich selbst übernimmt. In diesem Lichte muß man auch die Heilungserfolge anderer Ernährungsrichtungen – etwa die Krebsheilungsansprüche der Makrobioten – sehen. Auf der anderen Seite vermisse ich bei HAMER zumindest den Hinweis auf die Möglichkeit, daß eine lange Zeit der Fehlernährung die Bereitschaft des Körpers, auf extremen Konflikt mit Krebs zu reagieren, zumindest sehr verstärkt. Es ist sehr wahrscheinlich, daß gesunde Menschen mit einem klaren, reinen Körper ohne größere Mengen an Schlacken etc. extreme Konflikte ohne Krebs bewältigen.

BURGER läßt seine Anhänger auch mit tierischen Produkten experimentieren: rohes, abgehangenes Fleisch, roher Fisch und rohe Eier sind erlaubt, wenn sie aus biologischer Viehhaltung stammen. Gegessen werden diese Lebensmittel aber nur, wenn der Geruch dies wirklich signalisiert und nur so lange, als ein echtes Geschmackserlebnis besteht. Falls es Sie nach rohem Fleisch, Fisch und rohen Eiern gelüstet, probieren Sie! Gewürze, Kräuter etc. müssen Sie dabei aber strikt weglassen, sonst versagt Ihr ohnehin angeschlagener Instinkt. Erfahrungsgemäß werden aber die meisten Instinktos im Laufe der Jahre zu Vegetariern, wie mir von Anhängern dieser Richtung berichtet wurde. Milch und Milchprodukte sowie Getreide und Getreideprodukte lehnt BURGER ab – aus den Gründen, die in den Kapiteln 20 und 21 angegeben sind. Das Manko der BURGERschen Ernährungsform ist, daß er für die bei den meisten Menschen notwendige – zum Teil extrem lange – Umstellungsphase keine Hilfe parat hat. Kunststück: seine Methode funktioniert erst nach der radikalen Umstellung auf ausschließlich Rohes, und das wiederum ist für die meisten ein zu großer Schock. Der Körper muß nach Jahrzehnten Kochkost erst lernen, mit Rohkost richtig umzugehen. Mir sind einige Fälle von extremer Abmagerung und Schwächung bekannt, wenn zu schnell umgestellt wurde. Wenn Sie jedoch bereits auf totaler Rohkost sind, dann erscheint mir die BURGERsche Methode als optimal. Instinkt und Intuition werden dann in Übereinstimmung harmonisch zu Ihrem Wohle wirken.

12
Vegetarische Ernährung?

Vegetarier ist nach den Leitsätzen der Internationalen Vegetarischen Union jeder, der keine Nahrungsmittel ißt, die von getöteten Tieren stammen. Das schließt Fische, Weich- und Schalentiere genauso ein wie tierische Fette, z. B. Speck, Rinder- und Schweinefett.

Je nach der Auswahl der verbliebenen Nahrungsmittel unterscheidet man:

1. Die "Pudding"-Vegetarier. Sie ernähren sich landesüblich inclusive der modernen Produkte der Ernährungsindustrie, nur lassen sie Fleisch, Fisch und Produkte daraus weg.

2. Die Vegetarier mit ovo-lakto-vegetabiler Kost, die neben pflanzlichen Lebensmitteln auch Eier, Milch und Milchprodukte essen.

3. Die Vegetarier mit lakto-vegetabiler Kost, die neben pflanzlicher Nahrung auch Milch und Milchprodukte zu sich nehmen.

4. Die Veganer, die streng auf pflanzliche Produkte beschränkt sind. Untergruppe davon sind die Rohkost-Veganer, die nur rein pflanzliche Rohkost essen.

Die Vegetarier der Gruppen zwei bis vier achten in der Regel auch darauf, daß ihre Ernährung nach den Prinzipien der Vollwertkost aufgebaut ist, die im nächsten Kapitel beschrieben wird. Darüber hinaus sind die meisten von ihnen sehr auf ihre Gesundheit bedacht, weshalb sie kaum rauchen und Alkohol trinken sowie Kaffe und Tee meiden und auf Bewegung an der frischen Luft achten. Meistens bevorzugen sie Naturprodukte auch bezüglich Kleidung und Gebrauchsgegenständen. Viele von Ihnen sind nicht traditionell religiös und gehören kleinen Gruppen, wie zum Beispiel den Anthroposophen an oder sehen sich als Atheisten.

Betrachtet man diese Gruppe Menschen, so fallen verschiedene Dinge auf, durch die sie sich von ihren Mitmenschen unterscheiden:

1. Sie sind in der Regel gesünder: Eine Studie des Bundesgesundheitsamtes belegt, daß Vegetarier im Schnitt ein geringeres Körpergewicht haben und seltener an Bluthochdruck leiden. Ihre Blutfettwerte sind günstiger, erhöhte Harnsäurewerte und Gicht kommen seltener vor.

Betrachtet man diese Faktoren zusammen, so besteht für den Vegetarier ein geringeres Risiko, an Herz-Kreislaufbeschwerden zu erkranken.

2. Sie begreifen sich selbst als eine Minderheit, die vernünftiger, gesünder lebt als die anderen, die viele Fehler des modernen Industriezeitalters nicht mitmacht und deshalb für die Menschheit wertvoller ist.

3. Sie haben einerseits eine gewisse Tendenz zum Fanatismus – begründen sie doch ihre Ablehnung, Fleisch zu essen, vor allem ethisch-religiös. Andererseits sind sie Freigeister, die sich von den Fesseln der traditionellen Religion getrennt haben – wovon es natürlich Ausnahmen gibt.

4. Viele Menschen aus der Gruppe der Vegetarier wie auch der Makrobioten und anderer reformerischer Ernährungslehren sind sehr ernsthafte Menschen, die vergessen zu haben scheinen, daß das Leben auf dieser Erde nicht nur in Einfachheit und Verzicht liegt. Sie können nicht sehen, welch üppigen Reichtum das Leben bietet, wieviel Luxus, Spaß und Freude man reinen Herzens genießen kann. Viele von ihnen sind die falsch verstandenen Asketen, die am Essen keinen Spaß und keine Freude haben. Sie stehen ständig unter Selbstzwang, Angst ist ihre Triebfeder. Nur kopfige Zweckmäßigkeit zählt! Das Essen sieht entsprechend unästhetisch, farblos und langweilig aus und ist in seiner Zusammensetzung phantasielos und eintönig. Natürlich wird dies alles begründet. Aber was hilft's? Diese Menschen schneiden sich in selbstverachtender Weise von wesentlichen Geschenken dieser Welt ab. Sie sehen in der Regel auch entsprechend aus, das heißt, die Methode hat gewirkt. Aber zu welchem Preis? Unter dieser Gruppe leidet der Ruf der Vegetarier insgesamt. Deshalb hört man die verachtenden Abschätzungen der spindeldürren Gestelle, der aschgrauen Gesichter mit dem strengen Knoten im Haar und der radikalen Fanatiker oder der eigenbrötlerischen Einzelgänger. Solche Menschen sind das Produkt einseitiger Nahrungsumstellung ohne gleichzeitiges geistig-seelisches Wachstum – eine Entwicklung, die unter dem Gesichtspunkt Bedeutung gewinnt, daß jeder Mensch frei ist, jede nur erdenkliche Erfahrung im Leben zu machen.

5. Eine kleine Gruppe Vegetarier sind Menschen, die auf dem Weg zu höherer Bewußtheit schon so weit fortgeschritten sind, daß sie den Verzehr von Fleisch als störend für ihre Bewußtheit empfinden. Auf sie trifft Punkt vier nicht zu.

Diese Auflistung zeigt deutlich, daß die gesundheitlichen Erfolge der Vegetarier nicht allein auf die andersartige Ernährung zurückgeführt werden können. Abgesehen vom latenten Zug zur Askese achten diese Menschen mehr auf sich selbst. Sie nehmen sich mehr Zeit zur Zubereitung und zum Verzehr ihrer Nahrung - vegetarische Vollwert-Fertigprodukte gibt es nicht. Diejenigen Fertigprodukte, die im Reformhaus angeboten werden, sind im Grunde keine Vollwert-Produkte. Sie gehen mit sich selbst verantwortungsvoller um. Wenn dies eintritt, dann wird sich ein Mensch in jedem Falle positiv verändern, ganz unabhängig von seiner Ernährung. Diese wird sich im Gefolge davon ganz von alleine ändern.

Wir werden in Kapitel 18 darstellen, daß vegetarische Ernährung vom ernährungsphysiologischen Standpunkt aus gesehen, keinerlei Mangelerscheinungen erzeugt. Sie können also gefahrlos mit dieser Ernährungsweise experimentieren. Wenn Sie noch alles essen, was der Metzger anbietet, so würde ich zuerst probeweise Schweinefleisch und alle Sorten Wurst streichen und beobachten, wie sich das auf den Körper auswirkt - vor allen Dingen auch, wie es sich anfühlt, wenn nach einer sagen wir mehrmonatigen Pause wieder massiv Schweinernes gegessen wird. Lesen Sie dazu das kleine Heft "Schweinefleisch und Gesundheit" von RECKEWEG (1977), dann wird Ihnen der Verzicht auf Schweinefleisch leicht fallen.

Legen Sie probeweise vegetarische Tage bis Wochen ein - wenn Sie fühlen, daß eine Veränderung ihrer Lebensweise angebracht ist. Beobachten Sie sich sorgfältig während dieser Zeit. Sie werden feststellen, daß Sie ein ganz anderes Geschmacksempfinden entwickeln. Es kann passieren, daß Sie nach Ablauf der Fleischpause nicht mehr den gleichen Gefallen an Fleisch finden. Dies klappt natürlich nur, wenn Sie sich nicht zwingen müssen, auf Fleisch zu verzichten, nur wenn Sie aufgrund von innerer Einsicht freiwillig experimentieren. Notieren Sie über einen längeren Zeitraum, wie Sie sich nach Tagen mit viel Fleisch und nach vegetarischen Tagen fühlten, und vergleichen Sie dann. Was bekommt Ihnen besser? Einer meiner Kunden berichtete mir, daß er schon wenige Monate nach der letzten Wurst- und Fleischportion (Fisch ißt er gelegentlich immer noch) so deutlich gelenkiger und fitter wurde, daß es seinen Tennispartner verblüffte!

Der Weg zu fleisch- und fischloser Ernährungsweise wird einem heutzutage besonders leicht gemacht, weil die schlechte Qualität der angebotenen Produkte aus der Massentierhaltung mit den zahllosen Zuchthilfemitteln und Medikamenten sowie den hohen Gehalten an Umweltgiften aller Art bei den Menschen Widerwillen und Mißtrauen erregen. Sie können der Werbung einfach nicht mehr glauben, daß Fleisch ein Stück Lebenskraft sein sollte. Je bewußter Sie werden, umso schneller werden Sie die schlechte Qualität des angebotenen Fleisches auch schmecken. Es ist sehr aufschlußreich zu erfahren, daß sich in den letzten Jahren Spitzenköche der besten Nobelrestaurants und Biobauern zusammenfinden. Die Köche haben bemerkt, daß wirkliche Spitzenqualität mit Produkten aus der Massentierhaltung nicht geliefert werden kann. Bauern mästen die Tiere, die sie selbst essen, mit altväterlichen Methoden. Die besten Obstschnäpse werden aus Wildobst gebrannt!

Versuchen Sie herauszufinden, wie oft am Tag Sie nur deshalb Fisch, Fleisch oder Wurst essen, weil es bisher so üblich war, weil sie eingeladen sind, weil Sie Gäste haben, weil es in der Kantine oder in dem Gasthaus oder Imbiß, in dem Sie essen, nichts anderes gibt etc. Essen Sie wirklich nur dann Fleisch, wenn Sie ein intensives Verlangen danach haben? Ist es nicht oft reine Gewohnheit? Vielleicht geht es Ihnen so wie den meisten Fleischessern, daß Sie sich eine köstlich schmeckende vegetarische Gourmet-Mahlzeit gar nicht vorstellen können? Da hilft nur eins: geben Sie sich selbst die Gelegenheit, daß man Sie vom Gegenteil überzeugt. Suchen Sie als erstes ein wirklich gutes vegetarisches Restaurant auf und lassen Sie sich verwöhnen. Geben Sie nicht gleich auf. Es gibt nur wenige vegetarische Restaurants mit Gourmet-Küche. Rohkost- und Körndlfresser-Betriebe kommen dafür nicht in Frage. Weiterhin könnten Sie einen vegetarischen Feinschmecker-Kochkurs besuchen. Auf diese Weise erhalten Sie besonders viele Anregungen für Ihre Eßexperimente. Wenn Sie es sich zutrauen, genügt es auch schon, sich ein gutes vegetarisches Kochbuch zu kaufen. Davon sind mittlerweilen Unmengen auf dem Markt. Dann fangen Sie mit solchen Gerichten an, die Sie vom Foto oder der Zutatenliste her ansprechen. Sie werden erstaunt sein, viele Gerichte zu finden, die Sie als Kind gerne gegessen hatten oder solche, die Sie im Urlaub in fernen Ländern begeisterten. Nur, diese Gerichte wurden Ihnen damals nicht unter dem Gesichtspunkt einer vegetarischen Ernährung vorgesetzt, sondern als das, was sie sind, als wohlschmeckende Speisen, die man genießen kann und die voll befriedigen.

Ich erlebe dies immer wieder in meinem vegetarischen Bistro. Menschen kommen durch die Tür und wollen essen, haben aber nicht bemerkt, daß es bei mir kein Fleisch gibt. Kaum haben sie dies festgestellt, drehen sie sich auf der Stelle um und verlassen das Lokal, ohne auch nur einen Augenblick darüber nachzudenken, ob denn nun wirklich jede Mahlzeit mit Fleisch sein muß und ohne in sich hineinzufühlen, ob es denn wirklich in erster Linie Fleisch war, das sie essen wollten. Hier spielt ganz sicherlich auch eine gewisse Unbehaglichkeit mit, die sich einstellt, wenn man an einen unbekannten Platz kommt, wo Menschen sich anders verhalten, als man es gewohnt ist. Diejenigen, die die Chance wahrnehmen, sind in der Regel sehr angenehm überrascht, daß vegetarisches Essen auch so gut schmecken kann. Gelegentlich fällt ihnen gar nicht auf, daß diese oder jene Speise gar kein Fleisch enthalten hat.

Wenn sie das nächste Mal kommen und dann den Geflügelsalat oder das Fleischpflanzerl verlangen, so muß ich die Erstaunten erst einmal aufklären, daß es in der vegetarischen Küche auch proteinhaltige Nahrungsmittel gibt, die bei richtiger Würzung und Verarbeitung nicht nur inhaltsmäßig, sondern auch geschmacklich Fleisch stark ähneln. Diese Produkte wie Sojazart, Sojagranulat, Seitan etc. eignen sich ganz besonders für Experimente von Fleischessern quasi als Übergangslösung. Später treten diese Produkte gegenüber Tofu, Tempeh, Bohnen und anderen Eiweißlieferanten zurück, bis schließlich auch diese wegfallen.

Der Eiweißbedarf des Menschen ist durch Obst und Gemüse und eine Handvoll Nüsse und Samen leicht zu decken (vgl. Kap. 18). Die Fleischwirtschaft hat uns, basierend auf alten Ansichten und falschen Theorien der Ernährungswissenschaftler zu Anfang des Jahrhunderts nur immer wieder das Gegenteil eingehämmert. Heute ist sie wegen der Überproduktion vollends in Zugzwang geraten. Es ist inzwischen zweifelsfrei klar, daß Vegetarier und vor allem Rohkost-Vegetarier sehr wenig Eiweiß benötigen. Das Minimum an Eiweiß benötigt der Rohkost-Veganer, weil er alles Eiweiß, das er zu sich nimmt, in lebendiger Form genießt und somit maximal verwerten kann.

Vegetarische Ernährung kann ebenso gut schmecken wie nichtvegetarische. Das bezieht sich auf alle Geschmacksaspekte. Wenn Ihnen also das nächste Mal eine bestimmte Geschmacksrichtung summt (vgl. Kap. 9), so versuchen Sie herauszufinden, ob Sie diesen Wunsch nicht ebensogut durch ein vegetarisches Gericht befriedigen können. Der erste und entscheidende Schritt zu einer wirklich guten Gesundheit – falls diese in Ihrem Leben auf der Prioritätenliste ganz oben steht – ist bei den meisten Menschen zweifellos der Schritt vom Fleischesser zum Vegetarier. Gegen gelegentliche Rückgriffe, wenn Sie glauben, noch einmal feststellen zu müssen, ob Ihnen Fleisch noch schmeckt oder wenn Sie nach längerer Pause plötzlich einen argen Zieps auf Fleisch haben, ist nichts einzuwenden. Ich darf Sie immer wieder daran erinnern, daß es nicht auf Zwang, sondern auf innere Einsicht und Veränderung ohne Askese ankommt. Sonst rächen sich die unterdrückten Gefühle.

Vegetarische Ernährung mit überwiegender Rohkost oder gar die reine Rohkost sind gegenüber der heute üblichen Kost eindeutig als heilend zu bezeichnen. Viele Ärzte haben davon Gebrauch gemacht, einer der Pioniere war BIRCHER BENNER. An dieser Stelle möchte ich Ihnen ein paar praktische Tips aus dem Erfahrungsschatz der Anthroposophen geben, die Sie ausprobieren sollten, wenn Sie Bedarf haben. Ich zitiere zu diesem Zwecke HAUSCHKA (1989, S. 103ff). Ich muß dabei ein wenig ausholen, damit Sie den zugrundeliegenden Gedankengang verstehen. STEINER unterscheidet im Menschen drei Pole:

1. den Formen- oder Sinnes-Nerven-Pol, der im Kopf liegt. Von dort aus strahlen die Formimpulse durch den ganzen Körper, wobei auch das Gehirn mit seinen den ganzen Organismus durchziehenden Nervensträngen eine wesentliche Rolle spielt,

2. den Stoff-Verwandlungs- oder Stoffwechsel-Pol, der im Unterleib liegt. Hier erfolgt in der Auseinandersetzung des Mikrokosmos Mensch mit dem aufgenommenen Nahrungsstrom, die Substanzverwandlung bis hin zur Blutbildung,

3. den Rhythmuspol, der in des Menschen Mitte liegt. Er ist für Atmung und Zirkulation verantwortlich und hat die Aufgabe, zwischen den beiden anderen Polen das Gleichgewicht zu halten, und ist damit entscheidend für Gesundheit oder Krankheit.

Ist der obere mit dem unteren Menschen im Gleichgewicht, so ist der Mensch gesund, andernfalls krank. Ein Ungleichgewicht, eine Krankheit kann ausgeglichen werden durch Stärkung des natürlichen Heilers im Menschen, also des dritten Pols oder durch Herstellung des Gleichgewichtes wie auf einer Waage, indem man das Gleichgewicht durch Auflegen von Gewichten erreicht. Diese können spezifisch wirkende Heilmittel oder diätetische Maßnahmen sein.

Wenn zum Beispiel der Form-Pol so überhand nimmt, daß er in den Stoffwechsel übergreift, so kommt es zu den sogenannten Verhärtungs-Krankheiten wie Gicht, Reuma, Gallen-, Nieren- und Blasensteinen bis hin zur Sklerose. Solche Menschen sind meist hager, intellektuell und nervös. Um hier das Gleichgewicht wieder herzustellen, muß man den Stoffwechsel-Pol stärken, was ernährungsmäßig dadurch geschehen kann, daß man in dem betreffenden Menschen die Bildekräfte zur Wirkung bringt, die dem Stoffwechsel verwandt sind und ihn daher anregen. Das sind die oberen Teile der Pflanze, vor allem frisches Obst und Blüten. "Wenn ein Mensch ganz vermeidet, Früchte zu essen, so ist das so, daß er eigentlich nach und nach übergeht zu einer ganz trägen inneren Verdauung seines Körpers" (STEINER, 1989, S. 137).

Tritt der umgekehrte Fall ein, daß der Stoffwechsel-Pol hinaufschlägt in das Sinnes-Nerven-System, dann treffen wir auf die große Gruppe der Entzündungs-Krankheiten wie zum Beispiel Migräne bis hin zu Hirnhautreizungen und meningitis-artigen Zuständen oder Furunkulosen und Entzündungen aller Art. Um hier das Gleichgewicht wieder herstellen zu können, sollte man ernährungsmäßig diejenigen Bildekräfte in den Vordergrund stellen, die dem Sinnes-Nervenpol verwandt sind. Das sind die Wurzelgemüse, Rüben, Schwarzwurzeln, Radieschen, Rettiche, Sellerie etc.

Eine Stärkung des Rhythmus-Pols erfolgt durch Blattgemüse. Frische

Salate, Spinat, Sauerampfer etc. sollten in der Diät lungenschwacher oder sonst im rhythmischen Organismus geschädigter Patienten nicht fehlen. Die Stärkung des Rhythmus-Pols, des inneren Heilers, ist natürlich in jedem Falle gut, weil dadurch generell das Gleichgewicht gestärkt wird. Grünes Gemüse ist also überhaupt eine gesunde Nahrung (HAUSCHKA, S. 103-105).

Mit diesem Wissen können Sie Ihre praktischen Ernährungs-Experimente in ganz konkrete, individuelle Bahnen lenken. Viel Erfolg!

13
Vollwertkost – was ist das?

Grundzüge und Name der Vollwerternährung gehen auf KOLLATH (1987) zurück. Sein wichtigster Grundsatz lautet: "Laßt die Nahrung so natürlich wie möglich sein". Eine solche Nahrung bezeichnet er als vollwertig. Er sagt, daß die Chance, daß eine Nahrung alle wichtigen Bestandteile enthält, um so größer sei, je weniger behandelt, also je naturbelassener die Lebensmittel seien. Fast jede Verarbeitung vermindere den Gehalt an Inhaltsstoffen. Je frischer und unverarbeiteter = naturbelassener = natürlicher Lebensmittel sind, desto vollwertiger sind sie.

Außerdem sollten die Lebensmittel einen möglichst hohen Reinwert haben, das heißt, sie sollten möglichst frei von Schadstoffen aller Art sein. Er begründet dies damit, daß Verdauungsorgane und Stoffwechsel der Menschen sich über Jahrmillionen auf der Grundlage einer weitgehend naturbelassenen Nahrung entwickelten und die grundlegenden Veränderungen unserer Ernährung in den letzten Jahrhunderten und Jahrzehnten eine Belastung und Überlastung des Körpers darstellen, die kaum in diesen wenigen Generationen ausgeglichen werden können.

Die praktischen Vorschläge der Vollwerternährung beinhalten, etwa die Hälfte der täglichen Nahrungsmenge in unerhitzter Form zu essen. Innerhalb dieses Frischkostanteils sollte wiederum die Hälfte unerhitztes Gemüse und Obst sein, die andere Hälfte Frischkorn, Nüsse, Vorzugsmilch etc. Gemieden werden sollen folgende Nahrungsmittel: Auszugsmehle und deren Produkte, polierter Reis, Getreideflocken ohne Keim, alle Arten von Zucker und damit hergestellte Produkte, konservierte und isolierte Nahrungsmittel, extrahierte und raffinierte Fette und Öle, alle Genußmittel, H-Milch, fettarme Milch, Schmelzkäse, Limonaden, Colagetränke etc. Fleisch, Fisch und Produkte daraus sowie Eier sollen stark eingeschränkt werden. Getreide und Getreideprodukte sollen im Vordergrund stehen; hier rekrutieren sich die sogenannten Körndlfresser.

Die derzeit beste Darstellung der Vollwert-Ernährung finden Sie im gleichnamigen Lehrbuch der Gießener Ernährungswissenschaftler KOERBER, MÄNNLE und LEITZMANN (1985). Auch gibt es inzwischen reichlich Kochbücher zur Vollwerternährung, die äußerst wohlschmekkende Gerichte anbieten, so daß der Gourmet voll auf seine Rechnung kommt. Ein großes Manko einer falsch verstandenen Vollwertküche ist es, daß sowohl in einschlägigen Restaurants als auch in der Mehrzahl der Kochbücher Gerichte mit erhitztem Käse, vor allem auch Gratins bei weitem überbetont werden. Solche Gerichte schmecken zwar gut, sind aber durch das Übermaß an erhitztem Käse im Grunde genommen kaum noch als vollwertig zu bezeichnen.

Was die Zubereitung der Speisen anbelangt, so empfiehlt die Vollwert-Ernährung die folgenden gemäßigten Regeln: Erhitze nur, was erhitzt werden muß. Verwende die niedrigste zweckentsprechende Temperatur. Kurz und hoch erhitzen ist weniger schädlich als lang und niedrig. Spare an Feuer, Salz und Wasser! Warmhalten ist schädlicher als Aufwärmen.

Bei den Garverfahren empfiehlt die Vollwert-Ernährung folgende Reihenfolge, die schonendsten Verfahren vorweg, die zerstörendsten am Ende: Dünsten, Schmoren, Garen in heißer Luft, Braten, Rösten/Grillen, Frittieren, Sieden in Wasser (das eigentliche Kochen).

Eine gewisse Geschmacksumstellung ist jedoch auch hier vonnöten, und sie sollte behutsam Schritt für Schritt vorgenommen werden, damit psychische Entzugserscheinungen nicht das Unternehmen ganz in Frage stellen. Wer Backwaren aus Auszugsmehlen gewohnt ist, wird sich normalerweise zunächst nicht nach Vollkornbackwaren sehnen. Wir in Deutschland haben dabei einen gewissen Vorteil gegenüber anderen Ländern wie Frankreich oder Italien: die Deutschen haben zumindest ein kräftiges Brot schon immer geschätzt. Außerdem wird Vollkornbrot bei uns schon seit Jahrzehnten angeboten, so daß man am besten damit anfängt. Bis man gute Vollkornbrötchen, Vollkornnudeln oder gar Vollkornkuchen findet, muß man mancherorts schon ein bißchen suchen. Lassen Sie sich nicht gleich entmutigen, wenn die ersten Kostproben ihre Geschmacksnerven beleidigen. Wenn Sie erst einmal an etwas herzhaftere Kost gewöhnt sind, dann schmeckt Ihnen das weichliche, kraftlose Zeug vom Zuckerbäcker oder Billig-Italiener nicht mehr. Nur etwas Geduld: Einstiegsdrogen in Vollwertqualität lassen sich finden, und dann wird sich Ihr Geschmackssinn verändern. Falls Ihnen Vollkornprodukte nicht bekommen oder schmecken, dann schränken Sie die herkömmlichen Weißmehlprodukte langsam ein, und lassen sie schließlich ohne die Zwischenstufe Vollkorn ganz weg (vgl. Kap. 20).

Vollwert-Ernährung favorisiert Produkte aus biologischem Anbau. Wenn Sie diese in wirklich frischer Qualität erhalten können, dann greifen Sie zu. Es ist inzwischen zweifelsfrei erwiesen, daß sie die wenigsten Schadstoffe enthalten. Lassen Sie sich nicht von anders lautenden, meist manipulierten Meldungen abhalten. Lassen Sie aber die Finger von Obst und Gemüse, das schon tagelang ohne Kühlung in den Naturkostgeschäften und Reformhäusern gelegen hat. Sie können das leicht erkennen. Solche Produkte sind bereits halb tot: sie haben viele ihrer Vitalstoffe und ihre Energie eingebüßt. Frische Produkte aus konventionellem Anbau würde ich dann immer vorziehen. Auch würde ich mir keine übertriebene Angst machen, wenn ich mir Bio-Produkte finanziell nicht leisten könnte oder wenn ich so lebte, daß ich sie nicht angeboten bekäme: Wir nehmen heutzutage auch mit Bio-Produkten Umweltgifte auf, weil diese – unter anderem infolge der Verteilung der Spritzmittel durch Wind und Wetter und der allgemein verbreiteten Luftverschmutzung – auch nicht frei davon sein können. Wenn dann noch übertriebene Angst dazu kommt, die den Körper erst recht vergiftet, die Sie zum Fanatiker oder Hypochonder macht, dann schaden Sie sich mehr als durch konventionelle Produkte.

Weiterhin ist zu diesem Thema zu vermerken, daß Fremdstoffe in Nahrung und Umwelt vor allem diejenigen Menschen schädigen, die aufgrund von zu viel und überwiegend denaturierter Nahrung keine freien Ausscheidungskapazitäten für Gifte mehr besitzen. Menschen, die sich überwiegend von vegetarischer Rohkost ernähren, scheiden Nahrungsfremdstoffe und Umweltgifte viel leichter wieder aus, weil ihre Nahrung die Ausscheidung kräftig unterstützt. Besonders wirkungsvoll ist dabei, wenn Sie vormittags, während der Körperphase vorwiegender Ausscheidung (von 4.00 Uhr bis 12.00 Uhr) nichts essen und nur möglichst mineralarmes Wasser trinken. Die Ausscheidung während dieser Phase wird auch wirksam unterstützt, wenn Sie rohe Obstsäfte trinken oder rohes, reifes Obst auf nüchternen Magen essen (vgl. Kap. 16).

Ein Ableger der Vollwert-Bewegung sind all diejenigen Ernährungsrichtungen, die nur Rohkost erlauben: rohes Obst, Gemüse, Salate, Nüsse und Samen und rohe (meist eingeweichte) Getreidekörner sowie Keimsprossen aller Art. Das Hauptargument dafür ist, daß beim Garen immer wertvolle Inhaltsstoffe verloren gehen, vor allem Vitamine, Enzyme und andere Vitalstoffe. Wie in den Kapiteln 14 und 25 dargestellt, verlieren auch Mineralstoffe durch Erhitzen auf 80°C und mehr ihre energetischen Schwingungen, die notwendig sind, damit diese Mineralien ordnungsgemäß in die lebendigen Zellen des menschlichen Organismus eingebaut werden können.

Bei der Ernährung mit Rohkost müssen die folgenden Punkte beachtet werden (vgl. Details in den Kap. 15 und 16):

1. Reifes, rohes Obst ist für gesunde Menschen in praktisch jedem Fall leicht zu verdauen. Es ist das am leichtesten zu verdauende Lebensmittel überhaupt. Es ist praktisch von der Sonne gekocht! Es muß aber immer für sich allein auf leeren Magen gegessen werden. Bis man etwas anderes ißt, muß man stets 20–30 Minuten warten! Diese wichtige Re-

gel ist der Vollwert-Ernährungsrichtung leider unbekannt.

2. Blattsalate, die Gemüsefrüchte Tomaten, Paprika, Gurken und Avokados sowie Stangensellerie werden in der Regel ebenfalls anstandslos verdaut.

3. Rohkostzubereitungen aus anderen Gemüsen, wie Karotten, Rote Beete, Knollensellerie, Lauch, Fenchel, Brokkoli, Weißkraut etc. sind nicht so leicht verdaulich, daß sie von jedermann sofort anstandslos vertragen werden. Sie liefern auch nicht allzu viel Energie (vgl. dazu STEINER, 1989, S. 129f). Je nach Zusammenstellung kann es darauf hinauslaufen, daß ebensoviel Energie zur Verdauung verbraucht wie zugeführt wird. Der Körper profitiert aber sehr von den Ballaststoffen sowie von den Mineralien, Vitaminen, Enzymen und anderen Vitalstoffen sowie von dem hohen Wassergehalt, der den Körper entschlacken hilft. Zum Abnehmen ist Rohkost daher sehr empfehlenswert. Für Leute mit einem schwachen Verdauungssystem, die dennoch die Vitalstoffe des Gemüses nicht missen wollen, empfehle ich frisch gepreßte Gemüsesäfte, die Sie in kleinen Mengen mit Wasser verdünnt trinken und gut einspeicheln.

4. Keimsprossen, allen voran die bekannten Mung(o)bohnen-Sprossen (Sojakeimlinge), sind gut verträglich. In manchen Kochbüchern wird aus juristischen Gründen (Haftung!) angegeben, daß man Sojasprossen vor dem Verzehr blanchieren sollte, um etwa noch vorhandenes Bohnengift zu entfernen. Dies bezieht sich nicht auf Mungsprossen, da die sogenannten Mungbohnen streng genommen botanisch zu den Erbsen zählen und dementsprechend gar kein Bohnengift enthalten können. Sprossen aus den weißen Sojabohnen sind tatsächlich giftig, sie sind jedoch nicht roh im Handel. Keimsprossen gehören zu den lebendigsten Nahrungsmitteln, die Sie bekommen können - sie keimen ja noch weiter während Sie sie in den Mund schieben! Keime können Sie selbst leicht herstellen. Es gibt ausreichend Literatur dazu (z. B. GRONAU, 1988).

5. Über Nacht eingeweichtes frisch geschrotetes Getreide - vor allem Weizen - (der Frischkornbrei) wird in der Vollwertküche sehr empfohlen. Es wird bezüglich der Inhaltsstoffe nur noch von Getreidesprossen übertroffen und hat daher eine höhere ernährungsphysiologische Wertigkeit als das erhitzte Brot. Es wird jedoch nicht unbedingt leichter verdaut und ist für die meisten Menschen in erster Linie ein intensiv wirkendes Abführmittel (vgl. Kap. 20). Seine verschleimende Wirkung, wie sie in Kapitel 20 beschrieben wird, ist nicht zu verleugnen. Sie können von dieser Getreide-Rohkost nur dann profitieren, wenn Sie diese für sich alleine essen und extrem gut kauen und einspeicheln. Zwei bis drei Löffel am Tag - mehr sollte es nicht sein - und nicht vormittags! Beobachten Sie sich sorgfältig, welche Wirkung der Frischkornbrei auf Sie hat, ob er Ihnen wirklich gut tut - was immer die Ziele sind, die Sie mit

Ihrer Ernährung erreichen wollen. Es gibt wohl kaum ein Lebensmittel, dessen Nützlichkeit von Individuum zu Individuum so sehr schwankt.

6. Nüsse und Samen sollte man sowieso immer roh essen. Die meisten Nüsse, die Sie im Laden kaufen, sind jedoch ebenso wie Trockenobst bereits erhitzt (nicht nur die Cashewnüsse). Versuchen Sie, zum Beispiel ihre Walnüsse direkt vom Bauern zu bekommen, der Ihnen versichern kann, daß die Nüsse nicht erhitzt sind. BURGER führt in seinem Laden, der seinem Rohkostinstitut angeschlossen ist, ebenfalls unerhitzte Nüsse und Trockenfrüchte. Diese sollten nur in kleinsten Mengen gegessen werden. Die berühmte Handvoll davon ist als Tagesration bereits zu viel. Nüsse sind schwer verdaulich, Sie werden es sofort merken, wenn Sie zu viel davon gegessen haben!

Einige Gemüsearten können angeblich roh nur in kleinen Mengen oder gar nicht gegessen werden (z. B. Kartoffeln, Grünkohl, Auberginen etc.). Sie sollen nach dem Garen leichter zu verdauen sein. Falls Sie jedoch Lust auf rohe Kartoffeln, Grünkohl oder Auberginen haben, essen Sie diese. Sie werden Ihnen gut bekommen, und Sie können ebenso sinnliche Befriedigung daraus ziehen wie aus anderem rohen Gemüse. Wurzelgemüse wird durch Garen "geläutert", leichter, heller, es wird sozusagen die fehlende Sonnenenergie, die nicht unter die Erde an die Wurzel dringen konnte, nachgeliefert. Der Organismus kann daher die darin enthaltenen Inhaltsstoffe – soweit sie durch den Kochprozeß nicht zerstört oder ausgeschwemmt wurden (deshalb nur kurz garen!) – besser aufnehmen. Dies ist wissenschaftlich vor allem vom Carotin gekochter Möhren bekannt (KOERBER et al. ,1987, S. 24). Ob Sie rohe oder gegarte Wurzelgemüse besser vertragen und aus welchen Sie mehr Nutzen ziehen, das hängt von Ihrer individuellen Konstitution und Ihren je nach Lebenslage verschiedenen Bedürfnissen ab. Rohen, frisch gepreßten Karottensaft sollten Sie auf jeden Fall probieren. Daß dabei die Carotinaufnahme durch einen Tropfen Öl verbessert wird (weil Carotin fettlöslich ist) ist jedoch umstritten.

Hülsenfrüchte essen Sie am besten angekeimt. Gekocht werden sie von Vegetariern jedoch auch gerne gegessen und in vielen Ländern tragen sie sehr wesentlich zur Proteinversorgung der Bevölkerung bei. Gekochte Hülsenfrüchte sind schwer verdaulich. (vgl. Kap. 16). Essen Sie sie in Maßen; wenn Sie abnehmen wollen, meiden Sie sie ganz. Sie sind allein für sich eine komplette Mahlzeit, können aber auch mit Reis etc. oder Gemüse kombiniert werden. In Indien zum Beispiel ernähren sich Millionen von Menschen mit Linsen und Reis oder Weizenfladen, in Lateinamerika ist die Ernährung aus Mais und Bohnen Standard.

In der Umstellungsernährung von der landesüblichen Ernährung zur vitalstoffreichen Sonnenkost, spielt gegartes Gemüse jedoch eine wichtige Rolle. Es fällt aus Geschmacksgründen nicht leicht, von heute auf morgen darauf zu verzichten. Das ist auch gar nicht nötig und in vielen Fällen auch gar nicht angeraten. Erst muß Ihr Organismus wiedererstarken. Ihr Verdauungssystem muß bis zu einem gewissen Grade gereinigt werden, die Darmflora muß sich regenerieren. Dabei hilft gegartes Gemüse, weil es die Darmperistaltik, die Darmbewegung, die den Darminhalt vorwärtsbewegt, mild unterstützt. Auch sind unerwünschte Reaktionen mit im Körper vorhandenen Giftstoffen mit gegartem Gemüse seltener als mit Rohkost oder Obst. In späteren Kapiteln werden Sie noch Einzelheiten erfahren.

Der positive Effekt der Vollwerternährung liegt meiner Ansicht nach daran, daß alle minderwertigen Nahrungsmittel gemieden werden und daß immerhin ein Viertel der Nahrung aus frischem, rohem Obst und Gemüse besteht. Bei der Verwendung der Vollkornprodukte überwiegen meines Erachtens bei den meisten Menschen eher die Nachteile (vgl. Kap. 20). Schädlich wirkt sich auch die Tatsache aus, daß die Hälfte der Nahrung erhitzt und daß häufig falsch kombiniert wird. Dabei seien vor allem die vielen Gerichte genannt, in denen Käse mit Nudeln etc. kombiniert wird, zum Beispiel in Gratins, die man in Vollwertkochbüchern und vegetarischen Restaurants in Massen findet und die – wie meine eigene Erfahrung zeigt – von den Kunden auch sehr gerne gewählt werden. Milch und Milchprodukte schmälern ebenfalls den gesundheitlichen Erfolg der Vollwert-Ernährung, weil davon viel zu viel verzehrt wird und weil es sich nur in den seltensten Fällen um unerhitzte Rohmilchprodukte handelt. Viele Menschen glauben, daß sie gesundheitlichen Gewinn daraus ziehen, wenn sie Fleisch und Wurst in gleicher Menge durch Käse ersetzen. Immer wieder kommen zu mir Kunden, die sich bitter beklagen, daß sie trotz vieler Jahre bis Jahrzehnte Vollwerternährung ernsthaft erkrankten. Dabei stellt sich allerdings häufig heraus, daß dabei zum Beispiel erheblicher beruflicher Streß und anderes auch eine wichtige Rolle spielten. Auch ist nicht immer einwandfrei zu eruieren, inwieweit sich die Betreffenden wirklich an die Regeln der Vollwerternährung gehalten haben. Diese Probleme können Sie vermeiden, wenn Sie im Sinne dieses Buches rechtzeitig bewußt experimentieren!

14
Säure- und basenbildende Lebensmittel

Türen knallen, Teller fliegen, Gebrüll ertönt, oder man zieht sich zurück, schmollt und sieht finster drein: kurz, man ist sauer – wie der Volksmund sagt. Könnte es sein, daß diese Bezeichnung einen realen Bezug zur Körperchemie hat? Aber sicher doch! Menschen, die dazu neigen, häufiger sauer zu sein als andere Menschen, haben in der Regel einen Mangel an basisch reagierenden Mineralien, ihr Gewebe reagiert sauer statt basisch! Was heißt das?

Bekanntlich befinden sich im menschlichen Körper eine Reihe verschiedener Körperflüssigkeiten wie Blut, Speichel, Bauchspeichel, Zellwasser etc. Diese Flüssigkeiten haben ein bestimmtes Säure-Base-Verhältnis, das in pH gemessen wird. pH 1 ist stark sauer, pH 7 ist neutral und pH 14 ist stark basisch (alkalisch). Damit die Lebensvorgänge im Körper richtig funktionieren, ist es wichtig, daß der pH der Körperflüssigkeiten innerhalb enger Grenzwerte konstant gehalten werden kann. Dafür sind verantwortlich:

1. Die Puffersysteme des Blutes und der anderen Körperflüssigkeiten. Sie fangen zu stark säuernde oder alkalisierende Substanzen ab und neutralisieren sie. Dies funktioniert vor allem über einen wechselnden Gehalt an Kohlendioxid in diesen Flüssigkeiten (SILBERNAGL u. DESPOPOULOS, 1983, S. 110).

2. Die Lunge. Über die Atmung wird Kohlensäure abgegeben, die das Blut übersäuern würde. Übersäuerung des Körpers findet man deshalb z. B. bei Menschen, die nicht tief genug atmen, wie dies zum Beispiel bei ängstlichen Typen, besonders Frauen, sehr verbreitet ist.

3. Die Niere. Sie ist in der Lage, die Ausscheidung säuernder Stoffe zu steigern oder zu verringern. Sie spielt die wichtigste Rolle bei der Erhaltung des Säure-Basen-Gleichgewichtes. Der biologische Normalwert von menschlichem Urin liegt nach SANDER und KERN (zit. bei OETINGER-PAPENDORF, 1988, S. 15) im Durchschnitt bei einem pH-Wert von 7,4. Bei unserer landesüblichen Mischkost der gutbürgerlichen Küche findet man einen sauren Urin-pH (etwa bei 5,5). Wenn Basen ausgeschieden werden, findet man einen alkalischen pH (größer 7),

wenn Säuren ausgeschieden werden, einen sauren pH (kleiner 7 bis minimal 4). Fällt der pH-Wert zu stark ab, so kann die Steuerung durch die Niere ganz ausfallen. Dann besteht höchste Vergiftungsgefahr für den ganzen Körper. Die Ausscheidung von Säure durch die Nieren erfolgt auf verschiedenen Wegen: "Weniger als 1% der anfallenden Wasserstoff-Ionen werden in freier Form ausgeschieden. Eine mengenmäßig viel wichtigere Ausscheidungsform ist die sog. titrierbare Säure (80% Phosphat, 20 % Harnsäure, Zitronensäure u. a.)." (SILBERNAGL u. DESPOPOULOS, 1983, S. 144f). Die Ausscheidung von sauren Stoffwechselprodukten kann also nur erfolgen, wenn im Körper genügend Alkalireserven zur Verfügung stehen, welche die Ausscheidung ermöglichen.

Die meisten Lebensmittel sind entweder säurebildend (z.B. Fleisch, Fisch) oder basenbildend (Gemüse, Obst). Eine gemischte Kost hat gewöhnlich einen Säureüberschuß, der eine entsprechende Ausscheidung von Säure durch die Niere verursacht. Bei sehr einseitiger Ernährung kann der Säure- oder Basenüberschuß bis auf das Dreifache (150 mval/Tag) ansteigen. Demgegenüber kann die Niere nach Ansicht der Schulmedizin (BÄßLER et al. 1987, S. 89) bis zu 1000 mval/Tag Säure ausscheiden bzw. bis zu 400 mval/Tag Säure einsparen und den Basenüberschuß neutralisieren. Eine Überlastung des Säure-Base-Haushaltes durch einseitige Ernährung ist nach Ansicht dieser Autoren praktisch nicht möglich, weil selbst sehr einseitige Ernährung immer noch innerhalb der Regulationsbreite der Niere liegt. Wenn dies relevant wäre, dann würde beim Gesunden weder eine säureüberschüssige noch eine basenüberschüssige Ernährung zu Gesundheitsstörungen führen.

Die Erfahrungen der Mehrzahl alternativer Ernährungs-Fachleute, Naturheilkundler etc. sehen jedoch ganz anders aus. Sie haben erkannt, daß durch falsche Ernährung (Überwiegen der säurebildenden Nahrungsmittel) eine Übersäuerung des Körpers eintritt. Sie sind der Ansicht, daß die Kapazität des menschlichen Körpers, Säureüberschüsse auszugleichen, von Mensch zu Mensch unterschiedlich gut ausgebildet ist, und sie bezweifeln generell die Leistungsfähigkeit der Niere, die bei chronischer Fehlernährung überfordert wird. Das Resultat von überwiegend säurebildender Nahrung (Fleisch, Fisch, Getreide) ist fatal. Es bilden sich Wasseransammlungen in Bauch und Beinen, der Körper wird anfällig für Herz-Kreislauferkrankungen. Gehäuft werden Herz-Rhythmusstörungen, unregelmäßige Atmung, brennende Fußsohlen, Kribbelempfinden im ganzen Körper und Nervenschmerzen beobachtet (BINDER, 1987, S. 37).

Die beim normalen Stoffwechsel entstehenden Abfallstoffe, durch die Nahrung zugeführte, aber unbrauchbare Stoffe sowie wegen Überlastung ungenügend abgebaute Stoffe müssen aus dem Körper entfernt werden, damit sie keinen Schaden ausüben können. Verbleiben sie im Körper, so lagern sie sich als Giftstoffe an allen möglichen Stellen im Gewebe, in Gelenken usw. ab. Man nennt das Bindegewebsversalzung und Verkäsung, Verschleimung und Verschlackung. Mehr darüber lesen Sie in Kapitel 15.

Diese Schlacken sollten sich am besten erst gar nicht im Körper ansammeln. Dies läßt sich durch eine geeignete Lebensweise erreichen, wobei Ernährung und Bewußtheit die entscheidenden Rollen spielen. Wenn mir etwas "an die Nieren geht", dann muß der emotionale Hintergrund geklärt werden, muß ich mir meiner Ängste etc. bewußt werden, sollte mich vielleicht aussprechen, offen für Kontakte, für Liebe sein. Darüberhinaus muß ich langfristig meine Nahrung umstellen. Sie muß so beschaffen sein, daß die Nieren bei der Ausscheidung unbrauchbarer und giftiger Substanzen schritthalten können mit dem Anfall dieser Stoffe. Nach Ansicht der führenden Ernährungsfachleute der naturheilkundlichen Richtung sollte die Nahrung des Menschen zu 80% aus basenbildenden und nur zu 20% aus säurebildenden Nahrungsmitteln stammen. Welches sind nun aber diese verschiedenen Nahrungsmittel?

Es gibt zwei Arten von sauren und alkalischen Nahrungsmitteln. Da ist zum einen die saure bzw. alkalische Nahrung selbst, zum anderen die säurebildende oder basenbildende Nahrung. In der ersten Gruppe kann man den pH direkt am Lebensmittel messen: Zitronen zum Beispiel sind bekanntlich sehr sauer. Ihr pH ist 2,3, Äpfel liegen bei 3,1, Apfelsinen bei 3,5, Tomaten bei 4,2, Thunfisch bei 6,0, Kuhmilch bei 6,5, reinstes Wasser hat pH 7 und Maisbrei hat pH 7,4. Die meisten Lebensmittel liegen im sauren Bereich. Einfach destilliertes Wasser hat gewöhnlich einen pH von 5,7, weil es Spuren von Kohlensäure enthält, die beim Destillieren nicht verschwinden. In der zweiten Gruppe kommt es darauf an, wie die Lebensmittel im Körper reagieren. Die als sehr sauer bekannte Zitrone reagiert im Körper zum Beispiel basisch. Mit säurebildend bzw. basenbildend beschreiben Ernährungsfachleute den Zustand, den die Nahrung im Körper nach dem Verdauungsvorgang hervorruft (AIHARA, 1988, S. 19ff). An welchen Faktoren liegt nun dieses unterschiedliche Verhalten?

Es gibt zwei Gruppen von Elementen, die bei Überwiegen in unserer Nahrung im menschlichen Organismus Säuren oder Basen bilden. Es sind dies:

1. Schwefel, Phosphor, Chlor und Jod, die Säure bilden, und 2. Natrium, Kalium, Calcium, Magnesium und Eisen, die Basen bilden oder anders ausgedrückt alkalisch reagieren.

Proteine zum Beispiel enthalten Schwefel und viele auch Phosphor. Nach der Verdauung der Proteine bleiben diese beiden Elemente in Form von Schwefelsäure und Phosphorsäure übrig und werden von den Alkalien (Basen) Ammoniak, Calcium, Natrium und Kalium neutralisiert, bevor sie von den Nieren ausgeschieden werden. Dies stößt bei den meisten Menschen auf größte Probleme, wenn überwiegend und jahre- bis jahrzehntelang stark säureüberschüssige Nahrung gegessen wird.

Säuren verbrauchen also im Körper vorhandene Alkalireserven. Genauso wirken die meisten Getreide, weil auch sie Schwefel und Phosphor enthalten. In Früchten und den meisten Gemüsen hingegen enthält die organische Säure, die wir zum Beispiel in einem sauren Apfel schmecken, viel Kalium, Natrium, Calcium und Magnesium. Diese Säuren werden durch Oxidation zu Kohlendioxid und Wasser umgewandelt. Die alkalisch reagierenden Elemente bleiben zurück und neutralisieren Säuren im Körper. Deshalb werden Früchte und die meisten Gemüse als basenbildend eingestuft. Zu Recht sagt der Volksmund: sauer macht lustig: saure Früchte führen zu Basenüberschuß im Körper und damit zu guter Laune, weil der Körper-pH stimmt. Geistig (anthroposophisch) gesehen können Phosphor und Schwefel im gesunden Menschen in Aktivität, Kreativität und Liebe umgesetzt werden. Menschen ganz ohne Säure wirken deshalb farblos.

Wie bestimmt man säure- und basenbildende Nahrungsmittel? Man bestimmt das Verhältnis der basenbildenden und säurebildenden Elemente zu einander. Praktisch sieht das so aus, daß man das betreffende Lebensmittel zu Asche verbrennt und die Asche in Wasser löst. Der Säure- bzw. Basengehalt der Lösung wird sodann bestimmt, indem man so lange eine Säure oder Base bekannter Stärke hinzu gibt, bis die Lösung neutral reagiert.

Zu den säurebildenden Nahrungsmitteln gehören alle tierischen Produkte, Getreide (außer Hirse) und deren Produkte, Nüsse, Hülsenfrüchte, Bier, Whisky und Zucker. Zu den basenbildenden Nahrungsmitteln zählen: Gemüse, Obst, Salz, Miso, Sojasauce, Wein und Bohnenkaffee. Aus entsprechenden Tabellen (z. B. bei AIHARA, 1988, S. 64ff) ergibt sich, daß Lebensmittel sehr unterschiedlich stark säure- bzw. basenbildend sein können. Eigelb ist zum Beispiel 32 mal so säurebildend als Brot, wobei Brot nahe an neutral liegt. Spinat ist rund 9 mal stärker basisch als Zwiebeln. Häufig wird auch das Calcium/Phosphor-Verhältnis zur Bewertung des Säure-Base-Verhältnisses herangezogen.

Über dieses rein labormäßige Bestimmen der Säure-Base-Eigenschaften der Lebensmittel hinaus ist jedoch in erster Linie wichtig, wie diese Lebensmittel im Körper des Menschen reagieren. Dabei muß man wiederum unterscheiden, ob die verantwortlichen Mineralien dort nur weilen und auf die Ausscheidung warten oder ob sie in die lebendigen Zellen eingebaut werden können. Dieser Punkt wird viel zu wenig beachtet! Zu Ergebnissen kommt man hier durch Versuche am Menschen. Man gibt ihm die zu testenden Nahrungsmittel in einer Monomahlzeit und mißt dann den Morgenurin-pH. Dabei muß aber berücksichtigt werden, was die Testperson die Tage zuvor gegessen hat und daß sie möglichst frei von alten Schlacken ist. Diese könnten – angeregt durch das zu testende Lebensmittel – ausgeschieden werden und falsche Ergebnisse liefern. Im folgenden Kapitel 15 werden wir darauf eingehen, unter welchen Umständen aufgenommene Mineralien in die lebenden Körperzellen eingebaut werden können.

Das richtige Verhältnis zwischen säuren- und basenbildenden Nahrungsmitteln (nämlich 20 zu 80) läßt sich leicht erreichen, wenn man vegetarisch lebt und überwiegend rohes Obst und Gemüse ist. Es lohnt sich sehr, mit der in diesem Sinne richtig zusammengestellten Nahrung zu experimentieren. Entschlackung und Entgiftung des Körpers sind die entscheidende Voraussetzung für Gesundheit: Krankheiten sind fast immer die Folge von Vergiftungen im Körper.

Ganz einfach ist es jedoch nicht, zu befriedigenden Ergebnissen zu kommen:

1. Die Forderung der Natural Hygiene, vormittags nur rohes Obst auf nüchternen Magen zu essen, ist insofern ein wenig problematisch, da es viele Menschen gibt, deren Darmflora durch Antibiotika und jahrzehntelange falsche Ernährung mit starken Überschüssen an säurebildender Nahrung so extrem stark geschädigt ist, daß sie Obst nicht gut vertragen: Das Obst wird im Darm nicht richtig verdaut und bleibt zu lange liegen, es fängt dann zu gären an und wird dadurch sauer (OETINGER-PAPENDORF,1987, S. 27). Wer diese Probleme hat, sollte einen guten Homöopathen aufsuchen und veranlassen, daß seine Darmflora wieder in Ordnung kommt. In weniger schlimmen Fällen hilft in der Regel eine mehrtägige Fastenkur, bei der nur mineralarmes bzw. destilliertes Wasser getrunken wird. Dabei achten Sie besonders auf eine gründliche Darmentleerung. Diese kann durch Einläufe und das Trinken von Glaubersalzlösungen (aus der Apotheke) erreicht werden, wie Fastenärzte empfehlen. Auf die Anfangsschwierigkeiten bei der Entschlackung weist besonders EHRET (1988) in seinem sehr bemerkenswerten Buch über die "schleimfreie Heilkost" hin. Er empfiehlt am Anfang der Umstellung mehr gegartes Gemüse und Obst, da rohes Obst bei manchen Menschen zu heftige Entgiftungserscheinungen hervorrufen könnte. Wenn Sie Probleme mit dem Magen haben, experimentieren Sie, welche Sorte Obst Sie am besten vertragen. Im Laufe der Zeit wird Ihr Magen bereit sein, viele Sorten Obst klaglos anzunehmen.

Wenn der Magen-Darm-Trakt dann einigermaßen in Ordnung ist, können Sie anfangen, damit zu experimentieren, vormittags nur Obst auf nüchternen Magen zu essen bzw. frisch gepreßte Obstsäfte (langsam) zu trinken. Die Wirkung ist vormittags während der Ausscheidungsphase des Körpers (von 4.00 Uhr bis 12.00 Uhr) besonders effektiv, wie ich selbst ausprobieren und bei vielen meiner Freunde und Kunden beobachten konnte. Der Körper produziert Schleim, mit dessen Hilfe massenweise alte giftige Schlacken ausgeschieden werden, der Körper wird entsäuert und entwässert, und man fühlt sich herrlich leicht und lebendig. Noch wirksamer freilich ist eine Kur, bei der man über mehrere Tage hintereinander nur Obst ißt und mineralarmes (am besten destilliertes) Wasser trinkt. Zum Abspecken ist dies ideal. Aber bitte Vorsicht: wenn zu viel Gift auf einmal im Körper mobilisiert wird, könnte es sein, daß es Ihnen zu viel wird und Sie zu sehr leiden müssen. Bremsen Sie dann, indem Sie einen Teil des rohen Obstes durch gekochtes Gemüse ersetzen!

Probieren Sie es aus. Wenn Sie sich erst einmal mit Obstessen angefreundet haben, können Sie es nicht mehr lassen, weil Sie sonst das herrlich leichte, unbeschwerte Körpergefühl vermissen. Lassen Sie sich durch auftretende Entgiftungserscheinungen, wie zum Beispiel Muskel-Glieder- und Kopfschmerzen, gelegentliche Übelkeit, Hautausschläge, Pickel etc. aber auch nicht abschrecken. Für diese Unannehmlichkeiten werden Sie mehrfach belohnt. Das Wichtigste dabei ist, daß Sie die Entgiftungserscheinungen nicht als Mangelerscheinungen Ihrer neuen Ernährung mißdeuten. Ich kenne viele solcher Fälle. Die Entgiftung wird nämlich sofort gestoppt, wenn Sie die alte Ernährung wieder aufnehmen. So mancher hat daraus den falschen Schluß gezogen, daß in der neuen Ernährung im Gegensatz zur alten Stoffe fehlten, was dann zu den Beschwerden führte. Details zur Entschlackung finden Sie in den 13 goldenen Regeln am Ende von Kapitel 15. Beim Auftreten von Entgiftungs-Symptomen haben Sie die Gelegenheit, Ihre Angst zu beobachten. Nutzen Sie dies, und geben Sie der Angst nicht sofort nach.

Die Ursache einer kranken Darmflora liegt neben einer Schädigung durch Antibiotika und einer jahrelangen Fehlernährung durch ein Übergewicht säurebildender Nahrungsmittel auch in der fehlerhaften Kombination von Nahrungsmitteln (vgl. Kapitel 16). Nach X. MAYR, einem Darmspezialisten, der durch seine Entschlackungskuren mit Milch und trokkenen Semmeln bekannt geworden ist, sind vor allem Kombinationen schädlich, die außerhalb des Körpers bei 37 °C zu gären beginnen: dies sind Milch und Milchprodukte (außer Butter und Sahne) mit Obst und Zucker – eine bekanntlich besonders beliebte Kombination, die sich zum Beispiel in dem von der Werbung besonders gehätschelten und von Frauen auf dem Abnehmtrip geschätzten Fruchtyoghurt findet. Schon die Kombination von Zucker und Obst allein genügt, bei der Verdauung im Körper Fusel-Alkohole zu bilden, die Kopfschmerzen und andere Beschwerden erzeugen können. Leider werden diese Fehler auch in den diversen Müslis gemacht, die ja sehr häufig Kombinationen von Milch und Obst enthalten.

Dies ist also ein weites Feld für Sie, zu experimentieren: Vertragen Sie morgens eher nur Obst oder lieber Müsli? Schätzen Sie es, daß Sie sich nach Müsligenuß stundenlang gesättigt fühlen (weil es schwer verdaulich ist!), oder lieben Sie es, sich leicht zu fühlen, aber nach spätestens 2-3 Stunden abermals Obst essen zu müssen, wenn Sie nicht hungern wollen? Wie bekommen Ihnen Honig- und Marmeladebrote? Auch hier treten die gefürchteten Gärungsprozesse auf, Käse- und Wurstbrote liegen ja sowieso wie Steine im Magen, weil Protein und Stärke nicht gleichzeitig verdaut werden können.

Hier muß ich Ihnen noch einen wichtigen Hinweis geben: Lassen Sie sich in Ihrem Experimentierprogramm mit Obstessen nicht abhalten von irreführenden Behauptungen, daß Obst häufig stark saure Zustände hervorruft (KUSHI, 1987, S. 142). Dieser Satz ist eindeutig falsch, schon KUSHIs makrobiotischer Mitstreiter AIHARA (1988, S. 76f) schreibt das Gegenteil. Wenn Sie Obst korrekt essen, das heißt, wenn es reif ist und Sie es roh auf nüchternen Magen essen, gut kauen und einspeicheln und das oben Gesagte berücksichtigen, dann reagiert das Obst im Körper basisch. Wenn Sie Ihre alten sauren Schlacken losgeworden sind, dann wird Ihr Morgenurin nach Obsttagen immer basisch reagieren. Mit ihrer Geringschätzung von rohem Obst und Gemüse begehen die Makrobioten ganz eindeutig einen Fehler.

Einen weiteren Hinweis möchte ich noch den Rauchern unter Ihnen geben: Raucher mögen häufig keine frischen Früchte, obwohl sie die basischen Segnungen besonders nötig hätten. Wenn Sie eine solche Abneigung bei Ihnen entdecken, können Sie ganz sicher sein, daß dies der schädliche Einfluß des Rauchens ist und nicht bedeutet, daß Obst für Sie nicht gut ist. Machen Sie eine Probe. Rauchen Sie einige Tage nicht oder nur sehr wenig, und kosten Sie dann Obst. Wenn Sie ein Gourmet werden wollen, sollten Sie ohnehin mit dem Rauchen aufhören. Rauchen stumpft die Sinnesorgane, vor allem auch die Geschmacksnerven, ab und zerstört sie im Laufe der Zeit (vgl. SHELTON, 1989, S. 248). Auch mit Stangensellerie, die roh geknabbert gut schmeckt, können Sie sich besonders effektiv basische Mineralien zuführen.

2. Es nutzt nur bedingt (in der Übergangsphase), viel Obst und Gemüse zu essen, wenn dieses gekocht wurde. Obst sollte in der Regel nur roh gegessen werden. Es muß aber wirklich reif sein! Gemüse muß schonend zubereitet werden, wenn die Wirkung der basenbildenden Mineralien erhalten bleiben soll. Sehr kurzes Dünsten im eigenen Saft und das

chinesische Pfannen-Rühren (quick stir frying) sind für den Übergang akzeptable Methoden, obwohl auch dabei viel verloren geht. Das Gemüse wird nur so lange gegart, bis es anfängt, weich zu werden, innen aber noch knackig ist. So erzielt man auch geschmacklich beste Noten, ohne pfundweise würzen zu müssen. Es gibt auch Tischwoks, mit denen Sie dem geselligen Aspekt des Essens sehr gut Rechnung tragen können (vgl. Kap 28).

3. Die basenbildenden Mineralien können leider nur unzureichend durch Mineraltabletten oder über Mineralwasser zugeführt werden. Menschen in Gebieten mit besonders hartem Trinkwasser, die demnach viel Calcium zugeführt bekommen, versauern genauso wie andere, ja sie leiden ganz besonders unter Verschlackung (z. B. Arterienverkalkung, vgl. BRAGG, 1987 und VINCENT zit. bei ELMAU, 1985, S. 34 & 70). Das bedeutet im Klartext, daß das durch Mineralwasser zugeführte Calcium zwar aufgenommen wird, daß der Körper aber nicht in der Lage ist, es auch richtig zu verwenden. Es wäre besser, er hätte es wieder ausgeschieden, was offensichtlich bei der hohen Überlastung der Ausscheidungsorgane bei zu reichlichem, zu fettem, zu proteinreichem, also zu stark säurebildendem Essen nicht möglich war (vgl. dazu die Kap. 15 u. 17). Eine rasche Entschlackung erreicht man im System der Natural Hygiene durch eine Fastenkur, bei der nur destilliertes Wasser getrunken wird. Ältere und kranke, stärker verschlackte Menschen sollten dies unter ärztlicher Aufsicht durchführen! Anschließend verhindert die Natural Hygiene eine Übersäuerung des Körpers durch eine überwiegende Obst-Gemüse-Rohkost und Trinken von destilliertem Wasser.

Viele von uns haben in der Schule im Chemieunterricht gelernt, daß man destilliertes Wasser nicht trinken sollte, weil es den Körper entmineralisiere und deshalb schädige. Das ist richtig und falsch zugleich. Es nimmt nämlich zunächst nur diejenigen Mineralien mit, die im Körper in Form von toter Materie als Schlacken abgelagert sind - und das ist ja das Beste, was passieren kann! Die anderen Mineralien, die im Gewebe, in Körperflüssigkeiten und in Knochen etc. in lebenden Zellen fest eingebunden sind, entfernt das destillierte Wasser erst, wenn keine frei verfügbaren "anorganischen" Mineralien aus Schlacken und aus gegarter (hitzegeschädigter) Nahrung mehr vorliegen. Wenn Sie also mit destilliertem oder sehr mineralarmem Wasser entschlacken, so müssen Sie nach einiger Zeit, auf lange Sicht, darauf achten, daß Sie sich durch rohes Obst und Gemüse ausreichend an lebendige Zellen gebundene "organische" Mineralien zuführen, damit ihre eigenen lebenden Zellen genügend Nachschub erhalten. Nur solche Mineralien kann der menschliche Organismus in seine lebenden Zellen einbauen. Je mehr rohes, frisches, reifes, saftiges Obst und Gemüse Sie essen, um so weniger Wasser werden Sie trinken und damit ist das Problem gelöst. Ich kenne Personen, die über viele Monate hin keinen Tropfen trinken. Sie stillen Ihren Wasserbedarf leicht allein über frisches Obst und Gemüse. Das ist optimal!

Da destilliertes Wasser für Trinkzwecke nur schwer zu erhalten ist, kann man auch auf VOLVIC oder ein ähnliches, extrem mineralarmes (weiches), kohlensäurefreies Wasser zurückgreifen. Destilliertes Wasser für Batterien, Bügeleisen etc. darf nicht verwendet werden. Es kann Schadstoffe enthalten. Es wird auch nicht unter hygienischen Gesichtspunkten abgefüllt. Es gibt auch Destilliergeräte für den Hausgebrauch auf dem Markt. Die Angehörigen der amerikanischen Marine trinken seit Jahrzehnten destilliertes Wasser. Dieses wird in den USA auch überall zum Verkauf und in Trinkwasserspendern und in Supermärkten angeboten. Geeignet ist auch Wasser, das speziell für Trinkzwecke durch Umkehr-Osmose entmineralisiert wird. Auch dafür sind Geräte auf dem Markt (z. B. bei der Firma Heinrich J. MÜLLER c/o WALDTHAUSEN-Verlag).

Ich habe selbst seit über einem Jahr sehr gute Erfahrungen mit destilliertem Wasser als täglichem Trinkwasser gemacht. Die Ablehnung des destillierten Wassers kann ich mir nur folgendermaßen erklären: Wenn Sie dieses Wasser trinken, so setzt sofort ein intensiver Entschlakkungsprozeß ein. Dabei geraten die Gifte aus ihren Depots vorübergehend in die Blutbahn bevor sie über die Nieren ausgeschieden werden. In diesem Zeitraum kommt es zu Entgiftungssymptomen, die falsch als Vergiftungssymptome durch destilliertes Wasser gedeutet wurden.

Mineraltabletten und Mineralsalzgemische, wie sie z. B. ROUCKA (Erbasit) und OETINGER-PAPENDORF (1987) zur Entsäuerungs- und Entschlackungskur empfehlen, wie sie SCHNITZER unter dem Namen Pulvin (aus Calcium-, Magnesium-, Mangan-, Zink- und anderen Salzen) auf sein morgendliches Müsli streut und wie sie in vielfältiger Ausprägung in Apotheken, Drogerien und Supermärkten als Nahrungsergänzung angeboten werden, können dann bei einer Entsäuerung helfen, wenn der Körper in der Lage ist, diese Stoffe zusammen mit den Säuren auch auszuscheiden. Wenn jedoch die Eßgewohnheiten, die die Übersäuerung des Körpers über die Jahre hin verursachten, nicht umgestellt werden, dann sind die Nieren so stark überlastet, daß die Gefahr besteht, daß die zugeführten Salze im Körper in Form von Schlacken zum Schaden des Patienten deponiert werden (vgl. BRAGG, 1987). In die lebenden Körperzellen können sie ohnehin nicht in nennenswertem Umfang eingebaut werden.

Im Gegensatz zu der Methode der Natural Hygiene, die auf die Selbstheilungskräfte des Körpers vertraut, wenn man nur die richtigen

Bedingungen schafft, daß sich diese frei entfalten können, basiert die Mineralsalzmethode auf dem Ansatz der Schulmedizin, daß Medikamente nötig sind, damit Krankheiten geheilt werden können. Auf eine Umstellung der ganzen Lebensumstände kommt es Frau OETINGER-PAPENDORF nur wenig an. Deshalb muß die "Entsäuerung" nach ihrer Methode auch lebenslang durchgeführt werden. Daß die Natural Hygiene die Therapie mit Mineralsalzgemischen ablehnt, steht nicht im Widerspruch zu Behandlungserfolgen, die damit erzielt wurden! Auch Aspirin beseitigt Kopfschmerzen.

Wirkungsvolle, dauerhafte und vor allem schnelle Entsäuerung und Entschlackung kann nach WANDMAKER (1988) und der Natural Hygiene Bewegung nur dann stattfinden, wenn durch geeignete Ernährung die Menge der neu zugeführten, von der Niere zu bewältigenden Salz-, Schleim- und Schlackenmenge auf Dauer drastisch verringert wird, so daß freie Ausscheidungskapazitäten entstehen. Die Entschlackung kann dann durch destilliertes Wasser stark unterstützt werden, weil Wasser als Träger der auszuscheidenden Substanzen unentbehrlich ist. Der einzig sinnvolle Weg, dem Körper auf Dauer die nötigen basischen Mineralien zuzuführen, ist durch den Genuß von rohem Obst und Gemüse. Diese sogenannten organischen Mineralien besitzen die nötigen energetischen Schwingungen, die sozusagen als Eintrittskarte in die lebendigen menschlichen Zellen nötig sind.

Zum Schluß dieses Kapitels noch ein paar Worte zur Ausscheidung von Salzen durch die Haut. Dies geschieht bekanntlich vor allem, wenn es heiß ist und wir uns viel bewegen. Nach weit verbreiteter Ansicht muß das Salz, das man beim Schwitzen ausscheidet, wieder ersetzt werden, weil der Körper sonst schwach wird und im Magen nicht genug Salzsäure gebildet wird. Die Vertreter der Natural Hygiene, zum Beispiel BENTON (in THE LIFE SCIENCE HEALTH SYSTEM, S. 1185f), sind der durch gründliche Beobachtungen untermauerten Meinung, daß ausgeschwitztes Salz nicht ersetzt werden sollte. Wenn sich jemand durch Obst- und Gemüserohkost ohne jede Zugabe von Kochsalz ernährt, leidet er keinen Mangel, sein Schweiß wird dann aber auch nicht salzig sein. Er wird auch nicht sauer sein, weil es keine Säuren auszuscheiden gibt und die Ausdünstungen des Körpers werden wohlriechend sein. Die Bakterien, die für unangenehmen Schweißgeruch mitverantwortlich sind, werden sich bei einem vegetarischen Rohköstler viel langsamer vermehren, so daß bei regelmäßiger Hygiene überhaupt nicht mit unangenehmem Körpergeruch gerechnet werden muß. Die durch Kochsalz aufgenommenen Chlorid-Ionen finden sich nicht in der Salzsäure des Magens wieder. Flüssigkeitsmangel des Körpers, wie er sich beim Schwitzen ergibt, sollte am besten durch Trinken von reinem Wasser oder durch das Essen von saftigem Obst ausgeglichen werden. Erfahrungsgemäß schwitzen Rohköstler sehr wenig - auch bei Bewegung in der Hitze. Das klingt ein wenig unglaubwürdig - probieren Sie es aus, ich habe es am eigenen Körper erfahren, und ich bin erst zu zwei Drittel auf Rohkost!

15

Die Geißeln Verschlackung, Verschleimung, Verkalkung

Was benötigt der menschliche Körper, um Vitalität, Leistungsfähigkeit und Lebensfreude zu bescheren? Nahrung! Es ist jedoch ebenso wichtig, daß beim normalen Stoffwechsel entstehende Abfallstoffe, durch die Nahrung zugeführte, aber unbrauchbare Stoffe sowie wegen Überlastung der Verdauungsorgane ungenügend abgebaute Stoffe auch aus dem Körper entfernt werden. Sie richten sonst schweren Schaden an. Verbleiben sie im Körper, so lagern sie sich an allen möglichen Stellen im Gewebe, in Gelenken usw. ab. Man nennt das Versalzung, Verkäsung, Verkalkung oder allgemein Verschlackung. Damit geht in der Regel auch eine Versauerung des Organismus einher (vgl. Kap 14).

Diese unerwünschten Ablagerungsvorgänge sind mit zunehmendem Alter häufiger spürbar, treten bei überwiegend konzentrierter Nahrung und generell bei unserer landesüblichen, sogenannten gut bürgerlichen Kost mit dem hohen Anteil an Produkten der Nahrungsmittelindustrie und an Rückständen aus der Landwirtschaft sowie durch Verunreinigungen der Umwelt stark beschleunigt auf. Nicht viel weniger betroffen sind die sogenannten Pudding-Vegetarier sowie – man höre und staune – die Körndlfresser und Vollkornbrot- und Müslifreunde. Über die verschlackende und verschleimende Wirkung von Milch- und Getreideprodukten lesen Sie in den Kapiteln 20 und 21. Die Hauptursache für die Verschlackung ist die Tatsache, daß die meisten Menschen einfach zu viel und in falschen Lebensmittelkombinationen essen. Der Organismus wird dadurch in jeder Hinsicht überlastet: er kann ständig weder richtig verdauen, noch genug Energie bereitstellen, noch ausreichend Gifte ausscheiden!

Die gesundheitlichen Folgen sind enorm: Der Körper nimmt an Gewicht zu, da sich im Gefolge der Gifte auch Fett- und Wasserdepots bilden. Die Ablagerungen machen den Körper unbeweglich, leistungsschwach, müde und krank: Kopf- und Gliederschmerzen, häufige Erkältungen und Grippe, Rheuma, Gicht, Arthritis, Nieren- und Gallensteine, Arterienverkalkung, Herz- und Kreislaufbeschwerden und eine schier endlose Liste von weiteren Krankheiten plagen den armen Zeitgenossen. Der Körper wird regelrecht vergiftet. Diese Vergiftung löst dann je nach Konstitution und überwiegendem Charakter der Gifte unterschiedliche Beschwerden aus. Krebs ist eine der fatalen Endstationen der Vergiftung.

Woraus setzen sich die Schlacken im Körper zusammen? Schlacken sind alle nicht lebenden Bestandteile der Gewebe. Sie enthalten: Kalk, Cholesterin, dicke Schleim- und Exudatreste, Eiweiße und Überreste eines unvollständigen Eiweißstoffwechsels und Gifte, welche die Darmlympfe aufsaugte (aus Nahrungsmittel-Verunreinigungen etc.). Ferner finden sich Fett, Eiweiß, Phosphorsäure, Oxalsäure, Harnsäure, Medikamentenreste, Umweltgifte, abgestorbene Zellreste, eingekapselte Infektionsherde von früheren Krankheiten, Tuberkuloseknoten usw. und deren abgestorbene Erreger samt deren Stoffwechselprodukten sowie Infiltrate aus Blut- und Lympfzellen, die bei Krankheit, Streß, Parasiten, Übersäuerung etc. auftreten (vgl. OETINGER-PAPENDORF, 1988, S. 30f).

Schließlich finden sich bei den meisten Menschen uralte Kotreste im Darm, die sich dort in krankhaften Ausbuchtungen eingenistet haben und nur ausgeschieden werden können, wenn eine regelrechte Darmreinigung durchgeführt wird oder – in leichteren Fällen – zumindest die Lebensweise radikal umgestellt wird. Diese Kotreste können viele Kilogramm ausmachen!

Schlacken sind auch spürbar als schmerzhafte Apfelsinenhaut und tastbar als Verklebungen und Verdichtungen der Haut. Beim Weichteilrheumatismus sind es tieferliegende Bindegewebshärten. Wenn der Arzt mit einer Nadel hineinsticht, kann es knirschen als Zeichen dafür, daß sich Kristalle abgelagert haben. Man findet in der Literatur Angaben, daß der Mensch im Durchschnitt täglich ca. 1 g Schlacke ansammelt. Zusammen mit dem Wasser, das die Schlacken im Körper festhalten und überzähligen Fett- und Eiweißdepots ergibt das bei einem 50jährigen bei einem Körpergewicht von zum Beispiel 80kg bis zu 30kg überflüssiger, toter Substanz, die herumgetragen werden muß und belastet! Für diejenigen unter uns, die wie ein Strich in der Landschaft herumlaufen, besteht jedoch kein Grund zum Jubeln: auch sie sind verschlackt – nur fehlen Fett, Wasser und Kotreste in größeren Mengen.

Diese Schlacken sollten sich am besten gar nicht erst im Körper ansammeln. Dies läßt sich durch eine geeignete Lebensweise erreichen, wobei Ernährung und Bewußtheit die dominanten Rollen spielen. Die Nahrung muß so beschaffen sein, daß die Nieren bei der Ausscheidung unbrauchbarer und giftiger Substanzen schritthalten können mit dem Anfall dieser Stoffe. Es kommt entscheidend darauf an, daß Sie Ihrem Körper in erster Linie solche Lebensmittel zuführen, die nicht nur nähren, sondern zugleich auch für eine regelmäßige, vollständige Entgiftung sorgen. Dies sind die Lebensmittel mit einem natürlich hohen Wassergehalt: Obst, Salat und Gemüse. Diese Lebensmittel sind zugleich (fast) die einzigen, die im Körper basisch reagieren, eine wichtige Tatsache, auf die in Kapitel 14 eingegangen wird. Da die gefürchteten Schlacken zu einem Großteil aus Mineralien bestehen, müssen wir auf die Zufuhr und Abfuhr dieser Stoffe besonders achten.

In die lebenden Zellen des menschlichen (und tierischen) Körpers können nur solche Mineralien eingebaut – und damit einzig sinnvoll genutzt werden – wenn sie im organischen Zusammenhang mit pflanzlichen oder tierischen Zellen verzehrt werden. Sobald eine Veränderung durch Erhitzung (Pasteurisieren, Sterilisieren, Kochen, Backen, Braten, Grillen etc.) oder eine andere der heute in der Lebensmittelindustrie so weit verbreiteten Maßnahmen der Denaturierung erfolgt, verlieren die Mineralien etwas, was die zweckvolle Nutzung im Körper ermöglicht: sie werden zu toten anorganischen Mineralien, denen die notwendige "Schwingung" oder "energetische Ausstrahlung" fehlt, die den Körperzellen signalisiert, daß sie bereit sind zur ordnungsgemäßen Mitarbeit. Versuche haben dies eindeutig ergeben (vgl. SHELTON, 1989, S. 127–131 u. 182f).

Lassen Sie sich nicht dadurch stören, daß in der Literatur Bezeichnungen wie "organische" Mineralien auftauchen. Die Autoren sind sich bewußt, daß es so etwas nach der strengen naturwissenschaftlichen Terminologie nicht gibt. Mineralien sind in Physik, Chemie und Mineralogie immer anorganisch. "Organische" Mineralien sind solche Mineralien, die in noch lebende Zellen eingebaut sind.

Durch die oben genannte Denaturierung der Nahrung durch Kochen etc. werden außerdem die meisten Enzyme und Vitamine ganz oder teilweise zerstört. Ohne das segensreiche Wirken dieser Katalysatoren ist aber die naturgemäße Verdauung der Nahrung und ihre Aufnahme durch den Körper – Bereitstellung von Energie, Aminosäuren, Fettsäuren und Mineralien für den Zellaufbau und das Leben der Zellen – nicht möglich.

Aus diesen Gründen stellt die optimale Vitalernährung die Rohkost dar, denn nur sie liefert alle Stoffe in organischer, nicht denaturierter Form. Nahrungsmittel, die roh nicht gegessen werden können bzw. individuell nicht vertragen werden, verschwinden schlicht und ergreifend vom Speisezettel und damit auch das Argument gegen Rohkost, daß man eine Reihe von Lebensmitteln roh nicht richtig verdauen könne. Obst spielt bei dieser Ernährungsweise die Hauptrolle (bis 80%), an zweiter Stelle kommen Salate und Gemüse in einer Zusammenstellung, die individuellen Bedürfnissen gerecht wird. Die letzten zehn Prozent der Ernährung bestehen aus Nüssen und Samen. Dem Körper wird dabei alles Nötige in optimal verwertbarer Form zugeführt: Energie in Form des

Fruchtzuckers des Obstes und des Stärkeanteils der Gemüse, Protein in einem Prozentsatz von eins bis zwei im Obst – wie bei der Muttermilch! Weiterhin Protein in den Nüssen und Samen und organisch programmierte Mineralien und Vitamine in Hülle und Fülle. Es fehlt absolut nichts ! Obendrein wird soviel reinstes Wasser mitgeliefert wie für die Ausschwemmung von Schlacken und Giften aus dem Körper notwenig ist.

Die Frage, wie man eine strikte Rohkosternährung auch psychisch durchhalten kann, wird in den Eingangskapiteln erläutert. Die meisten Menschen, die sich in diese Richtung bewegen wollen, dürften eine längere Umstellungsphase benötigen. Alte Eßgewohnheiten aufzugeben, gehört zu dem Schwierigsten überhaupt. Durch die langen Jahre mit denaturierter, stark gewürzter Nahrung sind unsere Geschmacksnerven wie betäubt. Wahrscheinlich müssen Sie es erst wieder lernen, das köstliche Obst in seinen unzähligen Varianten voll zu genießen. Durch das tägliche Vollstopfen mit zu viel und falsch kombinierter Nahrung fühlen sich viele Menschen erst dann satt, wenn sie bereits viel zu viel gegessen haben! Dieses Völlegefühl verwechseln sie dann mit einem gesunden Sättigungsgefühl, und es fühlt sich nach Obstgenuß oder richtigen Lebensmittelkombinationen an, als ob sie nicht ordentlich satt würden. Dieses Phänomen verschwindet im Laufe der Gesundung.

Die Ansicht der Makrobioten, man solle nur Obst aus der klimatischen Region essen, in der man lebt, kann man ruhigen Gewissens vergessen! Der Mensch hat während des größten Teils seiner viele Millionen von Jahren langen Entwicklungsgeschichte zu Zeiten der "alten Tropenerde" im Tertiär überall auf der Erde in tropischem Klima gelebt und ist deshalb an tropische Produkte voll angepaßt. Ob tropische oder mediterrane Früchte, im Winter in den Mittelbreiten genossen, bei Ihnen tatsächlich Kältegefühle hervorrufen, müssen Sie selbst ausprobieren. Für mich sind alle Arten von Obst zu allen Jahreszeiten willkommen. Wichtig ist, daß das Obst reif ist – sonst lassen Sie besser die Finger davon. WANDMAKER (1988, S. 32) berichtet sogar von einem Spitzensportler, der sich in Alaska mit rohen tropischen Früchten topfit hält! Obst vorwiegend als Kompott, noch dazu mit einer Prise Salz, wie Frau KUSHI (1987, S. 345) rät zu essen, mag für Japaner, die sich stark erden müssen, passen, für uns Mitteleuropäer erscheint mir das nicht generell am Platze. Die Erwägung, daß Nahrung durch Kochen auf ein für den menschlichen Organismus verbessertes energetisches Niveau gehoben wird, läßt sich ebenfalls nicht generell sagen. Für Wurzelgemüse kann dies sinnvoll sein. Hier spielen individuelle Bedürfnisse wieder die entscheidende Rolle.

Die Tatsache, daß bei uns heutzutage Obst, das im Handel verkauft wird, sehr häufig noch unreif geerntet wird und dann erst beim Händler oder bei Ihnen zu Hause nachreift, sollte Sie nicht allzusehr stören. Selbstverständlich wäre es besser, das Obst total sonnengereift direkt von Baum zu essen. Dies ist jedoch nur wenigen und nur zu bestimmten Zeiten im Jahr möglich. Nachgereiftes Obst ist immer noch besser als andere Lebensmittel. Auch Bananen deshalb abzulehnen, weil sie gegen Parasiten begast, weil sie grün geerntet und dann auch noch mit Kohlendioxid nachgereift werden, halte ich für übertrieben. Kohlendioxid kommt in der Atemluft natürlich vor, und so gereifte Bananen enthalten immer noch alles Wesentliche, das der Körper braucht. Außerdem besitzen sie eine dicke Schale, die nicht mitgegessen wird und viele Schadstoffe vom Inneren fernhält. Bananen sind überhaupt besonders zu empfehlen. Und denken Sie daran: von allen Lebensmitteln sind Obst, Salat und Gemüse immer noch viel weniger durch die Landwirtschafts-Praktiken und die Umwelt belastet als tierische Produkte. Tiere stehen am Ende der Nahrungskette: sie fressen die Gifte, die in ihrer vegetarischen Nahrung enthalten sind und werden zusätzlich noch durch die Umwelt und die Aufzuchtpraktiken belastet. Am schlimmsten verseucht sind Raubtiere (incl. Fische).

Schließlich noch ein Wort an alle, die keine Lebensmittel essen, die aus anderen Klimazonen zu uns kommen, weil sie aus ökologischen Gründen Transportenergie sparen wollen. Ein solches Denken in Ehren - aber übertreiben sollte man es nicht. Wenn man den Welthandel auf das unbedingt Nötige beschränken würde, dann würde das Leben viel an Farbe und Abwechslung verlieren. Erst kürzlich beklagte sich eine Teilnehmerin meiner Seminare, daß jetzt das Frühstück so langweilig sei: sie könne im Winter nur Äpfel und Birnen essen. Ich mußte ihr erst klar machen, daß sie die Langeweile durch ihren Dogmatismus selbst verschuldete.

Hitzegeschädigte Mineralien, wie man sie in pasteurisierten oder sterilisierten Milchprodukten und in gegarten Nahrungsmitteln findet, können im menschlichen Körper nicht ordnungsgemäß verwendet werden. Der Körper muß sie deshalb wieder ausscheiden. Bei der bei uns üblichen gut bürgerlichen Kost, ja selbst bei der viel gepriesenen Vollwertkost fallen jedoch derart viele unverwertbare Stoffe an, daß die Ausscheidungsorgane völlig überlastet sind. Die Stoffe werden im Körper dann an allen möglichen Stellen deponiert und warten dort, bis der Weg zum Ausgang frei ist.

Wird es dem Körper zu viel, produziert er Krankheitssymptome. Diese sollen dem Menschen signalisieren, daß er Ruhe benötigt, damit mit einer Gewaltanstrengung die angesammelten Gifte in größerem Umfang als normal ausgeschieden werden können. Fast jede Krankheit ist letztlich eine nützliche Entgiftungserscheinung des Körpers, die er selbst produziert hat bzw. zuläßt. Krankheitserreger von außen helfen ihm dabei. Er gibt ihnen nach seinen individuellen Vorstellungen den geeigneten Nährboden und die günstigste Gelegenheit. Dabei spielen natürlich psychische Vorgänge eine wichtige Rolle, auf die hier nicht eingegangen werden kann. Jeder Mensch hat seine individuell typischen Schwachstellen, an denen vorwiegend entschlackt wird. Deshalb neigen die einen mehr zu sogenannten Erkältungskrankheiten, andere wieder eher zu Gliederschmerzen usw.

Es ist wichtig, den Körper in einem solchen Krankheitsfall frei gewähren zu lassen. Vertrauen Sie der Weisheit Ihres Körpers. Er weiß besser als Sie, wie er sich gesund erhält! Die Entschlackungsphänomene sind die unbedingt nötige Entgiftung des Körpers! Diese Symptome dürfen nicht unterdrückt werden! Sie müssen durch Bettruhe, Fasten und Wassertrinken unterstützt werden. Medikamente aller Art, Tees, Präparate sowie Vitamin- und Mineraltabletten schaden in der Regel mehr als sie nutzen: sie sind ebenfalls Fremdsubstanzen und müssen wieder ausgeschieden werden. Die sogenannte Wirksamkeit der Medikamente ist in Wirklichkeit die Reaktion des Körpers, das scheußliche Zeug wieder loszuwerden. In manchen Fällen ist es auch so, daß die Krankheitssymptome den Abwehrkampf mit einem eingedrungenen Krankheitserreger darstellen. Aber auch dann wäre es verfehlt, einfach diese Symptome zu bekämpfen. Der Körper kann mit vielem selbst am besten fertig werden, wenn man ihm nur die günstigsten Bedingungen schafft. Dazu kann auch gehören, daß zum Beispiel der Homöopath die Selbstheilungskräfte des Körpers und sein Immunsystem verstärkt. Dies wird auch durch eine Ernähruzng mit viel Rohkost automatisch erreicht.

Da unsere Ausscheidungsorgane sowieso schon überlastet sind, ist die beste Vorbeugung für Krankheiten aller Art, seinen Lebensstil so zu gestalten, daß sich von vornherein so wenig Schlacken wie möglich anhäufen können, bzw. schon vorhandene Schlacken schleunigst freiwillig ausgeschieden werden. Ein weitgehend schlackenfreier Körper ist äußerst vital und beschert ein gesundes Leben bis ins höchste Alter. Verkalkung und Verschlackung sind keine unabdingbaren Alterserscheinungen, sondern die Folge von falscher Ernährung! Es ist bedauerlich, daß sich immer wieder Menschen gegen diese Tatsachen wehren, obwohl sie ihnen den Schlüssel für ein langes und beschwerdefreies Leben in die Hand geben.

Die Befreiung von physischen und psychischen Schlacken ist ein unumgänglicher Vorgang des Bewußtheits-Wachstums. Für die Entschlackung und "Verjüngung" gebe ich hier die folgenden 13 goldenen Regeln, die ich selbst mit großem Erfolg ausprobiert habe.

1. Meiden Sie konzentrierte Nahrungsmittel, schränken Sie diese zu-

mindest stark ein. Dies sind: Fleisch, Wurst, Fisch, Getreideprodukte, Hülsenfrüchte, Milch- und Milchprodukte, Eier etc.

2. Essen Sie wasserhaltige Lebensmittel, überwiegend rohes Obst, vormittags nur Obst auf leeren Magen oder trinken Sie Obstsäfte sehr langsam und verdünnt mit Wasser. Kauen Sie sorgfältig und speicheln Sie alles gut ein. Sehr vorteilhaft ist es auch, vormittags zu fasten und nur mineralarmes oder destilliertes Wasser zu trinken.

3. Essen Sie Salate und Gemüse roh, oder trinken Sie langsam verdünnten, frisch gepreßten Gemüsesaft. Wenn Sie es nicht anders schaffen oder wenn mit rohem Obst und Gemüse und Salaten allein die Entgiftung zu stürmisch (mit zu starken Entgiftungserscheinungen) verläuft, essen Sie das Gemüse leicht gegart. Dies bietet sich zum Mittagessen an.

4. Trinken Sie zusätzlich nur mineralarmes oder besser destilliertes Wasser.

5. Generell: Essen Sie nur dann, wenn Sie Hunger haben, und essen Sie so viel wie Sie mögen. Sie sollen dabei nicht hungern! Dies ist keine Fastenkur. Die Nahrung soll Sie auch sinnlich und gefühlsmäßig befriedigen! Sie werden jedoch rasch merken, daß Sie sich mit weniger Nahrung viel besser fühlen.

6. Meiden bzw. reduzieren Sie Genußgifte wie Tee, Kaffee, Kakao, Tabak und Alkohol. Durch die vorgeschlagene Kost werden Sie ohnehin bald so wach und vital, daß Sie Drogen nicht mehr benötigen, es sei denn, Sie wollten ihr Energieniveau runterziehen. Falls die Lust nach Kaffee Sie nicht losläßt, trinken Sie eine Tasse am Nachmittag.

7. Sorgen Sie für einen guten Stuhlgang, mindestens einmal pro Tag. Der Darm scheidet nicht nur die Überreste der Nahrung aus, sondern nimmt auch in großen Mengen Unbrauchbares aus dem Körper auf und befördert es ins Freie. BURGER (1988, S. 268) empfielt, bei Bedarf täglich mehrmals einige Scheibchen Kassie (Manna) zu lutschen (vgl. Anhang). Dieses milde Laxativ beugt auch Entgiftungserscheinungen vor.

8. Gönnen Sie sich stets genug Ruhe, Entspannung und Schlaf! Meiden Sie Hektik, Streß, Lärm, Schmutz, unangenehme Menschen und Umgebung usw.

9. Unterstützen Sie die Entschlackung durch körperliche Bewegung an der frischen Luft und möglichst in der Sonne. Es gibt jetzt kleine Trampolins, die wahre Wunder wirken können. Zehn bis fünfzehn Minuten Bewegung auf dem Trampolin hat den gleichen Effekt wie eine halbe Stunde Joggen plus zusätzliche wohltuende Effekte und ohne die Nachteile des Joggens (WEIGERSTORFER).

10. Außerdem trägt Massage sehr zur Entschlackung bei: sie mobilisiert die Schlacken im Gewebe, das geschilderte übrige Verhalten führt sie zur Ausscheidung. Tiefengewebsmassage, die ich aus eigener Erfahrung sehr wirkungsvoll finde, mobilisiert festsitzende Schlacken im Gewebe. Dabei ist es wichtig, daß diese dann auch wirklich ausgeschieden werden und sich nicht nur umlagern. Bei dieser Art von Massage werden mit dem Aufbrechen der physischen Spannungen und Mobilisierung von Schlacken psychische Blocks und Traumata gelockert und abgebaut.

11. Saunabesuche sind ebenfalls sehr entgiftend, entschlackend und entsäuernd durch den hohen Schweißverlust. Auch die kalte Dusche oder das kalte Tauchbad danach wirken entsäuernd (AIHARA 1988, S. 92).

12. Gleichzeitig mit einer Entschlackungskur bietet es sich an, einen guten homöopathischen Arzt aufzusuchen, der durch geeignete Mittel die gesamte Krankengeschichte des Patienten aufrollt und traumatische physische wie psychische Überreste zu beseitigen versucht. Die richtigen homöopathischen Mittel können auch die innere Bereitschaft zu weiterer Reinigung verstärken. Dabei wird vor allem auf die Leber zu achten sein, da diese bei vielen zivilisationsgeschädigten Menschen stark gelitten hat und weil sie die Hauptarbeit der Entgiftung im Körper zu leisten hat.

13. Schließlich sei Meditation als ausgezeichnetes Mittel physischer und psychischer Entschlackung genannt. Besonders wirkungsvoll dürften Methoden der Meditation sein, die mit Bewegung verbunden sind, wie sie zum Beispiel RAJNEESH (1983) empfohlen hat. Entscheidend für Entschlackung ist, daß der Energiefluß im Körper gesteigert wird – und der wird ja durch alle Arten von Meditation angeregt.

Beachten Sie aber bitte dies: die Entschlackung sollten Sie nur dann durchführen, wenn Sie auch ein inneres Bedürfnis danach haben und bereit sind, in jeder Hinsicht, loszulassen. Nur dann werden Sie es richtig und ohne Zwang durchhalten. Das Resultat ist äußerst angenehm, und natürlich bei solchen Leuten besonders wirkungsvoll, die aus den Lagern der Fleischesser und Pudding-Vegetarier sowie der Körndlfresser, Vollkornbrot- und Müslifreunde kommen. Machen Sie sich auch darauf gefaßt, daß Entschlackungskrisen auftreten. Dann sollten Sie keine Medikamente gegen die Beschwerden einnehmen, sondern dem Körper Ruhe gönnen, damit er die Schlacken auch wirklich los wird, die mobilisiert wurden. Wenn man alten Müll wegräumt, kommen häufig die erstaunlichsten – oft sehr unangenehme – Dinge zum Vorschein. Deshalb hat man sie ja jahrelang unter Verschluß gehalten!

Wie lange dauert es, bis der Körper weitgehend entschlackt ist? Die Vertreter der Natural Hygiene geben an, daß durch eine mehrwöchige Fastenkur, bei der Sie nur destilliertes Wasser trinken, die Entschlakkung so kräftig ist, daß Sie nachher keine weiteren speziellen Entschlackungsmaßnahmen durchführen müssen, wenn Sie überwiegend von stark wasserhaltigen, möglichst roh verzehrten Lebensmitteln leben und destilliertes Wasser trinken. Eine solche Kur sollten kranke und ältere bzw. generell stark verschlackte Menschen nur unter ärztlicher Aufsicht durchführen. Fastenkuren, die sich über mehr als 3–4 Tage hinziehen, sollten Sie generell nur unter Aufsicht eines Fachmannes durchführen.Selbstverständlich können Sie dabei nicht arbeiten.

Aber auch ohne Fasten, nur durch die angegebene Ernährungs- und Lebensweise können Sie sich Schritt für Schritt entschlacken. Sie können den Entschlackungs-Vorgang an der Waage und durch Messen des Morgenurin-pH verfolgen. Solange das Gewicht sinkt und der pH trotz überwiegend basenbildender (Obst- und Gemüse-)Ernährung noch unter 7 ist, geht die Entschlackung noch vor sich. Das kann viele Monate dauern. Zur Messung des Morgenurins ist das Universal-Indikatorpapier der Firma MERCK (NR. 9533) am besten geeignet. Da viele Schlacken über die Zunge ausgeschieden werden, ist diese ein guter Maßstab für die Entschlackung: so lange sie belegt ist, geht die Entschlackung noch vor sich.

Menschen, die nur "aus Haut und Knochen bestehen", werden bei dieser Ernährung langfristig zunehmen, vor allem auch dann, wenn sie Muskeltraining durchführen. Für diese Spezies bietet es sich an, mehr Nüsse und Samen zu essen. Wer sich schwach fühlt und beängstigend schnell abnimmt und glaubt, mehr Energie zu benötigen, greift zusätzlich zu Avokados, Bananen und den süßeren Früchten und Trockenfrüchten und legt immer dann Zwischenmahlzeiten ein, wenn er sich danach fühlt.

Die 13 goldenen Regeln eignen sich auch vortrefflich für eine ein- bis dreiwöchige Entschlackungskur, die darüber hinaus als Demonstration der Wirksamkeit der hier vorgeschlagenen Ernährungsmethode – sozusagen zum Hineinschnuppern – fungieren kann. Gar mancher wurde auf diese Weise überzeugt weiterzumachen.

Über die Frage, wie schnell und radikal man sich auf eine Obst-Gemüse-Rohkost umstellen soll, wird viel diskutiert. Wenn wir einmal von der psychischen Seite absehen, die in anderen Kapiteln ausführlich diskutiert wird, so möchten wir davor warnen, daß Sie sich zu schnell und radikal verhalten. Extreme Gewichtsabnahme und Schwächung begleitet mit starken Entgiftungssymptomen können die Folge sein, so daß Sie auf lange Zeit hin keine rechte Freude am Leben haben. Ein Gewicht unter den Normalwerten der Tabellen ist zwar bestens, es kommt ja in erster Linie darauf an, wie Sie sich fühlen. Wenn Sie jedoch nur noch ein klapperdürres Gestell aus Haut und Knochen darstellen, dann stimmt etwas nicht. Der Körper ist dann mit der angebotenen, neuen, ungewohnten Kost nicht fertig geworten und wird zunehmend geschwächt. Das ist nicht Sinn der Sache! Wenn Sie schon zu Beginn der Umstellung sehr schlank sind und wenn Sie schon älter, krank und stark verschlackt sind, sollten Sie langsam vorgehen. Hören Sie auf Ihren Körper, beobachten Sie sich selbst!

Probleme treten bei einer Reihe von Menschen auch auf, weil sie eine schwache Leber haben, was sie zum Teil gar nicht ahnen. Diese ist im Laufe der ersten Jahre nach Anfangserfolgen der starken Entgiftung nicht gewachsen. Eine reine Rohkosternährung stellt an eine schwache Leber einfach zu hohe Anforderungen. PEITER (1989, S. 22f) hat auf diesen Punkt besonders hingewiesen. Eine reine Rohkosternährung ist nur für gesunde Menschen voll verträglich. Aber wer ist das schon? Alle übrigen benötigen eine mehr oder weniger lange Umstellungsphase, die sich unter Umständen auf viele Jahre bis Jahrzehnte erstrecken kann. In dieser Umstellungsphase entgiften Sie und trainieren ihren Organismus so weit, daß er schließlich problemlos mit Rohkost umgehen kann. Mit Obst geht das am leichtesten, weil reifes Obst praktisch schon von der Sonne vorgekocht ist. Denken Sie nur an eine richtig reife Birne, wie diese im Mund zergeht, eine Melone etc. Wenn Sie den Verdacht haben, daß Sie Leberprobleme haben könnten, dann ist es zweckmäßig, einen Fachmann aufzusuchen, der Ihnen durch verschiedene Tests Klarheit verschafft. Wenn Sie schon einmal Gelbsucht oder Malaria hatten oder Drogen aller Art im Übermaß konsumierten, dann trifft dies auf Sie zu – ebenso natürlich dann, wenn Sie ernstlich krank sind. Der Lebertest im Anhang gibt Ihnen erste Hinweise.

Viele Menschen klagen nach der Umstellung auf (überwiegend) Rohkost darüber, daß sie frieren, daß sie kalte Hände und Füße haben. Dies ist leicht verständlich. Durch vegetarische Ernährung, besonders durch ungewürzte Rohkost, sinkt der Blutdruck. Die Durchblutung besonders der Extremitäten läßt nach, vor allem auch als Folge von Verkalkungen der Blutbahnen aus der Zeit vor der Umstellung. Während eine intensive Versorgung mit Blut infolge des höheren Blutdurcks früher gegeben war, ist dies jetzt nicht mehr möglich, und man friert. Sie müssen deshalb Geduld haben. Im Laufe der Zeit werden die Schlacken in den Blutbahnen abgebaut, und schließlich werden Sie keine Probleme mehr haben.

Außerdem müssen Sie bedenken, daß eine reine Obst-Gemüse-Rohkost entwicklungsgeschichtlich von Menschen genossen wurde, die unter tropischem Klima lebten. Die meiste Zeit der rund fünf Jahrmillionen, die man für die Entwicklung des Menschen ansetzt, herrschte ja auf der ganzen Erde tropisches Klima. In diesem Klima treten keine Kälteprobleme auf. Wenn Sie also frieren, dann sollten Sie zu mehr Nüssen, Samen, Trockenfrüchten, Avokados, kurz zu Lebensmitteln greifen, die mehr Kohlehydrate oder Fett enthalten. Auch warme Getränke oder Suppen wären empfehlenswert. Auch gedünstetes Gemüse wird die Entgiftung nicht stoppen, nur verlangsamen. Nicht vergessen sollten wir auch zweckmäßige, warme Kleidung, die unsere Vorfahren nicht benötigten.

Schließlich möchte ich noch auf solche Menschen eingehen, die partout nicht zunehmen oder abnehmen, obwohl sie sich völlig mit Rohkost ernähren. Hier handelt es sich um lebendige Beweise, daß Ernährung nur ein Aspekt der menschlichen Gesundheit ist. Die psychische Seite steht massiv dahinter. Ich habe in meinem Bekannten- und Freundeskreis eine Reihe solcher Menschen beider Typen beobachten können – die Ergebnisse waren immer wieder dieselben. Die Menschen, die, zum Skelett abgemagert, nicht zunehmen konnten, obwohl sie zum Teil Unmengen vertilgten, waren deutlich sicht- und spürbar Menschen, die generell nicht in der Lage waren, Dinge anzunehmen, die ihnen zur Verfügung standen. Im Verborgenen liegt hier wohl ein Minderwertigkeitskomplex vor, der dem Menschen suggeriert, daß er es nicht wert sei, daß die Umwelt gut zu ihm ist. Solche Menschen sind auch nicht fähig, Liebe entgegenzunehmen. Wenn Sie mit Ihnen sprechen, hören sie nicht richtig zu, niemand kann ihnen Ratschläge oder einfach nur Zuwendung schenken, ohne abgewiesen zu werden. Wenn diese Armen nicht lernen, sich selbst zu akzeptieren und zu lieben, werden sie auch nicht zunehmen.

Andere wiederum nehmen einfach nicht oder nur extrem langsam ab. Dies sind häufig Menschen, die Angst haben, sie könnten zu leicht werden und damit den Bezug zur Erde zu verlieren. Es kann passieren, daß ihre Energie dann so leicht und fahrig wird, daß sie den täglichen Anforderungen des Arbeitslebens nicht mehr gewachsen sind oder daß sie zu schnell so übersensibilisiert werden, daß sie Umweltverschmutzung und Lärm, unangenehme Energien anderer Menschen oder ihrer bisherigen Tätigkeit nicht mehr ertragen können. Andere fürchten, sie könnten sich "auflösen", sie könnten ihre Substanz einbüßen, ihren Schutzpanzer verlieren.

Die in Kapitel 25 beschriebenen Speicherzellen leisten dabei ihre zweifelhaften "Dienste". Sie sterben nur extrem schwer... Abhilfe kann auch hier nur über ein Wachstum der Bewußtheit geschaffen werden. Sie müssen sich darüber klar werden, inwieweit Ihre Angst vor allem im Kopf existiert und nur wenig der Realität entspricht oder ob Sie vielleicht in Ihrer Umgebung erst etwas verändern müssen, damit Sie angstfreier werden können. Dies gelingt am besten, wenn Sie sich ihres Körpers bewußter werden. Dazu gibt es eine Reihe von Therapie- und Meditationsformen, von denen ich hier stellvertretend Tai Chi, diverse Sufi-Meditationen, GURDJIEFF-Tänze und autogenes Training erwähnen möchte.

16
Lebensmittelkombinationen: zum Beispiel Pizza

Eine üppig belegte Vollwert-Gemüse-Pizza mit reichlich Büffel-Mozarella hat bei Feinschmeckern einen guten Ruf. Sie ist ein Genuß und liefert anscheinend fast alle Nährstoffe, die der Körper braucht, besonders, wenn man dazu noch Rohkost und grünen Salat und als Nachtisch etwas frisches Obst ist. Werfen wir jedoch einen Blick auf die Verdauungsvorgänge, so sieht diese Speisenzusammenstellung ausgesprochen ungünstig aus: Die Kohlenhydrate des Vollkornbodens benötigen im Magen ein neutrales bis basisches Milieu, damit das Ptyalin des Speichels seine Verdauungsarbeit weiterführen kann. Das Protein der Mozarella jedoch kann nur in saurem Milieu verdaut werden und löst deshalb einen Reflex zur Ausschüttung von Salzsäure aus. Saures und basisches Milieu ist aber gleichzeitig nicht möglich. Das zur Verdauung der Stärke notwendige Ptyalin (alpha-Amylase) wird durch den sauren Magensaft zerstört, die Verdauung der Stärke wird gestoppt. Aber auch die Verdauung des Proteins ist behindert, weil die Stärke das dafür nötige Ferment Pepsin absorbiert. Die Folge ist, daß beide, Eiweiß und Stärke, nicht richtig verdaut werden können.

Wie reagiert der Körper? Er stellt mehr Verdauungssäfte zur Verfügung, die im Laufe der Zeit bestenfalls eine teilweise Verdauung des Proteins ermöglichen. Ein Verlust von Energie und Zeit! Schließlich wird die Nahrung nach rund acht Stunden im Magen (statt drei bis vier Stunden) an den Darm weitergegeben, ohne richtig dafür vorbereitet zu sein. Was ist passiert? Der größte Teil des Eiweißes der Mozarella und das Obst haben sich durch den zu langen Aufenthalt im Magen durch Fäulnis zersetzt, der größte Teil der Kohlenhydrate des Pizzabodens ist in Gärung übergegangen. Es entstehen giftige Säuren. Dies kann der Körper aber unter gar keinen Umständen brauchen. Der Mensch fühlt sich müde, voll und überlastet. Sodbrennen, saures Aufstoßen und Blähungen stellen sich ein. Am Morgen nach dem herrlichen, späten Abendessen in dem gemütlichen Lokal liegt die Pizza immer noch wie ein Stein im Magen! Auch der Genuß von Alkohol konnte dies nicht verhindern!

Die ursprünglich so köstlich schmeckende Nahrung hat sich in eine verdorbene, faulende, übelriechende Masse verwandelt und benötigt nun noch einmal bis zu 24 Stunden auf dem Weg durch rund 9 m Eingeweide, ebenfalls viel mehr Zeit als normal. Die Ausbeute an Nährstoffen und damit Energie etc. für unseren Körper aus einer solchen Mahlzeit ist gering und die Belastung des Organismus enorm. Bei Untersuchungen hat sich herausgestellt, daß ein Teil des Proteins und der Kohlenhydrate unverdaut den Körper wieder verlassen! Es ist in höchstem Maße erstaunlich, daß sowohl die Schulmedizin als auch die moderne Vollwerternährung diesen eindeutigen, klaren Tatsachen keine Bedeutung beimessen (vgl. GLATZEL, 1982 und KOERBER et al., 1981).

Ungeachtet dieser Ignoranz gibt es in den USA seit über hundert Jahren zahlreiche Ärzte und andere Wissenschaftler, die im Rahmen einer ganzheitlichen Gesundheitsfürsorge unter dem Namen Natural Hygiene (deutsch: natürliche Gesundheitslehre, natürliche Lebenskunde) aufgrund umfangreicher Untersuchungen genau angeben, welche Lebensmittel am besten zusammenpassen und welche nicht kombiniert werden sollten, welche Lebensmittel unter welchen Bedingungen am leichtesten verdaulich sind, wann man bestimmte Lebensmittel essen soll und welchen Anteil sie an der Gesamternährung haben sollten, wie man Speisen verdauungsfördernd zubereitet und welche Lebensmittel man am besten meidet (vgl. DIAMOND, 1987, SHELTON, 1989 u. a.).

Befolgt man diese Regeln, werden folgende Resultate versprochen: optimale Gesundheit, geistige Klarheit, Wachheit, Lebensfreude; ideales Gewicht und Figur, Gewichtsabnahme bei Übergewicht; beste Verdauung, die ein Minimum an Energie verbraucht und daher nicht belastet. Wer wünschte sich das nicht?

Das System der Natural Hygiene stellt folgende Regeln für die Kombination von Lebensmitteln auf:

1. Konzentrierte Proteine (eiweißhaltige Lebensmittel wie z. B. Fleisch, Fisch, Eier, Käse etc.) und konzentrierte Kohlehydrate (stärkehaltige Lebensmittel wie z. B. Brot, Nudeln, Kartoffeln etc.) dürfen nicht in ein und derselben Mahlzeit zusammen gegessen werden. Sie können sonst nicht ordentlich verdaut werden, wie oben beschrieben wurde. Diese Vorschrift entspricht den Trennkost-Regeln von HAY (WALB,1986), der aus den gleichen amerikanischen Quellen schöpft. Wenn man eine Kohlehydrat-Monomahlzeit ißt, wenn also kein Protein dazu gegessen wird, dann zeigt der Magensaft fast neutrale Reaktionen (THE LIFE SCIENCE HEALTH SYSTEM, S. 514). Dann geht die Verdauung der Stärke im Magen weiter. Viele Ärzte gehen auch heute noch davon aus, daß die Verdauungssäfte immer die gleiche Zusammensetzung haben und sich nur ihre Menge mit der Größe der Mahlzeiten ändert. Weit gefehlt! Der Kör-

per und seine Organe sind weit intelligenter, als ihnen zugetraut wird. Die Zusammensetzung aller Verdauungssäfte variiert stark mit der Art der gegessenen Lebensmittel. Es liegt auf der Hand, daß dies um so besser funktioniert, je weniger verschiedene Lebensmittel man bei einer Mahlzeit ißt. Am effektivsten ist der Körper bei Monomahlzeiten, die zum Beispiel nur aus einer Art von Frucht bestehen. Die Ärzte der NATURAL HYGIENE (vgl. THE LIFE SCIENCE HEALTH SYSTEM) sowie BURGER haben eindeutig gezeigt, daß der Körper sich jeder Verdauungsaufgabe ganz individuell anpaßt.

Sie müssen sich nun vor jeder Mahlzeit entscheiden, ob Sie eine Kombination mit Protein oder eine mit Kohlehydraten essen wollen. Es kommt nur ein Entweder-Oder in Frage! Zum Beispiel essen Sie Omelette mit Salat bzw. Gemüse mit Käse gratiniert oder Kartoffeln mit Rahmspinat bzw. Vollwert-Spaghetti (ohne Ei) mit Gemüse, Olivenöl und Knoblauch. Vorbei sind die Zeiten der grandiosen Fehlkombinationen: Steak mit Pommes frites, Fischfilet mit Reis, Pizza mit Käse, Rührei auf Toast, Hamburger oder Fischbrötchen!

Um die Verdauung weiterhin zu erleichtern, sollten Sie pro Mahlzeit auch nur eine Sorte konzentrierten Proteins zu sich nehmen, also z. B. nicht Fleisch und Käse, Fisch und Eier, Käse und Eier etc. Die Proteinzusammensetzung verschiedener Lebensmittel ist so verschieden, daß eine Mischung verschiedener Sorten bei der ohnehin schwierigen Verdauung von gegartem Eiweiß extra Schwerarbeit leisten muß, ein Energieverlust, den Sie durch Müdigkeit etc. spüren. Wie aus der Lebensmittel-Kombinations-Tabelle (im Anhang) hervorgeht, dürfen Fette und Öle sowohl mit Protein als auch mit Stärke kombiniert werden. Die Kombination mit Proteinen ist jedoch weniger vorteilhaft, da Fett die Verdauung von Proteinen verlangsamt. Fett behindert die Ausschüttung von Verdauungssäften im Magen – es wird selbst erst im Dünndarm richtig verdaut. Fett verringert den gesamten Verdauungs-Tonus um mehr als 50% (THE LIFE SCIENCE HEALTH SYSTEM, S. 501) . Verwenden Sie also grundsätzlich nur wenig Fett oder Öl. Die Natural Hygiene empfiehlt, nur eine Art von Stärke bei einer Mahlzeit zu essen, um die Gefahr des Überessens zu verringern. Denken Sie daran: Je weiter Sie sich von Monomahlzeiten mit nur einem (ungewürzten) Lebensmittel entfernen, um so größer ist die Gefahr, daß Sie zu viel essen!

2. Kohlehydrathaltige Lebensmittel (solche mit Stärke), wie zum Beispiel Brot und Kartoffeln oder auch Gemüse wie Karotten (vgl. die Tabelle im Anhang) dürfen nicht mit Saurem kombiniert werden, also zum Beispiel nicht mit einem Dressing, das Essig oder Zitrone enthält oder nicht mit Tomaten und Sauerkraut. Die Säure würde den Speichel neutralisieren bzw. das Milieu im Mund sauer machen und damit das Ptyalin

zerstören, das für die Kohlenhydratverdauung verantwortlich ist. Auch Kombinationen von Stärke und Zucker sind von Übel: Der Speichelfluß richtet sich dann nach dem Zucker und enthält kein Ptyalin, das zur Verdauung der Stärke nötig wäre.

3. Obst darf mit keinem anderen Lebensmittel kombiniert werden. Von dieser sehr wichtigen Regel gibt es nur wenige Ausnahmen, die im folgenden genannt werden und die in der Lebensmittel-Kombinations-Tabelle im Anhang aufgelistet sind.

Obst verläßt – allein gegessen – den Magen bereits nach 10 bis 30 Minuten, Melonen früher, Bananen später. Wenn Sie eine große Wassermelone essen, dann haben die ersten Bissen bereits den Magen wieder verlassen, wenn Sie bei den letzten Bissen angelangt sind. Würden Sie Obst mit anderen Lebensmitteln zusammen essen, dann müßte das Obst nach den Erfahrungen der Natural Hygienists jeweils so lange im Magen bleiben, bis diese Lebensmittel soweit aufbereitet sind, daß sie den Magen verlassen können. Das kann bis zu drei Stunden, im Falle von Fehlkombinationen aber auch bis zu dreimal so lange dauern. Dies steht in gewissem Widerspruch zur klassischen Schulmedizin, die davon ausgeht, daß Speisen immer dann den Magen verlassen, wenn sie stark genug zerkleinert worden sind (SILBERNAGL und DESPOPOULOS, 1983, S. 206). Bei der relativ hohen Temperatur fängt das Obst dann zu gären und zu faulen an. Es verdirbt und wird weitgehend unbrauchbar. Die entstehenden Gase erzeugen Rülpser und Blähungen (die Gährung geht im Darm weiter), die freiwerdenden Fuselalkohole vernebeln das Gehirn.

Die gängigsten und unvorteilhaftesten Fehlkombinationen mit Obst sind Obstkuchen, Milch und Yoghurt mit süßen Früchten, Obstsalat mit Zucker oder Honig, Müsli mit Obst (auch Trockenobst!), Marmeladebrot und andere.

Wenn Sie saure Früchte mit Protein kombinieren, dann kann das Protein nicht optimal verdaut werden, weil saure Früchte den ungehemmten Fluß der Verdauungssäfte bremsen. Ausnahmen davon sind möglich, probieren Sie aus: manche Menschen vertragen Nüsse mit Zitrusfrüchten recht gut.

Saure Früchte können gefahrlos mit halbsauren, halbsaure mit süßen kombiniert werden. Bananen vertragen sich am besten mit süßen Früchten. Kombinationen von Früchten mit Gemüse sind nicht angesagt, mit der Ausnahme von Grünblattsalaten und Stangensellerie und der unten benannten Gemüsefrüchte.

4. Ebenfalls zur Gärung führen Kombinationen aus konzentrierten Kohlehydraten mit Milchprodukten, zum Beispiel Brot mit Milchkaffee, Milchreis. Quark mit gekochten Kartoffeln wird von Menschen mit ge-

sunder Verdauung meist vertragen (nach HAY). Wir empfehlen dies jedoch nicht auf Dauer. Milch und Milchprodukte sollten Sie am besten für sich alleine essen. SHELTON, ein berühmter Vertreter der Natural Hygiene, gibt an, daß saure und halbsaure Früchte auch mit Milch, Sauermilch und Yoghurt kombiniert werden können (nicht aber süße Früchte mit Milch oder Yoghurt), auch Sauermilch mit Trockenfrüchten erachtet er als möglich.

Schwer verdaulich sind (bekanntlich) Hülsenfrüchte – auch wenn man sie für sich alleine ißt – denn sie stellen eine natürliche Fehlkombination dar. Man ißt sie am besten gesproßt. In Sprossen treten keine hohen Konzentrationen der einzelnen Bestandteile auf, diese sind fein verteilt und dementsprechend leichter aufzuschließen und zu verwerten. Natürliche Fehlkombinationen wie Hülsenfrüchte sind leichter verdaulich als künstliche. Dabei wird zuerst die Stärke verdaut und dann nach ca. zwei Stunden das Eiweiß. Der Körper kann in diesem Fall also die verschiedenen Vorgänge auseinander halten, weil die Nahrung aufgrund ihres natürlichen Charakters die richtigen Signale zu geben imstande ist. Von den künstlichen Fehlkombinationen sind diejenigen von Protein mit Kartoffeln noch am leichtesten verdaulich, weil die Kartoffelstärke – wenn nicht zu viel davon gegessen wird, rascher verdaut wird als die Bildung von saurem Magensaft erfolgt, der dies verhindern könnte (THE LIFE SCIENCE HEALTH SYSTEM, S. 501).

Die Natural Hygiene legt daher größten Wert darauf, daß die Nahrung in erster Linie aus stark wasserhaltigen Nahrungsmitteln besteht. Konzentrierte Nahrungsmittel, die den oben genannten Kombinationsregeln unterliegen, spielen eigentlich nur während der Umstellungsphase eine größere Rolle. Da die Beachtung dieser Regeln aber einen sehr wesentlichen Vorteil bietet und viele Menschen sich aus verschiedenen Gründen nicht von heute auf morgen von ihrer bisherigen Nahrung auf Obst, Gemüse und Salat umstellen können, ist eine Ernährung, die auf richtige Kombinationen achtet, ein sehr bedeutender Schritt zur Gesundheit.

Auch Nüsse und Samen sind schwer verdaulich, vor allem wegen ihres hohen Fettgehaltes und des gleichzeitigen Gehaltes an Kohlehydraten und Proteinen (in geringerer Menge als die meisten Hülsenfrüchte). In kleinen Mengen sind sie aber sehr empfehlenswert, weil sie roh gegessen werden können und somit zu einer wichtigen Quelle nicht denaturierter Nährstoffe, vor allem Proteinen werden. Die DIAMONDs empfehlen Nüsse nur eingeschränkt für die Umstellungsphase, da nur die wenigsten Menschen in der Lage sind, sich mit weniger als einer Handvoll pro Tag zu begnügen.

Auch Getreide und Produkte daraus sowie Milch und Milchprodukte sind für den Menschen schwer verdaulich. Sie führen außerdem zur Verschleimung, wie in den Kapiteln 20 und 21 dargelegt wird.

Die herkömmliche Ernährung mit den vielen Fehlkombinationen ruft in Verbindung mit zu wenig Bewegung, zu viel Nahrung, Genuß von konservierten und denaturierten Nährmitteln und Fertiggerichten, zu viel Fleisch, Weißmehlprodukten, Industriezucker, gehärteten bzw. tierischen Fetten, Alkohol, Kaffee, Tee und Salz Gewichtszunahme und zahllose Krankheiten hervor. Diese ließen sich nach Erfahrung der Vertreter der Natürlichen Lebenskunde weitgehend vermeiden. In der Lebensmittelkombinationstabelle im Anhang sind die Ausführungen dieses Kapitels graphisch zusammengefaßt dargestellt. Zu den einzelnen Gruppen gebe ich Ihnen hier noch einige Ergänzungen.

Zur Gruppe der konzentrierten Stärke-Produkte ist folgendes auszuführen. Zu ihnen gehören: Getreide und Getreideprodukte, Kartoffeln und Kartoffelprodukte sowie Maronen (Edelkastanien).

Zu den Getreiden zählen: Weizen (mit Bulgur und Couscous), Dinkel und Grünkern, Roggen, Hafer, Gerste, Reis, Hirse, Mais (mit Polenta und Popcorn) sowie der Buchweizen (ein Knöterichgewächs), geröstet als Kasha im Handel, sowie die mittelamerikanischen Pseudogetreide Amaranth und Quinoa.

Zu den Getreide-Produkten zählen: Getreideflocken (mit Keim und unerhitzt am wertvollsten), angekeimtes Getreide (zum Beispiel Weizen, besonders wertvoll), Müsli aus selbstgeschrotetem Getreide, über Nacht in Wasser eingeweicht oder aus Getreideflocken mit Wasser und Sahne, nicht mit Nüssen, Samen oder frischem Obst, sowie Milch, Yoghurt etc. kombinieren – das wäre eine Fehlkombination! Die beliebten Müsligemische sollten Sie also einschränken bzw. ganz weglassen.

Weitere Getreideprodukte sind: Vollkornbrot, Vollkornpita, Mais-Tortillas, Vollwert-Nudeln ohne Eier, Vollwert-Kuchen und -Gebäck (ohne Industriezucker). Fürs eigene Backen sollte man sein Vollkorn-Mehl stets selbst mahlen (lassen) und innerhalb eineinhalb Stunden verbrauchen.

Die Lebensmittel der Gruppe der konzentrierten Kohlehydrate sind schwach säurebildend und als konzentrierte Nahrungsmittel nicht so leicht verdaulich wie Obst und Gemüse, aber immer noch leichter als konzentrierte gegarte Proteine und Hülsenfrüchte. Als Vollwertprodukte stellen sie wichtige Lebensmittel in der Umstellungs-Ernährung dar. Getreideprodukte ergeben den geschätzten Biß (Vollkornbrot), auf den viele nicht so gerne verzichten. Nicht oder nur sehr wenig verschleimendes Brot der Firma LUBIG (Bonn), sowie Essener-Brot und Karottenbrot stellen wir in den Kapiteln 20 und 28 vor.

Zur Gruppe der konzentrierten Zucker ist folgendes zu sagen. Dazu gehören alle Arten von Zucker: weißer Industriezucker, brauner Zucker, eingedickter Zuckerrohrsaft (Vollwert-Zucker, Sucanat, Ursüße, Rapadura), Rübensirup, Melasse, Bienenhonig, Konfitüre, Marmelade, Gelee, Obstmus mit Zucker, Obst mit Honig Aufstrich, Ahornsirup, Fruchtdicksaft, Schokolade, Pralinen, alle anderen Süßigkeiten, zahlreiches Gebäck etc.

Alle Lebensmittel mit hohem Zuckergehalt sollten Sie unbedingt drastisch einschränken. Sie verursachen zahlreiche Beschwerden, von denen in Kapitel 19 die Rede ist. Hier nur zwei Stichworte: Zucker begünstigt Karies und manipuliert den Blutzuckerspiegel in fataler Weise (Hypoglykämie!) (vgl. KOERBER et. al. 1987, S. 98 und WANDMAKER, 1988). Am wenigsten schädlich dürfte Ahornsirup Grade C sein. Künstliche Süßstoffe sind völlig indiskutabel.

Zur Lebensmittelgruppe der konzentrierten Protein-Kohlehydrat-Kombinationen möchte ich dies ergänzen. Dazu gehören die getrockneten Hülsenfrüchte, Sojaprodukte, zum Beispiel Tofu sowie Erdnüsse und Erdnußmus. Diese Lebensmittel sind von Natur aus Fehlkombinationen! Nicht alles, was die Natur uns anbietet, ist auch leicht verdaulich. Vielen Menschen ist bekannt, daß Hülsenfrüchte und Erdnüsse schwer verdaulich sind. Sie sind also im Grunde genommen ein Beweis für die Richtigkeit der Angaben, daß eine Kombination von konzentrierten Proteinen und Kohlehydraten schwer verdaulich ist. Wer empfindlich ist und wer abnehmen will, sollte diese Speisen meiden. Für den, der sie verträgt, liefern sie Eiweißbausteine. Am besten essen Sie die Hülsenfrüchte für sich allein. Wenn Sie kombinieren wollen, dann essen Sie Hülsenfrüchte mit Getreide.

Zur Lebensmittelgruppe der wasserhaltigen, ballaststoffreichen Lebensmittel gehören Gemüse, Salate und Kräuter. Es sind dies im einzelnen:

Wurzelgemüse: Karotten, Sellerie, Radieschen, Rettich, Rote Beete, Pastinaken, Schwarzwurzeln u. a.,

Zwiebelgemüse: Lauch, Zwiebeln, Schalotten u. a.,

Stengelgemüse: Spargel, Kohlrabi, Stangensellerie, Rhabarber (nicht roh!),

Blattgemüse: viele Kohlsorten, Spinat, Mangold, Fenchel u. a.,

Blattsalat: Kopfsalat, Feldsalat, Radicchio, Eisbergsalat, Endivien, Kresse, Löwenzahn u. a.,

Blütengemüse: Artischoken, Blumenkohl, Brokkoli u. a.,

Fruchtgemüse: Auberginen, Zucchini, Okra, grüne Bohnen, süßer Mais, süße Erbsen u. a.,

Gemüsefrüchte (auch mit Obst kombinierbar): Paprika, Gurken, Tomaten (Gurken und Tomaten möglichst roh essen; gekochte Tomaten sind stark säurebildend) und Avokados (nur roh essen).

Sprossen (Keimlinge): Soja(Mung-)bohnensprossen, Alfalfa u. a.,

Pilze: Champignons etc.,

Seetang (nur gekocht),

milchsaures Gemüse (z. B. Sauerkraut), das die Natural Hygiene nicht empfiehlt,

Kräuter, frisch (am besten) oder getrocknet,

Gemüsesäfte sind okay, haben aber weniger Ballaststoffe als die ganzen Pflanzen; langsam trinken und einspeicheln, am besten verdünnen!

Nach HAY passen Salate auch zu Milch, Yoghurt, Quark etc.

Gemüse, Salate und Kräuter sind sehr wasser- und ballaststoffreich und basenbildend; sie sollten am besten roh als Salat gegessen werden. Aber auch gegart sind Gemüse wertvolle Lebensmittel. Man sollte sie jedoch nur "al dente" dünsten, braten, backen, kochen etc. (vgl. Kap. 28).

Kombinationen aus Avokados mit Nüssen und grünen rohen Gemüsen gehen in Ordnung. Avokados kombinieren sich auch gut mit Stärke, am besten, wenn grüner Salat dazu gegessen wird. Weniger gut, aber immer noch akzeptabel ist eine Kombination von Avokados mit sauren oder halbsauren Früchten. Am besten ißt man dazu noch Salat und Stangensellerie. Avokado verträgt sich mit Trockenfrüchten nur, wenn diese eingeweicht wurden und in kleinen Mengen mit viel Salat gegessen werden. Avokado mit Bananen kann gut gehen. Pellkartoffeln mit Avokadocreme ist eine Delikatesse. Vermeiden sollten Sie erfahrungsgemäß Avokados mit Nüssen (ohne Salat) oder mit Melonen.

Tomaten passen zu allen Salaten oder nicht stärkehaltigen Gemüsen, außerdem zu Nüssen und Käse, nicht aber zu Fleisch, Milch oder Eiern.

Alfalfa-Sprossen können wie grüne Gemüse kombiniert werden. Die anderen Sprossenarten sollten zweckmäßigerweise nach den gleichen Regeln kombiniert werden wie ihre zugrundeliegenden Samen. Es ist gut, sie mit Salat zu essen.

Grüne Blattsalate und Stangensellerie lassen sich mit allen anderen Lebensmitteln erfolgreich kombinieren. Sie verlassen den Magen schnell und werden nur durch Öl-Dressings aufgehalten. Dabei ergibt sich jedoch kein ernsthaftes Problem (keine Fäulnis).

Zur Lebensmittelgruppe Obst gehören:

Süße Früchte: Bananen, kernlose Weintrauben, alle anderen süßen Trauben, frische Feigen und andere süße Früchte, z. B. aus den Tropen sowie Trockenobst: Datteln, Feigen, Rosinen, Pflaumen, Aprikosen, Pfirsiche, Äpfel, Kirschen, Bananen, Carob, alle anderen Trockenfrüchte. Halbsaure – halbsüße Früchte: süße Äpfel, süße Pfirsiche und Nektarinen, Birnen, Süßkirschen, Papayas, Mangos, Aprikosen, süße Pflaumen, Heidelbeeren, Himbeeren, Brombeeren, Maulbeeren, Trauben, Cherimoyas etc.

Saure Früchte: Orangen, Mandarinen, Grapefruit, Ananas, Johannisbeeren, Granatäpfel, Zitronen, Limonen, Kiwi, Kumquats, Preißelbeeren, Stachelbeeren, saure Äpfel, Trauben, Pfirsiche, Nektarinen, Pflaumen und Kirschen.

Melonen: Honigmelonen, Wassermelonen,

Saures Obst sollte stets vor süßem Obst gegessen werden. Melonen sollten am besten allein oder zumindest vor allen anderen Obstsorten gegessen werden. Zitrusfrüchte kann man mit Nüssen kombinieren, weil die Fruchtsäure die Verdauung des Nüsse beschleunigt. Fruchtsäfte sind fein, wegen der beim Pressen verlorengegangenen Ballastfoffen aber nicht ganz so gesund. Langsam trinken und gut einspeicheln, am besten mit destilliertem Wasser verdünnen!

Rohes, reifes Obst ist basenbildend und hat den höchsten Wassergehalt aller Lebensmittel. Obst ist reich an Energie, Ballaststoffen, Mineralien sowie vor allem auch Vitaminen, Enzymen und anderen Vitalstoffen. Aufgrund der Länge seines Darmes und der Form seiner Zähne ist der Mensch in erster Linie Obstesser. Rohes, reifes Obst ist eindeutig am leichtesten verdaulich. Die Vertreter der Natürlichen Lebenskunde stufen Obst deshalb als das wichtigste Lebensmittel ein! Aber Vorsicht: Auch an Obst kann man sich überessen, wenn man es in großen Mengen in sich hineinstopft. Der Nahrungsinstinkt im Sinne BURGERs schützt davor offenbar nicht! Sie können nie sicher sein, daß es sich nicht um überzüchtete Produkte handelt. PEITER (1989, S. 194) spricht diese Warnung aufgrund der Erfahrungen von BURGER und Mitarbeitern aus.

Der wohltuende Effekt des Ernährungs-Systems der Natural Hygiene beginnt bereits, wenn man, ohne strenger Vegetarier zu werden, Vollwert-Produkte bevorzugt, vormittags nur rohes Obst ißt, 70% der Lebensmittel Obst und Gemüse darstellen und man auf die richtigen Lebensmittelkombinationen achtet.

Nach 20.00 Uhr sollte man möglichst nichts mehr essen – höchstens Obst, dieses aber nur auf leeren Mangen. Bedenken Sie immer: Die beste Zeit der Nahrungsaufnahme liegt zwischen 12.00 Uhr und 20.00 Uhr.

In dieser Zeit ist der Körper optimal auf die Aufnahme von Nahrung eingestellt. Zwischen 20.00 Uhr und 4.00 Uhr ist er hauptsächlich mit der Verdauung und Resorption der Nährstoffe beschäftigt, und zwischen 4.00 Uhr und 12.00 Uhr steht die Ausscheidung von nicht Benötigtem und Schadstoffen im Vordergrund. Dieser Zyklus ist von zahlreichen Wissenschaftlern gefunden worden. Sie sollten ihn durch Ihr Verhalten optimal unterstützen. Das Essen von Obst am Vormittag unterstützt die Ausscheidung durch den hohen Wassergehalt und die Enzyme, die in den Früchten enthalten sind. Es ist also nicht so, daß der Verdauungstrakt immer dann in gleicher Intensität in Aktion tritt, wenn Sie etwas essen. Die tageszeitlichen Unterschiede sind sehr beträchtlich. Davon könnnen Sie sich durch eigene Versuche leicht überzeugen.

Zahlreiche Forscher (zit. in SCHMIDT, 1974, S. 12ff) haben nachgewiesen, daß die Leber eine von den Mahlzeiten in hohem Grade unabhängige, rhythmische Funktion mit abwechselnd assimilatorischer und sekretorischer Tätigkeit hat. Die Leber folgt dem 24-Stunden Rhythmus, den SCHMIDT als Erdatmungs-Rhythmus bezeichnet. Sie reichert dabei das Glycogen (in dieser Form wird im Körper Zucker gespeichert) in der Einatmungsphase der Erde bis 3 Uhr nachts an, um es dann in die Morgenstunden hinein bis mittags 15 Uhr in das Blut als Zucker auszuströmen. Umgekehrt dazu läuft die Gallensekretion: sie zeigt ihr Maximum um 15 Uhr im Höhepunkt der Ausatmungsphase der Erde und hat ihr Minimum nachts um 3 Uhr. Dies zeigt klar, daß eine Mahlzeit, die mittags gegessen wurde, leichter verdaut werden kann als eine, die abends oder gar nachts verzehrt wurde.

Das traditionelle Frühstück zugunsten von rohem Obst wegzulassen, gehört zum Besten, was Sie sich und Ihrer Gesundheit antun können. Wenn Sie allein dies verwirklichen, werden Sie bereits ein neuer Mensch werden, weil Sie endlich der Ausscheidung von Giften gebührend Rechnung tragen. Vormittags fasten und nur Wasser trinken ist ebenfalls sehr wirkungsvoll. Probieren Sie es aus!

17
Fleisch – schadet es wirklich?

Um es gleich ganz klar vorwegzunehmen: Ja, es schadet wirklich! Und zwar schadet es sehr. Je mehr man davon ißt, um so kränker wird man, um so früher stirbt man – statistisch gesehen. Natürlich gibt es Menschen, die aufgrund besonderer Lebensumstände, Erbanlagen, Karma etc. Fleisch besser vertragen als andere. Auch gibt es Menschen, die möglichst tief in die Schwingungen der Materie eintauchen wollen, deren Hauptaufgaben auf der emotionalen Ebene liegen. Zu diesen Menschen sollten Sie sich jedoch nicht ungeprüft zählen. Erst nach eigenen Experimenten sollten Sie entscheiden.

Ich will Sie hier natürlich nicht indoktrinieren. Entscheidend bleibt immer, daß Sie das tun, was Sie für richtig halten, daß Sie sich so ernähren, wie Sie nach gründlichem Nachforschen, nach genauem in sich Hineinhören herausfinden. Sie können Ihr Leben niemals richtig leben, wenn Sie sich blindlings nach anderen richten. Meine Ausführungen sollen nur Denkanstöße sein. Sie können für all diejenigen, die bereits Zweifel an der Zweckmäßigkeit von Fleischkonsum haben, eine Hilfe sein, den Zweifeln nachzugehen und Schlüsse daraus zuziehen. Ich kann nur diejenigen unterstützen, die bereit sind, sich und ihre Ernährung zu ändern. Die Bereitschaft, der gute Wille müssen da sein. Ich kann niemanden überzeugen, der dies nicht zuläßt. Argumente können immer abgeschmettert werden – auf die verschiedenste Art und Weise. Es bleibt jedem Menschen freigestellt, Fleisch zu essen. Noch können wir uns diese Freiheit leisten – wie lange noch, wissen wir nicht.

Ja, der Verzehr von Fleisch, Fisch und den Produkten daraus schadet wirklich. Wie manifestiert sich dieser Schaden? Ganz schlicht und einfach: Sie werden krank und leben kürzer. Ihr Leben wird geprägt von ständigen Unpäßlichkeiten, von Müdigkeit und Schlappheit, von Depressionen, Aggressivität, Angst, von einem Mangel an Widerstandsfähigkeit, Spannkraft, Vitalität, Fitneß, Energie und Ausdauer. In jungen Jahren geht es noch ganz gut, aber je älter Sie werden, um so deutlicher fühlen Sie, daß Sie nie mehr so richtig gesund sind. Auch wenn, wie in mittleren Jahren bei manchen noch der Fall, schwere Krankheiten noch fehlen, Sie merken, daß Sie nicht mehr die Leistungsfähigkeit, die Konzentrationskraft, die Wachheit und die schnelle Reaktion besitzen, auf die Sie früher vielleicht stolz waren. Einem stillschweigenden, unbewußten Übereinkommen folgend wird das als natürliche Folge zunehmenden Alters gedeutet. Verdächtig ist nur, daß es nicht alle betrifft, daß man immer wieder auf Menschen trifft, die noch in hohem Alter schlank und athletisch wirken, die voll da sind und nach eigenem Bekunden nie zum Arzt gehen (müssen). Ein Geschenk Gottes? Ja und nein.

So einfach können wir uns nicht herausreden. Natürlich ist es ein Geschenk Gottes, wenn man im hohen Alter immer noch gesund und voll leistungsfähig ist. Darüber brauchen wir nicht zu diskutieren. Aber: Wie kommt es dazu? Warum wird dieser Mensch so bevorzugt? Kein Grund zum Neid: er wird es nicht. Dieses Geschenk bietet Gott jedem an. Es liegt nur an Ihnen, es anzunehmen oder abzuweisen. Wie weist man dieses Geschenk denn ab, wer würde dies tun? Jeder bezeichnet doch seine Gesundheit als sein höchstes Gut? Zwischen Lippenbekenntnissen und dem täglichen Leben klafft ein weiter Spalt. Die Mehrheit der Menschen in den westlichen Industrieländern weist dieses Geschenk Gottes zurück, indem sie sich zu einer Ernährung verleiten läßt, die ein gesundes Leben schlicht und ergreifend unmöglich macht. Der Mensch hat die Wahlfreiheit – Gott würde seiner spotten, wenn er den Menschen trotz Ablehnung etwas aufzwingen würde.

Wir kommen nicht umhin: jeder ist seines Glückes eigener Schmied, jeder ist für seine Gesundheit selbst verantwortlich. Es ist völlig klar: Viele, sehr viele Menschen setzen die Gesundheit nicht an den ersten Platz. Andere Dinge sind wichtiger. Zusammenhänge zwischen Ernährung und Gesundheit, zwischen Lebensumständen und Krankheiten werden verdrängt. Man will problemlos leben und genießen, ohne sich oder die Lebensumstände entsprechend einzurichten bzw. zu ändern. Hilfe soll von außen – vom Arzt, von Medikamenten kommen. "Ich will so weiterleben wie bisher. Wer weiß denn, was wirklich die Ursache für meine Krankheit ist". Die Mehrzahl der Ärzte bestätigen uns darin: Für sie kommt es darauf an, daß sie ihren Job erhalten, sie wollen behandeln, verordnen etc. Menschen, die ihre Gesundheitsprobleme durch die richtige Ernährung lösen, sind für sie uninteressant, weil sie diese Menschen als Patienten und Geldquelle verlieren.

Und das schlimmste ist die Angst: Sie hält uns davon ab, uns zu ändern. "Wenn ich kein Fleisch mehr esse, woher bekomme ich denn dann mein Protein? Was soll ich denn dann essen? Ohne Fleisch schmeckt das Essen doch nicht richtig!" Die Angst äußert sich mannigfaltig – bis hin zu offener Aggression. Um diesen Teufelskreis zu durchbrechen, ist klare Information nötig – sie wird Ihnen bei gutem Willen Ihrerseits helfen, wieder ein gesundes Leben führen zu können.

Welche Krankheiten verursacht Fleischverzehr? Zunächst ein Wort zu der Frage, wie die Ergebnisse, die ich Ihnen nun vorstelle, gewonnen wurden. Sie sind das Konzentrat von ungezählten Erfahrungen einzelner bei der Beurteilung der ihnen vorliegenden Fälle sowie von Resultaten von gezielten Langzeit-Versuchen mit Fleischessern und Vegetariern sowie von der Auswertung von vorliegenden Statistiken von Bevölkerungsgruppen, die – meist aus religiösen oder ethnischen Gründen – kein oder nur wenig Fleisch essen im Vergleich mit Durchschnittsgruppen der normalen Bevölkerung. Wer nicht hören will, kann sich natürlich damit herausreden, daß immer auch andere Gründe mitspielen, und jeder, der ehrlich ist, muß zugeben, daß viele Zusammenhänge noch nicht klar durchschaubar sind. Die Masse des Beweismaterials ist jedoch so erdrückend, daß es bei einem weniger emotionsgeladenen Thema schon längst keine Diskussion mehr geben würde – jeder würde sich selbstverständlich danach richten.

Das Grundübel, das durch Fleischverzehr in unverhältnismäßig großem Maße verursacht wird, ist die Verschlackung und Versauerung des Körpers. Dies bedeutet, daß durch den Fleischgenuß aufgenommene Stoffe in derartigen Mengen aufgenommen werden, daß sie im Laufe der Jahre durch langsames Nachlassen der Nierentätigkeit nicht in genügendem Maße ausgeschieden werden können. Sie lagern sich im Körper an allen möglichen Stellen ab, in den Arterien, im Gewebe, in Gelenken usw. und verursachen mannigfache Störungen und Krankeiten.

1. Als erstes wäre hier die Harnsäure zu nennen, die in Fleisch in großen Mengen enthalten ist. Diese Säure stellt für den menschlichen Organismus ein starkes Gift dar, das schleunigst zu Harnstoff abgebaut und im Urin ausgeschieden werden muß. Dazu müssen die Nieren Schwerstarbeit leisten, dreimal so viel Arbeit als die Nieren von Vegetariern. Beefsteak enthält ca. 29 g Harnsäure pro Kg. Kann die Harnsäure nicht sofort ausgeschieden werden, was bei den meisten Menschen der Fall ist, so benötigen nur 1 g dieses tödlichen Giftes 7–8 l Wasser, damit es verdünnt werden und dadurch keinen Schaden anrichten kann. Die Betroffenen werden dick und aufgedunsen. Auf längere Sicht verursacht die im Körper gespeicherte Harnsäure Nierenbeschwerden, Gicht, Rheuma und Arthritis (vgl. dazu GESELLSCHAFT FÜR NATÜRLICHE LEBENSKUNDE, 1988, S. 18, WANDMAKER, 1988, S. 104 und SILBERNAGL und DESPOPOULOS, 1983, S. 146).

Da im gesunden Naturzustand Gewebe und Blut im menschlichen Körper einen basischen pH aufweisen, ist der Körper bestrebt, die Harnsäure, die sich in ihm eingenistet hat, wenigstens zu neutralisieren, wenn er sie schon nicht abschieben kann. Dazu sind alkalische Mineralien, wie zum Beispiel Calcium nötig. Starke Fleischesser nehmen in der Regel nicht genügend Obst und Gemüse zu sich, was die gewünschten Mineralien enthalten würde. Dem Körper bleibt also nichts anderes übrig, als das Calcium den Knochen zu entziehen. Diese werden dadurch brüchig und nutzen sich schneller ab. Die Folgen: Osteoporose und Arthrose. Lagert sich die Harnsäure zwischen Nervenfasern ab, so ergibt dies Nervenentzündungen und Ischiaserkrankungen.

2. Fleisch enthält zahlreiche gesättigte Fettsäuren, die dem Menschen Probleme bereiten können. Hier ist das gefürchtete Cholesterin zu nennen. Es dürfte wohl kaum jemanden unter Ihnen geben, der diesen Namen nicht schon einmal gehört hat. Es ist hier nicht die Stelle, um auf die äußerst komplizierten Zusammenhänge einzugehen. Was hier interessiert, ist der Effekt, der aus einer übermäßigen Zufuhr von Cholesterin resultiert. Hierzu tragen übrigens auch Eier bei. Dieses Cholesterin kann – ebenso wie die Harnsäure – nicht in ausreichendem Maße ausgeschieden werden und lagert sich dann vorzugsweise an den Innenseiten der Arterien und Herzkranzgefäße ab. Das Herz muß nun stärker pumpen, um trotz der verengten Gefäße noch alle Stellen des Körpers mit Blut versorgen zu können: der Blutdruck steigt, das Herz wird schneller abgenutzt.

Herzkrankheiten sind die Nr. 1 bei den Todesursachen von Fleischessern. Aber: Schlaganfall und Infarkt kommen nicht aus heiterem Himmel. Sie sind lang vorbereitet und die logische Folge einer falschen Ernährung und einiger anderer Risikofaktoren, die mit unserer zivilisierten Lebensweise zusammenhängen. Nikotin, Alkohol und Koffein seien neben Streß, mangelnder körperlicher Bewegung und extremer Ichbezogenheit nur am Rande erwähnt. Die USA sind die Nation mit dem höchsten Fleischverzehr der Erde. Jeder zweite Nordamerikaner stirbt an Herzversagen oder einer Krankheit der Arterien. Untersuchungen an 22 Jahre alten, gefallenen Amerikanen im Korea-Krieg ergaben bei 80% von ihnen verhärtete Arterien durch Fleischgenuß, während die vergleichsweise untersuchten, vegetarisch ernährten Koreaner gesunde Arterien aufwiesen. Das Journal of the American Medical Association konstatierte schon 1961, daß "eine vegetarische Ernährung zu 90 – 97% Herzkrankheiten verhindern kann (Herzinfarkt und Verschluß der Herzkranzgefäße)".

3. Es besteht eine ganz klare, unbestrittene Beziehung zwischen Krebsrate und Fleischkonsum. Dabei handelt es sich um Darm-, Brust und Gebärmutterkrebs. Zum Beispiel hatten die 7-Tage-Adventisten, die Vegetarier sind, bei einer Untersuchung in den USA, bei der 50 000 von ihnen beteiligt waren, eine im Vergleich zur Normalbevölkerung extrem niedrige Krebsrate. Die Mormonen, die überwiegend vegetarisch leben, hatten eine um 50% niedrigere Krebsrate als die Normalbe-

völkerung. Die Schotten essen 20% mehr Fleisch als die Engländer und haben eine der höchsten Darmkrebsraten der Welt. In diesem Zusammenhang sei darauf hingewiesen, wie schädlich die beliebte Fleischbrühe ist, die besonders viel Harnsäure, Salz und Cholesterin enthält – besonders, wenn es sich um eine Brühe mit Ei handelt. Sie gibt keine Kraft, sie vergiftet den Körper! Das nach Fleischbrühe-Genuß auftretende Wärmegefühl wird mißgedeutet: Es ist nicht das Zeichen, wie gut die Suppe dem Körper getan hat. Es signalisiert vielmehr, daß der Körper alle Anstrengungen unternimmt, die Gifte schleunigst wieder auszuscheiden.

4. Fleischesser leiden häufig an Verdauungsstörungen und Verstopfung. Fleisch hat zu wenig Faser-(Ballast-)Stoffe und bewegt sich deshalb zu langsam durch den Darm, viermal langsamer als Pflanzennahrung. Es fault dabei, und es entwickeln sich Bakterienstämme, die durch Reaktionen mit den Verdauungssäften chemische Stoffe ergeben, die nach gesicherten Erkenntnissen die Disposition zu Krebs erhöhen. Auch verschiedene Arten von allgemein benutzten Konservierungsmitteln für Fleisch gelten als kanzerogen.

5. Eskimos, die notgedrungen hauptsächlich von Fleisch leben, haben nur eine durchschnittliche Lebenserwartung von 27,5 Jahren, die überwiegend tierisch ernährten Kirgisen eine solche von 40 Jahren. Rein vegetarisch ernährte Naturvölker sind dagegen berühmt durch ihr hohes Alter und die schier unglaubliche Gesundheit. Zu nennen sind hier die oft zitierten Hunza, bei denen es nichts Besonderes ist, wenn man über hundert Jahre alt und immer noch voll leistungsfähig ist.

Schließlich sei noch das Schweinefleisch hervorgehoben, weil es besonders gefährlich ist und spezielle Krankheiten hervorruft. Davon gibt es eine ganze Reihe, erwähnen will ich hier spezielles Aufquellen des Gewebes just an Stellen des Körpers, die den Stellen der Schweine entsprechen, von denen man bevorzugt gegessen hat. Schweinefleisch ist dem menschlichen Fleisch sehr ähnlich, es führt daher im Körper zu Degenerationserscheinungen und Vergiftungen. Andererseits kann Schweinefett sich im Gewebe des Menschen als solches ablagern, transplantierte Schweinehaut kann am Menschen anwachsen! In Ländern, in denen viel Schweinefleisch gegessen wird, sind Grippe-Epidemien weit verbreitet, in islamischen Ländern ohne Schweinefleisch fehlen sie. Der Grippevirus übersommert in Schweinelungen, die dann in der Wurst mitverarbeitet werden. Lesen Sie das kleine Heft "Schweinefleisch und Gesundheit" von RECKEWEG, und Sie werden den Schweinefleischgenuß überdenken.

Warum verursacht Fleischverzehr Krankheiten? Diese Frage kann man ganz klar und eindeutig beantworten: Der Mensch ist von Natur aus kein typischer Fleischesser. Der Mensch kann zwar alles mögliche, unter anderem auch Fleisch essen, es kommt aber nicht darauf an, was er alles essen kann, sondern womit er auf Dauer gesehen gesund und leistungsfähig bleibt. Es kommt darauf an, ob er in seiner Nahrung all das findet, was er benötigt, daß er dieses auch aufnehmen und daß er alles Überschüssige wieder anstandslos ausscheiden kann, damit er sich nicht vergiftet! Diese Anforderungen können tierische Produkte aller Art, allen voran Fleisch und Fisch und deren Produkte schlicht und ergreifend nicht erfüllen. Der Mensch ist von Natur aus nicht mit den nötigen Organen und Verdauungsmechanismen für eine Ernährung ausgestattet, die mehr als nur gelegentlich kleine Mengen roher tierischer Produkte beinhaltet (vgl. z. B. HARRIS und ROSS, 1987, S. 95).

Die Entwicklungsgeschichte des Menschen seit seiner Abspaltung von den Vorfahren, die er mit den Affen gemein hat (wenn das wirklich so war), umfaßt eine Zeitspanne von etwa fünf Millionen Jahren. Während des größten Teils dieser Zeitspanne haben sich fast alle Menschen überwiegend oder rein vegetarisch ernährt. In diesem Punkt sind sich die Forscher, allen voran LINNE und DARWIN weitgehend einig. Die Zeiten mit stärkerem Fleischkonsum waren auf Notzeiten – etwa während der Eiszeiten – beschränkt. Der größte Teil der Menschheit lebt noch heute überwiegend oder ganz vegetarisch, in Deutschland lebte die große Mehrheit der Bevölkerung noch vor hundert Jahren so. Die Hauptnahrung des Menschen bestand aus Obst, Gemüse, Wurzeln, Salat, Nüssen und Samen. So ernähren sich die Gorillas und Schimpansen auch heute noch. Der menschliche Verdauungstrakt ist an den Verzehr von großen Mengen Fleisch entwicklungsgeschichtlich nicht so gut angepaßt, daß mit einer solchen Ernährung langfristig ein Optimum an Gesundheit erreicht werden könnte. In der lächerlich kurzen Zeit dieses Jahrhunderts konnte diese Anpassung selbstverständlich nicht erfolgen. Daß der Mensch gelegentlich kleine Mengen Fleisch verträgt, steht damit nicht im Widerspruch; und daß er auch an eine gegarte Nahrung, die erst in den letzten 100- bis 200tausend Jahren seiner Entwicklungsgeschichte (während der Eiszeiten) aufkam, nicht besonders angepaßt ist und daß er Probleme mit der Verdauung von Körnern und Körnerprodukten hat, die erst seit 6000 bis 8000 Jahren verzehrt werden, sei hier nur am Rande erwähnt. (vgl. die Kap. 20 u. 25).

Was unterscheidet den Menschen denn nun vom fleischfressenden Raubtier?

1. Der Mensch hat breite Vorderzähne zum Abbeißen und flache Backenzähne zum Zermahlen im Gegensatz zu den scharfen, spitzen Vorderzähnen der Raubtiere, mit denen sie ihr Fleisch reißen. Sie bewegen ihren Kiefer nur in vertikaler Richtung.

2. Der Mensch hat keine natürlichen Werkzeuge zum Fangen und Tö-

ten – auf sie wäre er bis zur Erfindung von Werkzeugen angewiesen gewesen. Werkzeuge gibt es aber erst seit so kurzer Zeit, daß eine Anpassung des Verdauungstraktes nicht mehr möglich gewesen wäre. Der Mensch kann weder schnell genug laufen, noch gut genug zupackend springen noch herabstürzend fliegen. Er besitzt keine Krallen! Der Verdauungstrakt des Menschen hat sich entwickelt in den Jahrmillionen, in denen der Mensch bzw. sein Vorfahre als Sammler durch die Wälder zog. Und sammeln konnte er im wesentlichen nur vegetarische Nahrung.

3. Der Mensch besitzt basischen Speichel mit dem Enzym Ptyalin zur Vorverdauung von Kohlehydraten. Er hat gut ausgebildete Speicheldrüsen. Der Raubtierspeichel ist sauer, das besagte Enzym fehlt. Das Raubtier besitzt nur kleine Speicheldrüsen.

4. Im Raubtiermagen wird die zehnfache Menge an Salzsäure ausgeschüttet, damit Muskeln, Fasern und Knochen rasch verdaut werden können.

5. Fleischfresser haben einen kurzen Verdauungstrakt, damit das rasch verwesende Fleisch schnell den Körper wieder verlassen kann. Die Länge des Darmes beträgt nur rund die dreifache Körperlänge. Die Länge des menschlichen Darmes stimmt mit derjenigen anderer Pflanzenfresser überein, wie zum Beispiel der Gorillas und Schimpansen. Sie beträgt etwa das Zwölffache der Körperlänge. Gras und Blätterfresser haben einen Darm in etwa der zehnfachen Körperlänge. Sie besitzen durch einen Vormagen die Möglichkeit, in großem Umfange Zellulose zu verdauen, was dem Menschen nur eingeschränkt möglich ist.

6. Die Leber eines Fleischfressers kann 10 bis 15 mal mehr Harnsäure ausfiltern als die Leber eines Nichtfleischfressers. Der Mensch ist die einzige Kreatur, die unter Harnsäure-Ablagerungen leidet. Fleischfressende Tiere haben das Enzym Uricase, das die Harnsäure zu Harnstoff abbaut und dann eine leichte Ausscheidung durch den Urin ermöglicht. Raubtiere fressen nicht nur das säurebildende Muskelfleisch, sondern zum Ausgleich auch alkalisch reagierende Knochen, sogar den Darminhalt. So kann die Säure im Körper ohne Schädigung der eigenen Knochen neutralisiert werden.

7. Der Urin von Fleischfressern ist sauer, der des gesunden, richtig ernährten Menschen ist basisch. Ein regelmäßig basisch reagierender Morgenurin zeigt beim Menschen an, daß er richtig ernährt wird, d. h. daß in seiner Nahrung basenbildende Lebensmittel säurebildende Lebensmittel überwiegen. Fleischesser schaffen dies in der Regel nicht.

8. Daß der Mensch nicht in die Gruppe der fleischfressenden Raubtiere gehört, zeigt auch, daß er durch die Poren seiner Haut und nicht durch die Zunge schwitzt.

9. Vergleicht man das instinktive Verhalten eines Menschen in einem Obstgarten und in einem Schlachthof, so wird auf Anhieb klar, welche Nahrung ihm mehr entspricht.

Was spricht sonst noch gegen Fleischverzehr?

1. Die Belastung von tierischen Nahrungsmitteln mit Fremdstoffen und Umweltgiften aller Art ist höher als in allen anderen Nahrungsmitteln. Das ist kein Wunder. Das Tier steht am Ende der Nahrungskette, in ihm akkumulieren sich alle Gifte auf dem langen Weg vom Boden über die Pflanze und die Futterherstellung etc. Es handelt sich im einzelnen um folgende, für den Menschen schädliche Stoffe.

Als erstes seien genannt: Pflanzenschutzmittel (Herbizide, Fungizide, Pestizide), Folgen der Überdüngung (zu viel Stickstoff etc.), Schwermetalle wie Blei aus pflanzlichen Futtermitteln, Kadmium aus Fischmehl, Blei und Kadmium, das beim Grasen neben Industiekomplexen und neben Autobahnen oder nach Düngung mit Klärschlamm oder Mineraldünger auf Gras aufgenommen wird, Arsen aus Medikamenten. Schwermetalle sind karzinogen! Durch die starke Verschmutzung der Gewässer, auch der Weltmeere ist auch Fisch heutzutage so stark belastet, daß man besser die Finger davon läßt – es sei denn, er käme ausnahmsweise aus einem Ihnen gut bekannten, noch reinen See.

Weiterhin finden sich Reste von in überreichlichem Maße gegebenen Medikamenten, die nicht nur im Krankheitsfalle verordnet, sondern an alle Tiere regelmäßig zur Vorbeugung verfüttert werden: Antibiotika gegen Infektionen und zur Steigerung der Gewichtszunahme. Sie machen die Erreger immun und führen beim Menschen zur Gewöhnung, so daß im ernsten Krankheitsfall einzelne Mittel nicht mehr wirken und immer größere Mengen gegeben werden müssen. Antibiotika zerstören die Darmflora bei Mensch und Tier.

Östrogene (Hormone) werden gegeben, um den Futterverbrauch zu verringern und das Mastgewicht zu erhöhen. Auch sie schaden dem Menschen. In welch Riesenmengen sie – zum Teil heimlich – gegeben werden, wurde durch den Hormonskandal im August 1988 klar. Thyreostatica werden verabreicht, um die Wasserausscheidung zu bremsen und so das Gewicht der Tiere auf das Doppelte zu treiben. Sie führen ganz besonders zu der miesen Qualität des Fleisches, das sich in der Pfanne zusammenzieht. Diese Chemikalien können beim Menschen zur Kropfbildung führen.

Weiterhin erhalten die armen Tiere Tranquilizer (Beruhigungsmittel) gegen die allgemeinen Belastungen der tierquälerischen Massentierhaltung. Sie sollen gegen vorzeitigen Herzinfarkt sowie gegen die Angst bei Transport und Schlachtung wirken. Auch sie verbleiben in Resten im

Fleisch und benebeln den Verstand der Fleischesser. Schließlich gibt man sogenannte Beta-Rezeptorenblocker, um beim Weg zum Schlachthaus dem Kollaps vorzubeugen. Diese wirken auch auf Menschenherzen....

Transport, Miterleben der Schlachtung der Artgenossen und das Warten auf den eigenen Tod erzeugen bei den Schlachttieren unglaublichen Streß, Aggressivität und Angst. Der Körper schüttet in Massen Adrenalin aus, das im Fleisch verbleibt und sich auf den Fleischesser überträgt: Nicht umsonst gelten Fleischesser als aggressiv, roh und unsensitiv. Die Encyclopedia Britannica schreibt: "Eiweiß aus Nüssen, Getreide, Hülsenfrüchten etc. ist vergleichsweise rein gegenüber dem des Fleisches, das zu 56% aus verunreinigter Flüssigkeit besteht".

Das dergestalt extrem minderwertige Fleisch wird durch die Weiterverarbeitung zusätzlich mit allen nur denkbaren Giften aus der Chemieküche belastet. Nitrat und Nitrit (Pökelsalz) halten das Fleisch nach dem Tod noch wochenlang rot. Der sofort einsetzende Verwesungsvorgang muß ja – wenn schon nicht völlig verhindert – so doch zumindest übertönt werden. Man soll's nicht sehen! Trotzdem sind Fäulnisbakterien und Leichengifte vorhanden und wirken schädlich auf die Gesundheit des Essers. An Emulgatoren, Stabilisatoren, Schnittfestmachern, Dickungsmitteln, Konservierungsmitteln, Geschmacksverstärkern, Fettbindemitteln und Farbstoffen wird nicht gespart. 20 Gruppen von Zusatzstoffen sind in Wurst erlaubt, die insgesamt 50 chemische Verbindungen umfassen. Das Gezeter um einige wenige Prozent Sojaeiweiß als Zusatz zur Wurst im Rahmen neuer EG-Regelungen und die Mär vom Reinheitsgebot der deutschen Wurst ist im Vergleich dazu geradezu lächerlich und völlig verlogen obendrein.

Trichinen (bei Schweinen) und Bandwürmer (bei Fischen) kommen zwar selten vor, können aber auch heute nicht völlig ausgeschlossen werden. Bei Geflügel, besonders bei Hähnchen sind die gefährlichen Salmonellen weit verbreitet. Durch Eintauchen in ein Wasserbad vor dem Einfrieren werden fast alle Hähnchen damit infiziert. In der BRD starben in fünf Jahren 337 Personen an Salmonellose. Mehrere Zehntausend werden jedes Jahr davon infiziert (MÜHLEISEN, 1988).

2. Die Umweltverschmutzung durch die tierquälerische Massertierhaltung und die Schlachthöfe ist maßgebend an Waldsterben und Grundwasserverseuchung beteiligt. Sie beträgt das Zehnfache der Privathaushalte und das Dreifache der Industrie! Der Anbau von 1 kg Weizen benötigt 60 l Wasser, die Produktion von 1 kg Fleisch 2500–6000 l Wasser – eine grandiose Verschwendung.

3. Die Fleischproduktion ist die denkbar unökonomischste Produktion von Protein. Um eine Fleisch-Kalorie zu erzeugen, benötigt man im Mittel 10 Pflanzen-Kalorien, oder anders ausgedrückt: aus 16 kg Getreide erhalten wir nur 1 kg Fleisch. Die Verhältnisse liegen bei unterschiedlichen Tierarten, Produkten und Produktionsweisen verschieden, unter Berücksichtigung der Kosten an Energie, Zuchthilfsmitteln und Medikamenten etc. aber bei der Massentierhaltung am ungünstigsten. Die so produzierten Waren sind von extrem minderwertiger Qualität. Kein wirkliches Feinschmecker-Restaurant kann diesen Schund seinen Gourmets anbieten.

Fleisch ernährt (schlecht) wenige Menschen auf Kosten vieler: Der Futter-Sojaanbau in Brasilien zerstört die Lebensgrundlage Hunderttausender Kleinbauern, das Roden des Regenwaldes und das Anlegen von Weideland für Rinder für Tiernahrung und Schnellrestaurants raubt den Indianern Ihren Lebensraum und verstärkt die Gefahr einer Klimakatastrophe. Ein Drittel der afrikanischen Erdnußernte wird in Europa an Rinder und Geflügel verfüttert. 90% des in den USA angebauten Getreides geht an das Zuchtvieh, in Großbritannien sind es 85%. Bei uns verprassen fünf Fleischesser indirekt das Getreide, das 50 bis 60 Menschen ernähren könnte. Der durchschnittliche europäische oder amerikanische Fleischesser konsumiert fünfmal mehr Nahrungsmittel als der Kolumbianer, Inder oder Nigerianer. Eine Senkung der irdischen Fleischproduktion um nur 10% würde genug Getreide freisetzen, um 60 Millionen Menschen zu ernähren. Würde sich die BRD rein vegetarisch ernähren, könnten wir statt 60 Millionen 256 Millionen Menschen ernähren.

4. Schließlich lassen Sie mich noch kurz auf die ethischen Gründe eingehen, die gegen das Fleischessen sprechen: Wir dürfen es nie vergessen: Auch Tiere sind hochentwickelte Lebewesen. Im Gegensatz zu den Pflanzen stehen sie uns sehr nah. Auch sie haben Gefühle und Empfindungen, auch sie kennen Angst und Leid. Das Leben von Masttieren der Massentierhaltung sowie die Umstände des Tötens sind extrem grausam und Tierquälerei in Potenz. Nicht umsonst sind sie vom Tierschutzgesetz ausgenommen - aus ökonomischen Gründen. Für jeden Fleischesser sollten Schlachthausbesuche obligatorisch sein. Im Grunde sollte jeder die Tiere, dessen Fleisch er ißt, wenn schon nicht aufziehen, so doch selbst schlachten müssen. Der Fleischkonsum würde über Nacht extrem zurückgehen.

TOLSTOI schreibt: "Dadurch, daß er Tiere schlachtet, unterdrückt der Mensch unnötigerweise die höchste spirituelle Qualität in sich, nämlich die Fähigkeit zu Mitleid und Erbarmen mit anderen Lebewesen wie mit sich selbst; und indem er seine eigenen Gefühle verletzt, wird er grausam. Wie können wir ideale Bedingungen auf der Erde erwarten, wenn unsere Körper wandelnde Leichenstätten gemordeter Tiere sind? So lange es Schlachthöfe gibt, wird es Schlachtfelder geben!"

18

Der Proteinmythos: Woher erhält der Vegetarier sein Protein?

Zu einer richtigen Mahlzeit gehört ein anständiges Stück Fleisch! Fleisch ist ein Stück Lebenskraft! Nur Fleisch liefert hochwertiges Protein! Fleisch hat den höchsten Eiweißgehalt! Vegetarier leiden unter Proteinmangel!

Diese Ansichten vertritt nicht nur die Lobby der Metzger und Viehzüchter.... Weite Kreise der Bevölkerung denken so. Fleisch hat zudem einen sehr hohen Prestigewert. Wer sich täglich Fleisch leisten kann, hat einen hohen Lebensstandard – so glaubt man. Es ist deshalb kein Wunder, daß sich mit zunehmendem Wohlstand seit 1950 der Fleischverzehr pro Kopf der Bevölkerung der BRD verdreifacht hat; er liegt heute bei rd. 100 Kg pro Jahr!

Die Empfehlung der Deutschen Gesellschaft für Ernährung für die richtige Proteinzufuhr beträgt für Erwachsene 0,8g x Körpergewicht (in Kg), also zum Beispiel für einen 69 Kg Mann 55 g pro Tag (für Frauen 45 g). Die tatsächliche Proteinaufnahme in der BRD liegt heute bei 108 bzw. 85 g pro Tag. Davon stammen zwei Drittel von tierischen Produkten, vor allem von Fleisch, ein Drittel aus pflanzlichen Quellen.

Protein (Eiweiß) ist das komplizierteste aller Hauptnahrungsbestandteile. Die Verdauung von gegartem Protein, zum Beispiel von Rindergoulasch, ist äußerst schwierig und benötigt wesentlich mehr Zeit und Energie als jede andere Nahrung. Um den ganzen Verdauungstrakt zu durchwandern, braucht Nahrung durchschnittlich 25 – 30 Stunden; Obst ist schneller, bei Fleisch verdoppelt sich diese Zeit. 70% der theoretisch ermittelten Energie von Fleisch gehen für die Verdauung verloren! Eiweiß stellt dem Körper keine Energie zur Verfügung, es verbraucht sie. Protein wird vom Körper nur im Notfall zur Energieversorgung herangezogen, wenn nicht genügend Kohlehydrate oder Fette gegessen werden. Dies ist jedoch ein unbedeutender Sonderfall. Normalerweise unterstützt Protein die Muskeltätigkeit weder direkt noch wirkungsvoll. Deswegen werden immer mehr Spitzensportler zu Vegetariern. Folgende Tatsache sollte uns zu denken geben: Ein Löwe, der ausschließlich von

Fleisch lebt, schläft am Tag 20 Stunden, ein Orang-Utan – ein strikter Vegetarier – schläft täglich nur 6 Stunden!

Bei reichlichem und häufigem Proteinverzehr bleibt dem Organismus nicht genügend Zeit und Energie, alle giftigen Schlacken auszuscheiden. Dies sind unter anderem giftige Stoffwechselprodukte wie Harnsäure und Cholesterin, durch Erhitzen unbrauchbar gewordenes Protein, und im Fleisch besonders reichlich enthaltene Schadstoffe aus der Umwelt vor allem bei Massentierhaltung. Das Tier steht am Ende der Nahrungskette. In ihm akkumulieren sich alle Umweltgifte! Es ist deshalb schädlich, mehr Protein als nötig zu essen, vor allem, wenn dieses tierischer Herkunft ist.

Die Verdreifachung des Fleischverzehrs in der BRD seit 1950 ging deshalb Hand in Hand mit der Zunahme vieler Gebrechen, wie Herz- und Gefäßkrankheiten, Gicht, Harnsteinen etc. und erhöhtem Blutcholesterinspiegel. Fleisch- und Wurstwaren enthalten zudem 10 – 50% Fett und tragen damit wesentlich zu Übergewicht, einem der größten Gesundheitsprobleme der BRD bei. Das "Journal of the American Medical Association" stellt 1961 fest, daß eine vegetarische Ernährung jedoch 90 – 97% der Herzerkrankungen verhindern könnte (zit. bei DIAMOND, 1987, S. 127). Nach STEINER (1989, S. 133) führt eine überreichliche Eiweißernährung nicht zu einem besonders gesunden Gehirn, sondern zu einem vergifteten Herzen.

Es ist daher nicht verwunderlich, daß immer mehr Menschen Fleisch und Fisch meiden. Wie aber bekommen sie dann genügend hochwertige Proteine? Verzichtet man auf althergebrachte Vorurteile zivilisatorischer und medizinischer Art, so kommt man beim Studium der neuesten einschlägigen Literatur zu den folgenden Tatsachen.

Der Mensch benötigt viel weniger Protein, als man uns einreden will: Der oben genannte Wert von 55 g für die notwendige tägliche Proteinzufuhr gibt, um allen Extremfällen Rechnung zu tragen, das Doppelte dessen an, was die Wissenschaft für einen gesunden Menschen ermittelt hat. Dieser Wert ist aber immer noch sehr hoch bemessen. Er trifft – wie die Praxis zeigt – in erster Linie auf Menschen zu, die ihre Proteine von gegarter Fleischnahrung erhalten. Dieses Protein ist aber durch den Garprozeß mehr oder weniger stark denaturiert. Wenn Sie Ihr Protein aus Rohkost beziehen, so erhalten Sie erstklassige, natürlich-unveränderte Proteine (Aminosäuren) mit allen Enzymen und anderen Vitalstoffen. Auf diese Weise vermindert sich die Menge des aufzunehmenden Proteins weiter. Durch die in dieser Nahrung enthaltenen Vitalstoffe nutzen Sie das ebenfalls enthaltene Protein viel besser aus. Der Eiweißbedarf sinkt auch, wenn Sie Industriezucker meiden, der die Resorption der Aminosäure Lysin hemmt. Übermäßiger Salzkonsum (mehr als 8 g pro Tag) löst

Mängel in der Eiweißverdauung aus, wodurch das Blut dickflüssig wird. Die meisten Menschen in den Industrieländern essen zu viel Salz.

Da der Durchschnittsbürger der BRD bereits ein Drittel seiner aufgenommenen Proteinmenge (36g) aus pflanzlichen Quellen bezieht, würde er immer noch mehr als genug Eiweiß aufnehmen, wenn er alle Proteine tierischer Herkunft aus seiner Nahrung wegließe!

Fleisch enthält keinesfalls mehr Protein als andere Nahrungsmittel. Mit seinem durchschnittlichen Proteingehalt von 20% liegen Fleisch und Fisch im Mittelfeld der konzentrierten Proteinlieferanten, zusammen mit Nüssen, Linsen und Käse. Viele Käsesorten (z.B. Parmesan) und manche Nüsse haben einen viel höheren Proteingehalt als Fleisch, Sojamehl hat sogar über 40% (vgl. Tabelle im Anhang).

Aber ist pflanzliches Eiweiß denn nicht minderwertiger? Diese Frage ist falsch gestellt. Die Feststellung, Fleisch liefere das hochwertigste Protein, weil es im Gegensatz zum pflanzlichen Eiweiß in seiner Zusammensetzung dem menschlichen Protein am nähesten kommt, ist bedeutungslos. Menschliches Protein entsteht im Körper nicht dadurch, daß aufgenommenes, sogenanntes hochwertiges Protein zum Aufbau neuer Zellen verwendet wird. Es wird vielmehr in mehreren Schritten zerlegt und neu synthetisiert. Das verspeiste Eiweiß wird zunächst in seine Bausteine, die Aminosäuren, aufgespalten. Davon gibt es 23 verschiedene, die in Protein unterschiedlicher Herkunft in charakteristischen Prozentanteilen enthalten sind. 15 dieser Aminosäuren kann der Mensch selbst herstellen, 8 davon müssen mit der Nahrung aufgenommen werden. Diese 8 Aminosäuren werden "essentiell" genannt; der Mensch kann langfristig nicht überleben, wenn sie in seiner Nahrung nicht in den richtigen Mengenanteilen enthalten sind. In der neuesten Forschung zeichnet es sich ab, daß der Mensch eventuell doch in der Lage ist, diese Aminosäuren selbst herzustellen.

Alle Aminosäuren werden im Körper sodann in der Leber und in Zellen gespeichert und zirkulieren im Blut bzw. Lymphsystem. Dieser ständig verfügbare Vorrat an Aminosäuren wird "Aminosäuren-Pool" genannt. Aus ihm wird nach Bedarf für die differenzierten Aufgaben der verschiedenen Stellen des Körpers unterschiedliches menschliches Protein aufgebaut. Der Aminosäuren-Pool ist nicht unbegrenzt aufnahmefähig. Zu viel gegessenes Protein muß wieder ausgeschieden werden. Andererseits ermöglicht er durch seine Speicherkapazität den zeitweisen Verzicht auf eiweißhaltige Nahrungsmittel, ohne daß der Körper Schaden leidet.

Es ist deshalb unnötig, bei jeder Mahlzeit das vollständige, optimale Spektrum der für den Aufbau des menschlichen Proteins benötigten

Aminosäuren zu sich zu nehmen. Es genügt völlig, die verschiedenen Aminosäuren, vor allem die essentiellen, im täglichen oder längerfristigen Wechsel unterschiedlicher Nahrung zuzuführen. Defizite bestimmter Aminosäuren im Protein eines vegetarischen Lebensmittels können durch reichliches Vorkommen dieser Aminosäuren im Protein anderer vegetarischer Lebensmittel im Laufe von Tagen und Wochen leicht ausgeglichen werden.

Weil im Aminosäuren-Pool des Körpers die Aminosäuren bis zur Synthese des körpereigenen Proteins aufbewahrt werden, ist es nicht nötig, Kombinations-Gerichte von z. B. Mais und Bohnen, Kartoffeln und Eiern oder Weizen und Milch usw. zu essen, wie MOORE LAPPE (1978) in ihrem Buch: "Diet for a small planet" und Ernährungswissenschaftler vorschlagen. Diese Mischungen sind in der Regel unnötig schwer verdaulich und werden deshalb nicht optimal ausgenutzt. Außerdem wird die Zutatenauswahl durch kompliziertes Rechnen bei der Zusammenstellung von Rezepten unnötig schwierig. Die richtigen Prozentanteile der verschiedenen Aminosäuren, die für den Aufbau des menschlichen Körperproteins nötig sind, erhält man ohne Schwierigkeiten, wenn man eine abwechslungsreiche Vollwert-Pflanzenkost zu sich nimmt und darauf achtet, daß sie schonend zubereitet wird und einen möglichst hohen Anteil an Rohkost enthält. Selbst eine Kostform aus reiner Gemüse- und Obst-Rohkost reicht zur Proteinversorgung aus, weil diese Lebensmittel zwischen 1 und 3 % Protein enthalten. Muttermilch enthält etwa 1,5 % und genügt für das Baby, das im Gegensatz zum Erwachsenen noch wachsen muß!

Unbedingt beachten sollten Sie dabei die Lebensmittelkombinationen (vgl. Kap. 16). Aus ihnen ist auch zu ersehen, daß es nicht einmal zweckmäßig ist, in ein und derselben Mahlzeit alle grundsätzlich notwenigen Nahrungsbestandteile wie Fett, Kohlehydrate, Proteine und Obst zusammen zu essen; auch daraus ergeben sich unnötige Verdauungsprobleme. Hier liegt ein weites Feld für eigene Experimente. Leider ist es so, daß aufgrund unserer Konditionierungen gerade diejenigen Lebensmittelkombinationen besonders gut schmecken, die schwer verdaulich sind. Durch behutsames und liebevolles Umgehen mit sich selbst, seinen eigenen Wünschen und der zubereiteten Nahrung kann man jedoch im Laufe der Zeit sein eigenes Geschmacksempfinden verändern, so daß schließlich Gerichte munden und befriedigen, die man früher als unvollständig empfand.

Im Lichte dieser Ausführungen wird klar, daß pflanzliche Produkte tierischen in keiner Weise nachstehen. Aminosäuren pflanzlicher und tierischer Herkunft sind qualitativ gleich hochwertig. Außerdem kommen alle 23 Aminosäuren (auch die 8 essentiellen!) in ausreichenden Mengen in pflanzlicher Nahrung vor. Fleisch und Fisch sind für eine gesunde menschliche Ernährung wirklich nicht nötig. Zwei Drittel bis drei Viertel der Menschheit leben überwiegend von Pflanzenkost. Der Anteil an Vegetariern ist höher als der an Fleischessern!

Sogar die Veganer, die außer Fleisch noch Eier und Milchprodukte weglassen, müssen nicht an Proteinmangel leiden. Folgende Lebensmittel enthalten alle 8 essentiellen Aminosäuren: Karotten, Bananen, Rosenkohl, Weißkraut, Blumenkohl, Mais, Gurken, Auberginen, Grünkohl, Erbsen, Kartoffeln, Squash, Süß-Kartoffeln und Tomaten, außerdem alle Nüsse, Sonnenblumen- und Sesamkerne, Erdnüsse, Bohnen und Linsen. Die übrigen vegetarischen Lebensmittel enthalten die meisten der 8 essentiellen Aminosäuren.

Wollte man das günstige Aminosäure-Spektrum tierischen Proteins wirklich nutzen, müßte man Fisch, Fleisch, Eier etc. roh essen, da Protein beim Garen gerinnt. Die Aminosäuren werden dadurch resistent gegen Verdauungs-Enzyme und stehen so dem Körper nicht mehr voll zur Verfügung. Sie belasten ihn aber sehr, vor allem durch dann zwangsläufig eintretende Fäulnisprozesse. Die beiden sehr wichtigen Aminosäuren Lysin und Glutamin werden durch den Kochvorgang vollständig zerstört (SHELTON, 1989, S. 122). Tierische Produkte - vor allem das darin enthaltene Protein - sind nur dann gut verdaulich, wenn sie gelegentlich in geringen Mengen und vor allem roh genossen werden. Die Tiersubstanz muß dabei nur um eine Stufe auf die menschliche Ebene angehoben werden. Pflanzliche Nahrung muß bereits um zwei Stufen gehoben werden, um in die menschliche Organisationsform eingegliedert zu werden. Dazu ist schon eine weit stärkere Ichkraft vonnöten, und so gesehen ist die pflanzliche Kost schon schwerer verdaulich als die tierische (HAUSCHKA, 1989, S. 40). In der Praxis kehrt sich dies allerdings um, weil die tierischen Produkte fast immer gegart und obendrein noch in völlig unmöglichen Lebensmittelkombinationen verzehrt werden.

Am schwersten verdaulich ist mineralische Nahrung, denn das Mineral ist von der niedrigsten Organisationsstufe um drei Stufen zu heben. Dazu gehört eine voll entwickelte Persönlichkeit, die stark genug ist, sich mit dem Toten auseinanderzusetzen und die in den Erdenbereich voll eingreifen kann (HAUSCHKA, 1989, S. 41). Bei vielen Menschen ist die Fähigkeit zur Verdauung und sinnvollen Nutzung von anorganischen Mineralien im Körper so unterentwickelt, daß - wie es die Natural Hygiene es tut - man davon ausgehen kann, daß diese nicht sinnvoll im Körper genutzt, d. h. in die körpereigenen lebendigen Zellen eingebaut werden können. Auch Personen mit mehr Ichstärke können nur kleine Mengen Mineralien verdauen und nutzen. Denken Sie daran, daß Sie durch Kochen tierische und pflanzliche Gewebe auf das mineralisch-tote Niveau herabdrücken (HAUSCHKA, 89, S. 34) und damit in wesentlichen Bestandteilen für den Körper unbenutzbar machen! Solche Nahrung belastet dann in erster Linie.

Daraus ergibt sich, daß Nüsse und Samen immer ungeröstet und Gemüse wenigstens zum Teil ungegart gegessen werden sollten (Obst möglichst immer roh und für sich alleine). Nur Cashewnüsse machen eine Ausnahme: weil sie ein gewisses Gift enthalten, sollen sie vor dem Verzehr geröstet bzw. erhitzt werden. Dies braucht bei im Handel gekauften Cashews aber nicht beachtet zu werden, weil diese bereits erhitzt sind. Dies trifft leider auch auf viele Nüsse zu, auch wenn man es ihnen nicht ansieht. Nüsse sollten Sie immer in der Schale kaufen, weil geschälte Nüsse Oxidationsprozessen unterworfen sind, die der Nuß schaden. Es ist sehr schwierig, völlig unbehandelte, unerhitzte Trockenfrüchte und Nüsse im Handel zu erhalten. Wenn Sie darauf Wert legen, müssen Sie sorgfältig recherchieren oder Ihren Bedarf bei ORKOS DIFFUSION bestellen, die dem BURGERschen Instinkto-Institut angeschlossen ist (Anschrift im Anhang).

Ein wesentlicher Bestandteil des Proteinmythos ist die falsche Behauptung, daß Vegetarier unter Vitamin B12 Mangel leiden, denn dieses Vitamin kommt vor allem in tierischen Geweben und Organen inclusive Milch und Milchprodukten vor. Vitamin B12 ist als das "Kobalt"-Vitamin bekannt, sein Mangel verursacht u. a. perniziöse Anämie (bösartige Blutarmut). Daß Vegetarier nur in Ausnahmefällen zu wenig dieses Vitamins erhalten, ergibt sich aus den folgenden Tatsachen.

Erstens wird Vitamin B12 von Mikroorganismen aus dem Boden zum Beispiel auf Wurzelgemüse übertragen und gelangt so in kleinen Mengen auch in die oberirdischen Pflanzenbestandteile. Zweitens enthalten fermentierte Lebensmittel wie Sauerkraut, milchsaures Gemüse und Säfte, Tempeh, Miso und Natto sowie Algen und Hefeflocken Vitamin B12. Besonders Vitamin B12-reich sind Hefeflocken mit 17 - 20 Microgramm pro 100g Hefe und vor allem Grünalgen (Spirulina) mit 200 Microgramm pro 100g. Spirulina ist besonders wertvoll, weil es zu 60-70% aus Protein besteht und alle essentiellen Aminosäuren enthält. Zur ausreichenden Versorgung ist es jedoch nicht nötig, diese Nahrungsmittel zu essen. Sie sind keine Produkte, auf deren Verwertung der Mensch sich in seiner jahrmillionenlangen Entwicklungsgeschichte eingestellt hat. Er wird aus diesen Produkten deshalb nicht so viel Nutzen ziehen, wie es den Anschein hat und sich damit nur unnötig belasten. Drittens wird Vitamin B12 im Körper selbst von der Bakterienflora im Darm produziert. Der Magen sondert eine Substanz ab, die "Intrinsic Factor" genannt wird, welcher die Resorption des Vitamin B12 im Dickdarm erst ermöglicht. Fäulnis verhindert die Sekretion des Intrinsic Factors im Magen; dadurch wird die Verwertung von Vitamin B12 - egal aus welcher Quelle stammend - generell gestört. Fäulnisprozesse im Magen finden sich bei Fleischessern häufig, weshalb diese viel eher einen Vitamin B12-Mangel entwickeln. Diese im Gegensatz zur allgemein verbreiteten Ansicht stehende Tatsache findet sich im US Department of Agriculture Yearbook 1959 (zitiert bei DIAMOND, 1987, S. 126).

Der Bedarf des menschlichen Körpers an Vitamin B12 ist zudem so gering, daß ein Milligramm bis zu zwei Jahre reicht. Die Angaben reichen von 1,4 bis 2,5 Microgramm pro Tag. Aus Sicherheitsgründen werden unnötigerweise meist 5 angegeben. Vitamin B12 wird im Körper gespeichert. Ein gesunder Mensch besitzt in der Regel einen Vorrat für fünf Jahre!

Auch was andere Vitamine, wichtige Mineralstoffe und Spurenelemente etc. anbelangt, leiden Vegetarier keinen Mangel - im Gegenteil. Vor allem, wenn Sie sich viel frisches, rohes Obst und Gemüse leisten, sind Sie den Fleischessern haushoch überlegen: Sie essen statt toten Zellen an Vitalstoffen überreiche, lebendige Kost. Lebende, intakte pflanzliche Zellen aber sind das Gesündeste und Köstlichste, das ein bewußter Gourmet genießen kann. Sie sind eingeladen, das selbst auszuprobieren. Nicht Argumente oder Behauptungen zählen, sondern nur die eigene Erfahrung!

19
Gesund trotz Süßigkeiten?

"Zucker sparen, wie verkehrt, der Körper braucht ihn, Zucker nährt!" Sicherlich kennen auch Sie diesen und ähnliche dumme Sprüche, mit denen die Zuckerindustrie ihren Umsatz ankurbelt. Zucker wird als ein unentbehrliches Nahrungsmittel angepriesen, als gesund und natürlich bezeichnet. Er soll Nervennahrung und besonders für Kinder völlig unentbehrlich sein. Wie konnten bloß all die Menschen der Vergangenheit überleben, die Zucker nicht zur Verfügung hatten und die auch Honig nur in Ausnahmen und in kleinsten Mengen genießen konnten? Um 300 n. Chr. wurde zwar in Ägypten schon Rohrzucker hergestellt, bis ins 18. Jhdt. blieb Zucker in Europa jedoch ein Luxusgewürz. Um 1850 lag der tägliche Zuckerkonsum noch bei 5,5 g pro Kopf, nur wenig über dem heutigen Honigkonsum, der bei 4 g pro Kopf liegt. 1801 nahm bei uns die erste Fabrik zur Produktion von Zucker aus Zuckerrüben ihren Betrieb auf (BILLEN-GIRMSCHEID & SCHMITZ, 1986, S. 608). Heute liegt der Zuckerverbrauch bei 110 g pro Kopf und Tag!

Dabei ist es nicht nur der Zucker, den Sie absichtlich aus der Tüte Ihrem Essen hinzufügen oder den Sie in Form von Süßigkeiten direkt verzehren. Es ist vielmehr der versteckte Zucker, den die Lebensmittelindustrie, Ihr Bäcker, Ihr Restaurantkoch usw. dem Essen zufügen, ohne daß Sie von der großen Menge Konkretes ahnen. Daß in Instant-Kakaopulver bis 80% und in Vollmilchschokolade bis zu 56% Zucker enthalten sind, wird Sie vielleicht nicht wundern. Daß aber Tomaten-Ketchup aus bis zu 30% Zucker besteht und Fertigsalatsaucen, Softdrinks und Süßspeisen zwischen 10 und 15% Zucker enthalten, ist nicht jedermann bewußt. Sogar in der Wurst finden sich bis zu 2% Zucker. Häufig wird der Zucker nur aus fertigungstechnischen Gründen zugesetzt.

Bei der gesetzlich geforderten Deklaration der Inhaltsstoffe wird der Verbraucher verwirrt, indem eine Vielzahl von Begriffen auftaucht, die zwar korrekt ist, hinter der sich im Endeffekt aber immer das gleiche verbirgt, nämlich Zucker im Sinne der unten beschriebenen physiologischen Wirkungen auf den menschlichen Körper (Saccharose, Glucose, Fructose, Maltose, Laktose, Galaktose, Dextrine).

Warum essen wir so viel Zucker? Warum verspüren wir so häufig und unkontrolliert Verlangen nach süßen Stückchen, nach Kuchen, Pralinen und Marmelade? Offensichtlich tritt bei Zucker der psychologische Aspekt des Essens stärker in den Vordergrund als bei anderen Nahrungsmitteln. Süßes essen wir oft dann, wenn wir uns unbewußt belohnen wollen. Wir verbinden damit Wärme und Liebe, Geborgensein, Angenommenwerden und Verstandensein. Wir essen Süßes in der Regel kaum mit der bewußten Absicht, uns nähren, uns Kalorien zuführen zu wollen, im Gegenteil. Wer wünschte nicht, Süßes in Mengen essen zu können, ohne dabei Kalorien in Hülle und Fülle in Kauf nehmen zu müssen. Daher ja der Drang zu kalorienarmen Ersatzsüßstoffen! Zucker macht ganz offensichtlich besonders leicht süchtig. Je mehr man davon ißt, um so mehr möchte man haben.

Es ist deshalb nicht leicht, den Zuckerverbrauch aus gesundheitlichen Gründen einzuschränken. Dies kann nur gelingen, wenn eine echte Befriedigung der wirklichen Bedürfnisse an die Stelle der Ersatzdroge Zucker tritt. Es ist nur möglich, wenn Sie sich bewußt werden, was Ihnen emotional und psychisch abgeht und dann mutig zu Ihren wirklichen Wünschen stehen. Liebe und Geborgenheit zum Beispiel erhalten Sie bei einem Partner in einer entsprechenden Umgebung. Dafür müssen Sie offen sein und riskieren, auch abgewiesen oder verletzt zu werden. Dafür erhalten Sie dann aber auch das Echte und nicht den Ersatz. Und Gesundheitsschäden stellen sich davon auch nicht ein.

Welche Gesundheitsschäden meine ich? An erster Stelle ist hier in Kombination mit mangelnder Mundhygiene Karies zu nennen. Rund 99% der Bevölkerung haben kariöse Zähne. Besonders verheerend wirken dabei zuckerhaltige Instant-Tees bei Säuglingen und Kleinkindern, sowie allgemein zucker-klebrige Nahrungsmittel. Der Zucker sitzt an den Zähnen und verwandelt sich unter der Einwirkung von Bakterien in Säure, die den Zahn angreift. Die Zähne werden auch indirekt geschädigt, weil bei hohem Zuckerverbrauch der Gesamtorganismus geschädigt wird – zum Beispiel müssen bei durch Zuckerkonsum hervorgerufenem Mineralmangel diese Mineralien den Zähnen entzogen werden, wenn sie an anderer Stelle im Körper dringender benötigt werden (vgl. KOERBER et al., 1987, S. 194f).

Auch daß zu viele Süßigkeiten dick machen, ist Ihnen bekannt. Bei reichlichem Zuckergenuß werden dem Körper viel zu viele Kalorien zugeführt. Was aber viel schwerer wiegt: die Fettsucht (Adipositas) tritt häufig zusammen mit anderen Krankheitserscheinungen auf oder ist ihnen vor- bzw. nachgelagert. Besonders häufig trifft dies bei Zuckerkrankheit, Bluthochdruck, zu hohen Blutfettwerten, Gicht, Arteriosklerose und Erkrankungen der Leber- und Gallenwege zu.

Nach KOERBER et al. (1987, S. 192f) sind neben der erhöhten Kalorienzufuhr noch die folgenden Gründe für die Fettsucht verantwortlich: Wie weiter unten noch angeführt, rufen die schnell resorbierbaren Zukker einen erhöhten Insulinspiegel im Körper hervor. Dieser führt zu einer hormonalen Anregung der Fettsynthese. Stärke und Zucker werden so als Fett im Körper gespeichert. Weiterhin spielt eine große Rolle, daß Zucker nicht in dem Maße sättigt, wie er Kalorien bereitstellt. Ihm fehlen Ballaststoffe völlig, er muß nicht gekaut werden. Die Gefahr, viel zu viel zu essen, ist deshalb sehr groß. Hier wird klar, daß es sich bei Zucker vollständig um ein chemisches Kunstprodukt handelt – obwohl es aus einem Naturprodukt isoliert wird – mit dem der Körper nicht richtig umgehen kann, weil er es in diesem Zustand bar jeglicher Begleitstoffe und ohne organische Schwingungen der lebenden Zelle nicht kennt. Die verführerische Süße reizt den Appetit zudem noch an, wenn man eigentlich schon satt ist, eine Wirkung, die ähnlich auch bei Gewürzen auftritt.

Das Sättigungszentrum im Gehirn kann auch deshalb beim Konsum von Zucker nur schwerlich das Signal "genug!" geben, weil dem Körper nach Zuckergenuß immer noch die lebenswichtigen Mineralien, Vitamine, Enzyme und andere Vitalstoffe fehlen, die der Körper im allgemeinen, aber auch besonders zur Verdauung des Zuckers benötigt. Hiermit sind wir bei einem ganz wesentlichen Punkt gelandet. Bei Zucker handelt es sich um ein Nahrungsmittel, das nur sogenannte leere Kalorien, jedoch keinerlei essentielle Inhaltsstoffe liefert. Dabei bestehen keine wesentlichen Unterschiede zwischen den einzelnen Zuckerarten. Vollrohrzucker und Honig schneiden zwar etwas besser ab. In der Gesamtbetrachtung aller Nachteile stehen sie aber mit dem weißen Industriezucker fast in einer Reihe.

Besonders erwähnen muß ich hier das Vitamin B1, das zum Abbau von Zucker notwendig ist, aber in Zucker nicht enthalten ist. Es muß also von anderen Lebensmitteln geliefert werden, was bei Junk Food Essern ebenfalls nicht ausreichend gewährleistet sein kann. Weißmehlprodukte enthalten zum Beispiel im Gegensatz zu Vollkornprodukten ebenfalls nicht genug Vitamin B1. Auch sie benötigen jedoch Vitamin B1 zur Verdauung der Stärke. Außer diesem Vitamin gibt es noch eine Reihe anderer Stoffe, die dem Körper bei dem üblichen hohen Zuckergenuß fehlen.

Als weiteren sehr schädlichen Nachteil des Genusses von isoliertem Zucker in allen seinen Formen – also auch von Honig – muß ich die Unterzuckerung (Hypoglykämie) nennen. Sie kommt dadurch zustande, daß der Blutzuckerspiegel nach Zuckergenuß rasch sehr steil ansteigt, höher als der Organismus das benötigt. Deshalb schüttet er große Mengen Insulin aus, das den Blutzuckerspiegel wieder in den Griff bekommen soll. Infolge des völlig unnatürlich schnellen und hohen Anstiegs wird zu viel Insulin ausgeschüttet und damit nach kurzer Zeit ein zu niedriger Blutzuckergehalt erreicht. Dieser Zustand ist extrem weit verbreitet und besonders auch aus den USA bekannt. Wenn der Blutzuckerspiegel zu tief absinkt, tritt der Wunsch nach mehr Zucker auf, und die Geschichte beginnt von vorne. Wird kein neuer Zucker gegessen, so greifen die Nebennieren ein und schütten Hormone aus, welche die Glukosereserven aktivieren, um dadurch den Blutzucker zu erhöhen.

WANDMAKER (1988, S. 306) gibt folgende Symptome an. In 90% der Fälle treten Nervosität, Erschöpfung, Verwirrtheit, Schwindel, Zittern, Ohnmacht, Schwäche, Depression, Kopfschmerzen und Lärmempfindlichkeit auf. In 60 – 80% der Fälle finden sich Schlaflosigkeit, Ängstlichkeit, Vergeßlichkeit, Schläfrigkeit, Verdauungsbeschwerden, Pulsbeschleunigung, Muskelschmerzen, Taubheitsgefühle, Unentschlossenheit sowie Jucken der Augenlieder. In 40 – 60% der Fälle treten geistige Unklarheit, Zucken im Körper, sexuelle Unlust, unsoziales Benehmen, Losschreien, Allergien, Asthma, Konzentrationsmangel, Schleier vor den Augen und Krämpfe in den Beinen auf. Weiterhin sind folgende Symptome zu beobachten: Heißhunger, Herzneurosen, Muskelzucken, Impotenz, klamme Haut, Alpträume, Alkoholismus, trockene Haut, Gähnen, Phobien, Störungen der Schilddrüse, Hautausschläge.

Um es ganz klar zu sagen: Die Reklame für Traubenzucker, die Energie für sportliche oder geistige Höchstleistungen verspricht, kann ihr Versprechen nicht einlösen. Sie ist der sicherste Ratschlag für den Fehlschlag. Wer durch eine Prüfung fallen will, soll davor Traubenzucker essen. Nach 10 Minuten ist er unterzuckert und hat nur noch "Luft" im Kopf!

Wenn Sie Ihren Bedarf an Zucker in Form von rohen Früchten decken, treten alle diese Probleme nicht auf. Wenn Sie die ganze Frucht verzehren, wird der Fruchtzucker zwar schnell, aber sukzessive an die Blutbahn abgegeben. Außerdem enthalten die Früchte Ballast- und alle anderen Stoffe, die der Körper außer Zucker benötigt. Um von den Problemen der Hypoglykämie runter zu kommen, ist es am besten, einige Tage zu fasten und dann mit einer gesünderen Nahrung ohne isolierte Zucker und Stärke zu beginnen.

Schließlich noch ein letzter gravierender Nachteil von isolierten Zukkern: Dieser Punkt ist besonders interessant, weil er einen der wenigen Hinweise der Vollwertkosttheorie beinhaltet, der sich mit Lebensmittelkombinationen befaßt. BRUKER (1969, S. 259) hat beobachtet, daß Vollkornbrot und Frischkost nicht gut vertragen werden, wenn man gleichzeitig isolierte Zucker ißt. Außerdem berichtete er, daß auch gekochtes Obst und Säfte aller Art imstande sind, Unverträglichkeiten von Vollkornprodukten und Frischkost hervorzurufen. Isolierte Zucker verhindern also die Bekömmlichkeit just derjenigen Lebensmittel, die zum Ausgleich der durch Zucker hervorgerufenen Mangelerscheinungen nötig wären.

20
Brot und Getreide: total verschleimt!

"Trocken Brot macht Wangen rot". Seit Jahrtausenden bilden Getreide und Getreideprodukte aller Art für viele Menschen die Ernährungsgrundlage. Getreide liefert gegenwärtig 45% des auf der Erde verzehrten Proteins, 64% der Kohlehydrate, 9% des Fetts und 50% der insgesamt durch die Ernährung theoretisch bereitgestellten Energie (nach FAO zit. bei KOERBER et al., 1987, S. 77). Dabei muß man jedoch bedenken, daß sich diese Zahlen erheblich erniedrigen, wenn man von der tatsächlichen Verwertung durch den menschlichen Organismus ausgeht. Besonders für die Deutschen gilt Brot als das Grundnahrungsmittel schlechthin. Um 1800 trafen diese heutigen Durchschnittswerte in etwa für Deutschland zu. Heute ist der Verbrauch von Brot und Getreide in diesem Land auf weniger als die Hälfte zurückgegangen.

Dafür ist jedoch durch Ernährungsfachleute wie WAERLAND, KOLLATH, BRUKER, SCHNITZER und andere Vertreter der Vollwertbewegung das Ansehen des vollen Getreides in den Augen ihrer Anhänger ganz wesentlich gestiegen. Roh (nur eingeweicht) verzehrter Weizen bzw. Müsli aus Flocken etc. erscheinen als die entscheidenden Nahrungsmittel, ohne die man nicht gesund und schaffensfroh sein kann. Hier rekrutieren sich die viel zitierten Körndlfresser und Müslifreunde. Einen ähnlichen Dienst leisten die Makrobioten dem Reis.

Aber auch die übrigen Bürger essen Brot und Kuchen nach wie vor gerne und halten Brot zumindest als eine wichtige Grundlage für Belag. Viele essen Brot bzw. Brötchen oder Baguette auch während warmer Mahlzeiten und erreichen erst dadurch die, wie sie glauben, richtige Befriedigung. Man denke nur an die Essenssitten zum Beispiel in Frankreich und den Mittelmeerländern. Aufgrund der Bedeutung des Getreides und speziell des Brotes für unsere Ernährung ist auch über die Frage, was gesünder sei, Vollkornbrot oder Weißmehlbrot, erbittert gestritten worden. Die Diskussion wird vielleicht niemals enden, denn beide Seiten haben scheinbar gewichtige Argumente. Daneben gibt es eine heftige Diskussion über die Frage wieviel Kohlenhydrate der Mensch generell essen soll, welche Wirkungen sie allesamt und insbesondere die Stärke haben und durch was man sie ersetzen könne. Hier haben sich besonders die Verfechter einer kohlenhydratarmen bzw. kohlenhydratfreien Kost hervorgetan: LUTZ, ATKINS und CARISE auf der einen Seite, welche die Kohlenhydrate durch Fett und Proteine ersetzen und die Vertreter der Natural Hygiene und ihnen Nahestehende wie SHELTON, EHRET und WANDMAKER auf der anderen Seite, welche die Probleme des Menschen bei der Verdauung von Stärke herausstellen und deshalb diese sowie Zucker und Honig durch frisches Obst und Gemüse ersetzen.

Es ist zwar unbestritten, daß Vollkornbrot bedeutend mehr Inhaltsstoffe besitzt – Mineralien, Vitamine, Spurenelemente, Ballaststoffe. Die Frage ist nur, ob diese Stoffe alle zum Segen im menschlichen Körper wirken. Immer wieder hört man Menschen, die sagen, daß sie Vollkornprodukte nicht gut vertragen, daß diese Verdauungsbeschwerden erzeugen. Dies liegt auf der Hand, denn Vollkornprodukte enthalten zum Teil unverdauliche Bestandteile, allen voran die Kleie, die einen schwachen Magen schon belasten kann. Es gibt eine Reihe von Fachleuten (zit. bei WANDMAKER, 1988, S. 120f), welche die Wirkung der Kleie als Hilfe gegen Verstopfung ablehnen, weil sie unnötig scharfe Reizungen auf die Darmhaut ausübt. Die unzähligen Erkrankten mit Hämorrhoiden haben besonders unter grobem Stuhl zu leiden. Die Wirkung von Hirse und Leinsamen ist dagegen mild und trotzdem sehr effektiv. Wenn Sie also Vollkornbrot nicht vertragen, dann ist das ganz verständlich und in Ordnung. Lassen Sie dann Brot ruhigen Gewissens weg.

Weiterhin wird in diesem Buch des öfteren erwähnt, daß Mineralien aus erhitzten Lebensmitteln vom Körper nicht naturgemäß aufgenommen und in die lebenden Zellen eingebaut werden können. Dies trifft in vollem Umfang auch auf Brot zu! Wir sind damit bei dem zweiten gravierenden Nachteil von Brot und anderen erhitzten Getreidemahlzeiten und Getreideprodukten: Sie liefern dem Körper tote Mineralien, die bei der allgemeinen Überlastung der Ausscheidungsorgane nicht mehr vollständig aus dem Körper entfernt werden können und sich deshalb an allen möglichen Stellen ablagern. Sie sind also eine wichtige Ursache für die gefürchteten Schlacken (vgl. Kap. 15) welche die Gesundheit im Laufe der Zeit ruinieren. Getreide hat von allen Lebensmitteln den höchsten Anteil an Mineralien. Die verschlackende Wirkung von erhitztem Getreide und Getreideprodukten ist deshalb am schlimmsten. Dazu sei noch vermerkt, daß Brot im Körper als Säurebildner wirkt, ein ebenfalls unerwünschtes Phänomen (vgl. Kap. 14).

Wenden wir uns aber jetzt der Frage zu, inwieweit der Stärkegehalt der Getreide und Getreideprodukte segensreich auf den menschlichen Organismus wirkt. Ich bin mir dabei bewußt, daß ich mit den folgenden Ausführungen in ein Wespennest steche. Als ich vor Jahren das erste mal davon hörte, daß der Verzehr von Brot und Getreide etc. für den Menschen sehr problematisch sei, ging ich auch erst einmal in Abwehrstellung. Erst Versuche an mir selbst konnten mich überzeugen. Wenn Sie die folgenden Ausführungen nicht akzeptieren können, ist das vorerst weiter nicht tragisch. Übergehen Sie die Abschnitte und beobachten Sie einfach, wie Sie sich fühlen, wenn sie viel Brot, Müsli etc. essen und wie, wenn sie diese zum Beispiel durch frisches Obst ersetzen. Sie werden dann eines Tages zu einer eigenen Meinung kommen und nur die zählt. Seien Sie aber bitte offen genug, erst zu testen, bevor Sie bei Ihrer ablehnenden Meinung bleiben.

Nach den Lehrbüchern der Medizin (z. B. BÄßLER et al., 1987, S.8f. und SILBERNAGL u. DESPOPOULOS, 1983, S. 224) geht die Verdauung von Kohlehydraten (Stärke) folgendermaßen vor sich: Die Verdauung beginnt bereits im Mund durch das Enzym Ptyalin (alfa-Amylase), das im Speichel enthalten ist. Es ist in der Lage, die Stärke aufzuspalten, bis zu einem gewissen Grade chemisch zu zerkleinern. Sie können dies leicht selbst beobachten: wenn Sie zum Beispiel Brot oder Haferflocken nur lange genug kauen, wird der Speisebrei süß. Dieser Vorgang geht im obersten Abschnitt des Magens weiter. Da dazu aber ein neutraler pH nötig ist, wird der Vorgang in den unteren Bereichen des Magens unterbrochen, weil dort eine Durchmischung mit saurem Magensaft erfolgt. Nach Verlassen des Magens beginnt der Prozeß im ersten Abschnitt des Dünndarms, dem Duodenum wieder, weil sich dort wieder ein neutraler pH einstellt und mit dem Pankreassaft erneut alfa-Amylase in den Speisebrei gelangt. Dabei wird die Spaltarbeit bis zur Stufe des Zweifachzuckers Maltose (Milchzucker) fortgesetzt. Dieser wird dann durch das Enzym Maltase in Glucose (Traubenzucker) umgewandelt, von den Darmwänden aufgenommen und an die Blutbahn weitergereicht.

Ähnlich wird hier Milchzucker (Laktose) durch das Enzym Laktase in Galaktose gespalten – ein Prozeß, der bei vielen Menschen infolge Laktasemangels gestört ist – während Babys daran keinen Mangel leiden. Ebenfalls gespalten wird hier der normale Zucker, die Saccharose, wobei das Enzym Saccharase wirkt. Es entstehen Glukose (Traubenzucker) und Fruktose (Fruchtzucker). Wenn Sie Traubenzucker direkt essen, braucht der Körper gar nichts verdauen, der Traubenzucker kann unmittelbar sofort nach Verlassens des Magens aufgenommen und an die Blutbahn abgegeben werden. Deshalb gibt Traubenzucker am schnellsten Energie. Welche gravierenden Nachteile das auf den völlig außer Rand und Band geratenden Blutzuckerspiegel hat, wurde in Kapitel 17 beschrieben.

Liest man diese Ausführungen, so entsteht der Eindruck, daß die Verdauung von Stärke im menschlichen Organismus völlig unproblematisch abläuft. Dies trifft auch ganz sicher zu, wenn man Salate und Gemüse-Rohkost ißt, weil diese die Stärke in wenig konzentrierter Form enthalten. Außerdem enthält diese Nahrung stets auch genügend Vitamine, besonders das hier wichtige Vitamin B1, das notwendig ist, damit die geschilderten Prozesse ordnungsgemäß ablaufen können. In der Praxis treten folgende Probleme auf, die von Medizinern und Ernährungswissenschaftlern mit Ausnahme der Vertreter der Natural Hygiene und einiger weniger anderer Forscher, die bei WANDMAKER (S. 90ff) zitiert sind, nicht gesehen werden.

Die Schulmedizin geht davon aus, daß die Stärkeverdauung in jedem Fall im Magen durch die dort auftretenden sauren Magensäfte gestoppt wird. Die Vertreter der Natural Hygiene haben bei Untersuchungen herausgefunden, daß der Magensaft nach Stärke-Monomahlzeiten fast neutral reagiert, so daß die Verdauung von Stärke im Magen weiter laufen kann. Wenn Sie jedoch gleichzeitig Protein essen, dann werden saure Magensäfte ausgeschüttet und die Verdauung der Stärke wird gestoppt. Das Ptyalin (die alpha-Amylase) wird dabei zerstört. Andere Verdauungsfermente oder -Enzyme kommen im Magen für Stärke nicht hinzu. Mit Käsebrot und Spaghetti Bolognese tun Sie sich also keinen Dienst.

Wenn die Stärkeverdauung sowohl im Mund als auch im Magen optimal vonstatten ging, dann kann sie im Duodenum (dem obersten Abschnitt des nach dem Magen folgenden Dünndarms, dem Zwölffingerdarm) zu einem völligen Abschluß gebracht werden. Das Problem besteht darin, daß sich so gut wie niemand an eine Stärke-Monomahlzeit hält. Insofern ist die Annahme der Schulmediziner, im unteren Magenabschnitt sei saures Milieu, in der Praxis infolge der so gut wie stets vorhandenen Fehlkombinationen zutreffend.

Der nächste und entscheidende Unterschied in den beiden Auffassungen besteht darin, daß die Schulmedizin den Anschein erweckt, daß die im Magen gestoppte Stärkeverdauung im Duodenum, dem obersten Darmabschnitt, ohne Schwierigkeiten weitergehen könne, weil dort wieder alfa-Amylase zutritt und der pH wieder neutral wird. Die Menge der hier zutretenden alfa-Amylase ist jedoch nach den Beobachtungen der Natural Hygienists so gering, daß eine ordnungsgemäße Stärkeverdauung nicht möglich ist, wenn nicht im Mund schon ausreichende Mengen dieses Enzyms wirksam wurden. Mit anderen Worten, die stärkehaltigen Speisen müssen im Mund sehr gründlich eingespeichelt werden. Dies gilt auch für Gemüse, obwohl dieses ja nur geringe Mengen an Stärke enthält. Nur in kleinen Mengen und in rohem Zustand gründlich eingespeichelt, kann Stärke in einfache Zuckerformen umgewandelt und schließlich aufgenommen werden.

Um die hohen, konzentrierten Stärkeanteile von Brot oder Getreide, zum Beispiel auch Reis, richtig und vollständig zu verdauen, ist es im Grunde genommen notwendig, daß Sie diese Lebensmittel für sich alleine essen und 60 bis 80 mal kauen, bis ein völlig von Speichel durchtränkter Speisebrei entstanden ist. Dies ist jedoch eine sehr zeitraubende und geschmacklich wenig befriedigende Beschäftigung. Es dürfte nur wenige Menschen geben, die so essen wollen und dies dann auch regelmäßig so tun. Außerdem müßte das Getreide roh sein, damit es die vielen Inhaltsstoffe noch unversehrt hat (siehe oben). Rohes Getreide ist aber zu hart für die Zähne. Sie müßten also gemahlenes, geschrotetes oder eingeweichtes Korn oder eingeweichte rohe Flocken essen. Rohes Mehl oder Schrot scheiden aus geschmacklichen Gründen aus. Eingeweichtes Getreide jedoch fühlt sich im Mund auch nach langem Kauen nicht süß, sondern eher wie Kleister an. Offensichtlich geht dabei die Stärkespaltung extrem schwach vonstatten. Das gleiche gilt für gekochten oder gebackenen Brei. Die Speichelsekretion wird durch die Feuchtigkeit des Breis nicht genügend angeregt!

Darüber hinaus: Wer ißt schon Getreide, Flocken oder Nudeln für sich allein? Mit Ausnahmen niemand! Das Müsli wird meist durch allerlei Zugaben verfeinert und erst dadurch geschmacklich interessant: frisches oder getrocknetes Obst, Nüsse, Honig, Sirup, Milch, Sahne etc. Gekochte Nudeln ohne jede Soße, ohne alles – niemand ernährt sich so. Häufig schwimmen die Nudeln sogar in der Suppe.

Solche Mischungen kann man aber auch beim besten Willen nicht richtig einspeicheln, und die Menge von alfa-Amylase, die im Duodenum dazutritt, ist zu gering und bei weitem nicht ausreichend. Der Effekt ist klar: Wann immer Sie konzentrierte Kohlehydrate essen, nutzen Sie diese nicht richtig aus. Sie verdauen stets nur einen kleinen Teil davon, der Rest bleibt in mehr oder weniger weit gespaltenem Zustand oder als unverdaute Stärke zurück: eine klebrige, zähe Masse, mit welcher der Organismus nichts anfangen kann. Er muß sie wieder ausscheiden. Dies jedoch stößt offensichtlich ebenfalls auf größere Schwierigkeiten, weil sie nicht einfach durch den Darm vollständig verschwindet, sondern zum Teil durch die Darmwände aufgenommen wird. Einmal im Blut angelangt, fühlt sich keine Zelle im Körper für die Verwendung dieser unbekannten Moleküle zuständig. Eine Ausscheidung über die Nieren ist problematisch. So kommt nur noch eine Ablagerung im Gewebe, in Gelenken und in Gallen- und Nierensteinen übrig. Keine besonders erfreulichen Aussichten! Diese Fremdstoffe führen zur Schleimbildung im Körper, mit dessen Hilfe die unerwünschten Stoffe wieder ausgeschieden werden, wenn Sie von Milch- und Getreideprodukten auf Obst umsteigen (s. u.).

Am elegantesten lösten die römischen Legionäre das Problem. Sie erreichten bekanntlich große Marschleistungen bei einer Ernährung mit Gerste. Diese wurde damals sogar einer Fleischnahrung vorgezogen. Nach WANDMAKER kauten die Legionäre die Getreidekörner extrem lange und intensiv und spuckten schließlich den unverwandelten schädlichen Schleim zusammen mit der Kleie wieder aus. Auf diese Weise nahmen sie nur die leichter verdaulichen Nährstoffe auf und blieben von den Schäden der "Kleisternahrung" verschont.

Neben der mangelnden Einspeichelung soll auch der Effekt erwähnt werden, der in Kapitel 16 ausführlich beschrieben wird: Müslimischungen oder Brot mit Marmelade oder Obstkuchen etc. fangen im Magen infolge zu langer Verweildauer an zu gären. Die Stärke wird dabei in Kohlensäure und Fuselalkohole gespalten. Diese benebeln den Kopf, machen müde und träge und erzeugen Kopfschmerzen etc. Die Kohlensäure muß sofort nach Entstehen neutralisiert werden und reißt deshalb die dazu nötigen basischen Mineralien aus der Magen- oder Darmschleimhaut. Das verursacht dann Magen- und Darmschleimhautentzündung sowie Reizungen bis zur Geschwürbildung. Bei der Gärung im Darm entstehende Gase führen zu den bekannten Blähungen der Vollkornbrotesser. Die Gärung im Magen und der damit verbundene Druck durch die Gase hört auf, wenn der Alkoholgehalt etwa 12–15% erreicht. Eine vorübergehende Linderung kann man sich daher durch Schnaps verschaffen. Aber mit welchen Folgen!

Die Überrreste aus ungenügend verdauten Stärkemahlzeiten, die aufgrund des Phosphorgehaltes des Getreides auch noch sauer reagieren, sind eine wahre Last für den Organismus. Durch Osmose gelangen sie besonders im Alter durch die Dünndarmschleimhaut ins Blut und verstopfen Lympf- und Filtersysteme, verhindern dadurch einen flüssigen Blut- und Säftestrom und ziehen lebensnotwendigen Kalk zur Neutralisierung aus Knochen und Zähnen ab. Das Blut wird schwerflüssig, in den feinen Kapillaren der Blutbahnen kommt es zu Stauungen, besonders beim Rückfluß des verbrauchten Blutes in den Venen. Das sind dann die Krampfadern mit ihren Geschwüren und Entzündungen, offene Beine, Wasseransammlungen in den Beinen usw. (SOMMER, zit. bei WANDMAKER, 1988, S. 111). Die schwer bis unverdaulichen Stärkeprodukte sind auch die Ursache von Leberbeschwerden, und sie liefern den Klebstoff für Steine in Nieren, Galle und Blase. Sie führen zu Eitergeschwüren, ernsten Hauterkrankungen und schließlich im Rahmen der allgemeinen Verschlackung und Verschleimung des Körpers zu Krebs. WALKER, einer der prominentesten Vertreter der Natural Hygiene, der 116 Jahre alt geworden ist und bis zum Schluß gesund war, prangert dies besonders an (zit. bei WANDMAKER, 1988, S. 300).

Um diesen überflüssigen, ja schädlichen Ballast loszuwerden, macht unser Körper ab und zu eine Gewaltkur, die wir Erkältung nennen. Der Organismus produziert dann große Mengen an Schleim, mit deren Hilfe er die ungenügend abgebauten Stärkerückstände, die toten Mineralien und andere Schlacken in Form von Husten und Schnupfen wieder ausscheidet. Ist die Verschlackung stärker fortgeschritten, so nennt man die Befreiungsaktionen des Körpers Bronchitis, Lungenentzündung oder Asthma. Die Beteiligung von Bakterien oder Viren bei einigen dieser Krankheiten darf nicht darüber hinwegtäuschen, daß die Verschlackung die Ursache für die Krankheiten ist. Die Mikroorganismen sind nur die Helfer bei den Reinigungsaktionen.

Außer der Stärke macht auch der Protein-Gehalt (z. B. das Weizen-Gluten) der Getreide im Körper Probleme. Sehr viele Menschen reagieren darauf allergisch (Zöliakie), was deutlich zeigt, daß der menschliche Organismus nicht darauf eingestellt ist. Es ist außerdem nachgewiesen, daß sich der Zustand von Schizophrenen in Anfangsstadien der Krankheit durch Verzehr von Weizen oder Weizen plus Reis verschlimmert. Die Sterblichkeit von Schizophrenen ist bei Verzehr von Weizen (und Reis) am größten (DOHAN zit. bei BURGER, 1989, S. 195). Versuchspersonen, die durch eine weizen- und milchfreie Ernährung von ihrer Schizophrenie geheilt wurden, erkrankten wieder, als Weizengluten wieder in ihrem Speisezettel auftauchte. Es ist jedoch erwiesen, daß eine Ernährung ohne Weizen bzw. Brot den Menschen ausgeglichener, friedlicher und ruhiger macht. Weizengluten wirkt sozusagen als Aufputschmittel, das die Nerven etwas durcheinander bringt: nichts für Leute, die einen klaren Kopf schätzen! Die Wirkung des Weizens fällt nicht mehr auf, weil fast alle ständig davon essen. Nicht nur Fleischgenuß, auch Weizen macht aggressiv! (BURGER, 1989, S. 191). In den Ausführungen des Fernlehrganges des LIFE SCIENCE HEALTH SYSTEMS wird auf S. 430 ausgeführt, daß das Protein des Weizens an Gluten (ein Klebereiweiß) gebunden ist und daß dieses Weizengluten unverdaulich ist. Wir besitzen schlicht und ergreifend nicht die nötigen Enzyme, um Weizen vollständig aufzuschließen. Außerdem enthält das meiste Getreide Phytinsäure, mit der der Mensch nicht umgehen kann. Sie bindet Calcium und beraubt uns damit dieses wichtigen Minerals. "Gemäß der moslemischen Tradition war die verbotene Nahrung, die Adam im Paradies aß, Weizen" (ATTAR, 1988, S. 173).

Trotz der großen Nachteile von Getreide und Getreideprodukten zur menschlichen Ernährung wurden diese seit 5-6 Jahrtausenden von der Menschheit gegessen und werden von vielen als der Inbegriff der Nahrung betrachtet ("Der Mensch lebt nicht vom Brot allein...). Das hat nichts miteinander zu tun. Aufgrund der Länge seines Darmes und der Form seiner Zähne ist der Mensch nach anthropologischen Untersuchungen in erster Linie ein Obstesser, der auch grüne Blattgemüse und Wurzeln sowie Knospen und Nüsse verträgt. Für den Verzehr von konzentrierter Stärkenahrung ist der Mensch von Natur aus nicht zweckentsprechend ausgestattet. Das hat sich in der für eine Erweiterung der Verdauungsfähigkeit so kurzen Zeit von 6000 Jahren nicht ändern können! Der Mensch ißt erst seit dieser im Vergleich zu der viele Jahrmillionen dauernden Entwicklungsgeschichte lächerlich kurzen Zeit Getreide. Zudem kommen die heutigen, gezüchteten Getreidesorten so in der Natur nicht vor. Dies trifft im besonderen Maße auf den Weizen zu.

Es ist dennoch verständlich, daß der Mensch gerne zur Getreidenahrung griff, denn Getreide ist im Vergleich zu den anderen genannten Lebensmitteln extrem gut lager- und transportfähig. Es läßt sich auch mit geringerem Arbeitsaufwand und hohem Ertrag selbst auf schlechten Böden und in Klimaten mit nur sehr kurzer Vegetationsperiode anbauen. Solche eher praktischen Überlegungen waren ausschlaggebend für den Siegeszug des Getreides als Grundnahrungsmittel, genau wie sich heute die ach so praktischen und leicht lager- und transportfähigen Konserven und anderen Fertigprodukte aus der Lebensmittelindustrie immer mehr durchsetzen. Ernährungsphysiologische bzw. gesundheitliche Aspekte zählen weder bei dem einen noch bei dem anderen Fall.

Zum Schluß dieses Kapitels möchte ich noch darauf hinweisen, daß größere Mengen an stärkehaltiger und zuckerreicher Nahrung dick machen. Dies liegt nach den Ausführungen der Kapitel 19 und 20 auf der Hand. Erstens verschlackt und verschleimt der Körper, und zweitens werden die im Übermaß genossenen Kalorien im Körper als Fett gespeichert. Drittens versauert der Körper und bindet deshalb Wasser, und viertens stellen sich - bei Essern von Weißmehlprodukten und Süßigkeiten Darmprobleme ein, die häufig dazu führen, daß größere Kotansammlungen im Darm verbleiben. Diese Tatsachen sind hoffentlich genug Aufforderung an Sie, mit Ihrem Süßigkeiten-, Brot- und Getreidekonsum zu experimentieren, um herauszufinden, ob auch Sie davon betroffen sind und ob Sie sich durch Einschränken bzw. Weglassen dieser Produkte Erleichterung und gesundheitliches Wohlbefinden verschaffen können, was ich nach meinen eigenen Erfahrungen nicht bezweifle.

Wenn Sie besonders gerne Brot essen, und nicht darauf verzichten können, so besorgen Sie sich das sogenannte Laktose-Brot der Bäkkerei LUBIG in Bonn, das durch besonders lange und schonende Backweise und Hinzufügen von Kräuterteesud die Stärke und das Protein der Weizenkörner in enzymatisch vorverdautem Zustand enthält. Es wird bei sehr niedrigen Temperaturen unter hundert Grad gebacken. Dieses Brot schmeckt ähnlich wie Pumpernickel und wird realtiv gut vertragen und ist für den Übergang eine gute Lösung. Eine andere Möglichkeit besteht darin, daß Sie sich Brot aus gesproßtem Getreide selbst herstellen. Getreidesprossen schmecken süß, daran erkennen Sie , daß die Getreidestärke zum Teil zu Zucker abgebaut ist und damit leicht verdaulich wird. Rohe Getreidesprossen sind sehr gesund und ernährungs-physiologisch sehr zu empfehlen. In kleinen Mengen über Salat gestreut wird sie jeder gern mögen. Ich persönlich habe erhebliche geschmackliche Probleme, wenn ich diese Sprossen löffelweise für sich alleine essen soll, wie in der Vollwerternährung vorgeschlagen wird. Die Herstellung des Essener Brotes aus angekeimtem Getreide wird in Kapitel 28 beschrieben.

Nach all diesen, für Sie sicherlich unangenehmen Nachrichten, möchte ich Sie ermuntern, nicht zu verzagen und mit den Getreideprodukten, die Sie essen, bewußter umzugehen. Es gibt viele andere Nahrungsmittel, vor allem diejenigen aus dem Tierreich, die Sie zweckmäßigerweise früher aufgeben als Brot (auch wenn BURGER da anderer Ansicht ist). Auch steht Ihnen mit Hirse ein wunderbares Getreide zur Verfügung, das gut schmeckt und auch gekocht nicht sauer, sondern neutral reagiert. In Kapitel 28 gebe ich Ihnen ein Rezept für Hirsefladen. Auch mit Amaranth, einem Getreide aus Mittelamerika, sollten Sie experimentieren. Es hat weniger Stärke und dafür mehr Eiweiß und wird sehr gelobt. Es ist auch sehr naturnah, jedenfalls nicht überzüchtet. Auch auf Dinkel, mit dem man sehr gut leichtes Gebäck herstellen kann und auf Buchweizen können Sie in der Umstellungsphase ausweichen. Probieren Sie!

21
Milch und Milchprodukte: Ein modernes Märchen

Es gibt wohl kaum eine Gruppe von Lebensmitteln, die in derartig starkem Maße in den Markt gepreßt, den Verbrauchern aufgeschwätzt wird wie diejenige der Milch und der Milchprodukte. Die Produktion ist durch eine verfehlte Landwirtschaftspolitik besonders auch im Rahmen der EG derart aus den Fugen geraten, daß genügend Absatz nur noch durch intensive Werbung möglich erscheint. Dabei wird immer wieder mit dem Argument geworben, daß diese Produkte besonders gesund seien, daß sie für die menschliche Ernährung alle wichtigen Stoffe in einer derart günstigen Kombination und Konzentration enthielten, daß man an Milch und Milchprodukten einfach nicht vorbei käme. In Wirklichkeit stehen hinter den Argumenten schlicht und einfach wirtschaftliche Interessen. Sind die Argumente aber deshalb falsch? Dieser Frage wollen wir hier nachgehen.

Zunächst müssen wir sehen, daß fast die gesamte Milch und die meisten Milchprodukte pasteurisiert oder – wie bei der H-Milch – sogar ultrahoch erhitzt wurden. Dies bedeutet, daß es sich bei diesen Produkten nicht mehr um Lebensmittel handelt, sondern nur noch um tote, denaturierte Nahrungsmittel. Das Protein ist stark hitzegeschädigt, die Mineralien – allen voran das immer wieder als besonders wertvoll herausgestellte Calcium – können vom menschlichen Organismus nur noch bestenfalls wieder ausgeschieden oder schlimmstenfalls als Schlacken im Körper abgelagert werden. Für einen Einbau in die lebenden Zellen haben die Mineralien durch das Erhitzen ihre natürlich-lebendigen, energetischen Schwingungen sowie eine Unzahl an vitalen Begleitstoffen verloren, welche die Bereitschaft zur Mitarbeit in der lebenden Zelle signalisieren bzw. ermöglichen.

Frau Dr. LAWRENCE RIGGS von der berühmten Mayo Klinik in Rochester USA hat vor wenigen Jahren durch ein intensives Forschungsprojekt herausgefunden, daß Frauen, die Milch trinken, Milchprodukte essen oder Kalktabletten nehmen oder auch beides, keine größere Calciumaufnahme haben als diejenigen, die Milchprodukte oder Calciumtabletten nicht essen. Mehr noch: die Knochenerweichung schritt selbst bei denen fort, die 2000 mg Calcium in Form von Milch, Milchprodukten und Tabletten zu sich nahmen (WANDMAKER, 1988, S.72). Bei den Vertretern der Natural Hygiene ist diese Erkenntnis bereits seit vielen Jahrzehnten bekannt.

Zudem ist das Calcium an das sehr schwer verdauliche Kasein-Eiweiß gebunden, was die Aufnahme des Minerals generell erschwert. Darüber hinaus fehlt es der Milch an dem wichtigen Mineral Magnesium, das sozusagen als Gegenspieler des Calciums eine Verkalkung z. B. der Arterien verhindern könnte. Wenn Sie also Milch oder Milchprodukte zu sich nehmen wollen, dann sollten Sie sich auf kleine Mengen Rohmilch, die in einigen Städten als Vorzugsmilch (unerhitzt) angeboten wird oder die Sie sich direkt bei einem guten Biobauern holen können, und auf Rohmilchkäse (das ist nur Weich- oder Frischkäse) sowie Sahne und Butter aus Rohmilch beschränken. Außerdem sollten Sie darauf achten, daß Sie Käse mit möglichst wenig Salz erhalten (vgl. die Äußerungen STEINERs über Milchkonsum in Kap. 26).

Von allen Milchprodukten ist Butter am besten verdaulich, weil sie im wesentlichen nur aus Fett besteht. Sie wirkt auch als einziges Milchprodukt nicht säurebildend. Da Fett die Eiweißverdauung verzögert, ist es besser, die Butter nicht mit Protein sondern mit Kohlehydraten zu kombinieren. Auch gegen Schlagsahne ist relativ wenig zu sagen. Als nächstes empfehle ich für alle, die sich von ihren geliebten Käsebroten nicht trennen können, für die Übergangsphase Käse mit mehr als 60% Fett in der Trockenmasse. Dieser ist zusammen mit Brot leidlich gut verdaulich, jedenfalls besser als ein Käse mit wenig Fett (vgl. WALB, 1986, S. 32f). Wenn Sie langfristig nicht an Durchblutungsstörungen, Nachlassen der Gedächtnisfähigkeit, Konzentrationsschwäche und schließlich an Arterienverkalkung leiden möchten, so sollten Sie sich so schnell wie möglich von Milch und Milchprodukten - außer von Butter - ganz verabschieden. Dies gilt selbstverständlich auch für den von der Werbung besonders gehätschelten Joghurt. Daß man davon besonders gesund, schlank und alt wird, ist ebenso ein modernes Märchen wie die anderen Reklamesprüche. Die Bulgaren haben eine andere Art von Yoghurt, essen nur wenig davon und gehören keineswegs zu den besonders langlebigen Menschen.

Um Ihnen den Abschied von Milch und Milchprodukten zu erleichtern, will ich Ihnen auch die anderen gravierenden gesundheitlichen Nachteile der Milch nennen. Davon gibt es noch eine ganze Reihe. Zuvor aber noch diese Daten: Kuhmilch hat 2,7 mal so viel Protein und eine andere Sorte von Protein, nämlich Kasein statt Albumin als Muttermilch. Der Fettgehalt ist etwa gleich, der Gehalt an Milchzucker beträgt nur rund

0,7%, der Mineralgehalt ist 3,5 mal so hoch, der Gehalt an Vitaminen (außer Vitamin C) ist ebenfalls höher in Kuhmilch als in Muttermilch. Kuhmilch ist eingestellt auf das rasche Wachstum des Kalbes – auf sonst nichts. Sie paßt deshalb ebenso wenig für Babys wie für erwachsene Menschen. Warum?

Der Mensch kann das Kuhmilch-Protein Kasein nicht verdauen, weil seinem Körper seit etwa Ende des dritten Lebensjahres das Enzym Lab mehr oder weniger fehlt. Der Milchzucker ist für Erwachsene ebenfalls nur schwer verdaulich, weil das Enzym Laktase nur in geringen Mengen zur Verfügung steht. Bei einigen Völkern, z. B. Asiaten und Afrikanern fehlt es völlig, bei uns nicht ganz. Nicht verdauter Milchzucker fängt im Verdauungssystem aber an zu gären und kann Blähungen, Krämpfe und Durchfall verursachen. Bei Menschen, die genügend Laktase produzieren und viel Milch trinken, tritt vermehrt grauer Star auf (FUHRMANN, 1988, S. 20, Ges. f. nat. Lebenskunde, Heft 1).

Da wir Milch und Milchprodukte nur mangelhaft verdauen können, sind diese Nahrungsmittel neben Getreide und Getreideprodukten (auch dem Reis) die am meisten verschleimenden Speisen. Sie bringen auch die höchste Verstopfungsrate, weil ihnen jegliche Ballaststoffe fehlen. Ferner sind Milch und Milchprodukte genau wie alle anderen tierischen Proteinlieferanten die tiefere Ursache von Allergien, auch wenn sie oberflächlich betrachtet nicht in jedem Fall unmittelbar allergische Reaktionen auslösen. Verschleimungen im Nasen- und Rachenraum und in den Stirnhöhlen können schnellstens gestoppt werden, wenn Sie den Genuß von Milch und Milchprodukten aufgeben. Wer kennt nicht die Rotzglocken der Kinder, die Mittelohreiterungen und den lästigen Milchschorf. Dies alles verschwindet schnellstens, wenn die Armen nicht mehr mit Milch und Brei traktiert werden. Diese Verschleimungssymptome sind zugleich auch Überempfindlichkeitsreaktionen auf das dem Menschen artfremde Kuheiweiß, also allergische Krankheiten. In die gleiche Gruppe gehören auch die häufigen oder chronischen Mandelentzündungen und -Vereiterungen, die verschwinden, wenn man den Konsum von Milch und Milchprodukten aufgibt. Leider wurden statt dessen vielen Menschen die Mandeln wegoperiert, obwohl sie ja wichtige Aufgaben im Körper zu erledigen haben. Zum Sündenregister der Milch zählen auch Asthma, verschiedene Hautkrankheiten, Ekzeme und auch ein Teil der Heuschnupfenerkrankungen (vgl. DORSCHNER, 1988, S. 13f, Ges. f. nat. Lebenskunde, Heft 1).

Das Eiweiß der Milch fördert auch rheumatische Krankheiten, weil es zu Harnstoff und Harnsäure abgebaut wird. Diese Stoffe sind oft die Ursache für Rheuma. Es nutzt also nichts, wenn man den Fleischkonsum reduziert und stattdessen beim Käse zuschlägt. Der Mensch braucht bei weitem nicht so viel Protein wie immer angegeben wird. Im Übermaß gegessenes Protein belastet die Verdauung und macht krank. Die meisten Menschen bei uns essen zu viel Protein! Was dabei besonders schwer für den Körper ist: das Protein stammt fast immer aus gekochter, gebratener etc. Nahrung und ist deshalb völlig denaturiert und nur noch wenig wert und deshalb für den Körper erst recht eine arge Belastung. Käse ist auch deswegen ungesund, weil er meist größere Mengen an Salz enthält und bei der Verdauung dem Körper Wasser entzieht. Besonders schwer verdaulich ist erhitzter Käse, zum Beispiel im Fondue, auf der Pizza, auf dem Gratin, beim Raclette etc.

Beim Erhitzen der Milch geht das milcheigene Lezithin verloren, das für die Verdauung des Fettanteils der Milch wichtig ist. Milchfett kann deshalb nicht vollständig verdaut werden und trägt damit zum Übergewicht in Form von Fett bei. Die amerikanischen Ärzte OSTER & ROSS (zit. bei WANDMAKER, 1988, S. 66) haben 1985 festgestellt, daß Milchfett ein Enzym, die Xanthine Oxidase, enthält, das die Arterien verstopft und damit hohen Blutdruck erzeugen kann. Demnach sind nicht Cholesterin oder Nikotin, sondern die allgegenwärtige Milch die Ursache von Herzinfarkten. Das Hauptübel ist dabei der Vorgang der Homogenisierung, wie er heute überall (außer bei der Vorzugsmilch) angewandt wird. Das Milchfett wird dabei in mikroskopisch kleinste Kügelchen zerlegt. Dem genannten Enzym Xanthine Oxidase wird dadurch erlaubt, durch die Wände des Verdauungskanals in die Blutbahn zu gelangen statt durch Magensäure neutralisiert und ausgeschieden zu werden. Diese Entdekkung wird von der Milchindustie lächerlich gemacht bzw. totgeschwiegen.

Warum sind alle diese Tatsachen so wenig bekannt? Weil sie die Produzenten der Lebensmittelindustrie nicht hören wollen! Ernährungswissenschaftler sehen immer zuerst auf die Inhaltstoffe und – wenn überhaupt – nur eher beiläufig auf die Frage, wie das betreffende Lebensmittel verdaut, aufgenommen, verwertet und kombiniert werden kann. Bezüglich der Inhaltsstoffe schneidet die Milch sehr gut ab – kein Zweifel. Und daher kommt ihr guter Ruf. Bezüglich Verwertbarkeit liegt erhitzte Milch aber so schlecht, daß man am besten die Finger davon läßt, wenn man sich nicht unnütz belasten und krank machen will. Mit Milch und Käse kann man besonders gut experimentieren, weil die Folgen sich sehr schnell und dramatisch einstellen. Ich wünsche Ihnen viel Erfolg dabei!

Zum Abschluß dieses Kapitels soll aber zur Ehrenrettung der Milch darauf hingewiesen werden, daß Muttermilch selbstverständlich für die Ernährung des Säuglings das absolute Optimum darstellt und durch nichts zu ersetzen ist. Das gleiche gilt für die Kuhmilch in Bezug auf die

Kälber usw. Wenn wir jedoch Tiermilch dem Menschen zuführen, dann kommt es zu den geschilderten Problemen, beim einen mehr und früher, beim anderen weniger und später. Der eine verträgt auch das eine oder andere Produkt besser als der andere. Am besten verträglich sind gelegentliche kleine Mengen von Rohmilchprodukten, allen voran Butter.

22
Fett – des Geschmacks wegen

Fette und Öle gehören seit Jahrtausenden zu den menschlichen Nahrungsmitteln. Außer den Tierkörper-Fetten sind besonders Butter und Olivenöl bekannt und beliebt. In der BRD werden heute täglich pro Kopf ca. 130g Fett und Öl verzehrt, in der zweiten Hälfte des 18. Jahrhunderts waren es nur 25 g. Stark verändert hat sich seit dieser Zeit auch die Zusammensetzung der sichtbaren Nahrungsfette. Das sind diejenigen Fette, die den Speisen in reiner Form zugesetzt werden. Drei Viertel von ihnen sind heute industriell verarbeitet und damit in aller Regel ernährungsphysiologisch gesehen minderwertig bis schädlich, weil ihnen wesentliche Bestandteile der Pflanzen fehlen und chemische Verunreinigungen aus dem Verarbeitungsprozeß hinzugekommen sind. Interessant ist, daß sich der Butterverzehr seit der zweiten Hälfte des 18. Jahrhunderts bis heute, abgesehen von kleinen Schwankungen, nicht verändert hat.

Fette und Öle sind Fettsäureester des Glycerins. Sie enthalten essentielle Fettsäuren, sind Träger fettlöslicher Vitamine und darüberhinaus auch unerwünscht Transportmittel für fettlösliche Umweltverschmutzungen wie Insektizide, Pestizide oder kanzerogene Kohlenwasserstoffe. Fette und Öle sind mit einem physiologischen Brennwert von 9–9,3 kcal/g Energieträger von hoher Energiedichte, gehören also zu den konzentrierten Nahrungsmitteln ohne Wasser- und Ballaststoffgehalt.

Sie halten sich vor ihrer endgültigen Verdauung im Dünndarm mehrere Stunden im Magen auf und haben deshalb, wie es in der Literatur so schön heißt, einen hohen Sättigungswert. Diesen teilen sie mit anderen konzentrierten Lebensmitteln wie Fleisch und Getreideprodukten oder Hülsenfrüchten. Ein hoher Sättigungswert wird in der konventionellen Literatur als etwas Positives dargestellt – als ob es auch heute immer noch in erster Linie darauf ankäme, daß man satt wird. Das trifft auf die Menschen in den reichen Ländern, speziell auf Sie, lieber Leser, sicherlich nicht zu. Wenn das alles wäre, dann wäre Ernährung kein Problem. Ein hoher Sättigungswert: das bedeutet stets, daß die betreffenden Lebensmittel schwer verdaulich sind und deshalb lange im Magen und

Dünndarm liegen, bis sie aufgespalten und resorbiert sind. Das ist aber nicht wünschenswert. Lange Verdauungszeiten, das bedeutet, daß der Organismus nicht optimal darauf eingestellt ist. Es ist weitaus gesünder, wenn man seine Nahrungsauswahl so gestaltet, daß der Organismus möglichst wenig belastet wird. Dann kann man auch sicher sein, daß keine unerwünschten Stoffe aus der Nahrung und aus dem Stoffwechsel im Körper wegen Überlastung zurückbleiben. Dieses Problem wird von der Schulmedizin und den konventionellen Ernährungswissenschaftlern viel zu wenig beachtet. Es ist besser, ein Sättigungsgefühl durch ballaststoffreiche Lebensmittel zu erreichen, weil diese nicht gleichzeitig auch viel Energie liefern (Obst und Gemüse).

Wichtig ist vor allem, daß Nahrung befriedigt, und das tut sie nur, wenn sie auch schmeckt. Fettreiche Nahrung enthält in der Regel auch zahlreiche Geschmacksstoffe, weil diese häufig fettlöslich sind. Deshalb hat der Fettkonsum in den Jahren nach dem 2. Weltkrieg sehr stark zugenommen und macht heute über 40% der gesamten Energiezufuhr aus (BÄßLER et al., 1987, S. 58f). Einen großen Anteil an der aufgenommenen Fettmenge nehmen versteckte Fette in Wurstwaren ein, die zwischen 30 und 50% Fett enthalten können.

Die meisten Fettsäuren kann der menschliche Körper nach Bedarf selbst herstellen. Nur die Linol-, Linolen- und die Arachidonsäure müssen von außen zugeführt werden, das heißt, sie sind essentiell. Von diesen Fettsäuren benötigt der menschliche Körper aber nur kleine Mengen, wie überhaupt nur wenig Fett zugeführt werden muß, da der Körper sich aus Kohlehydraten selbst Fett herstellen kann. Die drei essentiellen Fettsäuren sind in völlig ausreichender Menge in Obst und Gemüse enthalten. Die Zufuhr von Fett und Öl in isolierter Form ist im Grunde genommen nicht nötig und hat in erster Linie konventionelle, geschmackliche Funktionen.

Der überwiegende Anteil der Nahrungsfette enthält geradzahlige, unverzweigte gesättigte Fettsäuren, sowie einfach und mehrfach ungesättigte Fettsäuren. Man kann die üblichen Nahrungsfette in vier Gruppen aufteilen:

1. Fette mit einem hohen Gehalt an gesättigten Fettsäuren: zum Beispiel Butter, Schmalz, Talg, Kokosfett.

2. Öle mit einem hohen Gehalt an einfach ungesättigten Fettsäuren: zum Beispiel Rapsöl, Olivenöl, Erdnußöl, Sesamöl (42%).

3. Öle mit einem hohen Gehalt an mehrfach ungesättigten Fettsäuren, vor allem an Linolsäure: zum Beispiel Sonnenblumenöl, Sojaöl, Maisöl, Weizenkeimöl, Distelöl, Baumwollsamenöl, Sesamöl (44,5%).

4. Öle mit einem hohen Gehalt an Fettsäuren der Linolensäurereihe:

zum Beispiel Fischöle und Leinöl. Linolensäure kommt in besonders hoher Konzentration in grünen Blättern vor. Leinöl ist zum Braten und Kochen ungeeignet und muß roh gegessen werden.

Wie geht die Verdauung von Fett vor sich? Die verschiedenen Arten von Fetten und die fettlöslichen Vitamine A, D, E und K bezeichnet man als Lipide. Diese sind bekanntlich schlecht wasserlöslich. Verdauung und Aufnahme im wäßrigen Milieu des Magen-Darm-Traktes und ihr Weitertransport bringen daher besondere Probleme mit sich. Ein geringer Teil der Triglyceride (Neutralfette), die die Hauptmenge der Lipide ausmachen, kann direkt ungespalten aufgenommen werden. Die Hauptmasse der Lipide muß aber vor der Aufnahme enzymatisch gespalten werden. Die fettspaltenden Enzyme bezeichnet man als Lipasen. Sie stammen aus den Zungengrunddrüsen (sind also im Speichel enthalten) und aus der Bauchspeicheldrüse (Pankreas), die ihre Säfte in den Dünndarm abgibt. Bei saurem Milieu werden rund 10 - 30% der Fette bereits im Magen gespalten, der Rest im folgenden obersten Dünndarmabschnitt (Duodenum) sowie im folgenden mittleren Dünndarmabschnitt, dem Jejunum, in basischem Milieu bei Gegenwart von Calcium-Ionen und Gallensaft.

Die Lipasen entfalten ihre Tätigkeit vor allem an den Grenzflächen zwischen Fett/Öl und Wasser. Damit dies effektiv geschehen kann, muß das Fett bzw. Öl möglichst gut emulgiert, das heißt in Form kleinster Kügelchen in der wässrigen Flüssigkeit in Magen und Darm verteilt sein. Nur so bietet das Fett bzw. Öl den Lipasen eine genügend große Angriffsfläche. Diese Emulgierung erfolgt vor allem durch die Bewegungen (Kontraktionen) des unteren Magenteiles und im Dünndarm (Zwölffingerdarm) und mit Hilfe der Gallensäfte. In Obst und Gemüse ist das Fett von vornherein feinverteilt, womit die Verdauung erleichtert wird. Interessant ist, daß gewisse Lipasen auch in der Muttermilch vorkommen, jedoch in der Kuhmilch fehlen. Auf diese Weise wird dem gestillten Säugling zum Milchfett gleich das Enzym zur Verdauung mitgeliefert.

Im Rahmen der generell zu reichlichen Ernährung trägt der zu hohe Fettkonsum - ebenso wie zu hoher Kohlehydratkonsum - zu Fettsucht (Übergewicht) bei. Dabei muß man wissen, daß überzählige Kohlehydrate im Körper als Fett gespeichert werden. Fett und Kohlehydrate machen also - im Übermaß genossen - gleichermaßen dick.

Ein hoher Fettkonsum, speziell einer mit gesättigten Fettsäuren, wie sie in tierischen Fetten vorkommen, geht meist einher mit einem zu hohen Cholesterinspiegel. Dieser wiederum begünstigt Arterienverkalkung und koronare Herzkrankheiten (zum Beispiel Herzinfarkt). Das Problem dabei ist die Frage nach dem Einfluß des Fett- und Ölverzehrs und dessen Anteil an tierischen gesättigten und pflanzlichen ungesättigten Fettsäuren auf den Blut-Cholesterinspiegel. Anders ausgedrückt: Wieviel von welchem Fett bzw. Öl soll man essen, wenn man einen niedrigen Cholesterinspiegel haben will? Diese Frage ist trotz zahlreicher Untersuchungen bisher nicht eindeutig geklärt. Aus dem ganzen Wirrwar tritt jedoch klar zutage, daß es zweckmäßig ist, den Öl- und Fettkonsum generell einzuschränken und ballaststoffreiche Nahrung zu essen. Diese senkt jedenfalls eindeutig den Cholesterinspiegel.

Die Vollwerternährung empfiehlt im Einklang mit ihren Grundsätzen, nur Fette und Öle zu verzehren, die möglichst naturnah verblieben sind. Neben Rohmilch-Butter werden kaltgepreßte, nicht raffinierte und auch sonst völlig unbehandelte Öle empfohlen. Die Natural Hygiene stellt fest, daß Fette und Öle in ihrer konzentrierten Form in der Natur nicht vorkommen und deshalb für den Menschen unnötig sind. Bis Sie so weit sind, ganz auf Butter und Öl verzichten zu können, halten Sie sich am besten an die Regeln der Vollwert-Ernährung. Wer Butter als Brotaufstrich wegen ihres Cholesteringehaltes meiden möchte, sollte zu Reformmargarine greifen, die nur wenig industriell verarbeitet ist und kaltgepreßte Öle enthält. Wenn Sie außer Butter und Sahne keine tierischen Produkte zu sich nehmen, ist diese Vorsichtsmaßnahme aber ganz sicher übertrieben. Wenn es Ihnen auf den Geschmack ankommt, bleiben Sie besser bei Butter.

Für Salatdressings und andere kalte Speisen können Sie alle schonend gewonnenen Öle aus erster Pressung, sogenannte native Öle verwenden. Diese wurden früher als kaltgepreßt bezeichnet, was insofern irreführend ist, weil trotz schonendster Behandlung Temperaturen von bis zu 70 °C auftreten können. Welches Sie auswählen, ist Geschmackssache. Die Versorgung mit einfach- oder mehrfach ungesättigten Fettsäuren oder mit den drei genannten essentiellen Fettsäuren ist überhaupt kein Problem. Sie sollten sich darum nicht grämen. Sie benötigen davon so wenig, daß Sie leicht genug erhalten.

Lassen Sie sich auch nicht verrückt machen durch immer wieder neue, sich widersprechende Meldungen über die Vorteile eines hohen oder niedrigen Ölverzehrs oder eines hohen oder niedrigen Anteils an mehrfach ungesättigten Fettsäuren. Es ist am besten, wenn Sie im Laufe der Zeit den Anteil aller konzentrierter Lebensmittel immer mehr einschränken und schließlich ganz weglassen. Dies gilt auch für Fette und Öle.

Ich will deshalb auch gar nicht näher auf die verschiedenen schädlichen Verarbeitungsmethoden wie Extraktion durch chemische Lösungsmittel und Raffination eingehen, wie sie die Lebensmittelindustrie verwendet. Solche Produkte sollten Sie ohnehin meiden. Denken Sie immer daran: Für Ihre Gesundheit ist das Beste gerade gut genug. Sparen

Sie lieber an den Möbeln, dem Auto, dem Haus – niemals aber an der Ernährung. Alles was die Industrie Ihnen an Nahrung liefert, ist in aller Regel die minderwertigste Qualität, die Sie erhalten können – auch wenn Sie viel kostet. Die phantastische Verpackung und die teure Werbung bezahlen Sie mit – und Sie wollten doch nur gesund essen. Unverarbeitete Grundprodukte möglichst wenig verändert genießen, das sollte Ihre Devise sein.

Bei warmen Gerichten sollten Sie, wenn Sie zum Beispiel zur Verfeinerung des Geschmacks Butter, Sahne oder kaltgepreßtes Öl verwenden, dieses gegen Ende den schon leicht abgekühlten Speisen zusetzen. Wenn Sie mit Fett oder Öl braten, eignet sich Kokosfett – vor allem auch zum Frittieren – am besten, weil es am hitzestabilsten ist. Es ist wasserfrei und hat den höchsten Rauchpunkt. Aber auch die anderen Öle, allen voran das Olivenöl und das Sesamöl eignen sich zum Braten. Bitte braten Sie aber so kurz wie möglich und vermeiden Sie Temperaturen, bei denen das Öl zu rauchen anfängt. Es zersetzt sich dann nämlich und unerwünschte Stoffe treten auf.

Untersuchungen der Firma Fauser Vitaquell haben ergeben, daß bei normalem, küchenüblichem Gebrauch Fette und Öle keine gesundheitsschädliche Veränderungen durchmachen (vgl. WURZINGER, 1984): "Gegen die Verwendung linolsäurereicher Öle zum Braten oder Backen bestehen keine grundsätzlichen Bedenken. Öle mit Linolsäureanteilen von 50% und mehr wie zum Beispiel Distelöl, Sonnenblumenöl, Sojaöl oder Mohnöl sollten bei üblichen Brat- und Backtemperaturen, d. h. bei Temperaturen möglichst unter 180 °C, nicht länger als 30 Minuten offen erhitzt werden. Bei weitgehender Fernhaltung des Luftsauerstoffes kann die Erhitzungszeit durchaus auf 60 Minuten verlängert werden, ohne daß erkennbare Veränderungen an den Ölen auftreten. Dies gilt allgemein für linolsäurereiche Öle, d. h. also sowohl für unraffinierte, also kaltgeschlagene Öle, als auch für die üblichen Raffinate.

Ohne Einschränkungen kann davon ausgegangen werden, daß bei sachgerechter Verwendung auch Öle dieser Art und Zusammensetzung keine erkennbaren Veränderungen erfahren. Kanzerogene Stoffe bzw. Stoffe, die zu solchen Entwicklungen beitragen, entstehen bei dieser Anwendung nicht. Öle mit hohen Anteilen an ungesättigten Fettsäuren sollten jedoch möglichst nicht mehrfach zum Braten oder Backen eingesetzt werden. Mehrfaches Erhitzen auf Brat- oder Backtemperaturen sollte vermieden werden, weil dadurch auch bei schonendster Behandlung der Öle die Bildung von Oxidationsprodukten unvermeidbar ist, die sich geruchlich und geschmacklich nachteilig auswirken, die aber unter Umständen auch bereits unverträglich sind."

Soweit die Beurteilungen durch eine Lebensmittelfirma aus Reformhaus-Kreisen. Andererseits können Sie davon ausgehen, daß vor allem frittierte Speisen gesundheitsschädlich sind, weil die hohe Frittiertemperatur von 180–190°C im Frittiergut Veränderungen hervorruft, die das Lebensmittel weit von seinen natürlichen Eigenschaften entfernt. Auf diese aber ist unser Körper eingestellt! Von den vielgeliebten Röststoffen von Gebratenem, Gegrilltem und Geröstetem sollten wir uns lösen. Genauer betrachtet handelt es sich dabei um fast völlig verbrannte, tote Nahrungsbestandteile, die der Körper nicht verwenden kann und wieder ausscheiden muß. Dabei hilft es auch nicht, daß diese Stoffe "das Wasser im Munde zusammenlaufen lassen", also mehr Verdauungssäfte anregen. Je weiter Sie auf dem Weg der natürlichen Ernährung fortschreiten, um so leichter werden Sie auf solche Speisen verzichten können, weil Sie selbst merken, wie sehr diese Ihren Körper belasten.

23
Der Tick mit den Inhaltsstoffen: Vitamine, Mineralien etc.

Mittlerweilen ein Klassiker: Spinat. Generationen von Kindern wurden damit gequält, weil Spinat doch so viel gesundes Eisen enthält. Bis dann eines Tages jemand sich die Mühe machte, das nachzukontrollieren. Hat Spinat wirklich so viel mehr Eisen als alle anderen Gemüsesorten? Mitnichten. Es lag ein Fehler vor. Das Komma war eine Stelle verrutscht. Durch einen unentdeckten Schreibfehler hatte Spinat unbemerkt einen zehnfach zu hohen Eisengehalt zugesprochen bekommen. Jeder hatte es vom anderen abgeschrieben, und so hielt sich der Wert jahrzehntelang hartnäckig in den Büchern.

Dies ist nur ein Auswuchs. Sicherlich können wir davon ausgehen, daß die Angaben der Nährwerttabellen, der Analysenangaben über Vitamine und Mineralien etc. in der Regel innerhalb gewisser Schwankungsbreiten stimmen. Aber was nutzt uns das? Wenn wir wirklich Nutzen daraus ziehen wollten, müßten wir ein so kompliziertes Rechnungswerk kreieren, daß wir zu nichts anderem mehr Zeit und Geld hätten. "Aber wieso das denn?" werden Sie fragen. Ich will es Ihnen erklären.

Viele Fragen sind offen, ihre korrekte Beantwortung ist aber nötig, damit die Rechnung stimmt:

1. Sie müßten exakt wissen, wieviel der zu berechnenden Stoffe Sie täglich benötigen. Nun gibt es Tabellen, in denen Regierungsstellen festgelegt haben, wie hoch diese Werte sind. Wenn Sie genau hinsehen, werden Sie jedoch merken, daß diese Werte von Tabelle zu Tabelle, je nach Herkunftsland, erheblichen Schwankungen unterworfen sind. Wenn Sie dadurch verwundert weiter bohren, werden Sie feststellen, daß die meisten Werte nur Schätzungen sind, die nicht wesentlich auf Fakten beruhen, eher schon auf Mutmaßungen bzw. sie beruhen auf Tierexperimenten, vorzugsweise mit Ratten. Daß Ratten anders sind als Menschen, weiß jedes Kind. Weiterhin sind diese Werte – wie alle solche Angaben – in der Regel viel zu hoch angesetzt, damit niemand die Autoren verklagen kann, weil er vielleicht in einem ausgefallenen Notfall nicht genug von dieser Substanz bekommen hätte, weil er der Tabelle gefolgt ist.

Mit anderen Worten: Juristische Gründe verwischen das Bild. Mit diesen meist doppelt hoch angesetzten Werten soll auch Rechnung getragen werden, daß Menschen in unterschiedlichen Lebenssituationen und gesundheitlichem Zustand unterschiedliche Mengen an diesen Stoffen benötigen. Wie aber wollen Sie abschätzen, wieviel Sie persönlich im täglichen Auf und Ab nun wirklich benötigen? Sie wissen es nicht. Niemand weiß es. Ihre Rechnung geht schon von diesem Gesichtwinkel aus nicht auf.

2. Der Inhalt der Nahrungsmittel an diesen Stoffen schwankt ebenfalls erheblich aufgrund verschiedener Anbaubedingungen (Böden, Düngung, Witterung), Ernte- und Lagerungsmethoden, Verarbeitungsmethoden, Vermarktungswegen, Verpackung, Zubereitung und Verzehrgewohnheiten. Viele Gemüsesorten haben nicht mehr die in Tabellen angegebenen Mengen an Inhaltsstoffen, weil sie auf ausgelaugten Böden nur mit Kunstdünger gezogen wurden. Ernte vor der Reife, lange Lagerung und Vermarktungswege, unsachgemäße Zubereitung (Kochen) und vieles mehr garantieren, daß die Tabellen für den konkreten Fall zu einem Märchenbuch entarten, weil viele der Inhaltsstoffe entweder gar nicht erst gebildet werden konnten oder schon wieder zerstört wurden. Weiterhin können viele Stoffe nicht mehr vom Körper ordnungsgemäß verwendet werden, weil sie sich geringfügig chemisch verändert haben, weil sie die energetischen Schwingungen der lebenden Zellen verloren haben, weil inzwischen andere Stoffe fehlen, die die Voraussetzung für eine ordnungsgemäße Verwendung im Körper darstellen oder weil sie sich an andere Verbindungen angelagert haben und so neue Komplexe bilden, welche die menschliche Verdauung nicht knacken kann.

3. Die Angaben über die Symptome, die auftreten, wenn dieser oder jener Stoff nicht in genügenden Mengen in der Nahrung enthalten ist, sind häufig an ernsten Krankheitssituationen orientiert. Aber wer von uns hat schon Skorbut, Beriberi oder Rachitis? Angaben über die Symptome bei leichtem Mangel sind jedoch so unspezifisch, daß es der Vitamin- und Mineraltabletten-Industrie leicht fällt, jeden anzusprechen. Daß Schlappheit, Müdigkeit, Kopf- und Gliederschmerzen etc. auch andere Ursachen als Mangel an bestimmten Stoffen haben können, wird dabei gar nicht berücksichtigt. Die genannten Symptome sind viel eher das Ergebnis von falschen Lebensmittelkombinationen und zu reichlicher Ernährung mit zu viel konzentrierten Proteinen, Fett und Kohlehydraten. SHELTON (1989, S. 135 und 157) schreibt mit Recht, daß es keinen isolierten Mangel gibt, Mängel sind immer vielfältig. Es kann kein Nutzen aus isolierten Nahrungselementen gezogen werden. Alle Nahrungselemente werden in Verbindung mit anderen aufgenommen. Es ist wertlos, einzelne Vitamine oder Vitaminmischungen einzunehmen. Sie sind nur in Ver-

bindung mit ihnen assoziierten Nahrungsfaktoren nützlich, das heißt mit Mineralien, Aminosäuren, Fettsäuren und zahlreichen anderen Vitalstoffen, die zum Großteil bis heute unbekannt geblieben sind.

4. Die Anzahl der genannten für die Gesundheit wichtigen Vitamine, Mineralien, Spurenelemente, Vitalstoffe etc. sowie bis zu einem gewissen Grade die spezifische Wirksamkeit einzelner Substanzen hängt vom jeweiligen Stand der chemisch-analytischen Wissenschaft ab. KOERBER, MÄNNLE & LEITZMANN (1987) betonen in ihrem bekannten Werk über Vollwerternährung immer wieder, daß es noch unzählige, wichtige Wirkstoffe gebe, die in der Nahrung enthalten sind, die von der Forschung aber noch nicht entdeckt wurden. Diese Stoffe tragen ebenso zu Ihrer Gesundheit bei, wie die schon bekannten. Es ist nicht unwahrscheinlich, daß dabei sogar noch wichtigere als eine Reihe der bereits analysierten Stoffe enthalten sind. Eine Rechnung mit so vielen Unbekannten kann niemals zum Erfolg führen.

5. Weiterhin ist über das Zusammenwirken der einzelnen Stoffe noch wenig bekannt. In diese Richtung wird auch nur wenig geforscht, weil die Angelegenheit rasch unglaublich kompliziert wird. Die Situation ist vergleichbar mit derjenigen im Umweltschutz, wo man Grenzwerte für einzelne Stoffe festlegt. Man sagt dann, daß diese Stoffe unschädlich seien, wenn ihre Konzentration unter dem Grenzwert bliebe. Über das Zusammenwirken der vielen Verunreinigungen im Boden, im Wasser oder in der Luft sagt man kaum etwas, weil man nichts darüber weiß und weil die Forschung zu kompliziert und damit zu teuer wird.

Fazit: Lassen Sie die Finger von Berechnungen über die Inhaltsstoffe Ihrer Ernährung. Das fängt mit den Kalorien an und hört mit den Vitalstoffen auf. Sie verschwenden nutzlos Zeit und Mühe, und Frustration und Angst sind unausbleiblich. Es ist verständlich, daß der Mensch in seinem Drang, alles zu erforschen, auch hier seinen analytischen Geist einsetzt und so viel zu enthüllen sucht als möglich. Der Stand der Wissenschaft ist aber noch lange nicht so weit, daß man daraus auch Schlüsse für die tatsächliche Ernährung des Menschen ziehen könnte. Lassen Sie die Finger von Vitamin- und Mineraltabletten. Dies sind – auch wenn Pflanzen als Lieferanten genannt werden – alles Kunstprodukte, die mit der lebenden Natur, mit vitalen Zellen, nicht mehr viel oder gar nichts gemein haben. Die Auswirkung dieser Stoffe auf den Organismus im Vergleich mit den chemisch gleichen Stoffen in lebenen Zellen läßt sich nur schwer abschätzen. Die Effekte können ähnlich oder stark abgeschwächt, aber auch ganz anders sein. Vitamin- und Mineralpillen sind Medikamente der Symptommedizin – sie haben eine Wirkung – zweifellos. Nur läßt sich nicht in jedem Fall garantieren, ob diese auch positiv ist. Häufig tragen sie lediglich zur Belastung der Ausscheidungsorgane und der finanziellen Situation der Verwender bei. Decken Sie den Bedarf an den genannten Vitalstoffen und Mineralien durch frisches Obst und Gemüse sowie durch ungeröstete Nüsse und Samen und beziehen Sie diese Produkte am besten aus kontrolliert biologischem Anbau. In diesen Lebensmitteln sind alle Stoffe in ausreichenden Mengen vorhanden, die der Mensch benötigt, wenn er gesund und vital bleiben und alt werden will – ob diese Stoffe nun namentlich bekannt sind oder nicht. Die käuflichen Pillen enthalten nur die wenigen, (zufällig!) bekannten. Daß der menschliche Körper "anorganische" Mineralien nicht ordnungsgemäß verwerten kann, wurde in Kapitel 15 ausführlich dargestellt.

Die sicherste, billigste und eleganteste Methode, um herauszufinden, welche Nahrung dem Menschen alle benötigten Bestandteile liefert, besteht nicht in der Analyse und der Festlegung von Mindestmengen. Sie besteht vielmehr in Experimenten an Menschen, wie sie seit Jahrhunderten mehr oder weniger gezielt durchgeführt wurden. Das System der Natural Hygiene hat einen besonders reichen Erfahrungsschatz an Ergebnissen dieser Art, wie sie in diesem Buch und in zahlreichen im Literaturverzeichnis angegebenen Werken dargestellt werden. Die Quintessenz dieser Beobachtungen liegt darin, daß wir immer dann keinen Mangel leiden, wenn wir uns auf möglichst wenig veränderte, rohe pflanzliche Produkte beschränken. Im Klartext bedeutet dies: wir müssen – zumindest größtenteils – zurückkehren zur Urnahrung unserer Ahnen, die sich ohne Hilfe von Werkzeugen und Feuer von dem ernährten, was die Pflanzenwelt an Früchten, Gemüsen, Nüssen und Samen bot. Auf solche Nahrung ist unser Verdauungssystem durch die Jahrmillionen unserer Entwicklung optimal eingestellt. Bei richtiger Auswahl und Kombination fallen dabei keine schädlichen Stoffe an, alles was nicht benötigt wird, kann leicht wieder ausgeschieden werden, und die Versorgung mit allem Nötigen ist optimal garantiert. Daraus folgt eine Gesundheit, Vitalität und Lebenserwartung, von der wir nur träumen können, wenn wir sie nicht selbst ausprobieren. In Deutschland hat besonders auch KOLLATH (1960) darauf hingewiesen, wie wichtig es ist, sich mit möglichst naturnahen Lebensmitteln zu ernähren.

Ist Ihnen inzwischen klar geworden, warum ich eingangs vom Tick mit den Inhaltsstoffen sprach? Dieser Tick ist verständlich in unserer wissenschaftsgläubigen Zeit, der analytisches Denken wichtiger als ganzheitliches Denken und Handeln ist. Wenn Sie ein Automobil auf diese Weise betrachten, ist das in Ordnung. Wenn es aber um Ihre Gesundheit geht, sollten Sie der ganzheitlichen Betrachtungsweise den Vorzug geben. Es kommt nicht darauf an, daß Ihnen ein Arzt versichert, daß Sie mit rein vegetarischer Lebensweise einen Mangel an Protein, Calcium und den B-Vitaminen erleiden werden. Er weiß es nicht besser. Die Praxis wird Ihnen recht geben. Ernährung muß sich auf individuelle und kollektive Erfahrungen gründen. Solche Ergebnisse sind auch dann zutreffend und in der Praxis vorzuziehen, wenn die Wissenschaft in ihrem augenblicklichen Wissens- bzw. Beschränktheits-Stand das Gegenteil glaubt beweisen zu können. Nicht alle Erfahrungen der Natural Hygiene lassen sich einwandfrei wissenschaftlich belegen. Das bedeutet aber noch lange nicht, daß sie nicht zutreffen. Sie sind in jedem Fall empirisch, das heißt, durch Versuch und Beobachtung von Fallstudien gesichert.

Aus den genannten Gründen finden Sie in diesem Buch keine detaillierten Angaben über die einzelnen Vitamine und Mineralien. Wenn Sie bei der Auswahl Ihrer Lebensmittel genau in sich hineinspüren und das auswählen, was Sie wirklich wollen, dann werden Sie keinen Mangel leiden. Sie werden die für Ihre jeweilige Lebenssituation richtige Nahrung intuitiv korrekt zusammenstellen. Dazu ist es auf Dauer nötig, daß Sie die Lebensmittel möglichst wenig verändert, möglichst naturnah essen – aber das werden Sie selbst rasch merken.

24
Kräuter, Gewürze, Dressings: Eine Frage des Fingerspitzengefühls

Bei der Verwendung von Gewürzen scheiden sich die Geister: Die Vorlieben sind extrem verschieden, regionale Küchen beruhen vor allem auf unterschiedlichen Arten zu würzen, die einen behaupten, daß gut gewürztes Essen die Verdauung fördere, die anderen, zum Beispiel die Vertreter der Natural Hygiene, sind der Ansicht, daß Gewürze, Kräuter und Dressings schaden. Schon daraus ergibt sich, daß dieses Feld ein weites Terrain darstellt für eigene Experimente. Dazu möchte ich Sie herausfordern.

Die Vertreter der Natural Hygiene haben natürlich recht, wenn sie sagen, daß frisches, rohes, reifes Obst am besten schmeckt und verdaut wird, wenn man es ohne alles ißt. Unter anderem deshalb empfehlen viele, daß die optimale Ernährung zu 80% aus Obst bestehen sollte. Wer Obst sehr gern mag, hat damit ohne Gewürze etc. die volle Befriedigung. Aber schon wenn es um Salate geht, dann stellt sich schnell heraus, daß diese ohne Dressings nicht im entferntesten so viel geschmackliche Befriedigung spenden. Natürlich kann man Salat und rohes Gemüse ohne Dressings, Kräuter, Gewürze, Öl etc. essen. Ob das für Sie ausreicht, das müssen Sie selbst herausfinden. Sie gehen dabei am besten so vor, daß Sie das Gemüse und den Salat nicht vor dem Essen klein schneiden und mischen, sondern jedes Stück für sich im ganzen vornehmen und mit den Fingern essen. So können Sie den individuellen Geschmack der einzelnen Sorten am besten auskosten. Wenn Sie jedoch auch nach längerem Probieren noch geschmacklich enttäuscht werden, so empfehle ich ein leichtes Dressing. Ich kann mir nicht vorstellen, daß man seiner Gesundheit auf Dauer einen Gefallen tut, wenn man sich ständig zu Mahlzeiten zwingt, die geschmacklich nicht voll befriedigen. Ich habe den Eindruck, daß sich so mancher Übereifrige dabei selbst betrügt. Wenn Sie sich an eine völlig gewürzlose Kost gewöhnen wollen, brauchen Sie Geduld. Erst nach vielen Monaten und länger werden Sie so weit sein, daß sie mit dem natürlichen Geschmack von rohem Gemüse zufrieden sind. Sie können diesen Vorgang beschleunigen, indem Sie eine Fastenperiode einlegen. Was Sie auch danach partout nicht mögen, ist dann mit Sicherheit nicht gut für Sie.

In diesem Zusammenhang möchte ich kurz darauf eingehen, daß der Geruchs- und Geschmackssinn keine objektive Wahrnehmung ermöglichen. Wenn Sie rot sehen, dann sehen Sie wie alle anderen Menschen eine bestimmte Wellenlänge, wenn Sie den Kammerton A hören, dann hören Siedie selbe Wellenlänge wie alle anderen Menschen. Wenn Sie jedoch riechen oder schmecken, so gibt es keine allgemein verbindlichen, zugundeliegende Kriterien, an denen Sie Ihre Erfahrungen eichen könnten. Das sehen sie schon daran, daß Sie nicht allgemeinverbindlich ohne einen Vergleich zu benutzen beschreiben können, wie ein bestimmter Geruch oder Geschmack ist. Versuchen Sie einmal einem anderen Menschen den Geruch von Pfefferminz zu beschreiben, wenn der andere diesen nicht kennt.

Ob eine Speise und ein Lebensmittel gut riechen oder schmecken hängt davon ab, ob Ihr Körper im Augenblick des Testes dieses Lebensmittel benötigt. Ist dies nicht der Fall, so werden Sie keinen Gefallen daran finden – vorausgesetzt Ihr Nahrungsinstinkt ist entsprechend sensibilisiert, und es handelt sich um rohe, unverfälschte, reine Lebensmittel. Sobald Sie genug davon gegessen haben, tritt instinktiv eine Sperre ein, das Lebensmittel schmeckt dann nicht mehr so gut wie zu Anfang, oder es schmeckt fade, bitter, scharf etc. Das signalisiert Ihnen, daß Sie damit aufhören. Auf dieser Erkenntnis baut die Instinktotherapie von BURGER auf. Wenn Sie die Lebensmittel auf diese Weise auswählen und wenn es sich um rohe, reine Lebensmittel handelt, dann werden diese Lebensmittel für die Verdauungsorgane auch die richtigen Signale abgeben, und die Verdauung wird optimal funktionieren. Sobald Sie jedoch gekochte oder anderweitig veränderte und kombinierte Nahrung genießen, dann ist Ihr Instinkt überfordert. Er kann dann nicht mehr bestimmen, ob die vorliegende Nahrung für Sie zum gegebenen Zeitpunkt geeignet ist und wenn Sie sie essen, dann wird die genannte Sperre nicht eintreten. Dies zeigt deutlich, daß der Instinkt nur sehr beschränkte Fähigkeiten aufweist.

Nach BURGER sollte man seine Nahrungsauswahl jedoch nur durch den Instinkt vornehmen lassen und alle Speisen meiden, die der Instinkt nicht bewältigen kann. BURGER vernachlässigt dabei die psychologische Seite (vgl. z. B. Kap. 6). Er verwendet seine Methode zum Beispiel zur Heilung Schwerstkranker, die nichts mehr zu verlieren haben und deshalb willens sind, ihre gesamten bisherigen Eßgenüsse aufzugeben. Er schreibt auch (S. 322f), daß die Menschen, denen er dank Instinktotherapie ihre Haut rettete, ihn häufig zum Sündenbock für den Verlust aller "oralen Reizmittel" machen, "die für sie immer so etwas wie die

Rückkehr zur Mutterbrust gewesen waren". Zumindest aber, schreibt er, sind ihm seine Patienten unbewußt darüber gram, auch wenn sie nach außen hin Dankbarkeit zeigen. MOELLER (1989, S. 16f) berichtet vom Dauererfolg der Instinktotherapie BURGERs, daß von 27 AIDS-Kranken und Testpositiven, deren gesundheitliches Befinden sich nach nur wenigen Wochen Instinkto-Ernährung in seinem Zentrum Chateau Montrame bei Paris grundlegend gebessert hatte, nur acht Personen in der Lage waren, die neue Kostform auch danach in ihrer alten Umgebung weiter durchzuhalten und deshalb keine entsprechende Rückschläge erlitten. MOELLER schreibt dazu mit Recht: "Es ist sehr ungünstig, daß diese tiefgehenden seelischen Vorgänge beim persönlichen Umstellungsentschluß, aber auch in den Ermahnungen der alten und der neuen Ernährungswissenschaften so vernachlässigt werden. Die Einsicht könnte vielen helfen, den Widerstand am richtigen Ort zu suchen: in sich selbst statt im neuen Essen". Mit anderen Worten: eine Nahrungsumstellung hilft auf Dauer nichts, wenn sie nicht in Harmonie mit dem ganzen Menschen und seiner einmaligen Situation ist. Selbst die optimale Rohkosternährung, wie sie die Instinkto theoretisch darstellt, ändert daran nichts.

Mein Anliegen geht dahin, daß Sie ohne Gram Ihre Ernährung schon dann umstellen, wenn Sie noch nicht sterbenskrank sind und daß Sie Ihre Ernährung so gestalten, daß sie nicht nur eine Heildiät darstellt, sondern fester aber zwangloser Bestandteil Ihres Lebens wird, der auf Dauer wie selbstverständlich harmonisch zu Ihnen gehört. Wie WANDMAKER und andere zeigen, ist dann auch nicht die extreme BURGERsche "Instinkto" nötig, sondern daß Sie sich in dem Ihnen gemäßen Tempo auf eine "normale" Rohkost-Ernährung hinbewegen. Dressings und Kräuter werden Ihnen dabei helfen.

Ich schlage Ihnen deshalb vor, daß Sie andere "Sinnesorgane" zur Nahrungsauswahl sensibilisieren und benutzen. Der Mensch ist weiter entwickelt als das Tier, das nur seinen Instinkt zur Verfügung hat. Er kann seinen Intellekt, sein Gefühl und vor allem – je bewußter er wird – auch seine Intuition, seine innere Stimme zur Hilfe nehmen. Er kann sich selbst beobachten und sich danach richten. Dies ist vor allem auch deshalb wichtig, weil es nur für wenige Menschen möglich ist, sich von heute auf morgen auf totale Rohkost umzustellen, was die Voraussetzung zur Resensibilisierung des Eßinstinktes ist. Für die meisten wäre eine solche Radikalkur ausgesprochen schädlich – in den vergangenen Kapiteln sind wir mehrfach darauf zu sprechen gekommen (vgl. den Lebertest im Anhang).

Die Alternativen lauten also: entweder zurück zum Instinkt oder vorwärts zu höherer Bewußtheit. Ohne lange zu fackeln, plädiere ich für mehr Bewußtheit – am Ende wird man gleichzeitig seinen Instinkt mit entwickelt haben, denn es steht meines Erachtens außer Zweifel, daß man auf die Dauer – wenn man früh genug im Leben damit angefangen hat, noch bevor man sich zu stark geschädigt hat – auch auf diesem Weg zu einem Überwiegen der Rohkost kommen wird. In der Zwischenzeit sind viele Arten von Kräutern und Gewürzen sinnvoll und hilfreich, und es ist sehr wahrscheinlich, daß Sie damit eine Verbesserung Ihrer Speisen erzielen, geschmacklich und verdauungsmäßig. Zum Beispiel ist gut bekannt, daß die aromatischen Samen Koriander, Fenchel, Kümmel und Anis sozusagen ein Heilmittel darstellen für die Schäden einer ungenügenden Kohlehydratverdauung, die sich in Form von Blähungen äußern. Deshalb werden diese Gewürze beim Brotbacken verwendet. "Dill, Kerbel und Petersilie schätzen wir als aromatische Zutaten für verschiedenste Speisen. Sie sind – wie alle Doldengewächse – lichthaft lösende, in der Ernährung leicht machende, den aufsteigenden Ernährungsstrom tragende und fast in Richtung der Gewürze wirkende Pflanzen, ja, man könnte sagen, blutreinigende Frühlingskräuter." (HAUSCHKA, 1989, S. 131).

Die Natural Hygienists gehen vom theoretischen Endziel des Obstrohkostessers aus, wenn sie so harmlose Küchenkräuter wie Petersilie, Schnittlauch, Basilikum, Dill, Pfefferminz, Koriander usw. in kleinen Mengen unter den Salat gemischt, als schädlich bezeichnen. Alle diese Kräuter standen dem Menschen seit Jahrmillionen in freier Natur zur Verfügung. Warum sollte sein Körper nicht daran angepaßt sein? Die Forderung, nur solche Lebensmittel zu essen, die man für sich allein als volle Mahlzeit essen kann, klingt beim ersten Hören bestechend, man fragt sich dann aber, welchen Vorteil eine solche Regel haben soll. Mir scheint, es geht nur darum, die Auswahl leicht zu machen. Ich denke, Sie sind intelligent genug, die richtige Auswahl auch ohne eine solche einschränkende Regel zu treffen. Zudem liegen Beweise, daß der Urmensch so gelebt hat, nicht vor.

Nicht einmal die Tiere in freier Wildbahn, bei denen der Instinkt der einzige Steuermechanismus ist, tun so etwas. Jedes Reh im Walde und auf den Wiesen frißt im Laufe des Tages mit Sicherheit über hundert verschiedene Pflanzen, die nicht alle für sich allein als Nahrung geeignet wären. Eine Kuh auf der Weide frißt nicht nur Gras, wie in diesem Zusammenhang immer vorgebracht wird. Auf den Weiden stehen viele andere Pflanzen außer Gras! Wie oft habe ich bei meinen Reisen durch den Vorderen Orient zum Beispiel Ziegen oder Kamele beobachtet oder in Spitzbergen die Rentiere. Sie laufen durch die Gegend und nibbeln hier und dort: von Flechten und Moos über Gras und vielerlei Blütenpflanzen bis hin zu Blättern von Büschen und Bäumen. Alles wird gefressen, was schmeckt, und das noch dazu munter völlig durcheinander. Der Urmensch richtete sich – was läge näher – ebenso wie die Tiere heute in erster Linie danach, was zur Verfügung stand – und wenn es von vielen verschiedenen Lebensmitteln nur wenig gab, dann mußte er eben viele verschiedene Speisen zu sich nehmen – und das über viele Jahrmillionen. Daran soll der menschliche Organismus nicht angepaßt sein?

Kräuter und Gewürze stellen ernährungsphysiologisch eine wertvolle Erweiterung des Spektrums der in größeren Mengen gegessenen Lebensmittel dar. Sie enthalten Vitamine, Enzyme, Mineralien etc., die der Gesundheit zuträglich sind. Davon kann man sich in jedem Buch über Kräuter leicht informieren. Menge und Auswahl müssen natürlich stimmen. Aber das kann man lernen. Jede Art von Extrem sollten Sie mit größter Vorsicht betrachten. In der völligen Ablehnung von Gewürzen, Kräutern und Dressings etc. sehe ich ein solches Extrem.

Der Mensch ist mit Verstand, Gefühl und Intuition ausgestattet. Warum sollte er die geschmacklichen und verdauungsfördernden Wirkungen einzelner Pflanzen nicht nutzen? Es ist eine Frage des Fingerspitzengefühls, der feinen Nuancen. Hier liegt ein besonders weites Feld für Ihre Experimente: Es gibt reichlich Literatur zum Thema, und Ihre Geschmacksnerven werden für Abwechslung dankbar sein. Eines der Argumente gegen Kräuter und Gewürze ist, daß viele davon ausgeprägte medizinische Wirkungen auf den Körper haben. Dies ist jedoch zugleich das Argument der Gegenseite für die Kräuter und Gewürze. Dabei ist es nicht in jedem Falle so, daß ein Gewürz oder Kraut deshalb genommen wird, um Symptome zu vertreiben und damit die Ursachen zu verschleiern. Auch enthalten die Kräuter und Gewürze doch nicht pauschal nur solche Stoffe, die der Körper nicht verwenden kann und deshalb schleunigst wieder ausscheiden müßte. Wenn Sie jedoch sehr stark würzen, wie es zum Beispiel bei indischem Essen der Fall sein kann, so können Sie leicht feststellen, wie intensiv Ihr Körper stimuliert wird. Er läuft danach für einige Stunden auf höheren Touren, ähnlich wie nach einer Fleischmahlzeit. Dies ist auf Dauer unerwünscht, weil es zu höherem Verschleiß Ihrer Organe führt und damit das Leben verkürzt.

Man kann das Kind mit dem Bade ausschütten: Es scheint mir, daß dies einige Vertreter der Natural Hygiene Bewegung bei der pauschalen Ablehnung von Kräutern, Gewürzen und Dressings tun. Sie vergessen dabei völlig, daß nicht alle Menschen strikte Rohköstler sein können bzw. wollen. Die DIAMONDs haben dies löblicherweise eingesehen. Vor allem bei gekochter Nahrung kommt man ohne Gewürze und Kräuter nicht aus, es sei denn, man will die Freude am Essen und das geschmackliche Erlebnis völlig vergessen. Eins ist jedoch klar: Man sollte mit Kräutern und Gewürzen sehr sparsam und selektiv umgehen. Der Eigengeschmack der Gemüse sollte nicht überdeckt, eher verstärkt oder in eine bestimmte Richtung gelenkt werden.

Interessanter Weise gibt T. C. FRY in seinem Fernlehrgang für Natural Hygienists zu, daß er auf dem Gebiet der Gewürze kaum Untersuchungen angestellt hat. Es ist offensichtlich, daß er hier mit einem Vorurteil an die Sache herangeht. Oder ist es ein didaktischer Trick? Vielleicht hat er Angst, daß trotz seiner Mahnungen weiterhin zu viel gewürzt wird. Deshalb verbietet er die Gewürze gleich ganz und malt den Teufel an die Wand. Das wäre Bevormundung und mangelndes Vertrauen. Es ist zwar menschlich, daß er angesichts des weit verbreiteten Überwürzens ins andere Gegenteil verfällt, aber wenn wir immer nur von Extrem zu Extrem schwanken, dann kommen wir nie zur goldenen Mitte. Und vergessen Sie eins nicht: wenn Sie zu weniger Gewürzen kommen wollen, dann hat es keinen Zweck, dies auf dem zwanghaften Weg zu versuchen. Es ist besser, Ihre Bewußtheit durch Selbstbeobachtung zu steigern. Dann werden Sie bemerken, welche Gewohnheiten Sie haben, ob Sie diese oder jene Speise wirklich mögen und wie Ihnen das Ganze bekommt. Sie werden dann im Laufe der Zeit alle die Speisen ohne Zwang weglassen, die Ihnen nicht bekommen, bzw. Sie werden aus innerem Antrieb weniger würzen.

Sie können, wie HAUSCHKA (1989, S. 143f) schreibt, auf Ihr individuell verschiedenes Temperament ausgleichend wirken: "Der im physischen Leib verhaftete Melancholiker wird zum Ausgleich die cholerischen Gewürze Pfeffer, Paprika, Curry, Senf und Rettich brauchen..... Der heißblütige Choleriker hingegen sollte hitzige Gewürze meiden und sich den Melancholikern unter den Gewürzen zuwenden. Er benötigt die feste, formende, mineralisierende Wurzelkraft, die sein sulfurisches Stoffwechselfeuer bändigt. Das sind die bitter-salzigen Wurzeln und Rinden. Der in seinen Lebensprozessen, d. h. in seinem Lebensleib befangene Phlegmatiker sollte sich durch die Sanguiniker unter den Gewürzen beschwingen oder durch die Choleriker anregen lassen. Zwiebel, Schnittlauch und die Umbelliferen" (Sellerie, Pastinak, Petersilie, Fenchel, Kümmel) "wären in seiner Diät zu bevorzugen neben schärferen Gewürzen. Ebenso müßte der Sanguiniker, der sich leicht in seinem Seelenleib versprüht und verstreut, in seiner Gewürzdiät die Phlegmatiker wie Nüsse, Oliven, Mandeln verwenden. Auch Liebstöckl, das ein Hauptbestandteil der Maggiwürze ist, wirkt hier beruhigend und festigend. Überhaupt wird Pflanzenkost die Verdauungskräfte des Sanguinikers zu konzentrierender Anstrengung anhalten, was sich auch auf das geistige Konzentrationsvermögen wohltuend auswirken wird."

Einen wichtigen Punkt dürfen wir jedoch nicht verschweigen: Gewürztes Essen verführt dazu, zu viel zu essen. Kunststück, es schmeckt eben besser. Der Fluß von Verdauungsflüssigkeiten im Mund und weiter unten wird tatsächlich angeregt, man spürt das Verlangen nach mehr. Aber das kann auch bei anderen Speisen, zum Beispiel bei Brot oder sogar bei Obst geschehen; deshalb essen auch viele Menschen zu viel davon. Es ist ein absurder Weg, die richtige Menge an Speisen dadurch zu erreichen, indem das Geschmackserlebnis reduziert wird. Essen befriedigt dann nicht mehr, und eine solche Ernährung kann deshalb auf Dauer nicht ohne Schäden bzw. Kompensationen auf anderen Gebieten durchgehalten werden.

Auf der Abschußliste von Natural Hygiene in der strengen Ausprägung stehen vor allem Knoblauch, Zwiebeln und Lauch. Es versteht sich von selbst, daß ein Rohkostesser mit Schwerpunkt Obst mit diesen Gemüsen nichts mehr anzufangen weiß. Wenn Sie einmal so weit sind, werden Sie von selbst keinen Knoblauch mehr essen. Wenn sich jedoch noch gekochte Speisen auf Ihrem Speisezettel finden, dann brauchen Sie auf diese Gemüse nicht zu verzichten – vorausgesetzt, sie verwenden diese in der richtigen Form und Knoblauch in kleinen Mengen. Rohen Knoblauch in Salatdressings würde ich zum Beispiel sehr stark einschränken, ebenso rohe Zwiebeln und rohen Lauch. Sie werden bald merken, daß diese Gemüse zu scharf für Sie sind, wenn Sie empfindsamer werden – von dem Geruch aus dem Mund und allen Poren ganz zu schweigen. Dieser Geruch zeigt übrigens an, daß der Körper mit den "duftenden" Substanzen nicht viel anzufangen weiß und sie deshalb rasch wieder ausscheidet, wozu Ausscheidungskapazität verbraucht wird, die zur Ausscheidung von unvermeidlichen Stoffen benötigt wird. Die Segnungen für den Körper, die man dem Knoblauch zuschreibt, treffen zweifellos auch zu – auch die Vertreter der Natural Hygiene können dies nicht bestreiten. Sie führen jedoch aus, daß dabei in erster Linie nur die Symptome behandelt, die Ursachen aber nicht angegangen werden.

Sie alle wissen, daß gekochte Zwiebeln, Knoblauch und Lauch ihre Schärfe verloren haben und besser verträglich sind. Wenn sie also eine gute Sauce zu Ihrer Gemüseplatte machen, können Sie diese Gemüse durchaus verwenden – wenn sie Ihnen geschmacklich zusagen. Auch eine Kräutersauce mit Sahne eignet sich dazu vortrefflich – wogegen gedünstetes Gemüse ohne alles gegessen Ihnen kaum eine geschmackliche Befriedigung zu bieten imstande ist. Für Salate eignet sich auf jeden Fall ein Dressing aus kaltgepreßtem Öl und Zitrone, etwas Petersilie, Basilikum, Dill etc. Ein solches Dressing hat bedeutenden Nährwert und enthält keine Gifte. Salate können auch dadurch wohlschmekkend gemacht werden, indem man sie zusammen mit Avokados oder Nüssen ißt. Sie können sich auch ein Dressing aus Avokadopüree, Zitronensaft und Wasser bzw. Stangenselleriesaft oder aus Nußmus und Wasser machen (vgl. die Rezepte in Kap. 28).

Große Aufmerksamkeit verdient das Kochsalz – das am meisten verwendete Gewürz. Salz spielt in der menschlichen Ernährung eine überragende Rolle, der Salzhandel legt ein beredtes Zeugnis dafür ab. Auch ist jederman bekannt, daß die meisten Menschen – zumindest in den zivilisierten Ländern, allen voran in Japan und USA – zu viel Salz essen und deshalb krank sind. In diesem Zusammenhang ist besonders Bluthochdruck mit all seinen Folgen zu nennen. Das ist unbestritten. Auf der anderen Seite stehen die Vertreter der Natural Hygiene, die behaupten, der Mensch käme völlig ohne Salz in der Nahrung aus. Um jedes Gramm wird dabei gefeilscht. Die geschmackliche Verbesserung der Speisen, die jeder bezeugen kann, der den Unterschied zwischen fadem salzlosem und voll schmeckendem, angemessen gesalzenem Essen kennt, wird als Trick an den Geschmacksknospen abgetan. Durch Salzen wird nicht der Geschmack der Speisen verbessert, vielmehr werden die Geschmacksknospen durch Salz sensibilisiert. Das mag streng wissenschaftlich betrachtet durchaus so sein. Derjenige jedoch, der etwas essen soll, was ihm nicht schmeckt, benutzt diesen Trick gerne. Trick oder nicht Trick, es ist ihm egal, wie der Geschmacksgewinn erzielt wird.

Ich will Sie jedoch keinesfalls dazu anregen, viel Salz zu essen, wie dies die Makrobioten tun. Versuchen Sie, Ihren Salzverzehr im Laufe der Zeit so weit wie möglich einzuschränken – aber nicht auf Kosten der geschmacklichen Befriedigung! Denken Sie daran, daß Kochsalz eine anorganische, mineralische Verbindung ist, die der Körper nach Ansicht der Natural Hygienists gar nicht, nach Ansicht der Anthroposophen nur in kleinen Mengen verdauen, das heißt aufnehmen und sinnvoll verwenden kann. Das Kochsalz, das Sie im Übermaß an Ihr Essen geben oder in fertigen Speisen erhalten, erzeugt also nur gewisse Effekte im Körper und muß dann wieder ausgeschieden werden. Der geschmacksverbessernde Effekt wird von den negativen gesundheitlichen Effekten überlagert – wenn Sie zu viel Salz essen. Da nach Ansicht der Anthroposphie für die Verdauung des Salzes das Bewußtsein, das wahre innere Ich verantwortlich ist, schreibt HAUSCHKA (1989, S. 94): "Keine Dogmen gibt es in der wahren Ernährungswissenschaft, sondern nur Einsicht. Jeder wird mit sich selbst das Problem lösen müssen, was er seinem Ich zutrauen kann", und "salzlose Nahrung würde auf die Dauer dazu führen, daß wir unserer Individualität den Ankergrund entziehen und damit uns die Zukunft abschneiden, die in einer immer größeren Fähigkeit bestehen muß, Mineralisches zu verdauen, um dadurch mit seiner Individualität innerhalb der Leibesvorgänge anwesend zu sein" (S. 210).

Sie werden auch herausfinden, daß Sie beim Einsatz von Kräutern ihre Salzmenge reduzieren können. Es gibt auch fertig gemischtes Kräutersalz zu kaufen – frische Kräuter sind aber durch Trockenprodukte nicht zu ersetzen – weder geschmacklich noch ernährungsphysiologisch. Natürlich werden Sie um so weniger Salz benötigen, um so mehr Sie auf Rohkost umgestiegen sind. In frischem Obst, Salat und Gemüse sind alle Salze, die der Körper benötigt, reichlich enthalten. Beim Kochen geht ein Teil davon verloren. Übrigens: Meersalz weist nur eine verschwindend andere Zusammensetzung auf als normales Kochsalz aus dem Bergwerk. Schließlich wurde auch dieses aus dem Meer ausgeschieden. Nur liegt dieser Vorgang gewisse Zeit zurück. Und: die extra Menge an "wertvollen" Mineralien, die Sie im Meersalz zu finden hoffen, würde Ihnen sowieso nichts nützen. Der Körper könnte sie nicht zweckentsprechend aufnehmen, weil sie nicht in Zusammenhang mit lebenden Zellen stehen.

Man muß sich klar darüber werden, daß der Gebrauch von Gewürzen wenigstens zum Teil darauf zurückgeht, daß diese in früheren Zeiten zum Konservieren von Lebensmitteln verwendet wurden – oder gar nur dazu, den unangenehmen Geruch und Geschmack, der mit dem Verderben der Lebensmittel einhergeht, zu überdecken (z. B. Salz, Essig, Zucker, Pfeffer etc.) Wir müssen uns klar darüber sein, daß wir dies heutzutage mit verschwindenden Ausnahmen nicht mehr nötig haben. Durch die Kühlung der Nahrung und durch den Transport von Obst, Salat und Gemüsen in der kalten Jahreszeit über weite Strecken aus warmen Ländern werden wir heutzutage rund ums Jahr mit frischen Lebensmitteln versorgt. An sie sollten wir uns halten. Was ursprünglich nur deshalb hergestellt und gegessen wurde, weil man von der frischen Ern-te eine große Menge für den Winter aufheben mußte, hat inzwischen durch Gewöhnung daran den Charakter von besonderen Spezialitäten erhalten, die man traditionell nicht mehr missen möchte: Sauerkraut, saure Gurken, Pickles, Chutneys usw. Probieren Sie aus, inwieweit Sie diese Produkte noch benötigen. Wenn Sie frische Lebensmittel essen, leben Sie in der Regel gesünder.

Die Verwendung von Gewürzen gehört zu unseren kulturell bedingten Konditionierungen, die zum überwiegenden Teil vor vielen Jahrtausenden begannen und in vielen Fällen keinen praktischen Wert mehr haben. Es ist Ihre Aufgabe, herauszufinden, was Ihnen nutzt oder schadet. Sie werden beim Übergang zu mehr Rohkost zum Beispiel schnell feststellen, daß Essig für Sie unangenehm wird oder daß Sie Cayennepfeffer, Tabasko, Chillies, Pepero(ci)nis und ähnlich scharfe Gewürze nicht mehr mögen. Diese Gewürze fallen dann weg, ohne daß es für Sie einen Verzicht bedeuten würde. Und so sollte es sein – ohne Zwang!

25
Schaden gekochte Speisen der Gesundheit?

Die ausführliche Kapitelfrage lautet: Schaden gekochte, gebratene, gebackene etc., also erhitzte Lebensmittel und Speisen Ihrer Gesundheit? Die meisten Menschen würden eine solche Frage als absurd zurückweisen und zur Antwort geben: natürlich nicht! Im Gegenteil, gegarte Speisen sind leichter verdaulich und daher besser bekömmlich. Seit Erfindung des Feuers während der Eiszeiten hat der Mensch in zunehmendem Maße seine Speisen mit Hilfe dieses Feuers gegart, und die Anzahl der Nahrungsmittel hat sich durch die Möglichkeit des Garens vermehrt, da es Nahrungsmittel gibt, die man roh nicht oder nur mit größten Schwierigkeiten essen kann. Außerdem hat sich der Wohlgeschmack der Speisen im Zuge des Garens verbessert, weil damit das Würzen Hand in Hand ging. Unsere Eßkultur, auf die wir stolz sind, basiert im wesentlichen auf gegarten Speisen. Salate und andere Rohkost spielen darin nur eine unbedeutende Nebenrolle. Man kann sich davon überzeugen, wenn man einen Blick in die Inhaltsverzeichnisse von Feinschmecker-Kochbüchern oder auf die Speisekarten von Fünfsterne-Lokalen wirft.

Damit ist die Kapitelfrage aber keineswegs überzeugend beantwortet. Sieht man einen Zusammenhang zwischen Ernährung und Gesundheit (vgl. Kap. 5) so müßte man davon ausgehen, daß die Menschen der westlichen Industrieländer, die fast alle mengenmäßig ausreichend ernährt werden, überwiegend gesund sind, denn sie ernähren sich zu einem sehr hohen Prozentsatz von gegarter Nahrung. Dies ist jedoch keineswegs der Fall. Wie in Kapitel zehn dargestellt, ist der Gesundheitszustand der Bevölkerung in diesen Ländern miserabel, obwohl es so viele Ärzte und Krankenhäuser gibt wie noch nie und obwohl der Stand der Medizin noch nie so hoch entwickelt war. Der Zusammenhang zwischen Krankheit und gegarter Nahrung wird aber nicht gesehen, weil man gekochtes, gebratenes und gebackenes Essen als unumstößliche, für den Menschen natürliche Ernährungsgegebenheit ansieht. Wenn es gilt, die Ursachen für den miserablen Gesundheitszustand der Bevölkerung herauszufinden, so nennt man zahlreiche andere Gründe wie Streß, Umweltschäden, unnatürliche Lebensweise und vor allem die zahlreichen Krankheitserreger, die es zu bekämpfen gilt.

Nun gibt es aber eine Reihe von Ärzten und Ernährungsexperten, die mit Rohkost erstaunliche Heilerfolge selbst bei Schwerstkranken erzielt haben. Ich denke dabei an BIRCHER-BENNER, SCHNITZER, KOLLATH, BRUCKER, SOMMER, GERSON (zit. bei KENTON, 1987, S. 28f.), ATERHOV, WANDMAKER, BURGER und viele andere. Da liegt der Gedanke nahe, daß Rohkost oder zumindest ein hoher Anteil daran auch für Gesunde die richtige Nahrung sein könnte, die ein Krankwerden von vorne herein verhindert. Dies ist tatsächlich der Fall, wie im folgenden ausgeführt werden soll.

1. Der Erhitzungs- und Garprozeß zerstört wesentliche Bestandteile des Lebensmittels. Diese Tatsache beginnt sich allgemein herumzusprechen, die Tragweite wird jedoch nicht erkannt. Man glaubt, daß man die fehlenden Inhaltsstoffe wie Vitamine, Enzyme sowie andere Vitalstoffe und die durch das Kochen ausgeschwemmten Mineralien und Spurenelemente etc. dadurch ersetzen kann, indem man außer den gegarten Speisen etwas Obst und Salat ißt oder indem man zur Nahrungsergänzung Tabletten einnimmt, welche die fehlenden Stoffe ersetzen sollen.

Dazu ist folgendes zu sagen. Wie die Wissenschaft festgestellt hat, gibt es in der natürlichen, unveränderten, rohen Nahrung von Obst, Gemüse, Nüssen und Samen eine Unmenge verschiedener Stoffe, die für das ordnungsgemäße Funktionieren der Verdauung, der Nährstoffaufnahme und -verwertung im Körper des Menschen nötig sind. Diese Stoffe sind in jedem Lebensmittel in genau der Dosierung enthalten, wie für die optimale Verwertung dieses Lebensmittels nötig. In anderen Worten: Jeder Pflanzenteil, der für die menschliche Ernährung geeignet ist, stellt eine Ganzheit dar, die man nicht ungestraft verändern kann. Nur wenn die Nahrung unverändert genossen wird, stellen sich auch alle Segnungen dieser Nahrung im Körper ein: nämlich optimales Wohlbefinden, Vitalität, Schaffensfreude etc. Kochen zerstört die meisten dieser vielhunderttausend Verbindungen sowie die Schwingungen der lebenden Zellen der Nahrung und verhindert damit auch, daß die darin enthaltenen Mineralien und Spurenelemente ordnungsgemäß verwendet werden können.

MOELLER machte mich freundlicherweise darauf aufmerksam, daß bei LEITZMANN in Gießen in einer noch unveröffentlichten Doktorarbeit der Nachweis erbracht wurde, daß die natürlichen Enzyme der gegessenen Lebensmittel im salzsauren Milieu des Magens praktisch vollständig zerstört werden – nur ein Prozent überlebt. Wenn man davon ausgeht, daß die Enzyme ihr Werk erst im Darm ausüben, dann würde diese Entdeckung bedeuten, daß es keine Rolle spielt, ob diese Stoffe sich überhaupt in der Nahrung befinden, wenn sie gegessen wird. Man könnte dann ungestraft Kochnahrung verzehren. Worauf beruhen dann aber die positiven Effekte der Rohkost, die von so vielen Autoren belegt wurde? Wie AIVANHOV (1988) herausgestellt hat, beginnt die Aufnahme von Nährstoffen durch den Körper schon im Mund, ja sogar schon beim Riechen an den Lebensmitteln oder Speisen. Es sind besonders die nur in kleinsten Mengen enthaltenen ätherischen Substanzen, vor allem Geschmacks- und Geruchsstoffe, die unmittelbar über die Nasen- und Mundschleimhäute in die Blutbahn gelangen und dann dem Menschen zur Verfügung stehen. Zu diesen Stoffen zählen bekanntlich auch die Enzyme (Fermente), aber auch Vitamine, Auxine und andere Vitalstoffe etc. Es ist möglich, daß dies auch zum Teil der Grund dafür ist, daß die Enzyme sich im Mageninhalt dann nicht mehr nachweisen lassen.

Weiterhin möchte ich eine Erkenntnis STEINERs (1989, S. 79f) aufgreifen, der festgestellt hat, daß der menschliche Organismus die Stoffe, aus denen sich die Lebensmittel zusammensetzen, in erster Linie als Anregung verwendet, aus kosmischer Energie seinen Körper aufzubauen. Der Mensch ist danach zum Großteil komprimiertes Sonnenlicht! Eine faszinierende Aussicht. Auf einmal wird verständlich, warum es immer wieder Menschen geben konnte und auch heute gibt, die nur von Wasser und Sonnenlicht lebten. Diese Menschen erhalten die Anregung über den Geruch aus der Luft. Diese geisteswissenschaftlichen Erkenntnisse stellen die einmalige Position des Menschen als Wesen aus Körper, Geist und Psyche klar heraus und zeigen einmal mehr, daß im Menschen Prozesse ablaufen, die rein naturwissenschaftlich nicht erklärt werden können. In dieses Konzept paßt die Vorstellung, daß in frischen, rohen Lebensmitteln überreich enthaltene Vitalstoffe – allen voran die hier diskutierten Enzyme – für den Menschen sehr wichtig sind, daß sie schon durch Mund- und Nasenschleimhaut aufgenommen werden und daß sie dann beim Verdauungsprozeß im Darm eine wesentliche Rolle spielen, auch wenn sie im Magen – soweit sie überhaupt bis dorthin gelangten – zerstört werden. Weiterhin wird die Bedeutung gründlichen Kauens dadurch betont.

Nach POPP (1976, S. 5) und POPP & STRAUß (1979, S. 104, zit. in KOERBER et al., 1987, S. 68f) weisen lebendige Zellen ultraschwache Lumineszenzen auf, d. h. eine Lichtstrahlung, die POPP als Biophotonen bezeichnet. Diese Strahlung geht beim Kochen sofort verloren, während sie im Verdauungstrakt noch längere Zeit weiter wirken könnte: Jedenfalls verlieren zum Beispiel die in der rohen Muttermilch vorhandenen Immunstoffe im Verdauungstrakt des Säuglings nicht ihre biologische Wirksamkeit. Diese geht jedoch beim Erhitzen verloren. Die Aminosäuren der Proteine werden denaturiert und damit für den Aufbau von lebenden, im menschlichen Körper hochspezialisierten Zellen ebenso unbrauchbar wie die nach Erhitzen schwingungslosen Mineralien. Ebenso werden die Fettsäuren durch Erhitzen und andere "moderne" Methoden der Lebensmittelbehandlung und -konservierung so verändert, daß sie nur noch als minderwertig bezeichnet werden können. Das Gleiche betrifft die Kohlenhydrate, die durch Erhitzen wie zum Beispiel beim Weizen, zu einem unverdaulichen Kleister reduziert werden, der aufgrund des Fehlens aller verdauungsfördernder Enzyme, Fermente und Vitamine nicht mehr ordnungsgemäß verdaut werden kann (vgl. dazu HAZARD, 1990, S. 31).

Es ist eine Mär, zu glauben, man könne das Fehlen der wertvollen Vitalstoffe in den Grundnahrungsmitteln wie Brot, Nudeln, Margarine, Wurst und Fleisch durch Beilagen von Salat und Nachtisch von etwas Obst oder gar durch Tabletten aus der Apotheke ersetzen. Was in Salat und Obst enthalten ist, ist nötig, um diese Nahrungsmittel zu verdauen. Die künstlich erzeugten oder extrahierten Stoffe in den Tabletten der Nahrungsergänzungen sind völlig ungeeignet, weil sie in den meisten Fällen vom Körper nicht ordnungsgemäß aufgenommen werden können, weil ihnen die nötigen Schwingungen fehlen und weil sie nur Stückwerk darstellen. Sie enthalten ja nur diejenigen (wenigen) Stoffe, die die Wissenschaft mehr zufällig bis heute entdeckt hat und produzieren kann, eine Handvoll Substanzen aus einer Gesamtmenge von vielen hunderttausend Substanzen. Sehen Sie, wie hier mit arroganter Selbstüberschätzung Geld verdient wird?

Alle Angaben, welche Wirkung dieses oder jenes Mineral oder Enzym oder Vitamin im menschlichen Körper habe und welche Schäden durch Mangel daran auftreten, können Sie im Grunde vergessen. Wie können Sie zu zuverlässigen Angaben kommen, wenn Sie eine Gleichung ausrechnen, die aus vielen hunderttausend Veränderlichen besteht, von denen nur eine Handvoll bekannt ist? Es ist verständlich, daß der Mensch die Natur zu ergründen sucht. Es ist ebenfalls verständlich, daß er über jede Entdeckung stolz ist. Er sollte sich aber nicht dazu verleiten lassen, aufgrund dieser wenigen, völlig ungenügenden Ergebnisse den Menschen zum Versuchskaninchen zu reduzieren, wie es die medizinische Forschung hemmungslos tut. An der Produktion von Medikamenten verdient es sich besser und leichter als an Obst und Gemüse. Unsere Bauern können ein Lied davon singen. Unterstützen Sie diese totale Mißkonzeption nicht mehr weiter! Die Natur hält alles für Sie bereit, das Sie zur optimalen Ernährung benötigen. Es ist fahrlässige Verschwendung, erst durch Kochen hunderttausende wesentliche Inhaltsstoffe zu zerstören und dann für teures Geld einige wenige dieser verlorenen Stoffe in unverwertbarer Form wieder hinzuzufügen. Zu entschuldigen ist dies nur, wenn man es nicht besser weiß.

Weiterhin belasten wir uns durch die durch den Kochvorgang denaturierten Mineralien und Spurenelemente. Diese Stoffe gelangen durch die Darmwände in den Blutstrom und werden nun an alle möglichen Stellen im Körper gebracht. Aber nirgends kann man sie recht brauchen. Es ist, als ob sie das Codewort vergessen haben, das es Ihnen ermöglicht, innerhalb des Körpers auch nutzbringend verwendet zu werden. Es bleibt dem Körper nichts anderes übrig, als diese Stoffe wieder auszuscheiden. Wenn dies infolge Überlastung der Ausscheidungsorgane nicht gelingt, werden diese Stoffe an allen möglichen Stellen im Körper im Gewebe, in Gelenken, in Arterien etc. abgelagert. Im Laufe der Zeit behindern diese Schlacken das ordnungsgemäße Funktionieren des Organismus, kurz: sie machen krank. Da die meisten Menschen zu viel essen, sind die Ausscheidungsorgane fast immer überlastet (vgl. Kap. 15).

2. Durch das Erhitzen der Lebensmittel sowie durch andere unsachgemäße Behandlung wie Einfrieren, Extrahieren, Bleichen, Konservieren etc. entstehen in den Speisen neue chemische Verbindungen oder die schon vorhandenen zum Teil sehr kompliziert gebauten organischen Verbindungen der zahlreichen Inhaltsstoffe werden geringfügig verändert. Daß dies geschieht, steht außer Zweifel: Sie wissen, daß gekochte Speisen anders schmecken als rohe. Es geht also nicht nur sehr Wesentliches verloren, es entstehen auch neue Substanzen. Anfang des Jahrhunderts hat zum Beispiel der Chemiker MAILLARD die nach ihm benannten Substanzen entdeckt, die beim Kochen durch Reaktionen zwischen Zucker und Proteinen entstehen. MAILLARD (zit. bei BURGER, 1988, S. 32ff) wollte sich von der Unschädlichkeit dieser Substanzen überzeugen und gab sie Ratten zu fressen, die daraufhin starben. Diese Untersuchungen wurden aber nicht weiter verfolgt, weil die Menge der entstehenden Substanzen riesig ist, weil das ganze Kapitel sehr rasch ins Uferlose auswächst und weil im Grunde niemand ein Interesse daran hatte, die Schädlichkeit eines allgemeinen Verhaltens nachzuweisen. Erst vor wenigen Jahren wurden diese Untersuchungen im Rahmen der Krebsforschung wieder aufgenommen.

Nach BURGER (1988, S. 32ff) ist das Problem der neu entstehenden, unnatürlichen Substanzen ebenso wichtig wie das der durch das Kochen verschwindenden. Bei einer Grillkartoffel hat man zum Beispiel 450 neue chemische Verbindungen nachweisen können. Nimmt man nun ein komplizierteres Gericht, etwa ein Käsegratin, so schätzt er die Anzahl der neu entstehenden Substanzen auf mehrere Zehntausend. Der amerikanische Kanzerologe AMES (zit. bei BURGER) hat nachgewiesen, daß man mit normaler Kochkost pro Tag eine Menge kanzerogener Substanzen zu sich nimmt, wie man sie sich beim Rauchen von zwei Päckchen Zigaretten zuführen würde. Bei gegrillter Nahrung kommt man auf eine bis zu zehn Päckchen entsprechende Menge. Alle diese Substanzen kommen in der Natur nicht vor, der Organismus kann mit ihnen nichts anfangen. Sie sind entweder nicht zu verdauen oder können nicht einmal mehr ausgeschieden werden. Sie irren sozusagen im Körper umher und passen nirgends dazu, weil sie, um in BURGERs Bild zu bleiben, nicht die Schlüssel besitzen, die in die individuellen Schlösser der verschiedenen, hochspezialisierten Zellen passen.

3. Wie ATERHOV (1967, S. 76ff) sehr plastisch ausführt, existieren in jedem Menschen, der seit vielen Jahres Gekochtes ißt, zwei verschiedene Arten von Zellen. Die von Natur aus vorhandene erste Art von Zellen sind diejenigen, die das Leben des Organismus tragen. Sie sind dafür verantwortlich, daß Knochen, Muskeln, Organe usw. ihre Aufgaben optimal erfüllen. Sie sind hochspezialisiert und werden ausschließlich durch die Nahrung aus lebenden Zellen ernährt. Produkte aus Kochnahrung weisen sie zurück, sie können mit ihnen nichts Produktives anfangen.

Die zweite Art von Zellen entstehen im wesentlichen durch die Kochnahrung und erhalten sich durch sie. Diese Zellen haben oberflächlich betrachtet eine gewisse Ähnlichkeit mit den normalen, gesunden Zellen, besitzen aber nicht die Fähigkeit, irgendwelche spezialisierten Aufgaben durchzuführen. Sie sind reine Speicherorgane und werden bei fast allen Menschen zu einer Belastung, weil sie sich sehr schnell über das natürlich benötigte Maß hinaus vermehren und aufblähen. Diese Zellen sind vor allem bei Untersuchungen über die Fettsucht bekannt geworden (vgl. z. B. B. & R. MORGAN, 1986, S. 119f).

Die Speicher-Zellen entstehen schon im Babyalter, wenn das Kleinkind von der Brustnahrung weggenommen und mit erhitzter Flaschennahrung gepäppelt wird. Wir kennen alle die Bilder von überernährten, pummeligen Babys. Sie erwerben bereits in diesem Alter sowie während der Kindheit und Jugendzeit die Fettzellen, die sie ein ganzes Leben nicht mehr loswerden. So ist der Grundstein zu Fettsucht und Krankheit gelegt. Wenn der Mensch einmal ausgewachsen ist, bildet er nur noch wenige neue Speicherzellen aus. Der weitere Gewichtszuwachs entsteht durch zunehmendes Aufblähen der Zellen. So entsteht zum Beispiel Apfelsinenhaut.

Im Organismus eines Menschen, der sich überwiegend von erhitzter Nahrung ernährt, nehmen die spezialisierten Zellen im Laufe der Jahre einen immer kleineren Raum ein. Selbst bei sehr schlanken Menschen besteht immer ein gewisser Teil aus Speicherzellen. Neben Fett speichern sie auch Eiweiß (vgl. WENDT,1989), Schlacken und Wasser. Daraus wird klar, wie viel unnützen Ballast der Mensch mit sich herumschleppt, wenn er sich falsch ernährt. Als Notration in schlechten Zeiten sind in diesen Zellen gespeichertes Fett und Eiweiß nicht recht geeignet, weil mit ihnen zu viele Gifte eingelagert sind.

Wenn es zu einer globalen Notsituation käme und alle Menschen für längere Zeit hungern oder sich mit minimalen Notrationen zufrieden geben müßten, dann würden zuerst die Fetten, Aufgeschwemmten, Verschlackten und Verschleimten sterben. Sie würden schlicht und ergreifend an ihrem eigenen giftigen Ballast, der dann aus den Zellen wieder massiv ins Blut gelangt und an der Angst, welche die daraus folgenden Entgiftungssymptome hervorruft, sterben. Es ist deshalb zweckmäßig, sich rechtzeitig freiwillig in einer Art und Weise zu entgiften, deren Tempo man selbst steuern kann. Schlanke, gesunde Menschen, die nur wenig Speicherzellen besitzen, können viel leichter und länger fasten.

Die Existenz von unnatürlich großen Mengen von aufgeblähten Speicherzellen neben den ursprünglich-natürlichen, hochspezialisierten Zellen erklären die Schwierigkeiten, die auftreten, wenn sich ein Mensch von der Kochnahrung zur Rohkost umstellen will. Beide Zelltypen verlangen nämlich Nahrung. Dabei sind die hochspezialisierten, aktiven und das Leben des gesamten Organismus erhaltenden Zellen noch relativ bescheiden. Wenn es nur lebendige Zellen sind, die ihnen zugeführt werden, so geben sie sich mit sehr wenig zufrieden. Wenige Stücke Obst, ein paar Nüsse und etwas Salat oder Gemüse reichen völlig aus – auch bei körperlicher Arbeit!

Dabei muß man bedenken, daß der Körper sehr sparsam mit dem in seinen Zellen verbauten Material umgeht. Recycling ist bei ihm oberstes Gebot. Stirbt eine Zelle ab, so wird das dabei freiwerdende Baumaterial beim Aufbau frischer Zellen weitestgehend wiederverwendet. Außerdem nimmt der Körper nach STEINER (zit. bei SCHMIDT, G., 1974, S. 97ff).) auch lebendige, kosmische Nahrung durch die Sinnesorgane und die Haut auf, die in der Luft enthalten ist (Sauerstoff, Stickstoff, Kohlenstoff u. a.) sowie solche, die aus dem Weltraum als sogenannter Sonnenwind auf unsere Erde trifft. Dieser Sonnenwind ist reich an Stickstoff, Kohlenstoff, Wasserstoff sowie zahlreichen Metallen wie Eisen, Nickel, Lithium, Beryllium und vielen anderen Elementen bzw. Verbindungen. Pro Sekunde erhält die Erde auf diesem Wege 1,6t Material. Positiv geht in diese Bilanz auch die Sonnenenergie selbst ein, auf der ja letztlich alles Leben basiert. Deshalb kommt der Mensch mit so wenig frischer Nahrung aus, kann so lange nur von Kochnahrung leben. Er nutzt dabei aber sein Potential bei weitem nicht aus. Er existiert auf Sparflamme. Die Ernährung durch Materie aus dem Sonnenwind zeigt, daß der Mensch tatsächlich anorganische Mineralien aufnehmen und verwerten kann. Bedenken Sie dabei aber, daß es sich um sehr geringe Mengen handelt. Mit den Unmengen an totgekochter und dadurch mineralisch-anorganisch gewordener Substanz aus der üblichen Nahrung und aus Getränken etc. wird er ganz eindeutig nicht fertig. Sie sind die wichtigste Ursache für seinen meist schlechten Gesundheitszustand.

Man fühlt sich jedoch noch nicht befriedigt, wenn man nur die spezialisierten Zellen zufriedenstellt. Die anderen Zellen wollen auch genährt werden. Es ist eine handfeste Sucht: die Speicherzellen räumen nicht so ohne weiteres das Feld. Sie verlangen nach Junkfood, nach Kochnahrung. Deshalb sind wir so unersättlich! So erklärt sich auch die Frage, warum der Körper nicht nur instinktiv nach der Nahrung verlangt, die für ihn optimal ist. Menschen, die von Kindheit an nur von Rohkost lebten, verabscheuen jede andere Kost. Für sie bedeutet Rohkost keine Einschränkung, kein Verzicht. Sie haben noch einen intakten Nahrungsinstinkt.

Es ist ein Kreuz, daß die Speicherzellen ein so zähes Leben aufweisen. Selbst wenn es gelungen ist, alle Gifte, Fette und Proteine, die in ihnen gespeichert waren, abzubauen und sie auf ein Normalmaß schrumpfen zu lassen, dann existieren sie immer noch weiter und lauern sozusagen nur auf den Moment, in dem der Mensch ihnen in Form von Gekochtem oder anderweitig denaturierten Speisen Nahrung zuführt. Dies erklärt den langfristigen Mißerfolg von Schlankheitsdiäten. Sie sind immer nur so lange wirksam, wie man sich unter Zwang daran hält. Kehrt man wieder zur Normalkost zurück, füllen sich die Zellspeicher wieder.

Ißt der Mensch aber nur Gekochtes, so wird bis zur Völle immer ein Wunsch nach mehr verbleiben, weil sich die spezialisierten Zellen unbefriedigt, ja betrogen fühlen. Und sie sind dafür verantwortlich, daß der ganze Organismus überhaupt funktioniert!

Die durch das Kochen, Braten, Grillen, Backen usw. entstandenen Substanzen sowie die zahlreichen Gewürze und die irritierenden und erregenden Stoffe aus Weizenprodukten und tierischen Lebensmitteln versetzen den Körper in einen ständigen nervösen Erregungszustand. Außerdem verführt gewürzte Kochnahrung praktisch immer dazu, zu viel zu essen. Das wiederum belastet den Körper noch mehr. Er muß ständig auf Hochtouren arbeiten, um all die gefährlichen Substanzen wieder los zu werden, und er muß ständig überflüssige Parasitenzellen und tote Substanzen mit sich herumschleppen, was mehr als die Hälfte seines Körpergewichtes ausmachen kann. Kein Wunder, daß solche Menschen – und das betrifft fast alle von uns – nicht voll leistungsfähig sind und krank werden. Wenn der Körper tagein tagaus viel schneller läuft als natürlich vorgesehen, dann nutzt er sich auch schneller ab, und die Lebenserwartung sinkt drastisch.

So lange wie die gesunden, hochspezialisierten, arbeitsfähigen Zellen im Körper noch die Oberhand besitzen, so lange ist das Wachstum der Speicherzellen, die sich aus Kochkost rekrutieren, noch geregelt. Wenn die denaturierte Ernährung aber andauert und das Defizit an lebendigen Bausteinen immer größer wird, dann ist die Disposition zu ungeregeltem Wachstum gegeben. Es genügt dann ein Auslöser in Form eines hochakutdramatischen, den Menschen isolierenden, extremen Konflikterlebnisses im Sinne HAMERs (1989, S. 47), und es kommt zu Tumoren, zu Krebs.

Eine andere Möglichkeit ist diejenige, daß schließlich im Gefolge von zu wenig gesunden, hochspezialisierten Zellen und der Abwesenheit von Vitalstoffen das Immunsystem des Menschen zusammenbricht. Dies ist der Fall bei AIDS, das sich nach neuesten Untersuchungen (vgl. die Artikel in Raum & Zeit von 1989) als nicht von außen durch einen Virus, sondern als von innen (endogen) selbst verursacht herausstellt. Eine falsche Lebensweise mit Dogenmißbrauch, harten Medikamenten, Junkfood etc. spielt dabei die Hauptrolle.

Wenn man also gesund werden will, so ist es nötig, die Speicherzellen auszuhungern. Je mehr Speicherzellen man hat und je aufgeblähter sie sind, um so schwieriger ist dieses Unterfangen. Sie verschwinden nicht auf Kommando. Jedes bißchen an Koch- oder anderweitig denaturierter Nahrung hält sie am Leben und unterstützt ihr Wachstum. Wer sie also loswerden will, muß ständig auf der Hut sein. Deshalb ist es so schwer, Fettpolster abzuhungern. Es gelingt auf die Dauer nur, wenn man diesen unnützen Zellen den Ernährungshahn völlig abdreht. Dies ist offenbar einzig und allein durch totale Umstellung auf Rohkost möglich. Diese Art von Ernährung begünstigt die Spezialisierung und Aktivierung der Zellen und gibt den Speicherzellen keine Chance. Dabei müssen natürlich individuelle, konstitutionelle Unterschiede beachtet werden. Nicht jeder ist gertenschlank geplant, wir sind nicht nur von Adonissen umgeben.

Wenn Ihnen jemand rät, es sei nicht gut, so viel abzunehmen, dann sagen Sie dieser Person ruhig, daß es für Sie keinen Sinn macht, degenerierte, parasitäre, nutzlose Zellen zu nähren, nur um ein paar Rundungen aufrecht zu erhalten, die auch nur so lange ästhetisch erscheinen, so lange man ihre wahre Ursache nicht kennt. Erfahrungsgemäß werden Sie durch Vermehrung der echten, hochspezialisierten Zellen vor allem in den Muskeln, besonders durch entsprechendes Training, im Laufe der Zeit wieder an Gewicht und Rundungen zunehmen.

In dem Maße, in dem Sie ihre Speicherzellen loswerden, werden sich Ihnen die Augen öffnen: Ein Blick wird genügen, und sie können den Anteil dieser Zellen an Ihrem Gegenüber abschätzen. Ein Blick genügt, und sie wissen, ob jemand verschlackt oder rein und leicht ist. Während Sie durch Aushungern der unerwünschten Zellen an Gewicht verlieren, werden Sie bis auf ein natürlich optimales Maß durch Wachstum der spezialisierten Zellen, vor allem in den Muskeln, zunehmen. Dieses Wachstum können Sie durch Muskeltraining sehr wirkungsvoll unterstützen. Hinter der Frage, warum wir so unersättlich sind, steckt also ein ausgemachtes Suchtproblem. Die Körperphysiologie bringt uns regelrecht in Zugzwang.

Wenn Sie bis hierher gelesen haben, wird Ihnen klar sein, daß gegarte Nahrung die Hauptursache für unsere Krankheiten darstellt. WANDMAKER hat das in seinem Buch: "Willst Du gesund sein? Vergiß den Kochtopf!" besonders anschaulich dargestellt. Warum aber sagt man dann, daß dieses oder jenes Nahrungsmittel, zum Beispiel Gemüse oder Obst, gegart leichter verdaulich sei als roh? Um diese Frage beantworten zu können, müssen wir eine Gegenfrage stellen: Für wen? Für einen Menschen, der seit Jahrzehnten Kochnahrung ißt und der einen Verdauungsapparat aufweist, der sich nur noch mit Mühe über die Runden bringt, wird ein gekochter Blumenkohl oder Kompott nichts Außergewöhnliches darstellen und dementsprechend, ohne Aufsehen zu erregen, verarbeitet werden.

Frisches Obst und Gemüse aber wird den Organismus eines an Kochspeisen gewöhnten Menschen plötzlich vor völlig neue Aufgaben stellen. Zunächst muß schon einmal mehr gekaut werden – was in der Regel bereits Probleme hervorruft, weshalb es meist nicht geschieht. Zweitens wird der Speichelfluß möglicherweise nicht genügend sein. Viele Menschen haben Kauen und Einspeicheln regelrecht verlernt, weil Gekochtes mit Sauce so leicht und schnell runterrutscht. Drittens wird das wenige an Rohkost in der Regel mit der Kochkost vermischt. Die Verdauung läuft aber unterschiedlich – wodurch Stockungen auftreten können. KOLLATH hat nachgewiesen, daß eine Mischkost aus Koch- und Rohkost schwerer zu verdauen ist als reine Rohkost. Der gesunde Organismus besitzt im Darm verschiedene Bakterien, die zur Verdauung von Rohkost nötig sind, durch Kochkost aber zurückgedrängt werden. Deshalb wird ein Kochkost-Süchtiger mit Rohkost Probleme erhalten. Ein durch und durch gesunder Mensch wird jedoch Rohkost leichter verdauen, weil die Rohkost schon von Natur aus all die Enzyme, Fermente und Vitamine mitbringt, die zur Verdauung nötig sind.

Gelegentlich findet man in der Literatur Spekulationen, daß der Mensch Rohkost überhaupt nicht richtig verdauen könne (so z. B. bei FISCH, 1983, S. 55), weil er Zellulose, also die Zellmembranen nicht aufzulösen vermöge. Die Praxis zeigt eindeutig, daß dies nicht zutrifft. 50% der Zellulose kann im Darm mit Hilfe von Bakterien abgebaut werden (BURGER, 1988, S. 269). Dies reicht völlig aus, um den Zellinhalt verwerten zu können und die Zellulose in Glukose umzuwandeln. Wir müssen jedoch davon ausgehen, daß die Fähigkeit, Rohkost ordnungsgemäß zu verdauen bei den Menschen sehr verschieden ist. Viele Menschen haben die Fähigkeit durch lange Generationen von Vorfahren und eigenes jahrzehntelanges überwiegendes Fleischessen derart eingebüßt, daß sie mit Rohkost starke Blähungen erhalten. STEINER hat auf diesen Sachverhalt an vielen Stellen hingewiesen. Jedermann muß deshalb selbst herausfinden, was er seiner Verdauung zutrauen darf.

Die Sache mit der Kochkost ist eines der heikelsten Kapitel der menschlichen Ernährung. Die Erfahrung zeigt einerseits eindeutig, daß sie das Hauptübel darstellt. Andererseits ist sie nur sehr schwer aufzugeben, weil wir seit unserer Babyzeit danach regelrecht süchtig gemacht wurden. Gleichzeitig damit wird die Kochkost auch heute noch von fast allen Menschen als das Normale, Natürliche angesehen. Außerdem treten bei der Umstellung auf Rohkost Verdauungs- und Entgiftungsprobleme auf, und es gibt Menschen, die bereits so stark geschädigt sind, daß eine völlige Umstellung auf Rohkost nicht mehr befriedigend gelingt. Je eher Sie damit anfangen, um so besser ist es. Wenn sich durch eine gesunde Ernährung auch vieles reparieren läßt, alle Schäden lassen sich nicht immer beseitigen. In manchen Fällen ist bei der Entschlackung mit Wasser und Obst auch vorübergehend gedünstetes Gemüse von Vorteil, um die Entschlackung und damit die unangenehmen Entgiftungssymptome nicht zu heftig werden zu lassen. Finden Sie Ihren persönlichen Weg intuitiv selbst heraus!

Wie bei allen anderen Aspekten Ihrer Ernährung müssen Sie auch hier von Tag zu Tag neu selbst entscheiden, was Sie sich zumuten können. Dabei sind physische und psychische Phänomene gleichermaßen wichtig, beachtet zu werden. Das Essen tritt nach psychoanalytischer Erfahrung eine der "seelischen Nachfolgen" der ursprünglichen Mutter an (MOELLER, 1989). Durch sie erhalten wir Wärme und Geborgenheit, Liebe und Befriedigung. Liebe geht durch den Magen - dieses Sprichwort deutet in die gleiche Richtung. Es hat also keinen Zweck, radikaler zu sein, als man guten Gewissens verkraften kann. Ich weiß, daß die Forschungsergebnisse dafür sprechen, daß für viele Menschen eine Umstellung von heute auf morgen am besten funktionieren würde. Das scheint allerdings nur in der Theorie so zu sein. Der psychische Faktor überwiegt offensichtlich.

26
Spirituelle Aspekte der Ernährung

Ist es Ihnen nicht auch schon so ergangen? Sie lesen ein tiefgehendes esoterisches Buch. Sie nehmen an einer Psychotherapie-Gruppe teil, Sie treffen einen spirituellen Meister. Sie sind im Innersten berührt und ergriffen und bereit zu handeln. Die Begeisterung schlägt hohe Wellen, Sie sind entschlossen, Schritte zu unternehmen, die neuen Erfahrungen in die Tat umzusetzen. Endlich wollen Sie etwas für Ihr spirituelles Wachstum tun, jetzt wollen auch Sie offen sein für eine Erweiterung Ihres Bewußtseins. Hoch fliegen Ihre Gedanken und Erwartungen, und im ersten Überschwang und nach Anfangserfolgen und -erlebnissen halten Sie sich womöglich schon für besonders weit und wollen andere begeistern und mitreißen.

Das ist völlig in Ordnung, ganz normal. Im Grunde fühlt man sich in dieser Phase noch unsicher, und da gibt es scheinbar Sicherheit, wenn man andere motivieren, mitreißen kann. Natürlich sind Sie ein besonderer Mensch - so wie jeder ein ganz spezielles, einmaliges Individuum darstellt. Jetzt aber gilt es, wieder Boden unter den Füßen zu gewinnen. Zunächst liegt harte Arbeit vor Ihnen. Aber verstehen Sie mich bitte nicht falsch: Sie bekommen alles geschenkt. Trotzdem müssen Sie sich anstrengen. Sie müssen bereit, offen, durchlässig, rein werden. Wie man das macht? Kann dies die Ernährung unterstützen? Na klar! Wir werden sehen wie.

Während Ihrer geistigen Entwicklung werden Sie verschiedene Phasen durchlaufen, in denen unterschiedliche Ansprüche an Sie gestellt werden. Sie können sich optimal verhalten: Sie können durch Ihre Ernährung geistige Prozesse in Ihrem Körper unterstützen. Man hat allein durch Umstellung auf Rohkost in Deutschland und England in jüngster Zeit Menschen mit schweren psychischen Krankheiten erfolgreich geheilt. Umso mehr wird Ihnen eine optimale Ernährung helfen, Sie vom "normal gesunden" Durchschnitt, in dem Sie sich jetzt befinden und mit dem Sie unzufrieden sind, in einen Zustand zu versetzen. von dem Sie bisher nur träumen können.

Als erstes ist eine gründliche Phase der Erdung, des "Grounding" nötig. Wenn Sie schon zu Anfang ihres Wachstums vor lauter Euphorie mit

Ihrer Phantasie davon fliegen, wenn Sie von sich und der Realität abheben, dann kommen Sie nirgendwo hin, Sie machen bestenfalls eine harte Bauchlandung. Verwurzelt sein im Erdboden, beide Füße fest auf der Erde, eine ganz normale, verantwortliche Tätigkeit hier auf dem "Marktplatz" helfen Ihnen ebenso wie eine Familie mit Kindern oder Verantwortung in der Gesellschaft. Rückzug in die Einsamkeit ist auf Dauer nicht mehr generell angesagt.

In dieser Phase ist eine Ernährung wichtig und richtig, die diesen Erdungsprozeß unterstützt. Freilich: wegkommen von der sogenannten gutbürgerlichen Küche mit seinen Industrie- und Fertigprodukten, mit den leeren Kohlehydraten Zucker und Weißmehl und dem Überkonsum von anderen minderwertigen Produkten wie Fleisch und Fett sollten Sie mit der Zeit schon. Wie soll ein Erwachen stattfinden, wenn Sie sich ständig durch ein Übermaß dieser minderwertigen Nahrung vergiften, wenn Sie sich ständig durch Alkohol, Koffein, Teein, Nikotin etc. betäuben? Ihr Körper füllt sich mit Schlacken, Sie werden unbeweglich, energiearm und krank und sind zu geistigen Höchstleistungen absolut nicht fähig. Diese Gifte schneiden Sie von Ihrer Sensitivität ab. STEINER (1989b, S.30f) schreibt ganz klar, daß spirituelles Wachstum und Alkohol nicht miteinander vereinbar sind. Sie wissen das.

Der erste Schritt besteht darin, daß Sie Verantwortung für sich selbst übernehmen und sich klar werden, daß Ihre Gesundheit und das Ausmaß Ihres geistigen Wachstums in erster Linie von Ihnen selbst abhängen. Es bleibt Ihnen gar nichts übrig: Sie müssen sich umstellen. Es gilt, eine Ernährung zu finden, die Sie zwar weiterhin erdet, wie es die konventionelle Ernährung auch tut, die Sie aber weniger verschlackt, verschleimt, vergiftet und deshalb krank macht. Die Richtung stimmt, wenn Sie sich ins Lager der Vollwert-Ernährung bewegen. Essen Sie naturnah, meiden Sie Fleisch und Fleischprodukte (vor allem Wurst und Schweinefleisch) und erhöhen Sie den Anteil an rohen Lebensmitteln auf Ihrem Speisezettel! Halten Sie sich zurück bei Getreide- und Getreideprodukten sowie Milch und Milchprodukten. Vermeiden Sie aber auf jeden Fall jeden Zwang. Experimentieren Sie und finden Sie ehrlich heraus, was Sie am wenigsten belastet. Essen Sie, womit Sie sich am besten fühlen. Gehen Sie verständnis- und liebevoll mit sich selbst um.

Die Zeiten, in denen man durch Askese ans spirituelle Ziel zu gelangen glaubte, sind meines Erachtes vorbei. Der Weg zu höherer Bewußtheit geht sich leichter und effektiver, wenn er mit Freude im Herzen gegangen wird. Genießen Sie mit innerer Wachsamkeit das, was der Himmel uns schenkt. So erwachsen Dankbarkeit und Vertrauen, die Grundsteine für jedes seelische Wachstum. Viele von uns sind in den letzten Jahren durch eine solche Phase des Groundings gegangen. Wir haben experimentiert und sind realistischer geworden nach der Euphorie der Blumenkinder der sechziger und siebziger Jahre. Die Flamme brennt aber immer noch im Herzen. Sie ist stärker denn je – und die Zeit ist gekommen, daß daraus ein Feuer wird, das noch vor der Jahrtausendwende viele erfaßt.

Die große Katastrophe des dritten Weltkrieges scheint gebannt. Der Sommer 1987 mit seinen drohenden Katastrophen-Aussichten ist überstanden, die Wende eingeleitet. Jetzt ist die Zeit gekommen, leicht zu werden! Allmählich müssen wir uns auf eine neue Art des Fliegens einstellen! Darf ich Ihnen ein Beispiel nennen? Kennen Sie einen bekannten und ungemein beliebten Politiker, der mit beiden Beinen äußerst solide auf dem Boden steht, der als gewiefter Realpolitiker seinen Mann erfolgreich steht, der aber zugleich eine Vision hat, die Millionen mitreißt? Einen Menschen, der seine Kraft aus seinen Wurzeln in der Erde zieht und zugleich das Licht des Vertrauens auch in die finstersten Politikerherzen zu tragen imstande ist? Sie wissen es bereits: ich spreche von GORBATSCHOW. Wurzeln und Flügel – beides ist nötig.

Jetzt ist die Zeit da, Flügel zu entwickeln, sich leicht und rein zu machen. Wir müssen Schritt für Schritt durchlässig werden für mehr und mehr und für immer feinere Energien. Alte Verhaltensmuster, Konditionierungen, Angewohnheiten müssen immer wieder überprüft und gegebenenfalls abgelegt werden. Verantwortungsvolles Verhalten aus dem Moment heraus, der Situation gemäß und nicht Normen und Gesetzen folgend ist angesagt. Unser physischer Körper muß gereinigt werden und im täglichen Leben so versorgt werden, daß er nicht unnütz für Verdauung Energie verbrät, mit der wir unseren Geist und unsere Freude entfalten könnten.

Was bedeutet das? Wir sollten Ernährung nicht mehr nur in erster Linie sehen als einen Vorgang, der uns gewisse Nährstoffe liefert. Wir müssen uns klar werden, daß wir Lebewesen mit einem Geist-Körper sind.

1. Wir leben!! Um Leben zu leben ist lebendige Nahrung angesagt. Totgekochte Nährmittel reichen nicht mehr aus! Sie belasten.

2. Es geht nicht nur um die Zufuhr von gewissen chemischen Verbindungen, die der Körper für den Stoffwechsel benötigt. Wir müssen vor allem darauf achten, daß der Körper auch alle Stoffe, die beim Stoffwechsel übrig bleiben, auch wieder vollständig ausscheiden kann. Innerer Hausputz, innere Reinheit sind angesagt!

3. Geist und Körper, psychisches und physisches bilden eine untrennbare Einheit, auch der Geist – unsere anderen Körper, der Ätherkörper, der Astralkörper etc. wollen adäquat genährt sein. Die Reinheit des

physischen Körpers – innerlich und äußerlich – überträgt sich auf die übrigen Körper. Sie gewinnen durch seine Klarheit, Durchlässigkeit, Vitalität.

Der langen Rede kurzer Sinn: Fangen Sie an, zu experimentieren: Finden Sie heraus, welche Nahrung Sie optimal mit Nährstoffen versorgt, Ihren Energiehaushalt maximiert und Ihnen deshalb die bestmögliche Fitneß verschafft und die Sie zugleich gründlich von innen heraus reinigt und dann weiterhin frei von Schlacken, Schleim und Giften hält. Informationen dazu finden Sie in den vorhergehenden Kapiteln.

Als zweiten Schritt gehen Sie also allmählich über die Regeln der Vollwertkost hinaus und bevorzugen vor allem Lebensmittel, die sehr leicht verdaulich sind, die sofort Energie spenden und die zugleich unseren Körper optimal reinigen und mit allem Nötigen versorgen – sogar mit Protein! Das sind reife Früchte. Man muß sie nur roh auf nüchternen Magen essen und mit nichts anderem kombinieren! Mit ihnen führen Sie sich ein Optimum an Sonnenenergie zu. Die Gesellschaft für natürliche Lebenskunde e. V. in Worpswede bezeichnet eine solche Ernährung mit Schwerpunkt Obst deshalb als Sonnenkost. Sie ist die Ernährung für den Neuen Menschen des Wassermann-Zeitalters. Schon Jesus hat seinen Jüngern für Zeiten der Reinigung genau eine solche Kost angeraten.

Essen Sie möglichst viel Frisches! Wenn Sie sich leicht und leistungsfähig, fit und vital fühlen wollen, führen Sie Ihrem Körper am besten nur das zu, was er optimal verdauen und entsorgen kann, nichts Überflüssiges! Aber keine Angst: Gourmet Genüsse gehen Ihnen dabei nicht verloren. Sie werden sensitiver für alles – auch fürs Essen. Wissen Sie überhaupt noch, wie gut Obst, Gemüse-Rohkost, Salat und Nüsse schmecken können? Ahnen Sie, welch raffinierte Gaumenfreuden Sie sich damit bereiten können? Niemand verlangt von Ihnen, Sie sollten über Nacht ein neuer Mensch werden. Wenn Sie jedoch Schritt für Schritt anfangen, werden Sie staunend feststellen, daß der Neue Mensch bereits Gestalt annimmt. Durch die zunehmende Sensitivität werden Sie ganz neuen Genüssen gegenüber aufgeschlossen. Je reiner und natürlicher die Nahrung, um so besser wird Sie Ihnen munden. Dies alles sollte aber quasi wie von selbst kommen. Zwang ist nicht geeignet, Sie bewußter zu machen. Sie müssen nur anfangen.

Gehören Sie zu den Menschen, die ihre Nahrung rein mechanisch, völlig unbewußt in sich hineinschaufeln, die schlucken, ohne lang genug zu kauen und einzuspeicheln? Wälzen Sie in Ihrem Kopf die wildesten Gedanken und hegen Sie in Ihrem Herzen die chaotischsten Gefühle oder streiten Sie sich womöglich, während Sie versuchen, sich zu nähren? Sie stören auf diese Weise die Funktion Ihres Organismus: Nichts läuft wie es soll, weder die Verdauung, noch die Sekretion, noch die Ausscheidung der Schadstoffe. Vor allem: Essen Sie nicht unter Streß: Sie können die Nahrung nicht richtig verdauen. Wenn Sie aufgeregt, gehetzt etc. sind, ist es besser, nichts zu essen.

Am besten wäre es, wenn Sie schweigend essen würden. Bevor Sie anfangen zu essen, sollten Sie im stillen Kontakt zur Nahrung aufnehmen: Sprechen Sie in Gedanken zu der Frucht, die Sie in Händen halten, oder halten Sie Ihre Hände quasi segnend über den Teller. Dann ändern sich die Schwingungen der Nahrung, und sie wird Ihnen gegenüber viel offener sein, und wenn Sie sie essen, wird sie für Sie arbeiten. Bevor Sie anfangen zu essen, sollten Sie auch selbst möglichst ruhig geworden sein. Es kann dabei helfen, wenn Sie für ein paar Minuten Ihre Handflächen auf Solarplexus und Magen legen, die Augen schließen und ihre Aufmerksamkeit auf diese Stellen richten. Dies bewirkt eine gewisse Reinigung und Vorbereitung.

Besonderes Augenmerk sollten Sie auf den ersten Bissen legen: Sie sollten ihn so lange kauen, bis er sich im Mund auflöst und er hinuntergleitet, ohne daß Sie ihn schlucken müssen. Der erste Bissen setzt alle möglichen Mechanismen in Gang. Vom Mund wird den Verdauungsorganen, ja dem gesamten Körper gemeldet, was auf sie zukommt. Schon nach Sekunden richtet sich der Körper darauf ein und sondert entsprechende Säfte ab etc.

Der Mund hat die gleiche Funktion wie der Magen, jedoch auf einer subtileren Ebene; er nimmt die ätherischen Teilchen der Nahrung, die feinsten und stärksten Energien auf. Die groben Stoffe werden an den Magen weitergeleitet. Diese feinen, ätherischen Stoffe (Düfte, Aromen etc.) nähren die feinstofflichen Körper des Menschen: den Ätherleib oder Vitalkörper, den Astralleib, den Sitz der Gefühle und Empfindungen, den Mentalleib, den Sitz des Intellekts sowie seinen Kausal-, Buddha- und Atmanleib. Um den Ätherleib optimal zu nähren, ist es wichtig, beim Essen ab und zu inne zu halten und tief durchzuatmen. Dadurch wird die "Verbrennung" der Nahrung unterstützt und der Ätherleib kann die feinen Teilchen entnehmen, die er benötigt.

Wenn Sie Ihre Speisen mit Liebe selbst zubereiten und ihnen Freude und Vertrauen entgegenbringen, dann bereiten Sie Ihren Astralleib vor, der Nahrung noch wertvollere Teilchen als die ätherischen zu entnehmen. Nur wenn Sie offen für diese subtilen Energien sind, können diese Sie erreichen. Es kann also gar nichts schaden, beim Essen und richtigen Genießen die Augen zu schließen – wie die Katzen das machen. Nichts sollte Sie ablenken. Je mehr Sie wirklich da sind beim Essen, um so mehr Nutzen und Genuß werden Sie aus immer weniger Nahrung ziehen. Dies ist der schwierigste Teil der richtigen Ernährung. Hier werden Essen und Meditation eins: Das Yoga der Ernährung (OMRAAM

MIKHAEL AIVANHOV, 1988).

Auch die übrigen drei Körper des Menschen benötigen Nahrung. Sie nähren Sie durch die Dankbarkeit, die Sie dem Schöpfer, dem Ganzen, der Existenz entgegen bringen. Langsam, langsam werden Sie sich dessen bewußt, daß Sie außer Essen noch viel höhere Bedürfnisse haben, daß Sie Freuden höherer Natur empfinden können. Dann bieten sich Ihnen ganz andere Möglichkeiten, und Sie werden es nicht mehr als Verlust empfinden, daß Sie nicht mehr in der gewohnten Weise alles schlemmen und sich mit allem belasten, was auf dem Markt ist. Nach dem Essen sind einige tiefe Atemzüge besonders wertvoll.

Wer weniger ißt, lebt länger. Diese alte Regel hat nichts an Gültigkeit eingebüßt. Wer vegetarisch lebt, lebt länger. Auch das wird immer wieder von den Medizinern bestätigt. Der ganze Organismus läuft auf niedrigeren Touren. Wenn Sie den Tisch mit einem leichten Appetit verlassen, wenn Sie sich den letzten Bissen, den Sie noch gerne gegessen hätten, versagen, wird der Ätherleib angeregt, in höheren Sphären Elemente zu suchen, die dann die noch vorhandene Leere füllen. Einige Minuten später haben Sie dann nicht nur keinen Hunger mehr, sondern fühlen sich leichter, lebendiger und fähiger, an die Arbeit zu gehen, da jene Elemente, die der Ätherleib im Raum aufgenommen hat, eine höhere Qualität besitzen. Wenn Sie Ihren Organismus nicht durch zu viele, durch falsch kombinierte und minderwertige Nahrungsmittel belasten, brauchen Sie den bekannten Verdauungsschlaf nicht mehr. Sie sind nach dem Essen wach und leistungsfähig.

Nehmen Sie Ihre Mahlzeiten als Ausgangspunkt für spirituelles Wachstum. Da sie täglich ohnehin mehrfach stattfinden, sind sie eine gute Chance, sie in eine Meditation zu verwandeln, sie als einen Akt möglichst hoher Aufmerksamkeit, Konzentration und Selbstbeherrschung zu sehen. Der ganze Komplex: Auswahl der Speisen, Vorbereitung der Mahlzeit, das Essen selbst und die Beobachtung der körperlichen und anderen Folgen der Nahrung eigenen sich besonders gut dazu, meditativ zu sein. Dabei kann man die Nahrung viel besser genießen, und man kommt mit weniger Nahrung aus. Der Körper braucht dann nichts Überflüssiges zu verdauen und hat somit mehr Energie für die täglichen Aktivitäten übrig. Bewußtes Essen und ganz allgemein bewußtes Leben bedingen sich somit gegenseitig.

"Eine Mahlzeit ist eine magische Handlung, durch die sich die Nahrung in Gesundheit, Kraft, Liebe und Licht verwandeln soll. Beobachtet euch selbst: wenn ihr beim Essen aufgeregt, wütend oder empört wart, machen euch den ganzen Tag Verstimmung, Nervosität und Voreingenommenheit zu schaffen. Wenn ihr schwierige Probleme zu lösen habt, neigt sich die Waagschale immer zur negativen Seite." (AIVANHOV, 1988,

S. 27).

Nach AIVANHOV wird die Ernährung in Zukunft als einer der besten existierenden Yoga gelten, obwohl er noch niemals irgendwo erwähnt wurde. Alle anderen Yogas sind wunderbar, aber man braucht Jahre, um ein kleines Resultat zu erzielen, während sich mit dem Yoga der Ernährung, dem Hrani-Yoga, die Ergebnisse schnell einstellen. Die ganze Alchimie und Magie sind in diesem Yoga enthalten.

"Die Nahrung ist ein Liebesbrief, den uns der Schöpfer schreibt und den wir entziffern müssen". AIVANHOVs Ansicht nach ist er die mächtigste und vielsagendste Botschaft, die es gibt, denn sie sagt: "Man liebt euch... man schenkt euch Kraft und Leben... Mein Sohn, ich will, daß du vollkommen wirst, daß du genauso schmackhaft wirst wie diese Frucht! Bis jetzt bist du herb, sauer und zäh, noch nicht reif genug, um verspeist zu werden. Also mußt du lernen, reif zu werden...". Während wir essen, spricht die Nahrung zu uns - wenn man nicht dabei ist, kann man diese Stimme nicht hören! Das Entscheidende geht dann verloren! Wie kann man sich geliebt fühlen, wenn man den Nahrungsgeschenken keine Aufmerksamkeit und Liebe schenkt? (S. 42).

Trotz der Betonung, daß es vor allem darauf ankommt, wie man ißt, gibt der bulgarische Meister einige Hinweise zur der Frage der Auswahl der Nahrung. Er sagt: "Erst wenn ihr große spirituelle Arbeit geleistet habt, wenn ihr fähig seid, die Gifte zu neutralisieren und die Unreinheiten in Licht zu verwandeln, seid ihr frei, all das aufzunehmen, was ihr wollt" (S. 49). Er wendet sich sehr entschieden gegen das Fleischessen, auch wenn er darauf hinweist, daß das allein noch gar nichts bringt - der psychische Aspekt muß immer im Vordergrund stehen.

Er weist eindringlich daraufhin, wie entscheidend die Nahrung den Menschen beeinflußt, wie viel eher Fleisch essende Menschen brutal und zerstörerisch sind. "Der Unterschied zwischen einer aus Fleisch und einer aus Pflanzen bestehenden Nahrung liegt in der Menge der Sonnenstrahlen, die sie enthält." Obst und Gemüse sind kondensiertes Sonnenlicht. "Wenn man Früchte oder Gemüse ißt, nimmt man in direkter Weise Sonnenlicht auf, das sehr wenig Abfallstoffe hinterläßt. Fleisch hingegen ist arm an Sonnenlicht und verdirbt deshalb schnell; und alles, was schnell fault, ist schädlich für die Gesundheit" (S. 61). Die Natürliche Lebenskunde bezeichnet ihre Obst-, Gemüse-, Nuß- und Samenkost deshalb als Sonnenkost. Diese wird von spirituellen Meistern immer wieder empfohlen.

Außerdem sagt AIVANHOV, daß alles, was man zu sich nimmt, eine Art innere Antenne darstellt, die bestimmte Wellen aufnimmt. Fleisch verbindet mit der Astralebene. "Durch eine Fleischnahrung verbinden wir uns täglich mit der Angst, Grausamkeit und der Sinnlichkeit der Tiere" (S. 62f). Er erwähnt, daß den Tieren ihre Entwicklungsmöglichkeiten genommen werden, wenn man sie tötet, denn auch sie können sich nur in Form ihrer Inkarnationen weiterentwickeln. Fischen gesteht er dabei eine Ausnahmesituation zu. Sehr deutlich wird er, wenn er die Zusammenhänge zwischen Schlachten von Tieren und Kriegen darlegt. "Es wird so lange Kriege geben, wie wir Tiere töten, denn indem wir sie töten, zerstören wir uns selbst" (S. 66).

Auch zum Thema der Unersättlichkeit nimmt AIVANHOV Stellung: "Wenn ihr zu viel eßt, entsteht eine Übersättigung, und der überforderte Ätherleib ist seiner Aufgabe nicht mehr gewachsen; dann stürzen gewisse niedere Wesenheiten der Astralebene herbei, die diese Fülle der Nahrung sehen, um an dem Festmahl, das ihr unbewußt gebt, teilzunehmen. Deshalb fühlt ihr nach kurzer Zeit wieder eine Leere und wollt wieder etwas essen, um sie zu füllen.... Und auch die unerwünschten Wesenheiten kommen wieder zurück. So werdet ihr ein wundervoller Köder für die Diebe und ausgehungerten Wesen der Astralebene, die sich auf eure Kosten laben und ernähren" (S. 70).

AIVANHOV (S. 83) streicht die segensreiche Wirkung gelegentlicher Fastenkuren zur Reinigung des physischen Körpers heraus, betont aber auch die Wirkung auf die anderen Körper. "Beim Fasten fühlt sich der physische Körper vernachlässigt, aber der Ätherleib behebt den Mangel an Nahrung durch andere, reinere und feinstofflichere Elemente. Er hat die Aufgabe, über den physischen Körper zu wachen und dessen Energiereserven wieder zu erneuern. Das Fasten stimuliert ihn, und er macht sich an die Arbeit, wodurch die Aktivität auf einen anderen Bereich verlegt wird und der physische Körper sich während dieser Zeit erholen kann." Er nennt deshalb das Fasten eine andere Art der Ernährung. Außer dem Ätherleib beginnen auch der Astral- und Mentalleib beim Fasten besonders zu arbeiten und verstärkt zur Ernährung des Menschen beizutragen, ein Abglanz der Zeiten, als sich die menschliche Seele direkt von Licht ernährte.

Zu allen Zeiten hatten spirituelle Gruppen, Mystikschulen, religiöse Orden und andere Gruppierungen, die sich mit dem Wachstum des Bewußtseins ihrer Mitglieder beschäftigten, neben den geistigen Regeln auch Vorschriften oder zumindest Vorschläge für die äußerliche Lebensführung, vor allem auch für die Ernährung. Viele dieser Gruppen lebten vegetarisch, oder sie verbannten das Schweinefleisch oder die Bohnen, bei anderen war der Genuß von Alkohol oder Haschisch oder Pilzen tabu bzw. erwünscht, wieder andere lehnten Nachtschattengewächse ab oder schrieben vor allem rohe Früchte auf ihre Fahnen.

Auch wurde von diesen Menschen stets ein enger Zusammenhang

von Körper, Geist und Seele gesehen und erfahren, und wir sind gut beraten, wenn wir uns die vollständige gegenseitige Beeinflussung aller "Teile" des Menschen immer wieder bewußt machen. Körper, Geist und Seele stellen eine Einheit dar. Wenn sich einzelne Aspekte verändern, hat das Rückwirkungen auf alle anderen. Wenn sich ein Mensch anschickt, durch die einschlägigen Methoden sein Bewußtsein zu erweitern, so wird dies zwangsweise durch die zunehmende Sensitivität auch eine Änderung seiner Ernährung, ja seines gesamten Lebensstils nach sich ziehen.

Umgekehrt wird niemand auf Dauer seine Ernährung, ohne größeren Schaden zu erleiden, zum Beispiel auf Rohkost umstellen können, wenn er nicht gleichzeitig eine Änderung seiner Persönlichkeit zuläßt, seine Masken fallenläßt, sein Ego abbaut, wenn er nicht alte Konditionierungen los wird und mehr aus seiner Mitte heraus lebt, mehr auf seine eigene Intuition, sein höheres Selbst, seine Seele hört. Anders ausgedrückt bedeutet dies, daß die Persönlichkeit sterben muß, wenn der bewußte Mensch, der aus seinem höheren Selbst heraus handelt, leben soll. STEINER sagt dazu: "So muß der Vegetarier auch gleich zu einem spirituellen Leben übergehen, sonst soll er lieber Fleischesser bleiben".

"Vegetarische Ernährung – wenn sie nicht in irgendeiner Art Krankendiät ist – erfordert mehr Anstrengung, gibt jedoch zugleich ein höheres Maß an inneren Kräften frei. Mit anderen Worten: ›Gewisse Kräfte wandeln sich von materiellen in geistige um‹. Nun aber kommt es darauf an, daß solche Kräfte auch verwendet werden, daß sie dort eingesetzt werden, wo sie hintendieren. Denn ›werden sie nicht verwendet, so .... können sie sogar die Gehirntätigkeit beeinträchtigen‹ . Mit diesen Worten RUDOLF STEINERs ist auf ein außerordentlich Wichtiges hingewiesen. Denn man kann deutlich beobachten, daß der Vegetarismus" und insbesondere die totale Rohkost, "in diesem Sinne einseitig betrieben, sich oft nicht frei halten kann von solchen Gefahren, die dann als Abnormitäten im Seelenleben in Erscheinung treten. Da gedeihen dann Fanatismus, Dogmatismus, Engstirnigkeit und Eigenbrötelei besonders gut." (SCHMIDT, 1974, S. 203f)

"Einseitige Rohkost – mit Fanatismus genossen – kann dem Organismus leicht zu viel zumuten. Die Folge davon ist, daß abgesehen von Verdauungsstörungen, Körper- und Geistgrundlage nicht mehr richtig ernährt werden. Kräfte, die höheren Funktionen dienen sollten, werden durch die Verdauung beansprucht, und allmählich kann z. B. Kurzatmigkeit auftreten, auch Schwäche in den Gliedern und Schwächung des Willens. Dafür tritt im Denken meist Eigensinn auf, weil auch hier die beweglichkeitbewirkenden Kräfte verbraucht sind zur Bewältigung der rohen Nahrung." (HAUSCHKA, 1989, S. 186; vgl. auch S. 74 und 82).

Für mich ist dieses Wachstum des Bewußtseins, der Bewußtheit, der tiefere Sinn meines Lebens. Ich bin hier auf Erden, um zu lernen und bewußter zu werden. Zu Beginn meines Lebens besitze ich ein genetisch programmiertes Potential, das ich nutzen oder auch vergeuden kann. Ich bin nicht vorbestimmt, aber ich habe die Chance, mit meinem Potential gewinnbringend umzugehen, mit meinen Talenten zu wuchern, gewisse Dinge zu lernen. Welche das sind, habe ich mir – ohne daß mir dies in jedem Einzelfall heute bewußt ist – selbst vorgenommen. Mein Erbe, meine Mitgift, stammt einerseits von meinen Eltern, die ich mir selbst ausgesucht habe (vgl. GRISCOM, 1988, S. 96f & YOGANANDA, 1989). Das ist mein physisches Erbe. Andererseits stammt es von meinen früheren Leben. Das ist mein psychisches Erbe. Dabei dürfte das psychische Erbe die Wahl des physischen Erbes bestimmen. Das heißt, aufgrund meiner Vorleben habe ich mir für dieses Leben meine Eltern ausgesucht. Mein Lebensstil, meine Vorlieben und Wünsche, mein Verhalten werden geprägt von meiner Umwelt, in die ich mich habe hineingebären lassen. Mit anderen Worten, meine Ernährung zum Beispiel ist das Produkt aller genannten Einflüsse aus der Vergangenheit und Gegenwart. Je deutlicher ich diese Zusammenhänge erkenne und einzelne Ursachen mir klar werden, d. h. um so bewußter ich werde, um so leichter wird es mir fallen, auf Grund von Anregungen anderer meinen Lebensstil zu ändern und damit meinen Zustand, meine Gesundheit zu verbessern. Ich muß dabei aber immer meine einmalige Situation berücksichtigen. Eigenes Experimentieren, selbständige Erfahrungen müssen an die Stelle von blindem Kochrezept-Denken und unreflektiertem Nachahmen treten.

Die Summe aus psychischer und physischer Vererbung sowie der Erziehung durch Eltern, Freunde, Schule, Kirche und Volksgemeinschaft und der Beeinflussung durch andere und die Umwelt im weitesten Sinne steuern mein Verhalten, prägen meinen Lebensstil, bestimmen meine Ernährung und meine Gewohnheiten, Vorurteile, Handlungen und Unterlassungen. Diese Faktoren können so zusammengesetzt sein, daß ich mich unnatürlich ernähre, mich mit Drogen vollstopfe, nicht auf meinen Körper höre, unpassende, unbefriedigende Tätigkeiten wähle und mein Leben mit destruktiven Gedanken fülle.

Dies führt zwangsweise zu einer völligen Verschüttung meiner inneren Stimme, meiner Intuition. Ich kann nicht mehr aus meiner eigenen Mitte heraus leben. Ich vertrete nicht mehr meine eigene Wahrheit, sondern verlasse mich auf Angelerntes, meinen fremdbestimmten Teil in mir, der sich der Außenwelt in Form meiner selbst gebastelten Persönlichkeit zeigt, die gleich einer Maske mein wahres Gesicht verbirgt. Mein Körper wird auf diese Weise verschlacken und verschleimen und je nach Veranlagung zum Beispiel steif und ungelenkig oder fett und unförmig werden.

Dies alles ruft Krankheiten hervor, welche die Natur als Notprogramme für die zwangsweise Reinigung des Körpers ersonnen hat. Sie sind zugleich Signale zum Aufwachen, zum Ändern der Lebensweise. Wenn Sie diese Signale nicht beachten oder ernst nehmen, wenn Sie zum Beispiel nur die Symptome durch medizinische Behandlung unterdrücken, dann erfolgt ein neues, heftigeres Signal in Form von Krankheit, Unfall oder anderen sogenannten Schicksalsschlägen. Diese kommen nur scheinbar aus heiterem Himmel. Immer sind sie ursächlich lange angelegt und von uns selbst bedingt. Diese Signale kommen so lange, bis wir richtig reagieren und unsere Ernährung bzw. die ganzen Lebensumstände umstellen. Verschließen wir uns den Signalen von Körper, Geist und Seele, so geht es uns schlecht. Unsere Bewußtheit stagniert, unser Lebensziel rückt in weite Ferne, wir vergeuden unser Potential.

Ermöglicht unser Entwicklungsstand und das, was wir uns für dieses Leben vorgenommen haben, jedoch eine naturgemäße Ernährung, sind wir wach für die individuellen Situationen des täglichen Lebens, suchen wir uns eine Arbeit, die uns Spaß macht und uns erfüllt, begegnen wir unseren Mitmenschen mit Liebe und positiven Gedanken, dann bleibt der Körper gesund und leistungsfähig, weil er sich laufend selbst reinigen kann. Die gesamte Energie kann dann ins weitere Wachstum des Bewußtseins gesteckt werden. Ohne eine gesunde Ernährung ist geistiges Wachstum stark behindert.

Im Klartext bedeutet dies: Gesundheit und Krankheit sind letztlich abhängig von unserem physischen und psychischen Erbe und wie wir dieses Potential in diesem Leben ausnutzen. Es geht kein Weg daran vorbei: Jeder ist selbst für sich und sein Wohlergehen verantwortlich, niemand sonst, kein Arzt, kein Pfarrer, kein Politiker. Entweder wir richten uns nach unserem höheren Selbst, nach unserer inneren Stimme, nach unserer Intuition, wir vertrauen uns selbst und unseren Fähigkeiten, wir nutzen unser Potential und nehmen unser Geburtsrecht wahr, und es geht uns gut, oder wir folgen andern, lassen uns steuern, geben die Verantwortung ab, und es geht uns schlecht.

Jeder Mensch ist ein einmaliges, von allen anderen zu unterscheidendes Individuum, auch wenn wir viele Gemeinsamkeiten haben. Jeder muß deshalb die richtige Ernährung für sich selbst herausfinden. Glücklich dabei ist der, der für diese Experimente eine gute Anleitung hat, der wohlerprobte und durchdachte Vorschläge findet. Wenn er sämtliche Details selbst ausprobieren müßte, dann würden viele Leben dazu nicht ausreichen. Leider kann er sich dabei auch nicht mehr ausreichend nach seinem Instinkt richten, es sei denn, er würde sich auf die Form totaler Rohkost umstellen, wie sie BURGER in seiner Instinktotherapie lehrt. "Die Menschen von heute müssen beginnen, das verloren gegangene instinktive Verhalten durch Bewußtseinskräfte zu ersetzen! (STEINER zit. in SCHMIDT, 1974, S. 151).

STEINER, der sich in vielen Vorträgen mit den Zusammenhängen von Ernährung und Bewußtsein und Spiritualität auseinandergesetzt hat, macht folgende Vorschläge für die eigenen Experimente.

1. Eine vegetarische Ernährung bietet eindeutig Vorteile für klares Denken. Rohkost hat dabei eine besonders kräftige Heilwirkung. "Die Pflanzennahrung ist eine solche, daß sie in dem Organismus jene Kräfte rege macht, welche den Menschen in eine Art kosmische Verbindung bringen mit dem ganzen planetarischen System" (1989, S. 54). Fleischnahrung dagegen fesselt den Menschen an die Erde. Tiereiweiß bewirkt im Menschen etwas, was für seinen physischen Leib eine Last wird. Und diese Last wird um so mehr empfunden, je fortgeschrittener der Mensch in seiner Entwicklung ist, je mehr er dem "Selbstschöpfersein" nahegekommen ist. Fleischnahrung wird als Pfahl im eigenen Leibe empfunden, der den Leib mit Erdenschwere belastet. Der Mensch kommt durch Fleisch und Kochnahrung am besten auf das niedrige Schwingungsniveau der Materie – und dort haben viele Menschen Erfahrungen zu machen. Fleisch regt das instinktive Willensleben (Affekte und Leidenschaften) an. Es fesselt an die Erde und macht den Erdenaufenthalt zu einem dauernden "Ich verzichte auf die Himmel und will ganz aufgehen in den Verhältnissen des Erdenseins" (STEINER zit. in HAUSCHKA, S. 77). Persönliche Interessen werden gefördert durch Fleischgenuß, allgemeine Interessen durch Pflanzenkost (S. 81).

Rohmilch und -Produkte dagegen erzeugen vitale Kräfte, denn an ihrer Erzeugung ist sehr viel mehr das Vitale des Tieres beteiligt, weniger das Triebhafte und Leidenschaftliche. Milch führt den Menschen auf die Erde, bringt ihm das Erlebnis der Menschheit als Ganzes. Beachten Sie dabei aber, daß es rohe, unerhitzte Milch und -Produkte sein sollen! Pflanzennahrung macht innerlich frei, weil sich der Mensch dann nicht auf die Fertigprodukte der Tiere verläßt (die er wieder abbauen muß), sondern auf die jungfräulichen Kräfte der Pflanzenkost, die er selbst weiter aufbaut. Er nutzt sein Potential nur auf diesem Wege aus. Wenn er dies nicht tut, so wenden sich die brachliegenden Kräfte zerstörerisch gegen ihn selbst.

2. Folgende Nahrungs- und Genußmittel hemmen das Geistesleben, die Bewußtseinskräfte: zu viel Eiweiß, Hülsenfrüchte – auch Sojabohnen und Produkte daraus. Bei der Verdauung von Eiweiß fällt Harnsäure an, die der Mensch nur in beschränkten Mengen ausscheiden kann. Die Harnsäure sammelt sich dann vorzüglich im Gehirn und erzeugt Migräne. "Die Dumpfheit des Bewußtseins, die nach einem reichlichen Bohnengericht auftritt, rührt davon her, daß die Leguminosen den Stoffwech-

sel im Sinne tierischen Eiweißes belasten" (HAUSCHKA, 1989, S. 75). Schon PYTHAGORAS hat deshalb seinen Schülern geraten, keine Hülsenfrüchte zu essen.

Auch reichlicher Kartoffelgenuß ist von Nachteil. Nach STEINER (1989, S. 89) wird bei der Verdauung von Kartoffeln in besonderem Maße das Gehirn beansprucht. HAUSCHKA (1989, S. 136) schreibt dazu: "Wir haben dargestellt, wie die Kohlehydraternährung vorzugsweise das Mittelhirn bedient, das ist derjenige Teil des Nervensystems, der an einem schöpferischen, künstlerischen und phantasievollen Denken grundlegend beteiligt ist. Wenn nun gerade dieses Mittelhirn durch den Kartoffelgenuß so mit der Verdauung in Anspruch genommen wird, dann bleibt als Grundlage für die Denktätigkeit nur das Vorderhirn, und das ist mit seinen stärker differenzierten Zellen und seiner lokalisierten Fähigkeit mehr die Grundlage des gegenwärtigen Gegenstandsdenkens, der wissenschaftlich-nüchternen Abstraktionsfähigkeit, welche, solange sie nicht eine Geisteswissenschaft ergreift, eben materialistisches Denken stützt. Tatsächlich ist das innere schöpferische Denken in Europa zurückgegangen von dem Augenblick an, als die Kartoffelnahrung populär geworden ist."

Schließlich sei von den Drogen besonders der Alkohol genannt, weil mit ihm eine spirituelle Weiterentwicklung gänzlich unmöglich erscheint.

3. Raffinierter Rüben- oder Rohrzucker stärkt die Ich-Organisation, die Vermenschlichung, das Denken, die Wachheit und die Selbständigkeit. Zucker ist "ein Nahrungsmittel, das der Seele innerliche Festigkeit gibt, sie mit einer Art unschuldiger Egoität durchzieht. Zucker erhöht den Persönlichkeitscharakter" (HAUSCHKA, 1989, S. 90). Der raffinierte Industriezucker ist nach Ansicht der Anthroposophen den anorganischen Mineralien durch die ihm eigene Kristallisationsform verwandt (HAUSCHKA, 1989, S. 35) und dementsprechend in kleinen Mengen – wie das Salz – nützlich (siehe unten Punkt 7).

4. Wurzeln wie Karotten, Rettich und Rote Beete wirken besonders auf Nerven und Gehirn und regen das Denken an. Kartoffeln sind Verdickungen des Stengels, sie machen müde und schläfrig.

5. Gekochte Nahrung wirkt besonders auf den Kopf, gekochte Karotten sind gut für das Gehirn, rohe Karotten dienen mehr spezifischen Heilzwecken.

6. Es gibt keine klug machende Ernährung, aber: eine optimale Ernährung führt bei Kindern zu einem höheren IQ. Haselnüsse sind besonders vorteilhaft zum Aufbau des Gehirns bei Kindern.

7. Ein hohes Salzbedürfnis zeigt eine zu starke Verbindung von Ich, Astralleib, Ätherleib und physischem Leib, also eine zu starke irdische

Verhaftung, die auch durch tierische Nahrung hervorgerufen wird. Da Salze vor allem in den Kopf gehen und dort das Denken fördern, sagt STEINER: "Wir salzen unsere Speisen nicht nur, um sie geschmackvoll zu machen, sondern darum, damit wir überhaupt denken können. Wenn jemand so krank ist, daß er alles Salzige schon im Magen oder Darm ablagert und nicht verdauen kann, der wird schwachsinnig, dumm" (STEINER zit. in HAUSCHKA, 1989, S. 93). Die Grenze des Nützlichen ist allerdings schon bei geringen Salzmengen überschritten. Dazu sei angemerkt, daß die Anthroposophen der Ansicht sind, daß der heutige Mensch in seiner Bewußtheitsentwicklung so weit gediehen ist, daß er auch anorganische Salze – allerdings nur in sehr geringen Mengen – aufnehmen und verwerten kann (HAUSCHKA, 1989, S. 36, 92 und 210).

8. In der Kinderernährung sollten Kartoffeln gemieden werden ebenso wie Lebensmittel, die eine sehr niedrige Entwicklungsstufe aufweisen: dies sind Algen und Pilze.

9. Über den Milchkonsum schreibt STEINER (zit. bei HAUSCHKA, 1989, S. 109f) folgendes: "Die Milchnahrung bereitet den Menschen in der Tat dazu, ein Erdengeschöpf zu sein, bringt ihn zusammen mit Erdenverhältnissen, macht ihn zum Erdenbürger und hindert ihn nicht, ein Bürger des gesamten Sonnensystems zu sein." "Die Enthaltung von Milch würde in uns die Neigung und Liebe zu dem fördern, was von der Erde wegstrebt. Wir würden die Fäden verlieren, die den Menschen mit dem verbinden, was auf der Erde an Menschlichem getrieben wird. Damit wir nicht zu Schwärmern werden, damit wir nicht entfremdet werden menschlichem Fühlen, menschlichem Treiben auf der Erde, ist es gut, wenn wir uns als Wanderer auf der Erde beschweren lassen durch Milchgenuß – auch noch als Erwachsene."

10. Viele geistige Lehrer haben zu allen Zeiten eine Ernährung gepriesen, die überwiegend aus rohen, reifen Früchten besteht. HAUSCHKA (1989, S. 107) schreibt dazu: "Durch fruchtreiche Nahrung wird die Blutbildung und Substanzbildung im Blut so angeregt, daß der physische Leib "flüssig" im weitesten Sinne und auch durchlässig für kosmische Kräfte bleibt" und auf S. 119: "So nähren die Obstsorten unser Menschsein, insofern sie unser Leibessein anknüpfen an das Weltensein. Das aber drückt sich letztlich in unseren moralischen Intuitionen, in unserer Willensaktivität aus." STEINER (1986, S. 43) warnt aber davor, zu glauben, daß man mit Ernährung alles steuern könne. Er sagt: "Es genügt nicht, sich von Früchten zu ernähren, damit einem die höchsten Gebiete des geistigen Lebens erschlossen bleiben" und HAUSCHKA (1989, S. 9) stellt fest: "Der Verfasser hätte aber seine Aufgabe nicht erfüllt, wenn beim Leser der Eindruck entstehen könnte, daß man durch Befolgung gewisser Ernährungsvorschriften sich gewissermaßen "in das Him-

melreich hineinessen" könnte; eine solche Auffassung wäre Irrtum. Die Nahrung kann uns nur eine Hilfe sein, bestimmte Entwicklungszustände zu erreichen; innere geistige Arbeit aber kann sie niemals ersetzen." So ist es.

Wir sollten also besonders darauf achten, in welcher geistigen Verfassung wir sind, wenn wir essen: Es kann gar nicht genug betont werden: wenn wir unter Streß stehen, ist es in jedem Falle besser, nichts oder nur ganz Leichtes - etwa Obst - zu essen. Wenn wir Angst haben, erschöpft sind, aggressiv, zornig usw. kann der Körper die aufgenommene Nahrung nicht richtig verdauen. Wir heimsen uns nur zusätzliche Probleme ein. Weiterhin ist es wichtig zu wissen, in welchem Zustand diejenige Person war, die unser Essen zubereitet hat. Schon so manche Mutter hat ihre Neurosen durch Kochen auf die Familie übertragen. So manches Baby leidet unter den Problemen, welche die Mutter ihm in den Brei gerührt hat. Das ist auch eines der Probleme bei Restaurantessen: Hat die Küchenmannschaft in jedem Falle mit Freude und Liebe gekocht? Wie wichtig die innere Einstellung beim Essen ist, habe ich weiter oben erläutert.

Und noch ein Wort zu den individuellen Unterschieden. Nach STEINER gleicht kein Hirn dem anderen. Jedes Gehirn ist so verschieden und individuell wie die dazugehörigen Fingerabdrücke. "Nicht zwei Menschen haben eine völlig identische Blutsubstanz. Jedermann weiß, daß zwei Menschen, die völlig identisch ernährt werden, sich völlig verschieden entwickeln können....Daraus ergibt sich auch, daß in der Ernährung jedes Dogma von Unheil ist" (HAUSCHKA, 1989, S. 30f). Auf diese Individualität muß Rücksicht genommen werden. Es gibt kein Patentrezept für alle. Jeder muß mit Hilfe seines Verstandes, seines Gefühles und seiner Intuition selbst herausfinden, was für ihn in der jeweiligen Lebenssituation nutzt.

Dabei ist es interessant, zu wissen, daß nach STEINER kontinentale Unterschiede in der Anlage der Menschen bestehen. Nord-Amerikaner neigen eher zur Versteinerung, zur inneren Versalzung und Verschlakkung, Verknöcherung. Äußeres Zeichen dafür sind die "Krallenhände" von Indianern und Einwanderern, die mindestens in der fünften Generation auf diesem Kontinent leben. Sie brauchen mehr Leichtigkeit, mehr Luft, denn sie sind zu stark geerdet. Ihnen hilft Obst und das Trinken von möglichst mineralarmem oder destilliertem Wasser. Die Süd- und Südost-Asiaten neigen eher zur "Auflösung", sie brauchen mehr Erdung. Die Makrobiotische Ernährung mit ihrem Überwiegen der Kochkost, des Getreides und des starken Salzens kommt dem entgegen. Deshalb wurde diese Kost in Japan und nicht in Amerika entwickelt. Junge Soldaten, die im Vietnamkrieg gefallen waren und längere Zeit im Dschungel lagen, machten eine völlig unterschiedliche Verwesung durch: Von den Vietnamesen waren nach kurzer Zeit nurmehr Knochen, Uniform und Ausrüstung übrig, wogegen sich bei den Amerikanern der Körper wesentlich länger hielt. Sie waren, wie Obduktionen ergaben, bereits im Alter um zwanzig stark verschlackt, verkalkt. Ernährungsformen dürfen deshalb nicht kritiklos von Kontinent zu Kontinent übertragen werden.

Europäer und Amerikaner benötigen mehr Öffnung, nach oben wie nach unten. Meditation ist deshalb zweckmäßiger auf dem Stuhl mit den Fußsohlen flach auf dem Boden. So werden sie durchlässiger für die feinstofflichen Energien. Asiaten sind von Natur aus durchlässiger und leichter. Sie erreichen durch Mudras (Lotussitz!), daß die Energie im Körper bleibt und fördern dies durch eine entsprechende Ernährung. Da die Europäer eine Art Mittelstellung zwischen Asiaten und Amerikanern einnehmen, sind Sie jedoch in besonderem Maße aufgerufen, zu experimentieren, wenn Sie Europäer sind und ausgeglichen werden wollen.

Lassen Sie mich noch eine Spekulation anschließen: Wie kommt es, daß viele Menschen ausgesprochene Vorlieben für gewisse fremde Länder und deren Speisen hegen? Ich denke, das hat mit ihren früheren Leben zu tun. Irgendwie haftet die Vorliebe für andere Kulturen vielleicht der Seele an und vererbt sich so weiter. Wenn Sie das Verlangen nach exotischem Essen haben, sollten Sie dies nicht unterdrücken, vielleicht nur deshalb, weil Ihnen jemand gepredigt hat, daß tropische Gewürze und Agrarprodukte für uns schädlich seien. Experimentieren Sie damit. Die vielen ausländischen Restaurants geben genug Gelegenheit dazu, und gerade unter ihnen finden Sie häufig auch gute vegetarische Gerichte, zum Beispiel in der indischen, indonesischen und chinesischen Küche.

Hinter der Frage, warum sind wir so unersättlich, steckt, wie in Kapitel 25 mit der Beschreibung der Speicherzellen dargestellt wurde, ein ausgemachtes Suchtproblem. Die Körperphysiologie bringt uns regelrecht in Zugzwang. Dahinter liegen natürlich wieder psychische Ursachen, die sich dieser eher vordergründigen körperlichen Sucht bedienen. Ich kann sie hier nur knapp aufzählen. Es ist in erster Linie die Angst, die auf das alte Kindestrauma zurückgeht, daß man allein und hilflos in der Wiege liegt, verlassen wird und verhungern muß. Es ist die Angst vor schlechten Zeiten. Es ist die Angst, benachteiligt zu werden, seinen gerechten Teil nicht abzubekommen. Wir glauben unbewußt, mit Essen alles befriedigen zu können, woran es uns sonst mangelt: Liebe, Geborgenheit, Sicherheit, Belohnung, Genuß und Freude. Der Blick über den Zaun der Unbewußtheit ist den meisten Menschen noch nicht eindringlich genug geglückt. Sie wissen nicht, daß es außer Essen noch andere, geistige Freuden gibt, die es anzupeilen lohnt. Diese Ziele kann man aber nicht erreichen, wenn man sich dauernd überißt. Dann wird die Energie statt für Bewußtheit für Verdauung verbraten.

Warum ändern wir uns so spät und langsam? Warum ist in den meisten Fällen erst massiver Leidensdruck ausreichend, daß etwas geschieht? Auch hier ist wieder die Angst die tiefste Ursache. Wir haben Angst, einen Teil in uns, der physisch tatsächlich (die Speicherzellen) und psychisch zumindest in unserer Einbildung (das Ego, die Persönlichkeit, der Charakter, die Masken) existiert, buchstäblich sterben zu lassen! Der alte Mensch muß aber sterben, damit der neue Mensch geboren werden kann. So haben alle großen spirituellen Meister gesprochen!

Wir haben Angst, Änderung zuzulassen, weil wir nicht wissen, was dabei alles herauskommt, wie es verlaufen wird. Uns fehlt das Vertrauen in die Zukunft. Wir haben Angst vor dem Unbekannten, Angst davor, Fehler zuzugeben, Angst vor Vereinsamung, als Sonderling, Fanatiker, Sektierer, Außenseiter verschrien, kurz aus dem sozialen Umfeld ausge-stoßen zu werden, das vermeintlich allein Sicherheit und Geborgenheit garantiert. Unbewußt beherrschen uns Ängste, unterdrückte Emotionen könnten hochkommen und großen Schaden anrichten. Jahrzehntelang haben wir versucht, unser Leben unter Kontrolle zu halten, und nun sollen wir dies aufgeben und uns öffnen. Die Angst vor Verletzungen ist groß. Wir befürchten, uns aufzulösen, den Boden unter den Füßen zu verlieren.

Wir müssen uns klar werden, daß diese Ängste alle das Produkt unserer selbstgebastelten Persönlichkeit, unseres Egos sind. Auch dieser geistige Part des Menschen verlangt ja ständig Nahrung. Wenn wir anfangen, diese zu verweigern, wird er wackelig und verunsichert uns. Nur felsenfestes Vertrauen kann uns retten. Wie aber gewinnen Sie mehr Vertrauen in sich und Ihre Mitmenschen, Ihre Lebenssituation, Ihr ganzes Umfeld? Da hilft nur eins: Meditation. Zwei Schritte möchte ich Ihnen aus eigener Erfahrung vorschlagen.

Der erste besteht darin, daß Sie sich mit Hilfe erfahrener Meditationslehrer eine Art der Meditation heraussuchen, die zu Ihnen paßt und Sie weiterbringt. Je nach Typ und Lebenssituation kann dies eine Meditation mit viel Bewegung sein, etwa die "Dynamische", die "Kundalini", die "Nataraj", Sufimeditationen wie zum Beispiel "Whirling" u. a., oder es ist eine ruhige Meditation wie "Nadabrahma" oder "Vipassana" etc. (vgl. z. B. RAJNEESH, 1982). Vipassana etwa, eine uralte Methode, derer sich schon BUDDHA bediente, besteht darin, daß Sie sich mit geschlossenen Augen hinsetzen und Ihren Atem beobachten. Sie können dabei auf dem Boden mit überkreuzten Beinen, aber auch auf dem Stuhl sitzen. Wichtig ist, daß Sie sich nicht anlehnen und daß der Rücken gerade ist und die Halswirbel in gerader Verlängerung der Rückenwirbel den Kopf tragen. Ihre Hände legen Sie nach oben geöffnet auf die Knie. Während Sie nun ganz normal ein- und ausatmen, richten Sie Ihre Aufmerksamkeit auf die Nasenwurzel und beobachten, wie Ihr Atem durch die Nasenlöcher ein- und ausstreicht. Dabei werden über kurz oder lang Ihre Gedanken abschweifen, und Sie werden anfangen, an andere Dinge zu denken. Sobald Ihnen das auffällt, kehren Sie zur Beobachtung des Atems zurück. Das Ganze ist aber keine verkrampfte Konzentrationsübung. Gehen Sie eher leicht-spielerisch vor. Sie können auch versuchen, etwas Abstand zu Ihren Gedanken zu erhalten und diese beobachten - wie sie kommen und gehen. Achten Sie vor allem darauf, daß Sie sich nicht in den Gedanken verlieren und tagträumen und versuchen Sie, Ihre Gedanken nicht zu beurteilen, zu werten. Sie brauchen auch kein schlechtes Gewissen zu haben, wenn Sie sich immer wieder dabei ertappen, heillos abgeschweift zu sein. Am besten meditieren Sie täglich möglichst jeweils zur gleichen Zeit anfangs 15 Minuten später nach Wunsch mehr. Sie können diese Meditation auch variieren, so wie von KUSHI (1987, S. 266) angegeben.

Diese Meditation hat zunächst zwei Aspekte: erstens werden Sie in sich selbst so manches entdecken, was Sie sonst im Trubel Ihrer Aktivitäten übersehen und was für Sie sehr wichtig werden könnte. Zweitens werden Sie gute Ideen erhalten, wenn Sie entspannt sind und es aufgeben, über etwas Bestimmtes nachzudenken. Das Fernziel ist, daß Ihr Gedankenstrom langsamer wird, und Sie gelegentlich die leeren Räume zwischen zwei Gedanken erleben. Auf diese Weise gelangen Sie zu innerer Ruhe, Gelassenheit, Zentriertheit und Aufmerksamkeit, Wachheit, Bewußtheit. Diese Eigenschaften sind im täglichen Leben nicht zu überschätzende Vorteile.

Speziell gegen Angst schlägt RAJNEESH (1982, S. 219) folgende Meditationen vor: "Schaue Deiner Angst in die Augen: Gehe in Deine Angst hinein: Lebe jeden Abend vierzig Minuten lang Deine Angst aus. Setze Dich in Dein Zimmer, mache das Licht aus und fange an, Angst zu bekommen. Denke an alle möglichen schrecklichen Dinge, Gespenster und Dämonen, was immer Du Dir vorstellen kannst. Erfinde sie, stelle Dir vor, daß sie alle um Dich herumtanzen und mit allen teuflischen Kräften nach Dir greifen. Laß Dich durch Deine eigene Vorstellungskraft erschüttern, und gehe mit Deiner Phantasie bis zum Äußersten - sie bringen Dich um, sie wollen Dich vergewaltigen, sie würgen Dich. Und nicht nur einer oder zwei - viele, sie bearbeiten Dich von allen Seiten. Gehe so tief wie möglich in die Angst hinein, und gehe durch alles, was auch immer geschehen mag.

Und als zweites: Wann immer Angst aufkommt, tagsüber oder nachts, akzeptiere sie. Unterdrücke sie nicht. Glaub nicht, daß sie etwas ist, das

Du überwinden mußt; sie ist natürlich. Wenn Du sie akzeptierst und sie jeden Abend herausläßt, wird sich vieles in Dir verändern.

Gehe in Deine Leere hinein: Mache es Dir zur Gewohnheit, jeden Abend vor dem Schlafengehen die Augen zu schließen und für zwanzig Minuten in Deine Leere hineinzutauchen. Akzeptiere sie, laß sie sein, wo sie ist. Angst kommt hoch – laß auch sie zu. Zittere vor Angst, aber weiche dieser Situation nicht aus, die sich da herauskristallisiert. Schon nach zwei oder drei Wochen wird es Dir schön vorkommen, wirst Du es als Segen empfinden. Wenn Du einmal diesen Segen gespürt hast, verschwindet Deine Angst von ganz von selbst. Du darfst nicht mit ihr kämpfen. Du wirst Dich nach drei Wochen auf einmal so glücklich, so energiegeladen, so froh fühlen, als wäre jetzt die Nacht vorüber und die Sonne wäre am Horizont aufgetaucht."

Zweitens werden Sie es lernen, sich selbst bei allem, was Sie tun, zu beobachten. Am Anfang machen Sie das so, daß Sie von Zeit zu Zeit mit dem, was Sie tun, innehalten oder auf eine natürliche Pause warten und dann sich selbst fragen, was Sie da eigentlich tun und ob Sie es wirklich so und nicht anders wollen und ob Sie damit weiter machen wollen. Auf diese Weise werden Sie sich dessen, was Sie tun, mehr gewahr. Sie werden schlicht und ergreifend bewußter. So werden Sie dann auch in jedem Einzelfall herausfinden, warum Sie sich so und nicht anders verhalten und vor allem, Sie werden zu den wahren Vorgängen in Ihnen vordringen. Wenn Sie zum Beispiel aggressiv sind, werden Sie durch näheres Hinsehen vielleicht merken, daß Sie eigentlich Angst haben. Da Sie sich aber dieser Angst nicht bewußt sind, können Sie nicht richtig, wahrheitsgemäß authentisch reagieren. Statt Ihre Angst zu zeigen und Schutz zu suchen, damit die Angst aufgelöst werden kann, werden Sie aggressiv, weil Sie unbewußt glauben, Sie könnten dadurch einen Schutzwall um sich herum aufbauen. Die Reaktion der Umwelt auf solches unangemessenes Verhalten ist jedoch feindlich, weil Sie ja andere angreifen. Dadurch wird sich die Angst vergrößern, statt abzunehmen, und es wird Wut hoch kommen. Auf diese Weise machen Sie sich und Ihrer Umwelt ungewollt das Leben schwer.

Das schönste Geschenk, das Sie durch Meditation erhalten, sind beglückende Momente, in denen Sie erfahren, daß Sie in dieser Welt willkommen und geborgen sind, daß alles für Sie und nicht gegen Sie arbeitet und daß Sie ein unersetzliches Teil des Ganzen sind. So wächst Vertrauen.

27
Wie finden Sie Ihre ganz persönliche harmonische Ernährung?

Die Umstellung der Ernährung von der konventionellen, landesüblichen, gutbürgerlichen Küche mit ihren zahlreichen industriellen Produkten zu einer individuellen, gesunden, harmonischen Ernährung ist für die meisten Menschen ein schwieriger Weg, verbunden mit allerlei Umwegen, Stockungen und Rückfällen, aber auch mit Abkürzungen und großen Erfolgen. Dieses Kapitel gibt Ihnen kurzgefaßte Ratschläge, wie Sie die Umstellung emotional und psychisch mit dem größten Gewinn durchleben, nennt zusammenfassend die Hauptprobleme der herkömmlichen Ernährung, liefert eine Liste schwer verdaulicher Speisen, gibt generelle, kurz gefaßte Ratschläge für Ihre Eßexperimente und schließlich darauf fußend eine Prioritätenliste mit den Lebensmitteln, mit denen Sie erfahrungsgemäß die größten Erfolge erzielen werden.

Als erstes gebe ich Ihnen hier zusammengefaßt einige Ratschläge, wie sie die Umstellung emotional und psychisch am besten durchleben.

1. Geben Sie alle Ihre bisherigen (auf Dauer erfolglosen!) Diäten ein für allemal auf und damit auch die Hoffnung, in kurzer Zeit durch eine Wunderkur oder durch Selbstzwang für den Rest des Lebens schlank und gesund zu sein. Seien Sie sich klar, daß Sie mit solchen Diätkuren nur das Gegenteil erzielen.

2. Akzeptieren Sie sich so, wie Sie jetzt sind. Sie können sich nicht durch Zwang und Härte ändern. Änderung wird stattfinden, wenn Sie sich selbst lieben und annehmen – so wie Sie zum gegebenen Zeitpunkt nun einmal sind. Das ist Ihr bester Ausgangspunkt. Wenn Sie sich hassen und verdammen, kann es Ihnen nicht gut gehen.

3. Essen Sie nur, wenn Sie wirklich (körperlich) Hunger haben und hören Sie auf, kurz bevor Sie völlig satt sind. Holen Sie den optimalen Genuß aus dem Essen, indem Sie körperlich und gedanklich voll dabei sind. Essen Sie nicht nebenbei! Wenn Sie in Eile sind, lassen Sie das Essen lieber aus.

4. Befriedigen Sie emotionale und psychische Bedürfnisse auf ent-

sprechenden Wegen und nicht durch Essen. Nehmen Sie dabei all Ihren Mut zusammen, gehen Sie offenherzig neue Wege, und riskieren Sie alles! Falls Sie sich doch durch Essen belohnen wollen, dann tun Sie dies offen und mit Bewußheit.

5. Suchen Sie sich eine für Sie persönlich passende Meditations-Methode aus und wenden Sie diese regelmäßig an, damit Sie wacher und bewußter werden, damit Sie die psychischen, emotionalen und organischen Vorgänge in Ihrem Körper besser beurteilen lernen, damit Ihre innere Stimme zu Ihnen sprechen und Sie sich nach ihr richten können.

6. Essen Sie das, was Ihnen Ihr innerstes Bedürfnis, Ihr Körper, Ihr Instinkt, Ihre Intuition eingeben, und lassen Sie sich nicht durch Angebote von außen ablenken. Seien Sie ehrlich zu sich selbst – und zu anderen, d. h. stehen Sie zu dem, was Sie essen. Machen Sie niemandem etwas vor!

7. Setzen Sie Ihren Verstand ein beim Experimentieren mit neuen und unbekannten Lebensmitteln und -Kombinationen sowie neuen Essenszeiten. Lesen Sie in der einschlägigen Literatur, wenn dies Ihre Umstellungsbemühungen unterstützt.

8. Denken Sie immer daran: es gibt keine Sünden, keine Verdammung. Es gibt nur Fehler – und aus diesen kann man bestens lernen. Ein schlechtes Gewissen und Selbstvorwürfe und -verdammung bringen Sie nicht weiter. Sie haben das nicht nötig! Genausowenig sind Sie irgend jemandem Rechnung über Ihr Leben schuldig. Sie sind nicht hier, um die Erwartungen anderer zu erfüllen.

9. Beobachten Sie Ihre Gedanken, und vermeiden Sie nach Möglichkeit zu urteilen. Wenn Sie ehrlich sind, können Sie Ihre und die Situation von anderen nicht richtig beurteilen, weil Sie immer zu wenig davon wissen.

10. Vergessen Sie nicht: Alles ist relativ – es gibt kein richtig und falsch, kein gut und böse. Es gibt keine objektive Wahrheit. Sie können Ihre eigene, subjektive Wahrheit nur immer in sich selbst entdecken – und danach leben.

11. Suchen Sie sich einen neuen Freundeskreis, der genauso wie Sie wachsen will. Sie können sich gegenseitig viel helfen.

12. Haben Sie Geduld. Rom ist nicht an einem Tag erbaut worden, und viele der Ernährungsapostel, die heute laut und streng eine bestimmte Richtung verkünden, sind auch nur durch jahre- bis jahrzehntelanges Experimentieren dorthin gekommen, wo sie jetzt stehen.

13. Es hat keinen Zweck, sich durch Härte und Zwang zu übernehmen, nur um dann unter einem schlechten Gewissen und Selbstvorwür-

fen zu leiden, weil man die zu hoch gestecken Ziele nicht erreicht. Ihre Emotionen können Sie auf Dauer nicht ungestraft unterdrücken! Wenn Sie Ihre Ernährung umstellen, so muß das so geschehen, daß Körper, Geist und Seele gleichermaßen davon profitieren. Eine nach den Buchstaben korrekte Ernährung allein führt noch lange nicht zu Wohlergehen. Auch können Sie sich nicht in das Himmelreich hinein essen – wohl aber durch einen innerlich reinen und gesunden Körper Zugang zu höheren Schwingungen, feineren Energien erhalten, sensitiver werden. Der Zusammenhang zwischen Bewußtheitswachstum und Ernährung ist unbestreitbar, beide beeinflussen sich gegenseitig.

Welches sind die unbewußten Hauptfehler unserer Ernährung?

1. Die meisten Menschen essen mengenmäßig zu viel. Dies betrifft dicke wie schlanke gleichermaßen. Nur die einen verbrennen die Nahrungsenergie schneller als die anderen. Eine mengenmäßige Reduzierung der Nahrung gelingt in der Regel aber nur in befriedigendem Maße, wenn Sie gleichzeitig die Qualität Ihrer Speisen verbessern, gemäß der unten abgedruckten Prioritätenliste. Außerdem müssen Sie durch innere Reinigung und Entschlackung sensitiver werden, damit Sie den Geschmack und die Wirkung der Speisen auf Ihren Körper besser erfassen und so selbständig auswählen und ablehnen können, ohne sich dabei zwingen zu müssen. Menschen, die ständig zu viel essen, überlasten ihren Körper. Zu viel Energie wird für die Verdauung nutzlos verbraucht, und der Körper hat nicht mehr genug Energie zur Selbstreinigung und dafür, das Leben zu genießen.

2. Die meisten Menschen essen zu viel Verschiedenes gleichzeitig oder in zu rascher Folge. Durch das starke Mischen der Nahrungsmittel in ein und derselben Mahlzeit wird der Körper zu schier unmöglichen Aufgaben gezwungen. Er kann nicht alle Arten von Nahrungsbestandteilen gleichzeitig ordentlich und ökonomisch verdauen (vgl. Punkt 3 und 4). Wenn Sie probeweise einmal Mahlzeiten einnehmen würden, die nur aus wenigen verschiedenen Lebensmitteln bestehen, so würden Sie merken, daß – vorausgesetzt, es handelt sich um qualitativ hochwertige Vollwertprodukte, etwa Obst oder Salat – der Sättigungspunkt in der Regel rascher eintritt. Das heißt, die Befriedigung tritt mit weniger Nahrung ein, wenn wir unseren Körper nicht durch eine Vielzahl von verschiedenartigen Nahrungsmitteln und Überwürzen zu stark stimulieren. Wir haben sonst mehr Appetit und können mehr essen. Dabei haben wir in der Regel zugegebenermaßen auch mehr geschmackliche Befriedigung, aber wir tun uns und unserer Gesundheit keinen Gefallen. Sobald Sie mehr essen als notwendig, bescheren Sie sich selbst extra Verdauungsarbeit. Der Gaumenkitzel wird viel zu teuer erkauft. Sie sollten es lernen, weniger Essen mehr zu genießen und andere Ebenen des

menschlichen Lebens aufzutun, in denen Sie emotionale und sinnliche Befriedigung finden, die der Gesundheit nicht schadet, etwa in Sport, Spiel und Bewegung oder in zwischenmenschlichen Beziehungen.

3. Die meisten Menschen belasten ihre Verdauung dadurch, daß sie schwer verdauliche und falsch kombinierte Nahrung essen. Dazu folgt weiter unten eine komplette Liste. Über ein Zuviel an Nahrung hinaus erschweren sie sich dadurch zusätzlich das Leben in einem Grade, den sie nicht für möglich halten, da es kaum jemand anders kennt.

4. Die landesübliche Ernährung ist unökonomisch, weil sie Nahrungsmittel bevorzugt, die der menschliche Organismus nur unvollkommen oder mit großen Schwierigkeiten ausnutzen kann. Es gibt ganz eindeutig Nahrungsmittel, die er sozusagen im Handumdrehen verdaut, und andere, mit denen er nur gerade noch mit Mühe und Not oder gar nur unvollständig fertig wird. Anders gesagt, es können viele Arten von Nahrungsmitteln durch den menschlichen Körper passieren. Einige lassen im wesentlichen Energie und einen sauberen Körper zurück, und andere wiederum verbrauchen so viel Energie, daß der Körper ständig damit kämpfen muß und deshalb keinen klaren Geist und überschäumende Schaffensfreude etc. bescheren kann. Tierische Produkte gehören mit ganz wenigen Ausnahmen zu den Problemmachern, inclusive der Milch und der Milchprodukte. Auch Getreide und Getreideprodukte sowie Hülsenfrüchte sind von zweifelhaftem Gewinn für die menschliche Ernährung. Der Körper kann mit ihnen zwar umgehen, er hat aber mehr Probleme als Freude daran. Hinzu kommt, daß manche Nährmittel, zum Beispiel viele Getreideprodukte, aufgrund traditioneller Geschmacksgewohnheiten praktisch immer so gegessen werden, daß die ordentliche Verdauung so gut wie unmöglich gemacht wird. Brot oder Nudeln werden meist so gegessen, daß das notwenige Einspeicheln im Mund nicht ausreichend erfolgen kann. Dies wird meist durch Belag bzw. Soßen verhindert.

5. Die meisten Menschen essen zu wenig Nahrungsmittel, die über ein Nähren, das heißt ein Versorgen des Körpers mit Kohlehydraten, Proteinen und Fetten sowie Vitaminen, Mineralstoffen, Enzymen etc. hinaus kein oder ein viel zu niedriges Potential für die Entgiftung des Körpers besitzen. Kurz: Sie legen in der unbewußten Angst, geschmacklich und nährstoffmäßig zu kurz zu kommen, zu wenig Wert darauf, daß die Ausscheidung von unverdaulichen Rückständen, Stoffwechselprodukten, Fremdstoffen usw. auch zügig vonstatten geht. Ihre Nahrung hat zu wenig natürlichen Wassergehalt und zu wenig Ballaststoffe, wie sie in Obst und Gemüse vorkommen. Der Wassergehalt von Obst und Gemüse schwemmt alle überflüssigen löslichen Stoffe sofort wieder aus dem Körper aus, damit sich Schlacken gar nicht erst bilden – bzw. er ent-

schlackt Sie optimal. Die Ballaststoffe sorgen für regelmäßige Darmentleerung und vermeiden damit, daß sich im Darm Kotdepots bilden, die bei vielen Menschen mehrere Kilogramm betragen. Manche der Autoren sprechen davon, daß viele Menschen ihre eigene Klärgrube mit sich herum tragen und sich dementsprechend ständig vergiften.

6. Sie essen zu viel Nahrung, die Fremdstoffe aller Art enthält, die allesamt im Körper stören und so rasch wie möglich ausgeschieden werden müssen. Denken Sie nur an die vielen Umweltgifte, die Rückstände aus der konventionellen Landwirtschaft, die zu Hunderten zugelassenen Zusatzstoffe aus der Lebensmittelindustrie und die zahlreichen Stoffe, die Sie noch selbst hinzufügen, wie zum Beispiel künstliche Süßungsmittel etc. Hinzu kommen große Mengen an Gewürzen und die zahlreichen Genußgifte wie Tee, Kaffee, Alkohol und Schokolade sowie Medikamente, Präparate usw. Alle diese Stoffe üben Reize auf den Organismus aus, die sich überlagern und zum Teil widersprechen. Der Körper wird angeregt, dieses oder jenes zu tun oder zu lassen, obwohl er selbst am besten weiß, was er zu tun hat – wenn man ihn nur läßt! Wir verhindern ständig, daß sich unser Körper so verhält, wie es für eine pulsierende Gesundheit optimal wäre. Zudem müssen all diese Fremdstoffe wieder ausgeschieden und zum Teil vorher abgebaut werden. Das kostet zusätzlich Energie und gelingt meist nur unvollkommen, weil Stoffe dabei sind, die dem Körper so fremd sind, daß er sie nicht einmal wieder ausscheiden kann (z. B. Blei). Es liegt nach wie vor in Ihrer Macht, selbst zu entscheiden, ob Sie die meisten der genannten Fremdstoffe aufnehmen wollen oder nicht. Bei einigen ist dies bei der heute so verbreiteten Umweltvergiftung nicht vermeidbar. Geben Sie Ihrem Körper die Chance, sich auf die Ausscheidung dieser unvermeidbaren Fremdstoffe zu konzentrieren. Das Argument der Raucher, man könne angesichts der weit verbreiteten Umweltverschmutzung ruhig weiter rauchen, es wäre ja alles sowie so schon vergiftet, daß es auf den Zigarettenrauch nicht mehr ankäme, ist schlichtweg dumm.

7. Sie essen wahrscheinlich zu viel tote Nahrung: Sie bekommen nicht genügend Vitalstoffe, nicht genügend Lebensenergie, Sonnenenergie. Diese finden Sie nur in roher pflanzlicher Nahrung. Durch Pasteurisieren, Kochen, Backen, Braten etc. wird die Nahrung denaturiert, sie verliert lebenswichtige Vitamine, Enzyme etc.. Die Mineralien verlieren die Energieschwingungen, die benötigt werden, damit sie in die lebenden Zellen Ihres Organismus zweckentsprechend eingebaut werden können. Das Calcium der Milch können Sie nur ordnungsgemäß aufnehmen und verwerten, wenn Sie diese als Rohmilch trinken. Daß auch dabei noch grössere Probleme auftreten, erfahren Sie in Kapitel 21. Wenn Sie Mineralwasser trinken oder Mineraltabletten als Nahrungsergänzung einneh-

men, können Sie diese Mineralien nicht ordnungsgemäß verwerten. Dem Körper bleiben nur zwei Wege: entweder ausscheiden und – wenn dies nicht möglich ist – als Schlacken im Körper ablagern. Ihr Körper braucht die Nahrung so, wie sie in der Natur vorkommt. Rohes, frisches Obst ist optimal, Kompott normalerweise ein Fehler!

8. Die meisten Menschen erhalten zu viele leere Kalorien. In welchen Nahrungsmitteln kommen diese vor? Das sind all diejenigen, die Fett, Stärke, Zucker und Eiweiß in mehr oder weniger isolierter, in verarbeiteter, denaturierter Form enthalten. Es handelt sich dabei zum Beispiel um Weißmehlprodukte, denen, abgesehen von der Stärke, alle wesentlichen Bestandteile des vollen Korns fehlen, oder um weißen Zucker, der außer der Saccharose nichts mehr enthält, was in Zuckerrohr oder -rübe sonst noch an guten Stoffen wie Mineralien, Vitaminen, Enzymen etc. vorkommt oder um mit Lösungsmitteln extrahierte, raffinierte Öle, die nur noch aus Fettsäureestern bestehen usw. Ein natürliches, wenig oder unverändert gegessenes Lebensmittel enthält in der Regel wichtige Stoffe, welche die Verdauung der Hauptbestandteile wesentlich verbessern bzw. überhaupt erst ermöglichen. In Kapitel 19 wird dies zum Beispiel für Zucker beschrieben. Leere Kalorien liefern solche Nahrungsmittel, die diese Stoffe nicht enthalten und die sie deshalb den Körpervorräten entziehen, um die Verdauung der Stärke, des Fettes, des Eiweißes etc. zu ermöglichen. Wenn der Körper nicht mehr genügend Vorräte hat, wird die Verdauung unvollständig und Mangelerscheinungen können sich einstellen. Daß dies nicht mit einem Gewinn an Energie und Lebensfreude einhergeht, können Sie sich vorstellen.

9. Fast alle unsere Mitmenschen belasten Ihren Körper durch schädliche Getränke. Dazu gehören alle Soft- und Harddrinks ebenso wie Tee, Kaffee etc., sogar Kräutertees sind nicht immer angeraten und sollten sorgfältig ausgewählt und sparsam getrunken werden. Milch sollte nicht als Getränk, sondern – wenn überhaupt – als eigene Mahlzeit für sich allein getrunken werden. Frucht- und Gemüsesäfte haben nur einen Zweck, wenn sie, für sich alleine und frisch gepreßt, roh getrunken werden. Trinken Sie diese nur in kleinen Mengen, langsam und eventuell mit Wasser verdünnt, weil sie sehr konzentriert sind. Es ist in den meisten Fällen besser, die ganze Frucht oder das ganze Gemüse zu essen. Dann erhalten Sie auch die Ballaststoffe, die Sie gut gebrauchen können, um eine geregelte Darmtätigkeit zu haben. Auch Säfte müssen eingespeichelt werden.

10. Es wird zu viel genascht – Süßes wie Salziges. Dies hat mehrere schädliche Folgen. Erstens werden diese süßen oder salzigen Knabbersachen oder die himmlischen Stückchen vom Zuckerbäcker zusätzlich zu den ohnehin schon zu reichlichen Mahlzeiten gegessen. Der Magen

ist ständig mit irgendetwas belastet, Neues kommt meist schon wieder hinein, bevor er leer ist. Was glauben Sie, was sich da unten für wahnwitzige Mischungen ergeben? (siehe Pizza, Kap. 16). Zweitens ist dieses Übermaß an Zucker sehr gesundheitsschädlich – die einzelnen Gründe sind in Kapitel 19 dargelegt. Drittens ist Salz ebenfalls ein großes Problem für unsere Gesundheit. Die meisten Menschen salzen zu viel. Viertens befinden sich unter den Naschsachen wahre Kalorienbomben, ich erinnere nur an die Stückchen und an Nüsse. Eine ganz große Schweinerei ist, daß die Hersteller von Knabberartikeln, die Sie zum Beispiel abends vor dem Fernseher essen, ihre Produkte so gestalten, daß das Sättiungszentrum im Gehirn außer Gefecht gesetzt wird und Sie zu völlig unkontrolliertem Konsum angeregt werden, wie DIAMOND (1988, S. 119) aufzeigt.

11. Last, but not least: Wenn Sie ehrlich zu sich selbst sind, werden Sie zugeben, daß Sie Ihre Nahrung häufig unbewußt auswählen und daß Sie auch beim Essen meist geistig nicht anwesend sind. Unter bewußt verstehe ich, daß Sie sich in jedem Fall völlig klar darüber sind, warum Sie dieses oder jenes auswählen und was Sie jeweils überhaupt essen. Wir sind derart von Gewohnheiten gesteuert, daß die richtige Auswahl von Speisen fast ganz verhindert wird. Wir müssen erst lernen, bewußt zu werden. Bewußtheits-Wachstum und richtige Ernährung gehen Hand in Hand (vgl. Kap. 4).

Welches sind denn nun die Speisen, die schwer verdaulich sind und in der Folge dick und krank machen?

1. Daß gegartes Fleisch und Fisch und Produkte daraus, vor allem wenn man sie täglich in größeren Mengen ißt, zu ganz erheblichen Gesundheitsproblemen führen, wird in Kapitel 17 ausführlich dargelegt und soll jetzt hier nicht mehr wiederholt werden. Wenn Sie vom Fleischverzehr rein verstandesmäßig nicht abzubringen sind, weil Sie meinen, ohne diese Nahrungsmittel einen Mangel zu erleiden, dann empfehle ich mit BURGER gelegentlich kleine Mengen rohes Fleisch oder rohen Fisch zu essen, wenn diese ohne Gewürze und Kräuter gut riechen und wenn Sie ganz sicher sind, daß beides aus artgerechter Tierhaltung und gesunder Umgebung stammt. Wenn es Ihnen nur um einen gelegentlichen Genuß eines Lieblingsgerichtes geht, dann sollten Sie nicht davor zurückschrecken, damit Sie nichts zwanghaft unterdrücken müssen.

2. Milch und Milchprodukte bereiten Probleme, weil den meisten Menschen etwa seit Ende des dritten Lebensjahres die nötigen Enzyme fehlen, um das Milchprotein Kasein und den Milchzucker Laktose richtig zu verdauen. Erhitzte Milch und Milchprodukte (außer Butter) führen zu einer Verschleimung des Körpers und zu Allergien und sogenannten Erkältungskrankheiten (vgl. Kap. 21). Beschränken Sie sich auf kleine

Mengen an Rohmilchprodukten, wenn Sie nicht ganz aufhören können oder wollen.

3. Getreide und Getreideprodukte sind problematisch, weil die Stärke nur bei sehr gutem Einspeicheln im Mund und auch nur dann, wenn sie in richtiger Kombination gegessen wurde, überhaupt verdaut werden kann. Dies ist im Grunde nur möglich, wenn Sie zum Beispiel Brot trocken essen und 60 bis 80mal kauen und dabei total einspeicheln. Das tut fast niemand! Bei den üblichen Kombinationen ist ein Einspeicheln nur unvollkommen oder gar nicht möglich – denken Sie nur einmal an ein Butterbrot mit Marmelade oder Honig oder an Spaghetti mit Sauce. Die Verdauung der Stärke, die ohne das Ptyalin des Speichels nicht möglich ist, bleibt dann auf der Strecke. Es tritt Gärung und Fäulnis auf mit all den gesundheitlichen Schäden, die uns so energielos und verschlackt machen. Dies betrifft auch das viel gepriesene Vollkornbrot oder das morgendliche Müsli (vgl. Kap 20)! Getreide sollten Sie am besten nur gesproßt essen. Wenn Sie noch Brot wollen, kommen LUBIG-Brot und Essener Brot infrage (vgl. Kap. 28).

4. Zucker und alle Arten von Süßigkeiten sind Gift für den Körper. Ihre Verdauung raubt dem Körper wichtige Mineralien, zum Beispiel Calcium und Vitamine und schwächt ihn dadurch. Außerdem bringt der Genuß von Zucker den Blutzuckerspiegel so kräftig durcheinander, daß Menschen, die viel Zucker essen – wie die meisten von uns – unter den fatalen Symptomen der Hypoglykämie leiden (vgl. Kap. 19). Mit Ihrem Zuckerkonsum sollten Sie unter allen Umständen gründlich experimentieren.

5. Hülsenfrüche incl. Erdnüsse und Sojaprodukte sind natürliche Fehlkombinationen von Stärke und Protein und als solche nur langsam zu verdauen. Wenn Sie abnehmen wollen, meiden Sie diese Produkte am besten. Wenn Sie Hülsenfrüchte lieben, essen Sie diese am besten alleine oder zusammen mit Gemüse oder Getreide. Am besten essen Sie Hülsenfrüche in Form von Keimsprossen.

6. Nüsse und Samen sind ebenfalls nicht besonders leicht verdaulich, weil sie Protein, Kohlehydrate und einen größeren Anteil von Fett in sehr konzentrierter Form enthalten. Da die Bestandteile aber sehr hochwertig sind, sollten Sie darauf nicht ganz verzichten. Betrachten Sie Nüsse und Samen aber als vollwertige Bestandteile von Mahlzeiten oder als Mahlzeiten für sich allein und nicht als Knabberartikel, die man zusätzlich zwischendurch ißt. Dafür sind sie viel zu konzentriert. Essen Sie nur ab und zu weniger als eine Handvoll davon. Wenn Sie nicht aufhören können, wenn Sie erst einmal angefangen haben, Nüsse zu knabbern, dann sollten Sie besser davon Abstand nehmen. Essen sie Nüsse immer ungeröstet und frisch aus der Schale.

7. Fehlkombinationen aus Obst mit allen anderen Lebensmitteln (vgl. Kap. 16) rufen Gärung und Fäulnis hervor. Fehlkombinationen von konzentrierten Proteinen und konzentrierten Kohlehydraten können gleichzeitig nicht verdaut werden (vgl. Kap. 16). Fehlkombinationen von Stärke mit Saurem, zum Beispiel Essig, Zitrone, Tomaten, Sauerkraut, etc. (vgl. Kap 16) sind schlecht verdaulich, weil die Säure das Ptyalin des Speichels zerstört, das zur Verdauung der Stärke benötigt wird. Fehlkombinationen von konzentrierten Kohlehydraten und Milchprodukten (vgl. Kap 16) bereiten ebenfalls Verdauungsprobleme.

Wenn Sie diese Nahrungsmittel und Fehlkombinationen meiden bzw. einschränken, wird es Ihnen sofort besser gehen. Das kann ich Ihnen garantieren – von Entgiftungserscheinungen natürlich abgesehen. Welche Ratschläge kann ich Ihnen im Überblick noch geben?

1. Essen Sie vormittags während der Ausscheidungsphase des Körpers (von 4.00 bis 12.00 Uhr) entweder gar nichts und trinken nur reines, möglichst mineralarmes Wasser oder essen Sie nur reifes, rohes, möglichst saftiges Obst auf nüchternen Magen und für sich alleine. Vermeiden Sie dabei Kombinationen von saurem mit süßem Obst. Diese Maßnahme wird Ihre Gesundheit und Ihr Wohlbefinden revolutionieren und die Pfunde purzeln lassen! Experimentieren Sie damit, welches Obst Sie am besten vertragen.

2. Essen Sie weniger, genießen Sie das, was Sie essen, aber mehr. Das erreichen Sie dadurch, daß Sie im geeigneten Rahmen, langsamer und bewußter essen. (vgl. unten Punkt 8).

3. Wählen Sie nur die allerbeste Qualität, d. h. nur Vollwertprodukte, frisch und unbehandelt, möglichst aus biologischem Anbau am besten aus einem Betrieb, den Sie kennen, oder aus Ihrem eigenen Garten.

4. Achten Sie genau auf Ihre Wünsche und Bedürfnisse. Ihre innere Stimme belügt Sie nicht. Betrügen Sie sich nicht selbst, indem Sie etwas anderes essen, als Sie eigentlich wollten.

5. Essen Sie nur wenige verschiedene Produkte pro Mahlzeit. Das Optimum kann die Monomahlzeit sein – also zum Beispiel nur Obst oder gar nur Weintrauben – nicht die sogenannte ausgewogene Mahlzeit. Die Ausgewogenheit der Ernährung ergibt sich im zeitlichen Nacheinander. Experimentieren Sie!

6. Achten Sie unbedingt auf die richtigen Lebensmittelkombinationen. Vergleichen Sie dazu die Tabelle im Anhang.

7. Wenn Sie Durst verspüren, trinken Sie mineralarmes oder noch besser dampfdestilliertes Wasser (vgl. Kap. 15). Weiterhin können Sie frisch gepreßte, rohe Obst- und Gemüsesäfte langsam und eventuell mit

Wasser verdünnt trinken. Das dient aber weniger dem Durstlöschen. Es stellt vielmehr eine eigene Mahlzeit dar. Trinken Sie bis maximal 15 Minuten vor dem Essen und dann erst frühestens eine Stunde danach. Nach einer Obstmahlzeit können Sie schon nach 15 Minuten wieder trinken.

8. Essen Sie langsam in friedlicher, harmonischer Umgebung. Beschäftigen Sie sich beim Essen nicht gleichzeitig noch mit etwas anderem. Versuchen Sie, auch mit Gedanken beim Essen zu sein. Beobachten Sie sich dabei, und achten Sie peinlichst darauf, daß Sie nichts essen, was Ihnen irgendwie mißhagt, oder daß Sie nicht weiteressen, wenn Sie eigentlich schon satt sind.

9. Essen Sie normalerweise außer Obst nichts nach 20.00 Uhr.

Schließlich gebe ich Ihnen noch eine Prioritätenliste für die Nahrungs-Auswahl, damit Sie alle Punkte auf einen Blick zusammen haben. Was ist dabei wichtig?

1. An erster Stelle stehen Geschmack und emotionale Befriedigung. Wenn dies nicht gegeben ist, dann kann auch eine noch so gesunde Kost auf Dauer nicht zu harmonischer Gesundheit führen.

2. Der Verdauungsapparat sollte möglichst wenig belastet werden. Fragen Sie sich: Wie lange bleibt die Speise im Magen? Je kürzer je besser. Wird die Darmtätigkeit angeregt? Haben Sie regelmäßig mindestens einmal am Tag, besser häufiger Stuhlgang? Zeigt Ihr Morgen-Urin basischen pH?

3. Die Verdauung sollte möglichst effektiv arbeiten. Fragen Sie sich: Wie viel Energie wird durch die Verdauung verbraucht, wie viel dem Körper zur Verfügung gestellt?

4. Die Belastung des Körpers mit nahrungseigenen, natürlichen, aber unbrauchbaren Stoffen sollte möglichst gering gehalten werden. Wie viel und welche Art von Abfall werden erzeugt?

5. Die Versorgung des Organismus mit den notwendigen Stoffen sollte möglichst vollständig erfolgen. Erhalten Sie nicht nur genügend Fett, Kohlehydrate und Proteine, sondern auch Mineralien, Vitamine, Enzyme und andere Vitalstoffe etc.? Diese Frage steht bei den meisten Menschen an zweiter Stelle, gleich nach dem Geschmack. Ich bewerte sie nicht so hoch, denn wenn die Punkte 2 bis 4 in Ordnung gehen, dann stimmt in der Regel auch Punkt 5. Es bringt wenig, sich nach Tabellen über Inhaltsstoffe zu richten.

6. Die Entsorgung der Abfallstoffe muß von der Nahrung optimal unterstützt werden. Fragen Sie sich also immer wieder, wenn Sie etwas essen, ob diese Speise auch genügend Entgiftungs- und Entschlakkungspotential hat. Oder wollen Sie alle Nase lang wie Helmut Kohl eine

Kur machen, deren Effekt dann durch falsches Verhalten wieder rückgängig gemacht wird? Ein solches Verhalten kann ich Ihnen nicht empfehlen.

7. Die Nahrung sollte möglichst wenig mit Fremdstoffen und Umweltchemikalien belastet sein, sie sollte einen hohen Reinwert haben, wie KOLLATH es ausdrückt.

8. Die Nahrung sollte möglichst naturnah, das heißt, möglichst wenig behandelt und verändert sein. Rohkost hat Priorität. Nur so enthält die Nahrung genug Vitalstoffe und erfüllt die anderen hier genannten Punkte.

9. Zeit- und Energieaufwand bei der Zubereitung. Wer will Zeit und Energie schon gerne unnütz vergeuden – und doch tun wir dies bei der Nahrung sehr häufig. Gesunde Ernährung mit vitalstoffreicher Sonnenkost, wie sie hier für Ihre Experimente vorgeschlagen wird, benötigt weniger Zubereitungszeit als die herkömmliche Kost und ist leichter durchzuführen.

10. Die zeitliche und räumliche Verfügbarkeit der Speisen bzw. Lebensmittel ist ein Punkt, den Sie nicht zur Entschuldigung eigener Trägheit vorbringen sollten. Bei richtiger Planung können Sie Schwierigkeiten vermeiden.

11. Für den einzelnen sehr ferne liegt bei der Nahrungsauswahl der Gedanke daran, ob auf diese oder jene Art und Weise der Ernährung auch zumindest theoretisch die gesamte Menschheit ernährt werden könnte. Dies ist bei einigen Formen der Ernährung nicht der Fall, nämlich bei solchen, die einseitig große Mengen an tierischem Protein favorisieren. Die für Ihre Eßexperimente vorgeschlagene Sonnenkost könnte die gesamte Menschheit ernähren, wenn Schritt für Schritt mit der Umstellung auch entsprechend die Landwirtschaft auf mehr Obst- und Gemüseanbau getrimmt werden würde. Das ist gut möglich, würde die Umwelt schonen und Arbeitsplätze schaffen.

28
Rezepte

In diesem Kapitel möchte ich Ihnen für Ihre eigenen Experimente einige Rezepte vorschlagen, die Ihnen bei der allmählichen Umstellung Ihrer Ernährung helfen sollen. Als erstes präsentiere ich Ihnen einige Rohkost-Schmankerln, aus dem Reservoir der Sonnenkost. Diese Speisen sind besonders leicht verdaulich, ernergiespendend, ohne zu belasten, und schmecken frisch und köstlich.

Sonnenkost besteht aus sonnengereiftem Obst, Gemüsefrüchten, Gemüsen und Salaten sowie Nüssen und Samen, die ganz frisch, allein oder in der richtigen Kombination verzehrt werden. Diese Geschenke der Natur speichern ein Maximum an Sonnenenergie – daher der Name. Im Vergleich dazu speichern Fleisch und Fisch nur minimale Mengen an Sonnenenergie, weshalb sie auch viel schneller verderben. Sonnenenergie, das bedeutet Leben für unseren Planeten – Sonnenenergie aus Obst und Gemüse etc. gibt auch dem Menschen ein Optimum an Lebensenergie. Die Sonnenkost ist ein tragendes Element der Natürlichen Gesundheitslehre (in Amerika Natural Hygiene genannt), über die in den vergangenen Kapiteln ausführlich berichtet wurde.

Gemäß dem Bewertungsschema des Vereins für Lebenskunde in Ritterhude werden die Rezepte wie folgt bewertet: Fünf Sterne erhalten Gerichte, die nur aus frischen, rohen Früchten, Salaten oder Gemüsen bestehen und richtig kombiniert sind (siehe die Lebensmittel-Kombinationstabelle im Anhang).

Wenn gekochte Beigaben gemacht werden, wird ein Stern abgezogen, ein Abzug erfolgt auch, wenn falsch kombiniert wird, oder wenn Gewürze oder Dressings verwendet werden (Übergangskost). Gekochte, aber richtig kombinierte Gerichte erhalten zwei Sterne, diese mit Gewürzen nur einen Stern. Sogenannte "Normalkost", d. h. Mischkost mit Fleisch, Fisch, Getreide- und Reisgerichten , Süßspeisen, Milchprodukten (ausgenommen Rohmilch und Rohmilchprodukte) wird nicht bewertet.

Bereiten Sie Ihre Rohkost und Ihren Salat erst unmittelbar vor dem Verzehr zu. Andernfalls gehen die Vitalstoffe verloren!

OBSTSALAT *****
Mischen Sie süße mit halbsüßen und saure mit halbsauren (halbsüßen) Früchten. Für eine Sauce pürieren Sie einige saftige Früchte.

OBST-GEMÜSE-SALAT *****
In diesem Salat wird Obst mit Gemüsefrüchten kombiniert, eine ungewohnte, jedoch bekömmliche und geschmackvolle Verbindung. Schneiden Sie Bananen, Mangos, Paprika und Gurken in Würfel und marinieren Sie sie mit einem Dressing aus Avokados, frischem Zitonensaft und Wasser oder Stangenselleriesaft (Menge je nach gewünschter Konsistenz), das Sie im Mixer zubereiten. Sie können, wenn es Ihnen zu fad schmeckt, natürlich Salz und Pfeffer hinzugeben (minus ein *).

CHINAKOHLSALAT MIT MUNGSPROSSEN ****
300 g Chinakohl
100 g Mungsprossen
50 g Lauch
50 g Karotten
1 EL Sonnenblumenkerne
4 EL Sesamöl
2 TL Ume-Su
2 TL Tamari
1 TL Honig
Schneiden Sie den Chinakohl in feine Streifen, den Lauch in dünne Ringe und die Karotten in dünne Stäbchen und vermischen Sie diese mit den Mungsprossen und den Sonnenblumenkernen. Bereiten Sie aus den restlichen Zutaten ein Dressing und marinieren Sie damit den Salat.

SELLERIESALAT *****
2 Stangen Sellerie
1 mittelgroße Zucchini
1 Avokado
2 Tomaten
Schneiden Sie die Selleriestangen quer in Scheiben und würfeln die Zucchini, die Avokado und die Tomaten. Vermischen Sie diese vier Zutaten. Dieser Salat schmeckt auch ohne Dressing gut, wenn Sie eins wollen, dann empfehle ich das unten beschriebene Gourmet's Dressing.

GEFÜLLTE ROHE PAPRIKASCHOTEN ****
Halbieren Sie kleine rote Paprikaschoten der Länge nach und füllen Sie sie mit einem Salat aus grünen Erbsen, Gemüsemais, klein gewürfeltem Gemüsefenchel und Karotten und einem Dressing aus kaltgepreßtem Olivenöl, frischem Basilikum und einem Spritzer frischer Zitrone.

GEFÜLLTE AVOKADOS ****

Halbieren Sie Avokados der Länge nach, entfernen Sie den Stein und füllen Sie sie mit einem Salat aus sehr klein gewürfelten Tomaten, Stangensellerie, Paprikaschoten, Gurken und einem Dressing aus kaltgepreßtem Sonnenblumenöl, Zitrone, Schittlauch, Petersilie, Dill, wenig Kräutersalz und Pfeffer und einem Schuß süßer Sahne.

GEFÜLLTE TOMATEN ****

Schneiden Sie kleinen Tomaten einen Deckel ab und höhlen sie aus. Das Innere können Sie bei der Füllung für Avokados verwenden. Füllen Sie die Tomaten mit Avokadomousse. Dazu zerdrücken Sie weiche Avokados mit einer Gabel und würzen die Masse mit Kräutersalz, Pfeffer, Knoblauch und Zitronensaft. Der Deckel kann zum Schluß wieder aufgesetzt werden.

GEMÜSESPIEßCHEN AUF SPROSSENBEET ****

Schneiden Sie die folgenden Gemüsesorten in Würfel und stecken sie auf Schaschlikspieße: Karotten, Blumenkohl, Kohlrabi, rote Beete, Stangensellerie, ganze Radieschen etc. Legen Sie sie auf ein Beet aus Alfalfasprossen und übergießen Sie das Ganze mit einem Dressing aus kaltgepreßtem Olivenöl, frischer Zitrone, wenig Senf, kleingehackten Kapern, Kräutern und einem Schuß süßer Sahne.

INDISCHER ROHKOST DIP ****

Schneiden Sie beliebiges Gemüse in längliche Stücke und ordnen Sie sie in bunter Folge auf einer Platte an. In die Mitte stellen Sie eine Schale mit dem folgenden Dressing, in das Sie die Gemüsestäbchen mit der Hand tauchen. Für das indische Dressing verrühren Sie folgende Zutaten kräftig mit einem Elektroquirl:

100 ccm kaltgepreßtes Sesamöl
100 ccm süße Sahne
25 ccm frisch gepreßter Zitronensaft
1 kleine durchgepreßte Knoblauchzehe
1 EL in feinste Streifen geschnittenen frischen Ingwer
1 TL gemahlener Kreuzkümmel (Cumin)
1 TL Bienenhonig
1 EL Shoyu oder Tamari (Sojasauce)
Kräutersalz nach Wunsch

BRUNNENKRESSESALAT *****

Waschen Sie ein Bündel Brunnenkresse und entfernen die gröberen Stiele. Schneiden Sie ein Bündchen Radieschen und einige Stangen Sellerie in feine Scheiben und hacken Sie grob 100g Walnußkerne. Der

Salat schmeckt ohne Dressing sehr gut. Wenn Sie wollen, marinieren Sie den Salat mit der folgenden Sauce:
100 ccm kaltgepreßtes Walnußöl
35 ccm Himbeeressig
wenig Pfeffer und Salz
wenig fein geschnittene Zwiebel nach Wahl.
Sie können auch eine Zitronen-Vinaigrette verwenden.

EGERLING-SALAT ****
Waschen und schneiden Sie 500 g Egerlinge in große Stücke und marinieren sie in der folgenden Sauce:
100 ccm kaltgepreßtes Olivenöl
50 ccm frisch gepreßter Zitronensaft
1 Bd. feingehackte Petersilie
1 durchgepreßte Knoblauchzehe
Kräutersalz und Pfeffer nach Geschmack.

AVOKADO-EGERLING-SALAT ****
Kombinieren Sie klein geschnittene Egerlinge (braune Champignons) und Tomatenstückchen mit Feldsalat und Avokadostückchen und marinieren Sie den Salat mit dem weiter unten beschriebenen Green Goddess Dressing.

SALAT DE PROVENCE ****
200 g Karotten
100 g Zucchini
30 g Zwiebeln
150 g Mungsprossen
30 g Sonnenblumenkerne
10 gefüllte grüne Oliven
1/2 Bd. Petersilie
wenig provencalische Kräuter
Raspeln Sie die Karotten und die Zucchini grob und würfeln die Zwiebeln sehr fein. Schneiden Sie die Oliven in Scheibchen. Mischen Sie alle Zutaten und übergießen Sie mit einer Vinaigrette.

INDISCHE TROCKENFRUCHT-BÄLLCHEN ****
Pürieren Sie in einem stabilen Mixer mit dem Hackmesser oder mit einem Fleischwolf gleiche Mengen an entsteinten Datteln, getrockneten Feigen (die harten Stiele entfernen und die Feigen einweichen, falls sie sehr hart sind), eingeweichten, getrockneten Aprikosen und Kokosflokken sowie die halbe Menge an Rosinen. Würzen Sie die Masse mit 1 TL Honig, 1 EL abgeriebener Zitronenschale, 1 TL Kardamompulver und ei-

ner Messerspitze Safran auf ca. 500g Fruchtbällchen-Masse je nach gewünschter Intensität. Formen Sie Bällchen von 2cm Durchmesser und wälzen Sie sie in Cocosflocken oder Sesam.

DIPS, DRESSINGS UND SAUCEN FÜR SALATE

Salatsaucen sind in der Gastronomie ein vernachlässigtes Stiefkind. Billiges, mit Lösungsmitteln extrahiertes und raffiniertes Öl, viel einfachster Essig sowie Pfeffer und Salz sind häufig alles, was dem ehrenwerten Gast geboten - zugemutet - wird. Die italienische Küche, die sehr gute Saucen kennt, steht darin der deutschen und anderen Küchen nicht nach. Fast noch schlimmer ist der Einsatz der zahlreichen Fertigsaucen mit ihren Konservierungsmitteln und Zusatzstoffen aus der Chemieküche und ihrem faden Geschmack. Wen wundert`s, daß der Salat bei der Mehrzahl der Bevölkerung noch immer ein Beilagen-Dasein fristet.

Neben Vegetariern und Naturköstlern sind es vor allem Gewichtsbewußte, die häufig zu Salaten als Hauptmahlzeit greifen. Für diese wiederum wird der Salat meist zu einem spartanischen "ich muß", "ich darf nicht", und die Salatsauce soll möglichst kalorienarm sein. Dies geht jedoch meist auf Kosten des Geschmacks. Dann jedoch wird Salatessen zum Zwang und kann dementsprechend nicht befriedigen und letztlich auch nicht nähren.

Salatessen erfordert in der Regel Zeit, Zeit vor allem zum Kauen. Damit entfällt die Gefahr, zu viel zu essen, da das Sättigungsgefühl nicht in erster Linie abhängig ist von der Füllung des Magens, sondern vor allem von der Dauer des Kauens. Salate sind in der Regel sehr wasser- und ballaststoffreich und deshalb ideale Lebensmittel. Eine üppige Salatsauce wird der Körper deshalb ebenfalls gut verdauen, vorausgesetzt, sie ist aus vollwertigen Zutaten gemacht. Haben Sie also keine Angst: Verwenden Sie ruhig genug kaltgepreßtes, unraffiniertes Öl oder auch Sahne. Mit Essig würde ich jedoch extrem sparsam umgehen... Stattdessen bieten sich Zitronensaft und Ume-Su an. Letzteres ist ein geschmacklich einfach köstlicher Essigersatz aus milchsauer vergorenen japanischen Umeboschi-Pflaumen - erhältlich in guten Naturkostläden. Wenn man Ume-Su verwendet, braucht man kein Salz mehr. Das ist darin bereits enthalten. Gedünstetes Gemüse mit Ume-Su - a Gourmet's Delight!

Wollen Sie Dips und Saucen für frische Salate oder rohes, gedünstetes oder gebratenes Gemüse mixen, sollten Sie kreativ sein! Wir geben hier nur Vorschläge; Sie sollten diese nach eigenem Geschmack variieren. Im Laufe der Zeit werden Sie voraussichtlich immer milderes, einfacheres und mengenmäßig weniger Dressing verwenden, weil Ihre

Sensitivität zunimmt. Stellen Sie sich darauf ein. Probieren Sie auch ab und zu, ganz ohne Gewürze auszukommen und einen Salat auch mal ohne jedes Dressing zu essen. Beginnen wir mit einer sehr beliebten, leichten Sauce, die sich für frische Salate und Sprossen besonders anbietet.

GREEN GODDESS DRESSING
4 EL saure Sahne
8 EL Yoghurt
je ein viertel Bund Petersilie, Dill und Schnittlauch
je ein viertel TL Pfeffer und Selleriesalz
Schneiden Sie die Kräuter sehr fein und vermischen die Zutaten.

Das folgende Dressing eignet sich gleichermaßen für Salate wie für die Gemüseplatte:

THOUSAND ISLAND DRESSING
150 cc (ca. 12 EL) Yoghurt
3 EL Mayonnaise
1 EL Meerrettich (gerieben)
1 EL Ketchup
1 TL Essig
Pfeffer und Salz
Verquirlen Sie alle Zutaten. Das Dressing kann mit Wasser verdünnt werden.

Das folgende Dressing für alle Zwecke gewinnt seinen besonderen Geschmack durch die Kombination von Olivenöl und Ume-Su. Dieses Dressing ist auch sehr lecker ohne Sahne und Pfeffer.

GOURMET'S DRESSING
4 EL kaltgepreßtes Olivenöl
4 EL süße Sahne
2-3 TL Ume-Su
etwas Pfeffer
Verquirlen Sie alle Zutaten.

Auch die klassische Vinaigrette soll mit einer Variante vertreten sein, die besonders für Gemüsesalat geeignet ist. Man sollte sie über das noch warme Gemüse gießen, damit der Salat so richtig durchziehen kann.

KNOBLAUCH-SENF-VINAIGRETTE
8 EL kaltgepreßtes Olivenöl
1-2 EL Sherryessig, Rotweinessig oder Zitronensaft

1 TL Senf
1 Zehe kleingehackter Knoblauch
Salz und Pfeffer
Verquirlen Sie alle Zutaten.

TAHINISAUCE ****
50 cc Tahini (Sesammus)
3 EL Zitronensaft
100 cc Wasser
1 Zehe Knoblauch (nach Wahl)
Salz, Pfeffer, Kreuzkümmel und Petersilie nach Geschmack.
Geben Sie das Sesammus mit dem Zitronensaft in einer kleine Schüssel, und rühren Sie mit dem elektrischen Handmixer. Dann fügen Sie Wasser hinzu, bis sich eine cremige Sauce ergibt. Dann würzen Sie und schmecken ab.

Für Gurken, Tomaten und Paprika ist folgender Dip besonders gut geeignet; er schmeckt auch zu gekochten oder gebackenen Kartoffeln.

AVOKADO DIP ****
100 cc Stangensellerie-Saft
1 reife Avokado
1 TL Zitronensaft
1 Zehe durchgepreßter Knoblauch, Salz und Pfeffer (schmeckt auch ohne).
Schälen und entsteinen Sie die Avokado und pürieren Sie alle Zutaten im Mixer. Fügen Sie je nach gewünschter Konsistenz mehr oder weniger Selleriesaft hinzu.

Eine wahre Köstlichkeit ist die folgende, berühmte italienische Sauce, die man selbst in guten italienischen Restaurants nur selten nach Originalrezept frisch zubereitet erhält. Auch die in Gläsern erhältliche Variante ist unbefriedigend, wenn man das Original kennt. Die Sauce eignet sich für Gemüse ebenso wie für Teigwaren. Bei letzteren ergibt sich allerdings eine Fehlkombination (Protein und Stärke). Die Sauce schmeckt aber auch ohne Käse sehr gut.

PESTO-SAUCE
12 EL (ca. 150 cc) kaltgepreßtes Olivenöl
4-10 EL Wasser (je nach gewünschter Konsistenz)
Je 50 g Parmesan und Pecorino vom Stück, fein gerieben
30 g Pinienkerne (ersatzweise enthäutete Mandeln), fein gemahlen
2-6 Zehen fein gehacker Knoblauch

2 Bund frisches Basilikum, gehackt
Salz und weißer Pfeffer
Die klassische Herstellung vermischt die Zutaten (mit den letzten 4 anfangend) durch Verreiben in einem Mörser. Ich finde eine Küchenmaschine mit Hackmesser (Blender) ergibt auch ein sehr gutes Resultat.

Die folgende Speise kann je nach gewählter Konsistenz als Sauce, Dip oder cremiger Brotaufstrich verwendet werden. Er kommt aus den Levanteländern, vor allem aus Israel, und wird dort zusammen mit frittierten Kichererbsenbällchen (Felafel) gegessen. Hummous schmeckt mit Knoblauch am besten, ist aber auch ohne ihn köstlich.

HUMMOUS *
100 g Kichererbsen
50 cc Sesamöl
30 g Tahini (Sesammus)
2 EL Zitronensaft
Wasser je nach gewünschter Konsistenz
1 Zehe Knoblauch nach Wunsch
etwas Petersilie
Salz und Pfeffer nach Geschmack
Weichen Sie die Kichererbsen über Nacht ein, kochen sie weich, gießen sie ab und lassen sie abkühlen. Geben Sie alle Zutaten in einen Mixer und pürieren Sie die Mischung mit dem Hackmesser sehr gründlich.

Die folgende "Sauce" eignet sich vor allem für gedünstetes oder gebratenes Gemüse.

MEERRETTICH-SAHNE-SCHAUM
100 cc süße Sahne, steif geschlagen
50 cc geriebener Meerrettich
1 EL Zitronensaft
1 TL Honig
Salz
1 MSP gemahlener Fenchelsamen
Vermischen Sie die letzten 5 Zutaten, und rühren Sie sie dann vorsichtig unter die Schlagsahne. Da das Auge bekanntlich mit ißt, kann man unter einen Teil des Meerrettich-Schaumes 1-2 EL Rote Beetesaft mischen und ihn damit rosa bis rot färben, einen anderen Teil färbt Spinatsaft grün.

Für Grüne-Bohnen-Salat erfand ich folgendes Dressing, das auch für andere Salate paßt.

GOURMET'S GEMÜSESALAT DRESSING
6 EL kaltgepreßtes Olivenöl
1-2 EL Balsamiko-Essig oder Rotweinessig
etwas Senf
50 g grüne, entsteinte, feingehackte Oliven
1 Peperocini ohne Samen fein gehackt
1 Zehe Knoblauch, durchgepreßt
4 reife Tomaten, klein gehackt
je 1 EL klein gehackte Petersilie, Schnittlauch und Dill
Salz und Pfeffer
Verrühren Sie die Zutaten, und gießen Sie sie über den Salat. Die Menge ist gut für z. B. 500g gekochte grüne Bohnen. Dekorieren Sie den Salat mit enthäuteten Mandeln.

Zum Abschluß noch eine Salatsauce mit exotischem Touch, der sich besonders gut für Gemüsesalat eignet:

COCOSMILCH-SAUCE THAI-STYLE
250 g Cocosflocken
350 cc Wasser
je 1/4 TL Chinagewürz, Selleriesalz, Kardamom, Zimt, Ingwer u. Pfeffer
1 EL Zitronensaft
1 Bd. feingehackte Pfefferminze oder Zitronenmelisse
20 g blanchierte, gehackte Mandeln
1 TL gekörnte Gemüsebrühe
Legen Sie ein Geschirrtuch in eine kleine Schüssel und in das Tuch die Cocosflocken. Übergießen Sie die Flocken mit fast kochendem Wasser und lassen Sie sie abkühlen, bis Sie die Cocosmilch mit Hilfe des Tuches auspressen können. Dann fügen Sie die übrigen Zutaten hinzu und marinieren das noch warme oder rohe Gemüse.

FRISCHE TOMATENSAUCE **
200 g Zwiebeln
50 g Butter
250 cc süße Sahne
1 gehäufter TL gekörnte Gemüsebrühe
500 g Tomaten
1 Bd. Basilikum oder Petersilie
Pfeffer nach Wunsch
Hacken Sie die Zwiebeln sehr fein, und braten Sie sie in der Butter an bis sie zu bräunen anfangen. Dann geben Sie die Sahne und die Gemüsebrühe dazu und lassen aufkochen. Jetzt nehmen Sie den Topf vom Feuer und geben die kleingeschnittenen Tomaten und die feingehackten

Kräuter hinzu und würzen mit Pfeffer ab. Servieren Sie sofort. Diese Sauce ist ebenso köstlich wie schonend zubereitet.

KRÄUTERSAUCE **
200 g Zwiebeln
200 g Lauch
75 g Butter
250 cc süße Sahne
1 gehäufter TL gekörnte Gemüsebrühe
je 1 Bd. Petersilie, Schnittlauch und Dill oder andere frische Kräuter in geeigneter Kombination
Pfeffer
Hacken Sie die Zwiebeln sehr fein, schneiden den Lauch in Ringe, und braten Sie sie in der Butter an, bis sie anfangen zu bräunen. Geben Sie die Sahne und die Gemüsebrühe dazu und lassen aufkochen. Nehmen Sie dann den Topf vom Herd, fügen die gehackten Kräuter dazu und schmecken mit Pfeffer ab. Die letzten beiden Saucen eignen sich vorzüglich zur Gemüseplatte.

GEDÜNSTETES GEMÜSE, GEDÄMPFTES GEMÜSE

Das Dünsten von Gemüse im eigenen Saft zählt zu den schonendsten Garmethoden. Dazu ist es zweckmäßig, das Gemüse klein zu schneiden und in einem zugedeckten Topf mit ganz wenig Fett bei kleiner Flamme so lange zu dünsten, bis es weich genug ist. Dabei muß man gelegentlich umrühren, damit nichts anbrennt.

Beim Dämpfen von Gemüse gibt man statt Fett eine nur etwa 1 cm dicke Wasserschicht in den Topf. Das Gemüse braucht dabei nicht klein geschnitten werden, Blumenkohl zerlegt man zum Beispiel nur in einige Rosen. Das Dämpfen erfolgt bei geschlossenen Deckel ohne Umrühren durch das verdunstende Wasser, das sich als Wasserdampf am Gemüse niederschlägt und seine Verdampfungswärme an das Gemüse abgibt, was den Garvorgang bewirkt. Das Gemüse wird dabei ein wenig ausgelaugt. Es ist zweckmäßig, den Garvorgang zu beenden, wenn das Gemüse noch knackig ist. Vorteilhaft sind Drahtgestelle, die man in den Topf einsetzt und die verhindern, daß das Gemüse mit dem Wasser direkt in Berührung kommt. Zum schonenden Garen von Gemüse eignet sich auch der STUPLICH-Topf (Rai Stuplich, Görgenstr. 7, 54 Koblenz).

HAUSCHKA (1989, S. 180ff) gibt einige sehr sinnvolle Anregungen zum Garen von Pflanzenkost, die ich Ihnen nicht vorenthalten will. Sie beruhen auf dem anthroposophischen Ansatz, die Pflanzen als dreigliedrige Wesen anzusehen, die am Wurzelpol am erdhaftesten, dichtesten sind und die sich über ihren Blütenpol hinaus entmaterialisieren. Beim

Garen kommt es nun darauf an, daß wir die natürlichen Prozesse der Natur in der Küche sinngemäß fortsetzen. Im Blütenbereich hat der Kosmos bereits das Maximum an lösenden Wärme-Reife-Kräften aufgewendet. Was darüber hinausgeht, bewirkt Verblühen, Überreife, Zerfall. Wenn wir daher die oberen Teile der Pflanze kochen, setzen wir einen Naturprozeß fort, der draußen in der Natur bereits bis zur Grenze des Möglichen gediehen ist, und wir bringen den Inhalt des Kochtopfes zum Verblühen, zum Verduften, zum Verströmen, mit anderen Worten, wir zerstören die Vitamine und anderen Vitalstoffe. Obst und Blüten sollte man deshalb auf jeden Fall roh essen. Reifes Obst ist bereits von der Sonne gekocht – und eigentlich gar keine Rohkost mehr. Blütentees dürfen deshalb auch nicht gekocht, nur aufgebrüht werden. Blüten- und knospenhafte Gemüse müssen ganz besonders vorsichtig und kurz gegart werden (nur 4–8 Min.). Dies betrifft vor allem Blumenkohl, Brokkoli, Rosenkohl, Spargel etc. Sie haben vielleicht schon einmal erlebt, wie unansehnlich Blumenkohl wird, wenn man ihn zu lange kocht. Er riecht dann auch unangenehm. Wenn er dagegen knackig bleibt, sieht er noch gut aus und schmeckt auch gut.

Wie verhält sich nun die polar entgegengesetzte Wurzel beim Kochen? Sie ist durch die Erde dem Sonnen-Koch-Prozeß entfremdet worden. Wenn wir daher Wurzelgemüse kochen, so holen wir nach, was Rübe, Sellerie, Karotte, Schwarzwurzel etc. draußen nicht bekommen. Wir lockern sie, wir führen sie dem Weltenwärmewirken entgegen und heben sie – bildlich ausgedrückt – in die Sphäre der oberirdischen Pflanze hinauf. Die Wurzeln werden beim Kochen weich, aromatisch, ja sogar süß. HAUSCHKA kann durch seine Untersuchungen zeigen, daß die für die Wurzeln charakteristischen Formen in seinen "Steigbildern" sich beim Kochen zu Blattformen, ja sogar zu Blütenformen auflockern.

Das grüne Blatt, als mittleres Glied der Pflanze, wird – wenn es vom Sonnenkochprozeß ergriffen wird – blütenwärts hinaufentwickelt. Dasselbe bewirken wir beim Kochen. Dabei zeigt sich, daß zum Beispiel Weißkohl nur kurz gegart werden darf (ca. 5–10 Min.), sonst zeigt er eindeutig totgekochte, formlose Steigbilder. Die folgende Garmethode des chinesischen Pfannenrührens beachtet diese Beobachtungen.

DAS CHINESISCHE PFANNENRÜHREN

Als nächstes möchte ich Ihnen das Pfannen-Rühren vorstellen. Die meisten modernen, alternativen Ernährungsweisen betonen, daß Gemüse nur wenig gegart, wenn nicht gar roh gegessen werden soll. Nun ist, abgesehen von Blattsalat und anderem weichen Gemüse wie Tomaten und Gurken, Rohkost nicht jedermanns Sache. Sei es, daß der Verdauungsapparat zu degeneriert oder daß Rohkost einfach nicht gewohnt ist oder daß die Lust auf Rohes fehlt, was vor allem im Winter häufig vorkommt. Hier bietet sich chinesisch nach dem Prinzip des Pfannen-Rührens zubereitetes Gemüse an. Einerseits ergibt dies warme, wohlschmeckende Gerichte, andererseits bleiben die Gemüse knackig und somit ernährungsphysiologisch wertvoll. Erwähnt werden muß allerdings, daß höchstwahrscheinlich gedämpftes Gemüse leichter verdaut wird, weil kein erhitztes Fett im Spiel ist.

Bevor der Pfannen-Rühr-Spaß beginnen kann, müssen alle benötigten Zutaten fertig und in Reichweite des Kochs am Herd stehen, denn der eigentliche Bratvorgang dauert nur wenige Minuten. Als erstes muß eine Pfanne oder ein Wok bereit sein. Am besten kocht man chinesische Gerichte auf Gas, es gibt jedoch die typische chinesische Pfanne, den Wok auch aus Gußeisen mit einem plan geschliffenen Boden für Elektroherde. Dazu gehört ein Holzspatel zum Rühren bzw. Wenden des Bratgutes. Wer diese Vorschläge erst einmal ausprobieren will, kann sehr gute Ergebnisse mit einer normalen Pfanne erzielen. Erst bei akuter Ansteckung würde ich mir einen Wok kaufen.

Als Bratenfett paßt am besten kaltgepreßtes Sesamöl, andere Öle wie Sonnenblumenöl, Erdnußöl oder Maiskeimöl finden jedoch auch Verwendung. Wer eine für die chinesische Küche typische Geschmacksnote erzielen will, besorgt sich Öl aus geröstetem Sesam. Man verwendet dieses Öl nur in kleinen Mengen zusätzlich als Würze.

Das Gemüse wird in Streifen oder längliche Stückchen nicht dicker als 5 mm geschnitten, wie sie mundgerecht mit Stäbchen gegessen werden können, und in Schüsseln neben dem Ofen bereitgestellt. Ebenso werden Zwiebeln in halbe Ringe oder größere mehr quadratische Stücke sowie frische Ingwerwurzel in feine dünne Streifen und Knoblauch in dünne Scheibchen geschnitten und Peperocini bzw. Chilis kleingehackt vorbereitet.

Nach der Garzeit wird das Gemüse in drei Gruppen eingeteilt:

1. Gemüse, das in 1 – 3 Minuten gar ist: Spinat, Mangold, Chinakohl, Lauch, Zucchini, Bambussprossen, Sojasprossen, Pilze (getrocknete und dann eingeweichte chinesische, wie auch andere), Meeresalgen (müssen vorher eingeweicht und gekocht werden), grüne Erbsen u. a.,

2. mittelhartes Gemüse, das bis zu 6 Minuten benötigt: Weißkraut, Auberginen, Stangensellerie, Rosenkohl, Paprikaschoten, Brokkoli- und Blumenkohl-Röschen, Grüne Bohnen u. a.,

3. hartes Gemüse, das bis zu 10 Minuten benötigt (je nach individuellen Wünschen): Spargel, Broccoli- und Blumenkohlstengel, Karotten, Rüben, Kartoffeln, Pasternaken etc.

Da es sich hier um eine erste Einführung handelt und es außerdem nicht darauf ankommt, alle chinesischen Geschmacksvarianten auszuloten, sondern vielmehr auf eine schonende Zubereitungsart, gebe ich nur eine sehr kleine Auswahl der üblichen chinesischen Gewürze und Zutaten. Ich will Ihnen ja nicht zumuten, daß Sie sich eine komplette chinesische Küchenausstattung kaufen. Außerdem können Sie durch Pfannen-Rühren (engl. quick stir frying) zubereitetes Gemüse auch ganz anders, etwa mediterran, indisch oder gar treu deutsch (mit Sahne und Kräutern!) würzen. Generell empfehle ich Ihnen, möglichst sparsam zu würzen - es sei denn, Sie haben ein starkes Verlangen nach kräftigem Geschmack - das kann ja vorkommen und hat dann auch seine Berechtigung. Für einen guten chinesischen Geschmack empfehle ich die folgenden Zutaten.

Chinagewürz: es besteht aus fünf bis sechs gemahlenen Gewürzen: Pfeffer, Sternanis, Fenchel, Zimt, Nelken und Ingwer. Es ist in Chinaläden auch als Five-Spice-Powder (ohne Ingwer) erhältlich. Kaufen Sie aber nicht das auch in normalen Geschäften erhältliche Chinagewürz, denn es enthält ca. 60% Natrium-Glutamat (Ajinomoto). Glutamat ist ein kennzeichnungspflichtiger Geschmacksverstärker, der in der chinesischen Küche teilweise in großen Mengen verwendet wird. Man wird ihn Ihnen im Chinaladen pfundweise anpreisen! Geschmacklich ist gegen ihn nichts einzuwenden, wenn man davon absieht, daß die Gerichte auch ohne ihn vorzüglich schmecken. Bei einer ganzen Reihe von Personen löst Glutamat aber die unter "China-Restaurant-Syndrom" bekannten Beschwerden aus, die sehr unangenehm sind und im akuten Stadium Todesängste erzeugen: Taubheitsgefühle im Nacken, Herzklopfen, Kopfschmerzen und verschiedene allergische Reaktionen. Die Beschwerden gehen nach einigen Stunden bis spätestens einem Tag wieder vorbei, treffen aber nicht selten die Opfer völlig unvorbereitet. Dies und die Tatsache, daß die Ursachen meist unbekannt sind, dramatisiert die Situation nicht selten beträchtlich. Ich selbst habe solche Fälle mehrfach miterlebt.

Weiterhin werden zum Würzen verwendet: Sojasauce (Tamari aus Sojabohnen, Shoyu aus Sojabohnen und Weizen - es zahlt sich geschmacklich und gesundheitlich aus, eine wirklich gute Sojasauce im Naturkosthandel zu kaufen), trockener Sherry (hier darf's ein billiger sein) oder Sake (Reiswein), Zitronen- oder Limonensaft, Salz, Butter, gekörnte Gemüsebrühe, Knoblauch, frische Ingwerwurzel, Zwiebeln, Schalotten. Diese Zutaten kommen während des Pfannenrührens zum Gemüse.

Die folgenden Zutaten gibt man gegen Ende zum Gericht, wenn man eine richtige Sauce machen will: Miso (in etwas Wasser verrührt), Ume-Su (der Saft von milchsauer vergorenen Umeboshi-Pflaumen, vgl. oben), Essig, Zucker, Honig, Senf, Tomatenpüree, Erdnußmus und Sesammus etc. Dabei entstehen dann die berühmte Süßsauer-Sauce oder die Erdnuß- oder Sesamsauce. Wer weitere Geschmacksvarianten ausprobieren will, findet in Chinaläden viele Anregungen. Auf das fertige Gericht werden nicht selten Sesam und gehackte Kräuter gestreut.

Chinesische pfannengerührte Gerichte werden substanzieller mit Tofu, Tempeh, Seitan etc. Diese Proteinträger sollten in Streifen geschnitten und mariniert werden, bevor sie in die Pfanne kommen. Am besten ist es, wenn man sie getrennt in Öl mit Gewürzen brät, dann zur Seite stellt und zum Schluß zu dem fertigen Gemüse gibt. Achten Sie aber darauf, daß Sie dann das Gericht nicht zusammen mit Reis oder Nudeln essen, weil sich sonst eine Fehlkombination ergibt.

Bevor wir nun anfangen, noch eine wichtige Bemerkung: Bei einem Pfannendurchmesser von 25 - 30 cm bzw. einem Wokdurchmesser von 35 cm können stets nur Mengen für höchstens 4 Personen auf einmal gebraten werden. Ich empfehle für den Anfang mit Einzelportionen zu üben und später nur Doppelportionen zuzubereiten. Wenn zu viel Gemüse im Wok ist, dann wird die Garzeit zu lange und der schonende Effekt ist hin.

Als erstes erhitzen Sie (für 2 Portionen) 2 - 3 Eßlöffel Öl im Wok. Wenn das Öl heiß ist, geben Sie die erforderliche Menge (je nach gewünschter Geschmacksintensität) an Zwiebeln, Ingwer, Peperocini und Knoblauch dazu. Braten Sie unter Rühren mit dem Holzspatel ca. 1 Minute. Dabei überträgt sich das Aroma dieser würzigen Gemüse auf das Öl, das es anschließend an das andere Gemüse weitergibt. Die nächsten Phasen richten sich danach, welches Gemüse Sie verwenden. Wenn Sie nur Gemüse der Gruppe 1 braten wollen, läuft das folgendermaßen ab:

Sie geben diese Gemüse zu dem gewürzten Öl in den Wok und braten unter Rühren 1-3 Minuten. Bei Sojasprossen, Spinat, Bambussprossen aus der Dose, Meeresalgen und grünen Erbsen genügt eine Minute, die übrigen Gemüse benötigen etwas länger. Zum Schluß würzen Sie mit Chinagewürz, Salz, Zitronensaft, Umesu etc. Das Gericht kann dann sofort serviert und gegessen werden.

Wenn Sie jedoch Gemüse der anderen beiden Gruppen mitverwenden, so gilt die einfache Regel, daß alles, was härter ist, zuerst in den Wok kommt. Eine kleine Rechenaufgabe! Auch härteren Pflanzenteilen würde ich etwas Vorsprung vor weicheren Teilen geben, so zum Beispiel den harten Blattrippen des Kohls. Jedesmal, bevor Sie ein weiteres Gemüse in den Wok geben, schieben Sie das bereits vorhandene Gemüse vom Wokboden weg hinauf auf die Seiten, geben etwas Öl auf den Pfannenboden und legen dann das nächste Gemüse hinein. Wenn die Gefahr besteht, daß das Gemüse zu trocken wird bzw. anbrennt - was normalerweise nur auftritt, wenn Sie zu viel auf einmal braten oder wenn die Hitze zu stark gewählt wurde – dann geben Sie etwas Wasser oder Gemüsebrühe hinzu und rühren kräftig. Jedesmal, bevor Sie ein neues Gemüse hinzufügen, vermischen Sie alles, was sich im Wok befindet.

Wenn Sie die Gemüse der dritten Gruppe weicher haben möchten, ist es zweckmäßig, etwas Wasser in den Wock zu geben, den Deckel aufzulegen und für ein paar Minuten zu dünsten. Anschließend werden dann die Gemüse gebraten, die schneller gar sind.

Falls Sie eine spezielle Sauce wünschen, können Sie etwas gekörnte Gemüsebrühe in Wasser auflösen und zum Schluß zu den Gemüsen geben. Zum Andicken können Sie etwas Sesammus, Erdnußmus, Tomatenpüree etc. verwenden. Falls Sie größere Mengen kochen, empfielt es sich, die Sauce separat zuzubereiten und dann über das fertig gebratene Gemüse zu gießen.

GEMUSESUPPE **

An kalten Tagen ist eine Gemüsesuppe willkommen. Sie spendet Wärme ohne zu belasten. Dazu kochen Sie destilliertes oder möglichst mineralarmes Wasser auf und geben dann klein geschnittenes Gemüse hinein. Wählen Sie möglichst würzige Sorten. Stellen Sie das Feuer ganz klein und nehmen Sie den Topf nach fünf Minuten ganz von der Kochstelle. Lassen Sie die Suppe so lange ziehen, bis das Gemüse so ist, wie Sie es wünschen. Sie können die Suppe mit gekörnter Gemüsebrühe, Tamari, Zitronensaft und /oder Peffer und Salz würzen. Zum Schluß streuen Sie gehackte Kräuter darüber.

ZWEI TRENNKOST-MENÜS FÜR TRADITIONELLE FEINSCHMECKER

Als nächstes möchte ich Ihnen zwei Menüfolgen vorschlagen, die sich so recht zum Feiern eignen. Bei Ihren Gästen werden Sie damit Begeisterung auslösen! Damit auch der Magen Spaß an der Freud' hat, habe ich versucht, nach den Regeln der "Natural Hygiene" (vgl. Kap. 16) Kohlehydrate und Proteine weitgehend zu trennen, was jedoch nicht vollständig gelungen ist. Auch sind die kompletten Speisenfolgen nicht so leicht verdaulich wie ein einfaches Essen aus einem Gang.... Nehmen Sie sich also viel Zeit, lassen Sie Pausen zwischen den Gängen. Die Speisen sind so ausgewählt, daß viel vorbereitet werden kann, bevor die Gäste kommen, damit die Party auch für den Gastgeber gemütlich wird. Die folgenden Speisen sind auch gut geeignet, wenn Sie Ihren Partner vom Fleisch weglocken wollen, sie sind also lediglich als Vorschläge für Abwechslung in der Übergangskost anzusehen.

DAS PROTEIN-MENU	DAS KOHLEHYDRAT-MENU
1.. Waldorfsalat	1. Obstsalat mit Portwein
2. Avocado-Ratatouille	2.Tahiti-Cocktail

3. Tempeh mit Okra	3. Spanakopita
4. Spinat-Roulade	4. Gemüse-Paella
5. Kahlua-Mousse	5. Enlightened Bananas

Und nun die Rezepte (jeweils berechnet für vier Personen):

WALDORFSALAT ****

Dies ist eine sehr erfrischende, knackige Variante des bekannten Salates, Wir würden ihn mit den frischen Sellerieblättern oder auf einem Blatt Kopfsalat oder Radicchio mit halben Walnüssen garniert anrichten.

1 grüner, säuerlicher Apfel
1 Stange Stangensellerie
80 g grüne Weintrauben
30 g Walnüsse
125 cc saure Sahne

Schneiden Sie die Äpfel und die Stangensellerie in Stückchen, die Weintrauben in Hälften (die Kerne herausnehmen), und hacken Sie die Walnüsse grob. Lassen Sie einige ganz für die Garnierung. Vermischen Sie alle Zutaten.

AVOKADO-RATATOUILLE ***

Diese köstliche Feinschmecker-Vorspeise sollte man schon am Tag vor der Party zubereiten, damit die Avokados richtig durchziehen können. Die Avokados müssen weich sein, also kaufen Sie sie rechtzeitig ein!

1 rote Paprikaschote
50 cc Olivenöl
75 g grüne, entsteinte Oliven
3 Tomaten
Petersilie und Dill
50 cc Essig
1 EL Succanat oder Ursüße (ersatzweise brauner Zucker oder Honig)
1 Prise Salz
1 kleine Zwiebel
2 weiche Avokados

Schneiden Sie die Paparikaschote in kleine Würfel und braten Sie sie in Olivenöl an. Fügen Sie die feingehackten Oliven, Tomaten und Kräuter, den Essig, sowie Salz und Zucker hinzu und lassen Sie sie bei kleiner Hitze ca. 15 Minuten lang dünsten. Rühren Sie häufig um! Hacken Sie die Zwiebeln sehr fein, und geben Sie sie in die Marinade. Schälen und entsteinen Sie die Avokados und schneiden Sie diese in Scheiben. Ordnen Sie die Avokadoscheiben dachziegelförmig in einer flachen Schale an und übergießen Sie sie mit der abgekühlten Marinade.

TEMPEH MIT OKRA **

Tempeh ist ein fermentiertes Sojaprodukt und eine der wichtigsten Proteinquellen Indonesiens (19,5% Protein). Es schmeckt sehr gut. Sie sollten es einmal probieren!

400 g Tempeh
50 cc Olivenöl
Salz, Pfeffer
1 mittelgroße Zwiebel
50 cc Olivenöl
400 g junge Okra (Ladyfingers)
3 Tomaten
1 kleine Zehe Knoblauch
Je eine MSP Basilikum und Oregano
Salz, Pfeffer, Zitronensaft

Schneiden Sie das Tempeh in dünne Scheiben, braten Sie es in Olivenöl knusprig, und würzen Sie es mit Salz und Pfeffer. Hacken Sie die Zwiebel fein, und braten Sie sie in Olivenöl goldgelb. Schneiden Sie bei den Okras die Stiele ab, und dünsten Sie sie bei Mittelhitze und zugedeckter Pfanne mit den Zwiebeln, bis sie weich sind – Achtung, das geht sehr rasch! Vergessen Sie nicht umzurühren, und geben Sie nötigenfalls etwas Wasser hinzu. Kurz vor Ende der Garzeit fügen Sie die kleingeschnittenen (falls nötig erachtet vorher enthäuteten) Tomaten, den kleingehackten Knoblauch und die Gewürze hinzu. Schmecken Sie mit Zitronensaft ab. Servieren Sie die Tempeh-Chips zusammen mit dem Okragemüse. Bei guter Vorbereitung (Tempeh schneiden, Zwiebeln hacken, Tomaten schneiden etc.) kann dieser Gang in einer Pause nach dem 2. Gang schnell zubereitet werden. Er schmeckt frisch gekocht am besten, denn die Tempeh-Chips sollten knusprig und die Okras noch ein wenig knackig sein. Von Okras aus Dosen rate ich ab, da diese weich und schleimig sind. Okras schmecken auch roh als Salat sehr gut.

SPINAT-ROULADE *

Dieses Gericht erfordert etwas Geschicklichkeit, kann aber einige Stunden vor der Party vorbereitet werden. Es schmeckt und sieht sehr gut aus. Die angegebene Menge reicht theoretisch für 8 bis 10 Scheiben (Portionen), für unser Menü ist aber eine Scheibe pro Nase ausreichend. Wir empfehlen jedoch, die angegebene Menge zuzubereiten, da bei kleineren Mengen "fertigungstechnische" Schwierigkeiten auftreten könnten und außerdem prozentual an den Enden der Rolle zu viel "Abfall" entsteht. Auch können wir uns vorstellen, daß gute Esser leicht zwei Portionen schaffen. Die Speise wird kalt gegessen.

500 g pürierter Tiefkühlspinat
4 Eigelb

Pfeffer, Salz
3 Eiweiß
Butter zum Einfetten
50 g Parmesankäse
1 TL Rosenpaprika

300 g Champignons
30 g Butter
1 Zehe Knoblauch
1 TL Basilikum
Je 1 Msp. Thymian und Rosmarin
Salz, Pfeffer
150 cc süße Sahne
40 cc Wasser
2 EL Weizenvollkornmehl

Lassen Sie den Spinat über Nacht auftauen und abtropfen. Vermischen Sie den Spinat mit dem Eigelb, Pfeffer und Salz, und heben Sie das steif geschlagene Eiweiß darunter. Legen Sie Backpapier auf ein Blech und fetten es ein. Breiten Sie die Spinatmischung darauf etwa 1 cm dick aus (Fläche ca. 22 x 16 cm). Bestreuen Sie den Spinat mit einer Mischung aus frisch gemahlenem Parmesankäse und Rosenpaprika. Backen Sie den Spinat bei 190 °C 10–15 Minuten, bis der Spinat fest ist. Stürzen Sie den Spinat auf ein feuchtes Geschirrtuch, und pellen Sie das Backpapier ab. Breiten Sie die Füllung auf dem gebackenen Spinat aus, und rollen Sie auf, indem Sie an der langen Seite anfangen, damit die Rolle nicht zu dick wird. Nehmen Sie das Geschirrtuch dabei zu Hilfe. Schneiden Sie die Rolle in fingerdicke Scheiben, und garnieren Sie sie mit Tomatenkeilen.

Für die Füllung schneiden Sie die Champignons in Scheiben und dünsten sie in Butter. Fügen Sie die Gewürze und die Sahne hinzu und lassen Sie aufkochen. Rühren Sie eine Mischung aus Wasser und Mehl ein und kochen unter ständigem Rühren, bis die Füllung dickt. Die Spinatroulade schmeckt auch sehr gut mit einer mediterran gewürzten Füllung aus Tomaten, Zwiebeln, Kapern, Knoblauch, Petersilie und süßer Sahne.

KAHLUA MOUSSE

Dieser köstliche, anregende Nachtisch verwendet einen Kaffee-Likör aus Mexiko, den Sie in guten Fachgeschäften erhalten.

250 cc süße Sahne
1 TL Pulverkaffee
70 cc Kahlua-Likör
2 TL Succanat oder Ursüße (ersatzweise brauner Zucker oder Honig)

1 Eiweiß
2 TL Succanat etc.
Schokoladen-Streusel
Stellen Sie eine Rührschüssel und die Quirle eines Mixers in den Tiefkühlschrank, bis sie sehr kalt sind. Auch der Kahlua-Likör und die Eier sollten kalt sein. Vermischen Sie die Sahne mit dem Pulverkaffee, und schlagen Sie sie steif. Lösen Sie den Zucker etc. im Kahlua-Likör auf und mischen ihn unter die Schlagsahne. Schlagen Sie weiter, damit sie sehr steif wird. Schlagen Sie in einer anderen Schüssel das Eiweiß mit dem Zucker etc. zu Eischnee. Dann vermischen Sie sachte Schlagsahne und Eischnee und füllen individuelle Portionen ab. Kühlen Sie sie und streuen vor dem Servieren Schokoladenstreusel darüber. Sollten Sie nach Lesen dieses Rezeptes einen Widerspruch zu Kapitel 19 verspüren, dann kann ich Ihnen nur beipflichten. Sie sollten eine solche Leckerei nur dann essen, wenn es Sie sehr danach gelüstet.

Und nun die Rezepte für das zweite Menü:

OBSTSALAT MIT PORTWEIN ****
Diesen Obstsalat reichen Sie zur Begrüßung in einem großen Glas. Die Obstsorten können selbstverständlich variiert werden. Verwenden Sie aber einen wirklich guten Portwein!
1 Banane
1 Papaya
2 Kiwi
2 Birnen
Portwein
Schneiden Sie das Obst in Stückchen, vermischen Sie diese, füllen Sie sie in große Weingläser und geben Sie einen Schuß Portwein dazu.

.TAHITI- COCKTAIL **
Dieser exotische Salat schmeckt sehr pikant. Sojazart ist ein Sojaprodukt, das Sie von Granovita im Reformhaus erhalten. Statt Palmherzen können Sie zum Beispiel auch Spargel nehmen, ich würde den Namen des Salates dann aber ändern; statt Ananas macht sich Grapefruit gut.
ca. 30 g Sojazart
10 cc Pflanzenöl
Rauch-Salz, Pfeffer
125 g frischer Spinat
125 g Palmherzen (aus der Dose)
150g Ananas
50 g Mungbohnen-(Soja-)Sprossen
150 cc Mayonnaise

1 EL Tomatenketchup
5 Tropfen Tabasco oder ersatzweise 1 Prise Chilipulver
$^1/_2$ TL Senf
1 TL Rum
Salz, Pfeffer

Schneiden Sie das Sojazart in kleine Würfel, und braten Sie diese in Öl, bis sie braun sind. Würzen Sie mit wenig Rauch-Salz und Pfeffer und lassen Sie abkühlen. Waschen Sie den Spinat, entfernen Sie die harten Stiele und schneiden ihn in Streifen. Schälen Sie die Ananas und schneiden sie in kleine Stückchen. Schneiden Sie die Palmherzen in Scheiben. Vermischen Sie die Mayonnaise mit den restlichen Zutaten und schmekken ab. Vermischen Sie den Salat und richten ihn auf Kopfsalatblättern oder Radicchio an.

SPANAKOPITA

Dieses köstliche Gebäck aus der griechischen Küche können Sie schon viele Stunden vorher zubereiten. Vor dem Servieren würde ich es aber im Backofen anwärmen.

150 cc lauwarmes Wasser
20 g Hefe
1 EL Olivenöl
1 Prise Salz
1 Ei
ca. 300 g Weizen-Vollkornmehl
1 Ei
250 g Spinat
10 g Butter
1 kleine Zwiebel
Petersilie und Dill
2 50 g Schafskäse (Feta)
1 Ei
$^1/_2$ TL Muskatnuß
1 Prise Pfeffer

Lösen Sie die Hefe im lauwarmen Wasser auf und rühren Öl, Salz und Ei darunter. Dann fügen Sie Weizenmehl dazu, bis unter Kneten ein elastischer Teig entstanden ist. Lassen Sie ihn 45 Min. an einem warmen Ort gehen. Rollen Sie ihn dann auf einer mehligen Arbeitsplatte aus und stechen vier ca. 15cm messende Kreise aus. Belegen Sie jeweils eine Hälfte mit der Füllung, klappen halbkreisförmig zu und schließen die Spanakopita durch Druck mit einer Gabel. Legen Sie sie auf ein eingefettetes Blech und lassen Sie 10 Minuten ruhen. Bepinseln Sie die Spanakopita mit verquirltem Ei, und lassen Sie sie in einem vorgeheizten Ofen bei 190 °C 10 - 12 Minuten lang backen.

Für die Füllung waschen Sie den Spinat, entfernen die harten Stiele und hacken ihn fein. Schneiden Sie die Zwiebeln klein, und dünsten Sie sie in der Butter bis sie glasig sind. Fügen Sie den Spinat hinzu und dünsten Sie, bis er zusammenfällt. Nehmen Sie die Pfanne vom Ofen und lassen Sie abkühlen. Fügen Sie die feingehackten Kräuter hinzu und den zerkrümelten Schafskäse sowie das Ei und die Gewürze, vermischen gut und schmecken ab. Als Füllung für die Spanokopita kann auch die Pilzfüllung der Spinatroulade verwendet werden.

GEMÜSE-PAELLA

Dieses spanische Traditionsgericht ist hier für Vegetarier etwas abgewandelt. Die Meeresfrüche sind durch Algen, das Hähnchenfleisch durch Sojazart ersetzt. Was geblieben und wichtig für den Geschmack ist, ist der Safran. Keine Kosten scheuen! Auch die Art der Zubereitung weicht vom Original ab, weil so ein sichereres Ergebnis erzielt wird.

250 g Naturreis
1 TL Curcuma (Gelbwurz)
10 g Iziki-Algen
50 cc Olivenöl
1 kleine Zucchini
1 kleine Aubergine
1 kleine rote Paprikaschote
100 g Sojazart
50 cc Olivenöl
1 kleine Zwiebel
1 Knoblauchzehe
1/2 Peperocini
1/2 TL Safranfäden
1 TL gekörnte Gemüsebrühe
200 cc warmes Wasser
1 TL Majoran
50 g Oliven
25 g grüne Erbsen
4 Artischokenherzen

Kochen Sie den Naturreis mit dem Curcuma, bis er fast gar ist. Weichen Sie die Algen ein und kochen sie weich. Braten Sie in einer Pfanne kurz in Olivenöl: Zucchinischeiben, Würfel von Auberginen, Paprikaschoten und Sojazart sowie die Algen. Braten Sie in einem großen Topf in Olivenöl: Zwiebelringe und gehackten Knoblauch und Peperocini. Fügen Sie den Reis und die anderen Zutaten hinzu. Zerreiben Sie die Safranfäden, und lösen Sie sie zusammen mit der gekörnten Gemüsebrühe in dem warmen Wasser auf, und geben Sie die Mischung zum Reis. Wer den Algengeschmack besonders mag, nimmt das Algenkochwasser zum Auf-

lösen des Safrans. Bei kleiner Hitze und zugedecktem Topf gart die Paella, bis alles zart ist. Umrühren nicht vergessen! Man kann den Reistopf auch in die Röhre stellen und dort bei kleiner Hitze fertig garen lassen. Zum Schluß mischen Sie den Majoran und die grünen Erbsen unter und dekorieren die Portionen mit Oliven und Artischokenherzen.
Dieses Gericht kann also auch schon fertig sein, bevor das Mahl beginnt. Es bleibt dann in der Röhre warm stehen. Man kann den heißen Topf auch mit Decken umhüllen und so warm halten.

ENLIGHTENED BANANAS *
Dieses Gericht bereitet man erst in letzter Minute zu und flambiert bei verdunkeltem Raum am Tisch!
3 EL Butter
3 EL Mandelsplitter
2 EL Honig
3 EL Orangensaft
1 EL Zitronensaft
4 Bananen
100 cc 54 prozentigen Rum
Schmelzen Sie die Butter in einer großen Pfanne, und rösten Sie die Mandelsplitter an. Geben Sie den Honig dazu und die Säfte und rühren, bis sich alles gut vermischt. Dann geben Sie die geschälten und der Länge nach halbierten Bananen hinzu und braten sie von beiden Seiten für einige Minuten, bis sie warm und bräunlich sind. Geben Sie den Rum auf einen großen Servierlöffel, erwärmen ihn über einer Kerze, entzünden ihn und gießen ihn über die Bananen.

BROT

Wenn Sie besonders gerne Brot essen und nicht darauf verzichten können, so besorgen Sie sich das sogenannte Laktose-Brot der Bäkkerei LUBIG in Bonn, das durch besonders lange und schonende Backweise und Hinzufügen von Kräuterteesud die Stärke und das Protein der Weizenkörner in enzymatisch vorverdautem Zustand enthalten. Es wird bei Temperaturen knapp unter 100 °C gebacken. Dieses Brot schmeckt ähnlich wie Pumpernickel, wird realtiv gut vertragen und ist für den Übergang eine gute Lösung.

ESSENER BROT **

Eine andere Möglichkeit besteht darin, daß Sie sich Brot aus gesproßtem Getreide selbst herstellen. Getreidesprossen schmecken süß, daran erkennen Sie, daß die Getreidestärke zum Teil zu Zucker abgebaut ist und damit leicht verdaulich wird. Rohe Getreidesprossen sind sehr gesund und ernährungsphysiologisch sehr zu empfehlen. In kleinen Mengen über Salat gestreut, wird sie jeder gern mögen.

Wie stelllt man das Brot aus gesproßten Getreiden, das Essener-Brot, her? Einem Rezept aus den Essener Schriften (aus den Rollen von Qumran am Toten Meer) folgend, weicht man zum Beispiel Weizen über Nacht in reichlich Wasser ein. Am Morgen gießt man das Wasser ab und spült die gequollenen Körner gründlich durch. Sie bleiben dann ohne Wasser liegen und fangen bald an zu sprossen. Die Spülungen wiederholt man zwei bis dreimal am Tag. Am dritten bis vierten Tag sind die Sprossen fertig. Nun dreht man diese durch einen Fleischwolf – nachdem man sie einige Stunden nicht mehr gespült hat, damit sie nicht zu feucht sind. Aus der entstehenden Masse formt man ca. 1 cm dicke Fladen, die man in der prallen Sonnenhitze einen Tag lang liegen läßt. Dann sind sie eßbereit. Bei schlechtem Wetter trocknet man die Fladen in der Nähe der Heizung.

Wenn man ein feuchteres Brot haben will, formt man Brötchen und legt diese auf ein Blech und schiebt dieses in den Ofen. Bei 80–90 °C bäckt man dann sechs bis acht Stunden. Die letzten Stunden wickelt man die Brötchen in Alufolie, damit die Kruste nicht zu trocken wird. Die Essener Brötchen bleiben bei diesem Verfahren innen noch feucht und weich. Sie schmecken herrlich, wenn Sie die leichte Süße nicht stört. Das Essener Brot schmeckt am besten mit frischer Rohmilch-Butter – aber natürlich auch ohne alles. Gesund und geschmacklich wohltuend ist auch eine Beimischung von Hirsemehl oder gemahlenem Leinsamen zum durchgedrehten Teig. Dieser wird dadurch etwas trockener, wodurch sich die Backzeit erniedrigt.

HIRSEFLADEN

Geben Sie zwei Tassen lauwarmes Wasser in eine kleine Schüssel und zerbröseln darin 50 g Hefe und lösen 1 TL Honig darin auf. Dann verrühren Sie darin noch einige Eßlöffel Hirsemehl und lassen den Brei an einem warmen Ort eine halbe Stunde stehen, damit sich die Hefe entwicklen und Blasen werfen kann. Dann verkneten Sie diese Masse mit dem restlichen Hirsemehl (ca. 1 Kg) und Wasser, bis ein feuchter Teig entsteht. Geben Sie ihn in eine Schüssel und lassen Sie ihn eine weitere halbe Stunde ruhen. Dann formen Sie flache Brötchen und geben diese auf ein eingefettetes Blech und lassen nochmals ruhen. Dann backen Sie die Fladen bei 190 °C ca. 20 Min. bis sie anfangen braun zu werden. Machen Sie die Probe mit einer Stricknadel. Dieses Rezept bringe ich hier, weil Hirse das einzige Getreide ist, das auch erhitzt nicht säurebildend ist.

KAROTTENBROT

Nach EHRET (1988. S. 144) produziert dieses Brot im Körper nur wenig Schleim: "Mischen Sie ein grobes Kleiemehl oder Vollkornmehl mit rohen, geriebenen Karotten halb und halb, fügen Sie nur so viel Feinmehl hinzu als notwendig, den Teig zu halten. Fügen Sie etwas geriebene Äpfel und eine Handvoll geriebene Nüsse bei und, falls gewünscht, einige Rosinen. Backen Sie dies sehr langsam und gut. Es wird am besten gegessen, wenn es zwei oder drei Tage alt ist oder gut geröstet wird."

BUCHWEIZEN-PFANNKUCHEN

250 g Buchweizenmehl
100 g Dinkelmehl
500 cc Sojamilch
wenig Salz nach Geschmack
1 EL Mandelmus
Öl oder Butter zum Ausbacken

Verrühren Sie die ersten fünf Zutaten zu einem zähflüssigen Teig und lassen ihn eine viertel Stunde ruhen. Rühren Sie den Teig dann mit einem Handmixer nochmals durch und backen die Pfannkuchen von beiden Seiten. Diese Pfannkuchen sind leichter verdaulich als die herkömmlichen Weizenmehl-Eier-Pfannkuchen.

DINKEL-PIZZA

400g Dinkelmehl
etwas Salz
20 g Hefe
125 cc lauwarmes Wasser
3 EL Öl

Mischen Sie das Mehl mit dem Salz, und lösen Sie die Hefe im Wasser auf. Dann verkneten Sie die Zutaten zu einem Teig und lassen diesen mit einem Tuch zugedeckt an einem warmen Ort eine halbe Stunde gehen. Rollen Sie den Teig auf einem Blech aus, und belegen Sie ihn mit rohem Gemüse Ihrer Wahl und würzen mit Oregano, Basilikum etc. Statt Käse gießen Sie zum Schluß saure Sahne über die Pizza und backen sie bei 190 °C, bis der Teigrand bräunlich und das Gemüse weich ist. Dinkel ist die Urform des Weizens und nicht so überzüchtet und deshalb besser verträglich. Vermeiden Sie unter allen Umständen Käse auf der Pizza!

DINKEL-HONIGKUCHEN

250 g Honig
250 g Dinkelmehl
1 Päckchen Weinstein-Backpulver
je eine Msp. gemahlener Kardamom, Zimt, Nelken und Ingwer

Mischen Sie die trockenen Zutaten, verflüssigen Sie den Honig im Wasserbad, und verkneten Sie alles zu einem Teig. Breiten Sie diesen auf einem flachen Blech aus, und backen Sie den Honigkuchen bei 190 °C.

AMARANTH-CHAPATIS (glutenfrei)
200g Amaranthmehl
200g Maismehl
etwas Salz
2 EL Öl
ca. 150 ccm heißes Wasser
Mischen Sie die trockenen Zutaten, und geben Sie dann das Öl und das Wasser langsam hinzu, bis unter Rühren uind Kneten ein gut zusammenhaltener Teig entsteht. Formen Sie ihn zu einer Rolle, und schneiden Sie nach dem Abkühlen fingerdicke Scheiben ab. Rollen Sie diese auf einer bemehlten Arbeitsfläche in sehr dünne Fladen aus. Backen Sie diese in einer vorgeheizten, nicht geölten gußeisernen Pfanne von beiden Seiten bis sie goldbraun sind. Stapeln Sie die Chapatis und decken Sie sie mit einem Tuch ab.
Die Chapatis können mit Wasser besprenkelt im Backofen wieder angewärmt werden. Essen Sie die Chapaties zu Gemüsegerichten.

AMARANTH-SEMMELN
100g Amaranth
150 g Amaranthmehl
250 g Dinkelmehl
etwas Salz
1 EL Honig
20 g Hefe
ca. 150 ccm warmes Wasser
Erhitzen Sie den Amaranth in dünnen Lagen in einer nicht gefetteten schweren heißen Pfanne mit Deckel bis er aufpufft. Die Pfanne muß so heiß sein, daß das sehr schnell geht sonst verbrennen die Körnchen.
Mischen Sie die beiden Mehlsorten, das Salz und den aufgepufften Amaranth. Lösen Sie Honig und Hefe im Wasser auf und geben Sie das Öl hinzu. Kneten Sie einen geschmeidigen Teig und lassen Sie ihn in einer Schüssel mit einem Tuch bedeckt an einem warmen Ort ca. 1 Stunde gehen. Dann formen Sie die Semmeln und legen sie auf ein Backblech, wo Sie sie nochmals ein wenig ruhen lassen. Backen Sie die Semmeln bei 190°C ca. 15 - 20 Minuten lang, bis sie goldbraun werden.

Anhang
Tabellen, Ergänzungen, Literatur

TABELLE ZUM PROTEINGEHALT VON NAHRUNGSMITTELN
(in g je 100g)

Erdnüsse	26	Linsen	23
Mandeln	19	weiße Bohnen	22
Haselnüsse	13	Kichererbsen	20
Walnüsse	15	Erbsen	23
Sesam	20	Sojabohnen	37
Sonnenblumenkerne	27	Sojamehl (halbfett)	43
Spirulina	65	Sojamilch	3,4
Weizenkeime	32	Sojasprossen	3,9
Reis	7,4	Tofu	7
Hirse	10,6	Kuhmilch, Joghurt	3,3
Weizen	11,7	Quark (20% Fett)	12,6
Haferflocken	13,8	Gouda (45% Fett)	25,6
Amaranth	16	Parmesan (35% Fett)	35,6
		Camembert (60%Fett)	18
Orangen	1,5	Hühnerei	11,5
Aprikosen	1,5	Eigelb	16,3
Avokado	2,9	Eiweiß	10,9
Bananen	1,7		
Brombeeren	1,8		
Erdbeere	1,2		
Feigen	1,4		
Himbeeren	2	Rindfleisch	21
Johannisbeeren rot	1,7	Schweinefleisch	21
Johannisbeeren schw.	2,3	Hammelfleisch	20,5
Kirschen	1,7	Hühnerfleisch	20,5
Kiwi	1,4	Forelle	19,5
Pfirsich, Weintraube	1,1	Hering	18

Quelle: ELMADFA, EIGEN, FRITZSCHE, 1988/89 und KATALYSE-UMWELTGRUPPE, 1983.

TABELLE ZU DEN HAUPTNAHRUNGSBESTANDTEILEN
AUSGEWÄHLTER LEBENS- UND NAHRUNGSMITTEL

NÜSSE & SAMEN:	PROTEIN	FETT	KOHLEHYDRATE (Angaben in %)
Cashew	17	4	26
Kokosraspel	6	62	6
Mandel	18	54	16
Haselnuß	14	62	14
Paranuß	14	67	7
Walnuß	14	62	14
Pinienkerne	13	60	21
Pistazien	21	52	16
Leinsamen	24	35	6
Sesam	20	50	10
Sonnenblumenkerne	27	49	8
Marone	3	2	43
Kakao	20	25	38

HÜLSENFRÜCHTE:

weiße Bohnen	22	1,2	48
gelbe Erbsen	23	1,5	61
Kichererbsen	20	3,5	49
Linsen	23	1,5	51
Sojabohne	37	23	23
Tofu	7	4	3
Sojasprossen	3	0,4	?
Sojamilch	4	2	3
Erdnüsse	26	49	15

KONZENTRIERTE KOHLEHYDRATE:	PROTEIN	FETT	KOHLEHYDRATE (Angaben in %)
Weizen	11	2	60
Roggen	9	2	54
Gerste	11	2	58
Dinkel, Grünkern	12	3	62
Hafer	13	7	61
Hirse	11	4	69
Mais	9	4	65
Reis	7	2	75
Buchweizen	6	1	80
Amaranth, Quinoa	16	8	62
Stärke	1	1	85
Weißbrot, Semmeln	8	2	48
Vollkornbrot	8	2	41
Nudeln	13	3	72
Zucker	0	0	100
Marzipan	8	18	64
Honig	3	0	81
Schokolade	5	30	54
Konfitüre	0,5	Spuren	66
Nuß-Brotaufstrich	8	29	59
Kartoffeln	2	0	16
WENIG STÄRKEHALTIGE LEBENSMITTEL:			
Zuckermais	3	Spuren	17
grüne Erbsen	5	Sp.	10
Fenchel	2,5	Sp.	9
Zwiebeln, Schalotten	1	Sp.	9,5
Rote Beete	1,5	Sp.	7,5
Karotten, Möhren	1	Sp.	9
Kürbis	1	Sp.	5,5
Lauch, Poree	2	Sp.	6
Sellerieknollen	1,5	Sp.	7,5
Löwenzahn	2,5	Sp.	7,5

	PROTEIN	FETT	KOHLEHYDRATE (Angaben in %)
Artischoken	2,5	Sp	12
Dosenmais	2,5	Sp.	16
grüne Bohnen	2,5	Sp.	6
Rosenkohl	4,5	Sp.	7
Lauch	2	Sp.	6
Schwarzwurzel	1,5	Sp.	16,5
Pastinaken	1,5	Sp.	15
SteckrübeN	1	Sp.	7

STÄRKEARME GEMÜSE UND SALATE:

Gemüsefrüchte:

Paprika	1	Sp.	5
Gurken	0,5	Sp.	1,5
Tomaten	1	Sp.	3
Zucchini	1,5	Sp.	2
Avokado	2	24	3

Gemüse & Salate:

Brunnenkresse	2	Sp.	3
Gartenkresse	4	Sp.	4
Chicoree	1,5	Sp.	2
Endivien	2	Sp.	2
Feldsalat, Rapunzel	2	Sp.	3
Kopfsalat	1	Sp.	2
Sauerampfer	2	Sp.	3,5
Rettich, Radieschen	1	0,4	4
Rotkraut	1,5	Sp.	5
Weißkraut	1,5	Sp.	4
Blumenkohl	2,5	Sp.	4

	PROTEIN	FETT	KOHLEHYDRATE (Angaben in %)
Brokkoli	3.5	Sp.	4,5
Kohlrabi	2	Sp.	4,5
Chinakohl	1	Sp.	2
Mangold	2	Sp.	3
Spinat	2,5	Sp.	3,5
Stangensellerie	1	Sp.	3.5
Spargel	2	Sp.	3
Champignons, Egerlinge	3	Sp.	1
Sauerkraut	1,5	Sp.	2
Auberginen	1	Sp.	4,5
Wirsing	3	Sp.	4,5
Grünkohl	4,5	Sp.	5
Rhabarber(nur gegart)	0,5	Sp.	3,5

Quelle wie Tab. 1. und ALLOS.

EXPERIMENTIERANREGUNGEN ZUR NAHRUNGSUMSTELLUNG

von der gutbürgerlichen Küche zur Sonnenkost.

Status quo	1. Stufe	2. Stufe	Endstufe
Fleisch & Fisch Wurst etc.	Milchprodukte und Eier	Tofu, Tempeh, Seitan, Hülsenfrüchte, Amaranth	Nüsse & Samen
Weißmehl-Nudeln & -Backwaren	Vollkorn-produkte	Hirse, Dinkel, Brot einschränken	ganz weglassen Gemüse & Obst
weißer Industriezucker	Vollrohrzucker, Honig	Ahornsirup	ganz weglassen Obst & Karob
tierisches Fett gehärtetes Fett extrahierte Öle	Reformmargarine, Butter, Sahne, kaltgepreßte, nicht raffinierte Öle		Avokado Nüsse & Samen
Konserven, Fertig-gerichte, Erhitztes	Tiefkühlkost	Frischware Tiefkühl-Rohprodukte	Frischware Rohkost
weichgekochtes & frittiertes Gemüse	kurz gebratenes bzw. gedünstetes oder gedämpftes Gemüse (al dente)		Rohkost Sprossen
Nahrungsergänzun-gen: Vitamine, Mine-ral- & Ballaststoffe	sukzessive, besser sofort weglassen		rohes Obst, Salat & Gemüse
Produkte aus der konven-tionellen Landwirtschaft		Produkte aus biologischem Anbau	
Alkohol, Tabak, Kaffee, Tee, andere Drogen, Medikamente	soweit möglich sukzessive oder rasch ein-schränken und dann ganz weglassen		

LITERATURVERZEICHNIS

Die *-Titel empfehle ich besonders als weiterführende Literatur.

ADAM, C. (1987).: Rohkostsalate. Niedernhausen.

AICHER (1988): Sprossen und Keime – Bausteine zur Vollwerternährung. St. Georgen.

AIHARA, H. (1985): Milch – Ein Mythos der Zivilisation. Holthausen.

*AIHARA, H. (1988): Säuren & Basen (Synthese aus dem westlichen Säure-Base-Modell und dem östlichen Yin-Yang-Prinzip). Holthausen.

*AIVANHOV, OMRAAM MIKHAEL, (1988): Yoga der Ernährung. Frejus.

ALLOS (Hrsg) (ca. 1990): Amaranth Broschüre. Mariendrebber.

AMMAN, D. (1922): Mazdaznan-Ernährungslehre. Herrliberg.

ATERHOV siehe A. T. HOVANNESSIAN.

ATKINS, R. C. (1981): Diätrevolution. Frankfurt.

ATTAR, F. (1988): Vogelgespräche. Interlaken.

BAUMGARDT, H. (Hrsg) (1987): Ohne Fleisch gesund leben. Ritterhude.

BAUMGARDT, H. (Hrsg) (1988): Keine Angst vor AIDS. Ritterhude.

BÄßLER, K.-H., FEKL, W.L., LANG, K. (1987): Grundbegriffe der Ernährungslehre. Berlin/Heidelberg.

BILLEN-GIRMSCHEID, G. & SCHMITZ, O. (1986): Das Öko-Lexikon unserer Ernährung. Frankfurt a. M.

BIRCHER-BENNER, M. (1977): Ordnungsgesetze des Lebens als Wegweiser zur echten Gesundheit. Bad Homburg v.d.H.

BRÄCKLE, I. & TEUBNER, C. (o. J.): Feinschmeckers Gewürz- und Kräuterbuch. München.

BROWN, E.E. (1986): Das Zen-Kochbuch für vegetarische Feinschmecker. München.

*BRAGG, P. C. & P. (1987): Wasser. Das größte Gesundheitsgeheimnis. Ritterhude.

BRUKER, M. O. (1985): Unsere Nahrung – unser Schicksal. Lahnstein.

*BURGER, G. C. (1988): Die Rohkosttherapie (Instinktotherapie). München.

CALATIN, A. (1984): Ernährung und Psyche. Karlsruhe.

CAPRA, F. (1987a): Das Tao der Physik. München.

CAPRA, F. (1987b): Wendezeit. München.

CAPRA, F. (1987c): Das neue Denken. München.

CARISE, E. (1966): Hurra - die Punktdiät ist da. Wien.

CAYCE, E. (1989): Edgar Cayces Bericht von Ursprung und Bestimmung des Menschen. München.

CHRYSOSTOMOS (1989): So heilst Du Dich von Krebs, Aids, Rheuma, chronischen Leiden und Suchtkrankheiten und bleibst für immer gesund durch "Urmedizin" (Interessengemeinschaft Natur e. V., Postfach 1327, 5064 Hoffnungsthal).

COLLEGE OF LIFE SCIENCE (Hrsg.)(o.J.): The Life Science Health System. Fernlehrgang, Austin Texas, USA.

DAHLKE, R. (o. J.): Bewußt fasten. München.

DASA, A. (1987): Vedische Kochkunst. Heidelberg.

DETHLEFSEN, T. & DAHLKE, R. (1983): Krankheit als Weg. München.

DEUTSCHE GESELLSCHAFT FÜR ERNÄHRUNG E.V. (1988): Ernährungs -bericht 1988. Frankfurt a.M.

DIAMOND, M. (1987): A new way of eating. London.

*DIAMOND, H. & M. (1987): Fit fürs Leben. Ritterhude.

DIAMOND, H. & M. (1987): Lebensmittel-Kombinations-Tabelle. Ritterhude.

*DIAMOND, H. & M. (1989): Fit fürs Leben - Teil 2. Ritterhude

DUNO, BEINSA (1982): Weizenkorn. München.

*EHRET, A. (1988): Die schleimfreie Heilkost. Ritterhude.

EHRET, A. (1989): Vom kranken zum gesunden Menschen durch Fasten. Ritterhude.

EICHBORN, B. v. (1988): Rohkost und Salate aus der Vollwertküche. München.

ELMADFA I., AIGN W., FRITZSCHE D. (1988) : GU Nährwert Kompaß. München.

ELMAU, H. (1985): Bioelektronik nach Vincent und Säuren-Basen-Haushalt in Theorie und Praxis. Heidelberg.

EVERS, J. (1967): Warum Evers Diät? Heidelberg.

FERGUSON, M. (1986): The Aquarian Conspiracy. London.

FINCK, H. (1987): Körperwunder Immunsystem. In: Bio-Spezial-Magazin Nr. 6/87. Tutzing.

FISCH, G. (1983): Chinesische Heilkunde in unserer Ernährung. Essen.

FRIEBEL-RÖHRING, G. (1986): Essen Sie gern Tapetenkleister? Rastatt.

FRIEBEL-RÖHRING, G. (1987): Ich habe Krebs - und lebe noch immer. Mühlacker.

FRY, T.C. (1988): Dynamische Gesundheit. Ritterhude.

GABRIEL, J. (1983): Rohkost. Niedernhausen.

GELDER-KUNZ, D. van & KARAGULLA, S. (1989): Die Chakras und die feinstofflichen Körper des Menschen. Grafing.

GERSON, M. (1961): Eine Krebstherapie: Bericht über 50 Fälle....Freiburg.

GESELLSCHAFT FÜR NATÜRLICHE LEBENSKUNDE e.V. (Hrsg)(1988):

Heft 1: Milch, Quelle der Gesundheit oder Krankheit?Gefahren der Milch

Heft 2: Lebenskraft durch Fleisch? Ein Märchen.

Heft 3: Fleisch. Ursache von Zivilisationskrankheiten.

Heft 4: Gesund durch natürliche Ernährung.

Heft 5: Unser Wasser. Ursache von Krankheiten.

Heft 6: Vegetarismus gestern und heute.

*GESELLSCHAFT FÜR NATÜRLICHE LEBENSKUNDE e.V. (Hrsg.)(1989): Studienreihe für Gesundheitspraktiker, Studienbrief 1 etc. Ritterhude.

*GESELLSCHAFT FÜR NATÜRLICHE LEBENSKUNDE e.V. (Hrsg.)(1989): Lebenskunde, Magazin für Gesundheitspraktiker, Heft 1 etc. Ritterhude.

GLATZEL, H. (1982): Wege und Irrwege moderner Ernährung. Stuttgart.

GOETZ, R. (1987): Naturkost, ein praktischer Warenführer, Bd. 1 & 2. Schaafheim.

GOETZ, R. (1988): Andere Ernährung: Ein Führer durch die alternativen Kostformen. Schaafheim.

GRONAU, H. (1988): Keime und Sprossen - einfach köstlich. Weil d. S.

GRISCOM, C. (1986): Zeit ist eine Illusion. München.

GRISCOM, C. (1988): Die Heilung der Gefühle - Angst ist eine Lüge. München.

GÜNTHER, W. (1984): Das Buch der Vitamine. Südergellersen.

HARRIS, M. & ROSS, E. B. ed. (1987): Food and evolution. Philadelphia.

HAMER, R.G. (1989): Krebs, Krankheit der Seele. Köln.

*HAUSCHKA, R. (1989): Ernährungslehre. Frankfurt a.M.

HAZARD, S. (1990): Kohlenhydrate sind schlecht verdaulich.- Lebenskunde, Magazin für Gesundheitspraktiker, Heft 1, 1990, S. 31. Ritterhude.

HERTLING (1988): Kochen mit Hirse. Schaafheim.

HOVANNESSIAN, A. T. (1967): Raw Eating. Teheran. (Waldthausen, Ritterhude).

JOHARI, H. (1988): Grundlagen der ayurwedischen Kochkunst. Durach.

KAPFELBERGER, E. & POLLMER, U. (1988): Iß und stirb. München.

KATALYSE-UMWELTGRUPPE (1983): Chemie in Lebensmitteln. Köln.

*KENTON, L. & S. (1987): Kraftquelle Rohkost. München.

KIME, Z. R. (1989): Sonnenlicht und Gesundheit. Ritterhude.

KLEINSPEHN, T. (1987): Warum sind wir so unersättlich? Frankfurt.

*KOERBER, K. W., MÄNNLE, T. & LEITZMANN, C. (1987): Vollwert-Ernäh-rung. Heidelberg.

KOFRANYI, E. & WIRTHS W. (1987): Einführung in die Ernährungslehre. Frankfurt.

KOLLATH, W. (1987): Die Ordnung unserer Nahrung. Heidelberg.

*KRANZ, B. (1988): Das große Buch der Früchte. München.

KUSHI, A. & JACK, A. (1987): Aveline Kushi`s großes Buch der makrobiotischen Küche. Völklingen.

KUSHI, M. & JACK, A. (1987): Das Buch der Makrobiotik. Südergellersen.

LEIBOLD, G. (1987): Heilfasten. Niedernhausen/Ts.

LEIBOLD, G. (1987): Enzyme. Niedernhausen/Ts.

LAN THAI, K. (1988): Köstliches aus dem Wok. München.

LUTZ, W. (1987): Leben ohne Brot verhilft zu besserer Gesundheit. Planegg.

MAZEL, F. (o. J.): Die Holywood Star Diät. Grünwald.

MENDELSOHN, R. S. (1988): Trau keinem Doktor! Holthausen.

*MOELLER, M. L. (1989): Gesundheit ist eßbar. Ritterhude.

MOORE-LAPPE, F. (1978): Die Öko-Diät. Frankfurt.

MÜHLEIB, F. (1987): Alternative Wege bewußter Ernährung - ein Überblick. Bonn.

MÜHLEISEN, I. (1988): Gute Argumente: Ernährung. München.

MURAMOTO, N. (1983): Heile Dich selbst. München.

OETINGER-PAPENDORF, I. (1988): Durch Entsäuerung zu seelischer und körperlicher Gesundheit. Öhringen.

OHSAWA, G. (1978): Zen-Makrobiotik. Hamburg.

OUSELEY, G.J.R. (Hrsg) (1988): Das Evangelium des vollkommenen Lebens. Bad Homburg.

*PEARSON, L. & L. (1988): Psychodiät. Hamburg.

PEITER, J. (1989a): Ratschläge zur Vital-Ernährung. In: Der Naturarzt Heft 4/89, S. 22ff.

*PEITER, J. (1989): Die Heilkraft der Vital-Ernährung. Königstein 2.

PELLETIER, K. R. (1987): Gesund Leben - gesund sein. Hamburg.

PILGRIM, V.E. (1988): Zehn Gründe kein Fleisch mehr zu essen. Frankfurt a.M.

RAJNEESH, SHREE (1982): Das orangene Buch: Die Meditationstechniken von Bhagwan Shree Rajneesh. Stuttgart.

*RAUM & ZEIT, Zeitschrift im Ehlers-Verlag, München. (u. a. Artikel über alternative Medizin).

RAY, S. (1986): Schlank durch positives Denken, die spirituelle Diät. München.

RANDOLPH, T.G. & MOSS, R.W. (1986): Allergien: Folgen von Umweltbelastung und Ernährung. Karlsruhe.

*RECKEWEG, H.-H. (1977): Schweinefleisch und Gesundheit. Baden-Ba -den.

RENNER, E. (1982): Milch & Milchprodukte in der Ernährung des Menschen. München.

RIEDWEG, F (1987): Hormonmangel. Regensburg.

RÜTTING, B. (1979): Mein Kochbuch. München.

ROZIN, E. (1983): Ethnic Cuisine, The Flavor-Principle Cookbook. New York.

SCHAEFFER, M. & BACHMANN, A. (Hrsg) (1988): Neues Bewußtsein - neues Leben. München.

SCHAETZING, E. E. & WENDE, P. (1987): Die Trennkost-Diät. Landsberg am Lech.

SCHMIDT, G. (1974): Dynamische Ernährungslehre Bd. 1. St. Gallen.

SCHMIDT, G. (1979): Dynamische Ernährungslehre Bd. 2. St. Gallen.

SCHNITZER, J. G. (1982): Der alternative Weg zur Gesundheit. München.

*SHELTON, H.M. (1989): Richtige Ernährung. Ritterhude.

SHELDRAKE, R. (1985): Das schöpferische Universum. München.

SILBERNAGL, S. & DESPOPOULOS, A. (1983): Taschenatlas der

Physiologie. Stuttgart.
SOMMER, W.: Das Urgesetz der natürlichen Ernährung. Ahrensburg.
STEINER, R. (1979): Aus der Akasha-Chronik. Dornach.
*STEINER, R. (1989): Naturgrundlagen der Ernährung. Stuttgart.
*STEINER, R. (1989): Ernährung und Bewußtsein. Stuttgart.
SUMM, U. (1988): Trennkost. Niedernhausen Ts.
THOMAS, B. & v. KOERBER, K. W. (1983): Ernährung ohne Brot? Heidelberg.
WAERLAND, A. (o. J.): Handbuch der Gesundheit. Bern.
WALB, L. & WALB, I. (1986): Die Haysche Trennkost. Heidelberg.
WALKER, J. (1986): Phantasievolle Küche exotischer Gewürze. Hamburg
WALKER, N. W.: zahlreiche Titel zit. in DIAMOND, Fit fürs Leben, S. 331.
*WANDMAKER, H. (1988): Willst Du gesund sein? Vergiß den Kochtopf! Ritterhude.
WEIGERSTORFER, R. (o. J.): Bio-Wippen. Das Training der Zukunft. Regensburg.
WENDT, L. (o. J.): Gesundwerden durch Abbau von Eiweißüberschüssen. St. Georgen.
WENDT, L. (1989): Die Gefahren der Eiweißspeicherung. in: raum & zeit, 8/40, Dietramszell.
WENDT, L. & PETRI, S. (1985): Eiweißfasten. Heidelberg.
WURZINGER, J. (1984): Veränderung an Fetten mit ungesättigten Fettsäuren bei erhöhten Temperaturen. Info der Fa. VITAQUELL, Hamburg.
WHEELER, M. (1984) : 116 favourite tantalizing good-health recipies.
WILBER, K. (1986): Das holographische Weltbild. München.
YOGANANDA, S. (1988): Autobiographie eines Yogi. München.

TABELLE EINIGER NEBENWIRKUNGEN VON MEDIKAMENTEN
(aus CALATIN, 1988, S. 57):

MEDIKAMENTE	bewirken:	NÄHRSTOFF-MANGEL
Hydrazine (INH), orale Kontrazeptiva, L-Dopa		Vitamin B6
Aspirin, Antikonvulsiva, orale Kontrazeptiva		Folsäure
Biguanide, Neomycin, Cholestyramin, PAS		Vitamin B12

MEDIKAMENTE bewirken	NÄHRSTOFF-MANGEL
Aspirin, Tetracyclin, Antikonvulsiva, orale K.	Vitamin C
Antacida (Aluminium), Herzglycoside, Kalomel	Calcium
Diuretika, Herzglykoside	Magnesium
Glucocorticoide, Diuretika, Penicillamin	Zink

ZUR UNTERSTÜTZUNG DER ENTSCHLACKUNG:

In Kapitel fünfzehn wird zur Unterstützung der Ausscheidung von Schlacken die Kassie erwähnt. Da sie ziemlich unbekannt und nicht leicht erhältlich ist, soll kurz darauf eingegangen werden:

Die Kassie (lat. Cassia fistula) oder Sennabaum bzw. – Strauch, deren Früchte auch Manna genannt werden, gehört zur Gruppe der Leguminosen (Hülsenfrüchte) und zwar zu den Varietäten, die an Bäumen wachsen. Ihr nahe stehen der Johannisbrotbaum (Karob) und der Tamarindenbaum. Alle diese drei Pflanzen bilden lange Schoten, deren Mark leicht abführend wirkt. Karob wird als Kakaoersatz und Tamarinde als säuerliches Gewürz verwendet. Die etwa fingerdicken, runden, 30 - 40 cm langen, dunkelbraunen Schoten der Kassie besitzen im Inneren Scheibchen, die beidseitig von einem süßen Mus bedeckt sind, das man ablutscht. Die dazwischen liegenden Kerne und die abgelutschten Scheibchen wirft man weg. Man lutscht sie morgens oder abends vor dem Schlafengehen. Wenn der Körper Kassie benötigt, dann schmeckt sie nach Lakritze oder Schokolade. (BURGER, 1988, S. 268, KRANZ, 1988, S. 133f). Die Früchte des Johannisbrotbaums kann ich Ihnen auch sehr empfehlen. Sie eignen sich als kleiner Snack zwischendurch, vor allem dann, wenn Sie einen Zieps nach Süßem haben. Sie erhalten Kassia und Johannisbrot in Reformhäusern oder in speziellen Obstläden.

LEBER-TEST

Dr. med. Jacques FRADIN, Praxis und Forschungsinstitut, 140 rue du Theatre, F-75015 Paris beschäftigt sich in Zusammenarbeit mit BURGER ausschließlich mit Rohköstlern. Er hat den folgenden Leber-Test aufgestellt, den PEITER (1989, S. 311) zitiert.

Wenn Sie mehrere der folgenden Fragen mit Ja beantworten müssen, dann wäre eine sofortige, radikale Umstellung auf reine Rohkost nach FRADIN nicht ratsam, außer Sie sind schwerwiegend krank und würden die Rohkost als vorübergehende Heilmaßnahme unter ärztlicher Aufsicht durchführen. Wenn Sie Zweifel haben, wie weit Sie bei Ihrer Umstellung gehen können, wenden Sie sich am besten an einen in diesen Dingen erfahrenen Arzt oder Heilpraktiker. Wenn Sie nach den Vorschlägen dieses Buches vorgehen, werden Sie ohnehin keine zu weitgehenden Schritte tun.

1. Belegte Zunge beim Aufstehen
2. Mundgeruch
3. Hypoglykämie oder schwarz vor den Augen
4. Haarausfall
5. Fettiges Haar
6. Trockene Haut
7. Weiße Flecken auf den Fingernägeln
8. Blähungen
9. aufgedunsener Leib
10. Helle Darmausscheidungen
11. Helle Urinausscheidungen
12. An der Oberfläche des Wassers schwimmende Ausscheidungen
13. Schmierige Ausscheidungen (Notwendigkeit von Toilettenpapier)
14. Aufstoßen
15. Kalte Extremitäten
16. Allgemeine Kälteempfindlichkeit
17. Ekel vor dem Geruch gebratener Speisen
18. Besonderes Angezogensein von fetthaltigen Produkten, z. B. Avo-kados, Butter, Sahne, Margarine, Nüsse, Speiseöle
19. Notwendigkeit zum Ausspucken von Schleim
20. Müdigkeit am Schluß des Essens
21. Plötzliches Aufwachen zwischen 4.00 und 6.00 Uhr
22. Zahnfleischbluten
23. Braune Flecken auf Gesicht und Händen

"Dr. Fradin arbeitet hauptsächlich mit Patienten aus der Burger- Bewegung, die zum größten Teil rohe tierische Produkte zu sich nehmen. Die Frage, ob die dunkle Farbe von Urin und Fäkalien durch eine gut funktionierende Leber bedingt ist oder ob sie nur bei den "Instinktos" vorkommt, die tierische Produkte verzehren, ist noch nicht geklärt.... Zu bedenken ist dabei, daß verschiedene Lebensmittel, wie z. B. Spinat oder rote Bete, den Stuhl einfärben".

Anschrift von BURGERs Lebensmittel-Handel:
ORKOS DIFFUSION, 15, Vieux Chemin de Paris, F-77160 Provins.
Tel. 16(1)64005078
Hier können Sie unerhitzte Trockenfrüchte und Nüsse bestellen.

Lebensmittel-Kombinationstabelle

Konzentrierte Proteine bzw. Protein-Fett-Kombinationen: FISCH, FLEISCH, WURST, EIER, KÄSE (unter 60% Fett i. d. Tr.). Essen Sie pro Mahlzeit nur eines dieser Nahrungsmittel und schränken Sie diese stark ein.

Konzentrierte Protein-Kohlenhydrat-Kombinationen: HÜLSENFRÜCHTE, SOJAPRODUKTE, ERDNÜSSE sind natürliche Fehlkombinationen und schwer verdaulich! Halten Sie sich hier zurück!

Konzentrierte Protein-Kohlehydrat-Fett-Kombis: NÜSSE, SAMEN & -MUSE. Sie sind schwer verdaulich, liefern aber hochwertiges Protein! Essen Sie davon wenig und ungeröstet!

Konzentrierte Öle und Fette: kaltgepreßte & unraffinierte ÖLE, ungehärtete FETTE & MARGARINE, süße & saure SAHNE, KÄSE (über 60% Fett i. d. Tr.). Halten Sie sich hier zurück!

Wasserhaltige, ballast- & vitalstoffreiche Lebensmittel mit wenig bis sehr wenig Kohlenhydraten und Proteinen: GEMÜSE, SALATE, SPROSSEN, KRÄUTER. Essen Sie davon so viel Sie wollen, am besten roh oder nur leicht gegart, am besten Produkte aus biologischem Anbau.

Konzentrierter Zucker: Alle Arten von ZUCKER, HONIG & ERSATZ & alle Produkte damit. Schränken Sie diese drastisch ein. Essen Sie Süßigkeiten immer für sich allein.

Konzentrierte Stärke: GETREIDE & PRODUKTE KARTOFFELN.Gut kauen & einspeicheln! Halten Sie sich dabei zurück!

Wäßrige Protein-Fett-Kohlenhydrat-Kombis: MILCH & -PRODUKTE (außer Käse). Halten Sie sich zurück! Yoghurt macht nicht schlank!

GEWÜRZE & SALZ passen zu allen Speisen außer Obst. Verwenden Sie sie sparsam!

OBST (FRÜCHTE)

MELONEN zuerst od. allein essen — SAURES OBST ⟷ HALBSAURES OBST ⟷ SÜßES OBST zuletzt essen

Essen Sie Obst immer roh für sich allein auf leeren Magen und danach 20 Minuten nichts.
Essen Sie vormittags nur frisches, rohes, reifes, saftiges Obst.
OBST IST DIE NATÜRLICHE MENSCHLICHE IDEALNAHRUNG!

Ausnahmen: Nüsse mit Zitrusfrüchten ist eine mäßige Kombination. Grünblattsalate, Stangensellerie, Tomaten, Gurken, Paprika und Avokados können mit Obst kombiniert werden, Tomaten nicht mit süßem Obst. Beachten Sie die Details in Kapitel 16!

Die Doppelpfeile geben an, daß die unmittelbar verbundenen Lebensmittelgruppen gut mit einander kombinierbar sind.

Entwurf: WEISE , Quellen: DIAMOND, COLLEGE OF LIFE SCIENCE, WALB.

Nachwort: Der Autor und die Wissenschaft

Am 7. Mai 1943 wurde ich in Waldenburg/Schlesien als einziges Kind meiner Eltern geboren. Meine Mutter war Gewerbelehrerin und mein Vater Steuerberater. Kindheit und Jugend verbrachte ich nach der Flucht in Franken, wo ich auch 1962 an der Universität Würzburg mein Studium der Fächer Chemie, Biologie, Geologie und Geographie aufnahm. Im Mai 1967 promovierte ich zum Doktor der Naturwissenschaften und nahm im gleichen Jahr an einer internationalen Expedition ins Polargebiet Spitzbergens teil. In den nächsten Jahren folgten ausgedehnte Forschungsreisen in die Wüsten Inner-Irans sowie kürzere Reisen nach Afghanistan, Pakistan, Indien, Ceylon und Thailand.

Ende 1974 habilitierte ich mich für das Fach Physische Geographie. Insgesamt war ich 15 Jahre lang als akademischer Lehrer und Forscher an verschiedenen deutschen Universitäten, zuletzt als Professor für Physische Geographie an der Universität Gießen tätig. Im Laufe der Jahre stieß ich mehr und mehr an die Grenzen der Möglichkeiten der wissenschaftlichen Erkenntnis. Ich hatte immer gehofft, daß ich mit Hilfe der Wissenschaft herausfinden könnte, was hinter den Dingen steht, wie die Welt wirklich ist und "was sie im Innersten zusammenhält". Diese Fragen jedoch konnte die Wissenschaft für mich nicht klären. Diese enttäuschende Erkenntnis beeinflußte auch dieses Buch, weshalb ich etwas näher darauf eingehen will.

Wie konnte es dazu kommen? Hat die Wissenschaft nicht die Wahrheit auf ihre Fahnen geschrieben? Ja, das hat sie; aber kann sie dieses hohe Ziel erreichen? Was kann die sogenannte exakte Naturwissenschaft wirklich leisten? Wo liegen ihre Grenzen, wo beginnen Selbstüberschätzung und Phantasie der Wissenschaftler? Wir lassen dazu den Physiker CAPRA zu Worte kommen, der viel zum Ansehen und Verständnis der modernen Physik beigetragen hat.

In CAPRAs Buch "Das neue Denken" (1987c) findet sich auf S. 71 der Satz: "Wissenschaftler befassen sich nicht mit der Wahrheit; sie beschäftigen sich mit begrenzten und annähernden Beschreibungen der Wirklichkeit". Er beruft sich dabei auf HEISENBERG. Die Wissenschaft entwickelt nur annähernde Modelle zur Beschreibung verschiedener Aspekte der Wirklichkeit. Halten wir dabei folgende fünf Punkte fest:

Erstens arbeitet die Naturwissenschaft mit Modellen. Weil der menschliche Verstand nicht in der Lage ist, die Wirklichkeit so zu verstehen, wie sie ist, kann der Wissenschaftler aufgrund der Komplexität seiner Befunde immer nur Modellvorstellungen entwickeln. Diese sind um so besser, je mehr seiner Beobachtungen befriedigend hinein passen.

Zweitens werden immer nur Einzelaspekte mit einer Theorie erfaßt. Deshalb gibt es seit einiger Zeit einen neuen Ansatz, die Bootstrap-Methode, die ineinander vernetzte, verschiedene Modelle verwendet, um unterschiedliche Aspekte der Wirklichkeit zu beschreiben, ohne eines von ihnen als fundamental anzusehen. Dies ist die Methode von CHEW (zit. in CAPRA, S. 74).

Drittens sind diese Modelle nicht fundamental in dem Sinne, daß sie ein Fundament bilden, an dem nicht mehr gerüttelt werden kann. Alle Modelle der Wissenschaften sind einem ständigen Wandel unterworfen, werden verändert, ergänzt, fallengelassen, durch neue ersetzt, in ihrem Geltungsbereich eingeschränkt usw. Neue Beobachtungen zwingen geradezu, alte Erkenntnisse zu revidieren. (vgl. auch STEINER, 1989a, S. 98f). CAPRA (S. 237) schreibt dazu, "daß die heutigen Physiker nicht mehr glauben, sie hätten es mit der absoluten Wahrheit zu tun".

Viertens muß man sich klar darüber werden, was es bedeutet, wenn die Wissenschaftler sich rühmen, ihre Ergebnisse seien mathematisch begründet. Das riecht nach Wahrheit, täuscht aber. Mathematik selbst ist keine Naturwissenschaft. Sie befaßt sich nicht mit der Wirklichkeit, sie ist ein reines, menschliches Gedankengebäude. Mit Mathematik kann man deshalb wissenschaftliche Forschungsergebnisse nicht begründen, man kann nur zeigen, daß sie quantitativ haltbar, in sich schlüssig, widerspruchsfrei, logisch, möglich sind. Aber das beweist nicht, daß die Übereinstimmung mit der Wirklichkeit vollständig und unwiderlegbar ist.

Fünftens ist wissenschaftliche, und damit auch physikalische Erkenntnis letztlich vor allem Ordnung, Klassifizierung und Benennung. In der Regel nehmen es Physiker damit besonders genau, ihre Fachsprache Mathemathik gewährleistet dabei Solidität und beugt Zweideutigkeiten und Verwechslungen vor, wie sie bei sprachlichen Begriffen unvermeidbar sind. Diese mathematisch-exakte Benennung darf uns aber nicht blenden.

Elementarteilchen-Physiker sind in der Regel realistisch genug, zuzugeben, daß sie über das wahre Wesen der Atome und der atomaren Teilchen nichts aussagen können. Sie können stets nur beobachten, wie sich diese unter den Gegebenheiten der jeweiligen Versuchsanordnung verhalten. Dies ist der Punkt, an dem – erstmals in den exakten Naturwissenschaften - der Beobachtende bzw. das Beobachtungsinstrument nicht mehr außerhalb der Untersuchung steht. Die Trennung von Subjekt (der Untersuchende) und Objekt (das Untersuchte) ist nicht mehr möglich. So beginnen die modernen Physiker ihre eigene Beschränktheit zu erkennen. Ich habe dies schon in der Oberrealschule in der atomphysikalischen Arbeitsgruppe bei den Experimenten in der Nebelkammer gelernt, mußte es dann aber doch erst noch am eigenen Leibe erfahren.

Wer nachlesen will, wo Physik und die Wissenschaft im allgemeinen heute stehen, welche gewaltigen Umwälzungen stattfinden (Paradigmen-Wechsel), und wie die Beziehungen zwischen Natur- und Geisteswissenschaften heute sind, dem seien die Bücher von CAPRA: "Das Tao der Physik", "Wendezeit" und "Das neue Denken" sowie die Bücher "Das holographische Weltbild" von KEN WILBER und "Neues Bewußtsein - neues Leben" von SCHAEFFER & BACHMANN (Hrsg.) sowie die S. 9 - 27 in RIEDWEG (1987) empfohlen.

Führt man sich die dargelegten Unzulänglichkeiten der Wissenschaft vor Augen, so wird klar, wie fahrlässig es ist, diese unsicheren Ergebnisse unmittelbar auf den Menschen anzuwenden, wie es die Medizin tut, wenn sie zum Beispiel Medikamente verordnet, von deren Wirkungsweise sie so gut wie nichts weiß. Viele andere Beispiele wurden in den vergangenen Kapiteln geliefert. Außerdem laufen im Körper des lebenden Menschen ganz andere Prozesse ab als im Labor. Die Wissenschaft weiß im Grunde nicht, was Leben ist und wie es die Labor-Prozesse im Organismus verändert. Sie weiß auch nichts über den Einfluß der Emotionen, Gedanken und der Psyche auf chemische und physikalische Prozesse im menschlichen Körper. Sie hat keinen Schimmer über die Bedeutung der Energien, die der Mensch von außen - ja sogar von außerhalb der Erde empfängt. STEINER läßt in seinen Ausführungen über die Ernährung des Menschen ahnen, welch komplizierte Prozesse da ablaufen und wie verschieden sie von den heutigen, mechanistischen Vorstellungen der Wissenschaftler sind. HAUSCHKA (1989, S. 20f) zeigt auf, daß nur innerhalb des Magen-Darm-Systems, also bis zur Darmwand hin die Prozesse des Abbaues der Lebensmittel im wesentlichen so verlaufen wie im Labor, wenn wir Eiweiß, Kohlehydrate und Fette in der Retorte mit den geeigneten Reagenzien behandeln würden. Jenseits der Darmwand spielen sich jedoch ganz andere Prozesse ab, von denen wir noch so gut wie keine Ahnung haben.

Daß es außer dem direkt sichtbaren physischen Körper des Menschen noch einen Äther- oder Vitalkörper und sich darüber lagernd noch einen Astral- oder Emotionalkörper, einen Mentalkörper, einen Kausalkörper und zwei weitere Körper befinden, ist vielen Menschen mit einem erweiterten Bewußtsein aus eigener Erfahrung bekannt. Diese Körper bilden die Aura des Menschen. Ich kenne Menschen, die diese Aura sehen und mit den Händen fühlen können. Diese Körper bilden eine Einheit, sie steuern sich gegenseitig. Dies alles ist der modernen Naturwissenschaft weitgehend unbekannt. Deshalb sind die Erfolge der Schulmedizin auch so wenig tiefgehend. Wenn Sie sich dafür näher interessieren, empfehle ich Ihnen das Buch: "Die Chakras und die feinstofflichen Körper des Menschen" der beiden Ärztinnen GELDER-KUNZ und KARAGULLA (1989).

Es ist das Verdienst von STEINER (1989b, S. 121), darauf hingewiesen zu haben, daß die heutige Wissenschaft deshalb so wenig wirklich ist, weil sie unter Ausschluß der wirklichen Menschlichkeit entstanden ist. SCHMIDT (1974, S. 14) schreibt dazu (indem er SCHIPPERGES zitiert): ›daß hinter der naturwissenschaftlichen Medizin kein Bild der Natur als Wirklichkeit steht‹ also auch nicht hinter der Ernährungsforschung. Im gleichen Sinne schreibt DÖRR (ebenfalls zit. bei SCHMIDT, 1974, S. 14): ›Dies bedeutet, daß die naturwissenschaftlichen Daten alle richtig sind, das ausschließlich hierauf gegründete Bild des Menschen aber doch falsch ist. ›Kein Bild der Natur – kein Bild des Menschen – wohl eine erschütternde Bilanz der modernen Forschung, und doch eine ehrliche, zum Aufbruch in ein Erkenntnisneuland reif gewordene Situation.... Naturwissenschaft ohne Geisteswissenschaft kann weder die Natur noch den Menschen begreifen.‹

Warum aber kann die Naturwissenschaft nicht bis zur Wahrheit, bis zur Wirklichkeit vordringen? Antwort: weil sie ein Produkt des Verstandes ist. Deshalb schleppt sie alle Beschränkungen des Verstandes mit sich und kann über diesen nicht hinauswachsen. Der Verstand sieht die Welt immer nur so, wie sie ihm erscheint. Die Fähigkeit des Verstandes besteht darin, Fragen zu stellen; sie besteht nicht darin, wirkliche Antworten zu geben. Jede Antwort ist nur eine Scheinantwort, die ablenken soll von der Tatsache, daß keine wirkliche Erkenntnis vorliegt. Deshalb erfindet man einen neuen Namen, man benennt die Angelegenheit und ordnet sie in ein Klassifikations-Schema ein, indem man sie so exakt wie möglich beschreibt und definiert.

Terminologie, Systematik und Definitionen existieren aber nur in den Köpfen der Wissenschaftler – der Bezug zur Wirklichkeit ist nur an wenigen Fäden aufgehängt, die zudem auch noch mit Unsicherheiten behaftet sind. Betrachtet man diese Erklärungen und Deutungen näher, so kommen nur neue, weitergehendere, zahlreichere Fragen auf. Die Fähigkeit des Verstandes und damit die Kunst des Wissenschaftlers besteht darin, immer wieder alles, auch das sogenannte Grundwissen, anzuzweifeln, immer bessere Fragen zu stellen und sich nicht von den sogenannten Antworten hinters Licht führen zu lassen. Nur so bleibt Wissenschaft ehrlich und aktuell.

Wissenschaft ist im Grunde genommen Analyse. Das ›Ganze‹ wird analysiert, zerlegt. Sichtbar werden dabei nur wenige, nicht nachweisbar die wichtigsten Teile, nämlich nur diejenigen, die von den wissenschaftlichen Arbeitsmethoden erfaßbar sind. Auch bei einer späteren sogenannten Synthese (zum Beispiel bei der ökologischen Betrachtungsweise) entsteht notgedrungen immer nur Stückwerk, grobe Abstraktion, Modell: ein schwacher Abklatsch der Wirklichkeit. Entscheidende Teile sind durch das Gitternetz der Beobachtungsmethoden gefallen; das was, das Ganze ausmacht und was den Wissenschaftler mit einbezieht, ihn existentiell berührt, weiter entwickelt, ist von vornherein ausgeschlossen. Deshalb haben wissenschaftliche Erkenntnisse, zum Beispiel auf den Gebieten der Medizin und der Ernährungswissenschaft, auch so wenig ›Zwingendes‹: Mediziner achten nicht mehr auf ihre Gesundheit als andere – eher im Gegenteil.

Wissenschaft wird getragen vom Wissensdrang, der in uns allen mehr oder weniger stark steckt. Angetrieben werden die Forscher vom Ehrgeiz und von der Notwendigkeit, ihr Leben damit zu finanzieren. Wie jeder andere Beruf beruhigt die Wissenschaft auf mannigfache Weise die geheimen Lebensängste, die jeder unbewußt in sich trägt. Darin liegt die Ursache dafür, daß sie von vielen so ernst genommen wird. Indem man sich daran klammert, hofft man, einen sicheren Anker in den Wechselfällen des Lebens gefunden zu haben. Daß die Wissenschaft dies nicht bieten kann, sieht man nicht gerne. Das führt dazu, daß man sich mit der Wissenschaft identifiziert, daß jeder Angriff auf eigene wissenschaftliche Ergebnisse persönlich genommen wird. Die einen zeigen die Kränkung offen, die anderen stehen angeblich darüber, verdrängen aber nur und kompensieren den Ärger bei anderer Gelegenheit unbewußt in Form von Aggressivität etc. oder leiden unter Magengeschwüren oder anderen psychosomatischen Krankheiten. Beide Wege führen zu einer immer tieferen Verstrickung von Wissenschaft und Ego. Ego sei hier verstanden als Persönlichkeit im Sinne fremdbestimmter Masken, wie sie jeder von uns trägt; dieses Ego, diese Persönlichkeit, dieser Charakter haben nichts mit dem inneren Wesenskern des Menschen, seinem höheren Selbst, mit seiner echten Individualität, seiner Seele zu tun. Das Ego ist unechte, äußere Tünche. Es spielt seine Rolle in dem Lernprozeß, den die Menschen hier auf Erden durchmachen.

Durch Ernst als Schutzwall und unbewußte Angst als Triebfeder ist aber weder der Wissenschaft noch dem Wissenschaftler gedient; auch nicht mit Identifikation, verbunden mit der oberflächlichen Ansicht, wissenschaftliche Leistungen machten einen Menschen wertvoll oder bedeutend; in Wirklichkeit dienen sie primär dem Aufbau des Ego. Wissenschaftliche Ergebnisse werden so in zunehmendem Maße zu Projektionen des Wissenschaftlers, dessen Blick durch die Brille seiner Vorurteile und Ideen eingeengt ist. Sie können sich leicht vorstellen, daß es ein Unding ist, wenn man auf diesen Ergebnissen dann seine Gesundheit aufbaut oder versucht, Krankheiten zu heilen. Die Wissenschaft ist nicht wirklich exakt im Sinne von richtig, wahr. Sie ist engbegrenztes Stückwerk und gibt Ihnen nicht die Sicherheit, von der Sie träumen. Diese finden Sie nur in sich selbst. Richten Sie ihren Blick nach innen!

Die Erfahrung, wie wenig mir die Wissenschaft bei der Suche nach der Wahrheit nutzen konnte, führte dazu, daß ich mich in zunehmendem Maße auch mit den praktisch anwendbaren Aspekten meines Faches, vor allem in der Landwirtschaft und Entwicklungshilfe beschäftigte. Dabei kam mir die eher pragmatisch ausgerichtete Seite des Geographischen Instituts der Universität Gießen voll entgegen. Gerne denke ich an die herzlich-freundschaftliche Zusammenarbeit mit meinem Freund und Kollegen WILLIBALD HAFFNER zurück. Dabei wurde mir jedoch schnell klar, daß das Problem hier nicht darin liegt, was man bei den Projekten zur Verbesserung zum Beispiel der Landwirtschaft, der Schonung der Wasservorräte, der Verhinderung der Bodenerosion etc. tun sollte. Es wäre die Aufgabe des Geographen, dies herauszufinden. In den entscheidenden Grundsätzen ist man sich da heute klar. Man wüßte schon, was zu tun wäre. Auch die Experten in den betreffenden Ländern kennen die Antworten. Das Problem liegt darin, daß der Bewußtseinsstand der Menschen so ist, daß kaum einer der Verantwortlichen eine wirkliche Änderung der Verhältnisse wünscht. Die Strukturen sind zudem so verkrustet, daß diese erst einmal völlig geändert werden müßten, bevor sich diese Menschen selbst helfen – geschweige denn – Hilfe von außen annehmen könnten.

Da auch die angewandte Wissenschaft auf die Dauer nicht befriedigte, begann ich zunehmend auf spirituellen Wegen zu wandeln, die recht erfolgversprechend zu sein schienen, vor allem seit ich den spirituellen Meister SHREE RAJNEESH kennengelernt hatte. So verließ ich anfang 1983 den Universitätsbetrieb und wurde Mitglied der spirituellen Commune Rajneeshpuram in Oregon/USA. Dieses Experiment war leider nach drei Jahren vorüber. Ich kann nicht für andere sprechen, und ich will hier auch nicht eingehen auf das, was dort im einzelnen abgelaufen ist. Ich kann nur für mich sprechen: Ich habe mich dort sehr wohl gefühlt. Ich habe unschätzbare Erfahrungen gemacht und habe schließlich im Moment des letzten Zuwinkens des Meisters, bei dessen Abflug von der Ranch, begriffen, daß es im Leben eines Menschen nur einen einzigen geistigen Führer gibt. Dieser ist das wahre Selbst, er lebt in jedem

Menschen und spricht zu jedem durch seine ureigene innere Stimme. Ihm gilt es zu folgen. RAJNEESH lebte kompromißlos ein solches Leben, das habe ich schließlich und endlich von ihm gelernt. Dafür bin ich ihm sehr dankbar. Und das ist der Grund, warum ich in diesem Buch immer wieder darauf hinweise, daß jeder selbst die richtige Ernährung für sich herausfinden muß.

Meine Frage nach der Wahrheit beantwortet sich für mich bei meinem heutigen Bewußtseinsstand folgendermaßen: für mich zählt nur meine eigene Erfahrung. Es gibt für mich nur meine eigene Wahrheit und die ist repräsentiert in meiner inneren Stimme. Die Suche nach objektiver Erkenntnis habe ich abgeschlossen.

Nach meiner Rückkehr von der Ranch in Oregon auf dem Umweg über Hawaii ließ ich mich in München nieder und eröffnete zusammen mit meiner Lebensgefährtin PAYODHI J. FREDERIKSEN ein vegetarisches Delikatessen-Geschäft mit Imbiß und Partyservice und Verkauf von Naturkost mit dem Namen "GOURMET'S GARDEN". In den vergangenen vier Jahren beschäftigten wir uns beide sehr intensiv mit Ernährung, aufbauend auf den Erkenntnissen und Erfahrungen vieler weiterer Jahre davor. Dem anregenden Dialog mit PAYODHI verdanke ich sehr viel. Ich bin ihr dafür sehr dankbar. Seit zwei Jahren veranstalte ich zusammen mit ANNE ARUNIMA KUBINA Kurse in natürlicher Ernährung mit dem Schwerpunkt Sonnenkost und Bewußtheit sowie geeigneten Wegen dahin. Ihr danke ich für die fruchtbare Zusammenarbeit. Ihr und Frau UTA WEISE danke ich für das Korrekturlesen der Druckfahnen.

Zum Abschluß möchte ich Ihnen noch einen kurzen Einblick in meine eignen Erfahrungen mit gesunder Ernährung geben. Meine erste Bekanntschaft mit Prinzipien der Natural Hygiene machte ich schon im zarten Alter von sechzehn Jahren, als mir mein Onkel ARTHUR das Buch von JACKSON: "Nie mehr krank sein" in die Hand gab. Ich war hell begeistert und wollte, daß meine Familie sofort den gesamten Küchenzettel umstellte. Dies stieß jedoch auf den heftigen Widerstand meiner Mutter. Diese war Gewerbelehrerin und gab Unterricht in Ernährungslehre und Kochen und war deshalb relativ modern eingestellt. Die strikten Rohkostvorschläge von JACKSON waren ihr aber schlichtweg zu viel.

Für Salate, Obst und Vollkornmüßli war sie zu haben, sonst aber gab`s gut bügerliche Küche. Ich kann mich noch gut daran erinnern, daß ich nach dem reichlichen Sonntagsbraten mit Kartoffeln und weichem Gemüse Sodbrennen und Völlegefühl verspürte, von dem unangenehmen Trägheitsgefühl ganz zu schweigen. Von den Ideen JACKSONs blieb mir für die folgenden Jahre nur noch der Grundsatz, daß man die Lebensmittel in möglichst naturnahem Zustand verzehren sollte, sowie eine vage

Erinnerung an besondere Gruppierungen der verschiedenen Lebensmittel im Gedächtnis.

Im Laufe der Jahre ernährte ich mich mit der landesüblichen Kost, wobei durch meine vielen Reisen nach Vorderasien, Indien und Thailand zunehmend auch stark exotische Gerichte regelmäßig auf meinem Speisezettel zu finden waren. Daneben achtete ich in geringem Maße auch auf Vollwertigkeit einiger Speisen, da durch meine Familie (speziell meinem Onkel HEINRICH, der ein Reformhaus betrieb) immer ein starker Draht zu dieser Szene bestand. Während meiner Forschungsreisen lebte ich jedoch auch notgedrungen monatelang aus Konserven.

Ein sehr wichtiger Einschnitt in meinem Leben war dann eine Erkrankung mit Malaria tropica, die ich gerade noch rechtzeitig in einem kleinen Provinzkrankenhaus in persisch Belutschistan ausheilen konnte, nachdem ich mich einige Tage mit der Diagnose Grippe herumgequält hatte. Ich war damals 33 Jahre alt und verlor dabei 7,5 kg Gewicht, was mich vollkommen schwächte. Seit dieser Zeit verspürte ich einen Drang nach mehr frischer Kost, speziell nach Salat. Aber erst im Laufe der Jahre bis gegen Ende 30 begann ich meine Nahrung ganz allmählich auf vegetarische Kost umzustellen. Ich kann nicht mehr recht rekonstruieren, warum dies geschah, den letzten Anstoß, ganz konsequent zu sein, gaben Freunde, mit denen ich zusammen meditierte.

In diese Zeit fiel dann auch die Mitarbeit an einem vegetarischen Restaurant in Gießen, das die spirituelle Gruppe, mit der ich zusammenlebte betrieb. Daß ich bei dieser Gelegenheit viel über gesunde Ernährung lernte, versteht sich von selbst.

Meine Gesundheit war von jeher recht zufriedenstellend gewesen, so daß durch diese Umstellung keine direkt spürbare Veränderung zu verzeichnen war. Nach wie vor plagten mich ab und zu Migräne, Erkältungskrankheiten und Gliederschmerzen. Dies verstärkte sich, seit ich, durch die Arbeit in unserem Laden bedingt, durch das lange, viele Stehen und Gehen und schwer Tragen zunehmend Glieder- und Rückenschmerzen sowie häufiger Migräne und Energielosigkeit fühlte. Ende 1987 wurde mir dies zu viel, und ich fing an, Rebalancing- und Rolfing-Sessions (eine Art der Tiefengewebs-Massage) zu nehmen, was aber nur vorübergehende Erleichterung brachte.

Der nächste Kontakt mit Vorstellungen einer natürlichen Ernährungslehre ergab sich dann Anfang 1988 durch das Buch "Das Urgesetz der natürlichen Ernährung" von SOMMER. Da das Buch sehr schwerfällig geschrieben ist, über lange Passagen wissenschaftlich veraltet erscheint und mit seinem dogmatischen und überheblich-frömmelnden Ton mich eher abstieß als begeisterte, konnte es mich nicht überzeugen, meine Ernährung entsprechend umzustellen. Es forderte jedoch meinen Ehrgeiz heraus, mich intensiver als bisher mit ernährungswissenschaftlichen Themen zu fassen. Speziell besorgte ich mir Literatur zum Thema Verdauung, da ich sehen wollte, wie die einschlägige Fachliteratur die Frage behandelte, ob Proteine und Kohlehydrate gemeinsam verdaut werden können. Dieses Literaturstudium führte jedoch zu keinem befriedigenden Ergebnis. Durch die vielen sich widersprechenden Theorien ließ sich keine Klarheit erzielen.

Da meine Lebensgefährtin PAYODHI abnehmen wollte, wurde uns von einer befreundeten Kundin die Hollywood Star-Diät empfohlen, die auf den Grundsätzen der Natural Hygiene basiert. Wir waren begeistert und fingen beide sofort praktisch mit dieser Diät an. Die Anfangserfolge waren derart verblüffend , daß wir mehr über Obstessen und Lebensmittelkombinationen wissen wollten. Wir hatten in wenigen Tagen viele Pfunde abgenommen und dabei auch an Entgiftungssymptomen gelitten. Der nächste Schritt führte zu dem Buch über die HAYsche Trennkost von WALB, das uns endlich auch mit den sauren und basischen Nahrungsmitteln näher vertraut machte. Wenige Wochen später lag schließlich das Buch "Fit fürs Leben" von den DIAMONDs in unseren Händen. Wir lasen es in wenigen Tagen und fingen sofort mit dem Obstessen am Vormittag an und probierten, wie sich die richtigen Lebensmittelkombinationen anfühlten und versuchten den Anteil an rohen Salaten und Gemüsen zu erhöhen. Dies alles haben wir bis heute so gehalten. Allmählich wachsen wir in eine gesunde Ernährung – ganz nach unseren individuellen Bedürfnissen – hinein.

Seit Juli 1988 besitzen wir auch ein Zimmertrampolin, das wir eifrig benutzen (mit Unterbrechungen täglich ca. 10–15 Min.). Dieses Gerät können wir sehr weiterempfehlen, seine Wirkung, im Körper Spannungen zu lösen und Schlacken in Bewegung zu setzen, ist offensichtlich sehr erheblich. Seit Dezember 1988 trinken wir nur noch destilliertes Wasser (außer Obst- und Gemüsesäften).

Ich habe seit Beginn der Trennkost und des vormittäglichen Obstessens 13 kg abgenommen und wiege jetzt 63 kg bei 184 cm Körpergröße Ich fühle mich jetzt viel wacher, leichter und energetischer. Meine Kopf- und Gliederschmerzen sind viel seltener geworden. Diese beiden Beschwerden kann ich heute aus eigenem Empfinden meist als Entgiftungsphänomene des Körpers einstufen. Sie treten zur Zeit vor allem dann auf, wenn ich durch Obst-Rohkost-Tage, Destilliertes-Wasser-Trinken und ausgiebige Gymnastik auf dem Trampolin besonders viele alte Schlacken auf einmal mobilisiere oder wenn ich unzweckmäßig esse. Seit fast zwei Jahren sind wir auch in homöopatischer Behandlung durch unseren Heilpraktiker RAYNER ROEHREKE, der durch geeignete Mittel und Massagen den Entgiftungsprozeß sehr wirkungsvoll unterstützt. Es ist so wohltuend zu sehen, daß es auch heute noch Heilkundige gibt, die einen ganzheitlichen Ansatz haben und Heilung von Grund auf anstreben.

Ich will aber auch die Probleme mit der neuen Ernährungsweise nicht verschweigen: wir haben übereinstimmend die Erfahrung gemacht, daß Mahlzeiten, in denen keine Fehlkombinationen von Protein plus Eiweiß oder zumindest viele konzentrierte Kohlehydrate gegessen werden, anfangs nur unvollkommen sättigen. Zumindest ist in den ersten Monaten das gewohnte Sättigungsgefühl nur mit Obst, Salaten, Rohkost, gedünstetem Gemüse mit oder ohne Omelette oder Nüssen nicht zu erreichen.

Nach solchen Mahlzeiten tritt gelegentlich noch heute – nach zwei Jahren (!) – der starke Wunsch nach Kohlehydraten – etwa Brot – oder etwas Süßem auf. Überhaupt erschien es im ersten Jahr als eines der schwierigsten Dinge der Welt, auf Brot zu verzichten – obwohl wir beide ganz klar feststellen können, daß wir Brot nur mit Schwierigkeiten verdauen, daß es belastet. Auch der Verzicht auf Milchprodukte, allen voran dem Käse, war nur streckenweise leicht; dazwischen erlebten wir Perioden, in denen wir gerne zu einem guten Stück Käse griffen – am liebsten natürlich zum Käsebrot, wobei wir relativ (!) gute Erfahrungen mit Käsesorten über 60% Fett i. d. Tr. gemacht haben. Von leichter Verdaulichkeit kann man aber auch da nicht sprechen, und die Behauptung, daß Milchprodukte und Brot den Körper verschleimen, können wir aus eigener Erfahrung voll bestätigen.

Am besten und leichtesten fühlen wir uns nach wie vor mit Obst. Anfangs konnten wir davon mehr essen als heute. Mir genügen heute vormittags je eine Birne, Apfel, Orange und Banane o. ä. Auch Obst- und Gemüsesäfte lieben wir sehr, bis dann der Wunsch nach etwas Festem zwischen den Zähnen wieder präsent wird. Linsen sind nach wie vor gelegentlich Bestandteil unserer Nahrung, wir lieben sie besonders indisch gewürzt mit frischem Ingwer. Wir können aber unschwer nachvollziehen, daß sie nicht leicht zu verdauen sind.

Was wir ganz allgemein feststellen können, ist, daß wir sensitiver geworden sind. Das hat seine Vorteile beim Genuß angenehmer Seiten des Lebens, hat aber natürlich auch "Nachteile", weil man die Umweltverschmutzung durch Abgase, Zigarettenrauch etc. viel unangenehmer wahrnimmt und weil jede auch noch so kleine Nachlässigkeit in der Zusammenstellung des Speisezettels oder des Timings oder Rückfälle in alte Eßgewohnheiten incl. Alkohol viel stärker spürbar werden als sie es früher waren. Sehr bedauerlich ist es, daß man kaum noch ein Lokal findet, in dem man wirklich gute Qualität erhält, die mit den Prinzipien der

Natural Hygiene übereinstimmt – selbst hier in der Großstadt München. Es verbleibt nur eine handvoll Lokale – eines davon betreiben wir selbst.

Meine Lebensgefährtin PAYODHI (Jahrgang 1957) hat folgende Erfahrungen gemacht, die ich hier anfüge, weil sie gewisse interessante Unterschiede zu mir zeigen. Sie berichtet: Nachdem ich immer wieder enstlich krank gewesen war und unerklärliche Unterleibsprobleme gehabt hatte, von denen mich die Ärzte in Kliniken nicht befreien konnten, begann ich 1981 selbst Verantwortung zu übernehmen. Ich experimentierte in den folgenden zwei Jahren mit zahlreichen Arten von alternativen Ernährungsweisen und stellte mich dabei langsam aber sicher auf eine fleischlose Vollwertkost mit Schwerpunkt Gemüse um. Nach einer Übergangszeit empfand ich diese Art von Ernährung als natürlich und für meinen Körper als segensreich, da meine Beschwerden stark nachgelassen hatten. Leider nahm mein Gewicht nach meiner Übersiedlung von Kopenhagen nach München und die Arbeit in GOURMET'S GARDEN von 51 auf 61 kg zu.

Die Ernährung nach den Prinzipien der Natural Hygiene brachte mich langsam auf 52 kg, ein Gewicht, das sich (bei 156cm Körpergröße) nach wie vor zu hoch anfühlt und das nur extrem langsam weiter absinkt. Dies liegt mit Sicherheit daran, daß ich emotional-unterbewußt noch nicht dazu bereit bin – bekanntlich bringt eine gewisse Leibesfülle auch Sicherheit und einen Schutzmantel gegen allzu aggressiv einwirkende Umweltenergien. Dies ist ein Punkt, den wir im System der Natural Hygiene, zum Beispiel auch bei den DIAMONDs vermissen. Die psychische Seite spielt eine viel größere Rolle, als dort angenommen wird. Die Umstellung auf die entschlackende Kost der Natural Hygiene kann anscheinend nur selten durch vernünftige Entscheidungen allein erfolgen. Häufig ist Leidensdruck nötig, und die Umstellung der Kost erfolgt stets nur in dem Maße konsequent genug, wie dies der Körper auch psychisch verkraften kann. Meine Ernährung ist deshalb noch keineswegs konsequent sonnenköstlich.

Alles in allem können wir sagen, daß uns die Ernährung nach den Prinzipien, wie sie in diesem Buche dargelegt wurden, ein sehr großes Stück weiter gebracht haben auf unserem Weg zu mehr Gesundheit, Energie und Freude und nicht zuletzt auch Bewußtheit.